美國中小學課程競逐史（1893-1958）

The Struggle for the American Curriculum, 1893-1958, 3rd edition.

Herbert M. Kliebard　原著

單文經　譯注

THE STRUGGLE FOR THE AMERICAN CURRICULUM
1893-1958
THIRD EDITION

HERBERT M. KLIEBARD

目次

凡例

一、《美國中小學課程的競逐史（1893-1958）》（以下有時簡稱本書或《競逐》）係依據克里巴德（Herbert M. Kliebard）於 2004 年出版的 *The Struggle for the American Curriculum, 1893-1958* (3rd ed.)（以下有時簡稱 *Struggle*）譯注而成。

二、本書於譯注本前置導讀一篇，內含譯名決定、譯注必要、作者介紹、成書經過、大要說明、接受情況及文獻評述等項。導讀與譯注本正文（含腳注）的參考文獻，合置於書末。

三、本書將原書各節文字前的數字標題，改以能彰顯其主旨之人物或事件的文字標題代之。雖因原著各節所述人物或事件，在所多有，不盡單純，譯注者皆費心梳理，務期增撰的標題，能扣緊各節內容，俾便讀者理解本書要意。

四、本書在原書的基礎之上，就其所提及的人物，盡可能地補充其生卒年代，俾便讀者掌握人物的時代背景，進而理解其與所述歷史事件的關聯。

五、本書將所出現之英文為主的專有名詞、書名、人名等皆譯成中文，並在第一次出現時附上原文。惟於必要時，若離開前一次提及該詞的書頁較遠時，也會附上原文。

六、原書為表示加強語氣而以斜體字型或大寫字體呈現者，本書譯為中文時，皆改為粗黑體字型，並於必要時將原字型的文字置於括弧內，以資辨識。惟書末參考文獻中出現的粗黑體字型，則為依一般教育論文格式所標定的書刊名。

七、本書注釋中的文字，凡自網站上所取得的各種資料，皆經相互比對與研判，再就其中較確實者加以綜合歸納並經改寫而成。惟為節省篇幅，除非必要，多未附上網址。

八、本書索引係將原書各條文逐一翻譯而成，於條文之後的頁碼係為原書頁碼；檢索時請查正文側旁的頁碼。

九、本書行文時，係以臺灣教育學術界習用的 APA 格式為本，並參照潘慧玲（2015）的《教育論文格式》（二版；臺北市：雙葉書廊）；書後的參考文獻，係將導讀、譯注正文及腳注三個部分所涉及者編輯組合而成。

十、本書的翻譯部分，盡量做到活譯達意、簡鍊流暢、力求神似，並避免漏譯、刪割、走樣等情事。又為使文意更為清順易解，偶以意譯方式處理，並適時加上必要的補述。本書的注釋部分，力求該注則注、詳為解讀、深入闡釋，並提供必要的資訊予讀者參考。惟畢竟譯注者時間及能力皆有所限，疏失舛誤在所難免，尚祈方家不吝賜正。

推薦序一

黃光雄

　　我很高興為文經費心譯注的《美國中小學課程競逐史
（1893-1958）》一書作序。因為文經在〈導讀〉已將本書的重要性、作
者生平、內容大要等等，都作了詳細的介紹，我就不再多說。我謹藉著
為這本由克里巴德（Herbert M. Kliebard, 1930-2015）所撰「課程史」經
典名著繁體中文版作序的難得機會，為我個人涉及「課程」的「歷史」，
留下一些紀錄。

　　應該是一甲子之前的事了！我在 1956 至 1960 年之間，就讀國立臺
灣師範大學教育學系時，未見與課程有關的科目開設。歐用生教授告訴
我，他於 1968 年大三時曾修習李祖壽教授開設的「課程論」一科，惟當
時所講授的內容多為課程設計實務，而未及於課程理論與研究等內容，
連泰勒（Ralph Tyler, 1902-1994）於 1949 年所著的《課程與教學的基本
原理》（*Basic Principles of Curriculum and Instruction*）也未見提及。

　　1969 年 8 月，我接受花蓮師範專科學校何讓校長之請，由原服務的
臺灣省政府教育廳第五科，轉赴該校擔任副教授兼教務主任。[1] 我一面從
事與課程實務有關的教務工作，同時擔任與課程學術有關的「教育概論」
及「課程教材教法通論」等科目的教學，因而強化了我對課程這個領域
的關注與興趣。我所用的教材，是分別由孫亢曾教授及孫邦正教授編寫、
由正中書局印行的師範專科學校用書《教育概論》和《課程教材教法通
論》，[2] 因屬專科程度，故而不涉及理論與研究的主題。

---

[1] 我在原在臺灣省政府教育廳第五科長的何先生麾下任股長。

[2] (1)孫亢曾（1966）。**教育概論**。臺北市：正中。(2)孫邦正（1966）。**課程
教材教法通論**。臺北市：正中。

1972 至 1977 年之間，我就讀臺灣師範大學教育研究所博士班時，除了李祖壽教授在系裡開設「課程論」，政治大學教育學系似有司琦教授開設類似科目，其他就是九所師範專科學校由一些教授開設的「教育概論」及「課程教材教法通論」等科目。嚴格說來，當時真正以課程為對象進行研究的成果，固不多見；依據西方先進國家課程理論與實務方面的研究、專著或論文而完成的成果，更為鮮見。在這種情況之下，碩士班與博士班期間研究主軸為西洋教育史、而副軸為課程研究的我，即興起了轉而利用赴英進修的兩年，於蒐集與博士論文有關的資料時，亦廣為搜羅課程方面的研究、專著或論文，以備日後運用的念頭。3

　　促成我關注課程領域的研究，還有一項很實際的緣由。蓋當時與我博士班同學的李建興及稍後考進的楊國賜兩位先生皆在臺灣師範大學社會教育學系服務，因為是以帶職進修方式就讀，所以於取得學位後將返回原單位服務。我未以帶職進修方式就讀博士班，所以，取得學位後出路的選擇可能是臺灣師大或其他學校。我自忖，若有機會回母系服務，依憑我研究主軸的「西洋教育思想史」，因為當時已有老師開設，將無法開設這方面的科目。而我的研究副軸「課程」方面的科目，則已有一段時間無人開設，因而，若果我利用進修的方式充實這方面學理與研究的知識與經驗，則可能在這方面有所發展。如此一來，既確認了這方面的想法，我乃積極展開行動。

　　在當時的國家科學委員會支助下，我於 1974 年及 1975 年前往英國倫敦大學的教育研究院（London Institute of Education）進修兩年。有一段時間，我前往參與以《社會變遷、教育理論與課程計畫》（*Social Change, Educational Theory and Curriculum Planning*）及《新社會科：中小及繼續教育階段教師手冊》

3　以寬鬆的角度看來，我的碩、博士論文都與「課程」有關。蓋 1965 年完成的碩士論文《福祿貝爾教育思想之研究》共分十章；其中第七章〈教育材料論〉共 9 頁，大約一萬餘字，介紹福祿貝爾對於課程的主張。我 1977 年完成的博士論文為《蘭開斯特與皇家蘭式機構期間的導生學校運動》；若從「導生制度」在本質上是一種「教學類的課程」而言，其應屬於一般所稱「課程」的下位概念，是以該論文應可劃歸「課程」領域的主題。

（*The New Social Studies: A Handbook for Teachers in Primary, Secondary and Further Education*）[4] 兩書馳名英倫的羅頓教授（Denis Lawton, 1931- ）所主講的講演會。我與會之後的一項深邃感受是，英語世界的課程領域所積累之研究成果與實務經驗，應該對於臺灣的教育界有所啟示。因而，乃決定照著羅頓教授所提示的諸多參考文獻逐一搜羅，並且觸類旁通而及於英語世界更多有關課程理論與實際的書籍與資料。這段期間，我亦曾利用到美國蒐集博士論文研究主題蘭開斯特導生學校運動的有關資料時，順道搜羅有關課程研究的文獻。

我於 1977 年上半年及下半年通過雙重口試，獲得國家教育學博士：第一重是臺灣師大校內組成的博士學位論文考試委員會的口試，通過之後，由臺灣師大呈請教育部核定為博士學位候選人；第二重是由教育部聘請與論文有關學者組成之國家博士評定會的口試。[5] 1977 年 8 月起，我受聘於臺灣師大教育學系，除在教育學系開設「課程論」、「教學原理」等科目之外，並在教育研究所開設「近代西方教育思想史」與「課程研究」兩科。

我要特別就「課程研究」一科做些說明。這是一門一學年四個學分的科目，博碩士生皆可選習。修課的學生除了碩士班二年級的單文經（時為教育學系助教）、張蓓莉（時為衛生教育學系助教）及曾燦燈（時為教育研究所兼任研究助理）之外，還有博士班二年級的沈六（時為公民訓育學系講師），一共四人。[6] 我在這門課中，帶領大家就著選自英、美課程專家發表的論文，每週

---

[4] (1)Lawton, D. (1973). *Social change, educational theory and curriculum planning.* London, UK: University of London. (2) Lawton, D., & Dufour, B. (1973). *The new social studies: A handbook for teachers in primary, secondary and further education.* London, UK: Heinemann Educational.

[5] 臺灣始設博士班於 1956 年，1960 年授予第一位國家博士。依教育部「博士學位評定條例」及其評定細則規定，除學校的學位論文考試要由學校組成論文考試委員會辦理外，考試及格須再呈請教育部定核為博士學位候選人，並由教育部聘請與論文有關學者七至九人，組成博士評定會進行口試。但因多種因素考慮，於 1977 年 5 月 3 日廢止國家博士考試。不過，我教育部的口試在 1977 年 12 月 17 日完成，是在廢止前核定的。

[6] 最近，文經曾電請臺灣師大教務處承辦人確認了這份修課學生名單。

一至二篇，全學年共約四十篇左右，進行個別閱讀、共同討論、互動評論與心得發表等學習活動。我上課的教學方法採用討論方式，學生均須發表個人心得，間有異見，再三討論，務期愈辯愈明。一年的教學，我個人獲益匪淺。學生則反映渠等修習這門功課之前，皆未曾讀過如此之多的、以英文撰寫之課程與教學方面的論文，加上當時他們英文閱讀速度較慢，所以，每週一、二篇的閱讀功課，對他們確實是相當大的挑戰；但他們皆以為這是難得的學習經驗。

　　1984 年 8 月，我辭去任職四年的新竹師專校長職務，回到臺灣師範大學教育研究所任教。這時所裡開設課程方面的有黃政傑教授和我。我在課程領域所開科目包括「課程理論研究」、「課程比較研究」，後來又開設「西方課程史研究」。許多研究生上過我的課，也受過我的指導，他們後來在國內都有傑出的表現。我不是真正研究課程的學者，但無心插柳，卻柳成蔭。這裡所述，雖屬我個人研究課程的經歷，也是臺灣師範大學教育研究所早期課程領域所開設科目的部分歷史。

　　謹以我這段涉及「課程」的「歷史」，附於文經這本「課程歷史」的譯注研究之驥尾，權充序言！期盼文經於可能的情況之下，持續用功，在最近的將來，為課程領域的譯注研究，再下一城！

黃光雄 謹識

國立中正大學榮譽教授

2020 年 5 月 31 日

推薦序二

黃政傑

為《美國中小學課程競逐史（1893-1958）》（《競逐》或譯為《掙扎》）繁體中文譯注本作序，有雙重緣由：我既與該書作者 Herbert M. Kliebard 教授有師生緣，又與譯注者單文經教授有同寅緣。這本書的內容，在〈導讀〉已有詳細說明，我就不再贅言，把重點放在作者及譯注者的介紹。尤其，我將藉此難得的機會就著與我有過幾年師生緣的 Kliebard 教授，還有四十餘年前從學的若干事蹟之報導，為這本課程史的名著也留下一些歷史的記述。

我在麥迪遜威斯康辛大學（University of Wisconsin-Madison, UWM）課程與教學學系修讀博士學位時，曾選習 Kliebard 教授的兩門課，其中之一即為課程史（另一為課程計畫）。他的教學雖以演講為主，但因內容充實，條理清楚，聲調和緩，態度誠懇，面帶微笑，且每講完一部分，即請同學提問，加以討論，因而頗受學生歡迎。Kliebard 常於課後就我的學習予以指點，同學亦每每不吝與我互動、解我疑難，復加我勤於預習與溫習，所以，雖為外籍學生，卻總有成果豐碩、滿載而歸之充實感；或因如此，我所修習 Kliebard 兩門功課，皆獲其畀予佳績之肯定，增強了我早日修畢博士課程，完成學位之動力，是為每每感念不已者也。2015年6月，Kliebard 教授年高辭世，享壽八十有四。噩耗傳來，令我震驚錯愕，難以接受。

在親友所發訃文中提及，Kliebard 是許多專書與論文的作者，其中最受矚目的就是這本《競逐》。除此之外，還有他個人最喜愛的、於 1999年出版的《為工作而接受學校教育：1876-1946年間的職業主義與美國課程》（*Schooled to Work: Vocationalism and the American Curriculum, 1876-1946*）。另有 2002 年出版的《課程的變革：20 世紀美國課程的改

革》（*Changing Course: American Curriculum Reform in the 20th Century*），以及 1992 年出版的《鍛造美國的課程：課程史與課程理論論文集》（*Forging the American Curriculum: Essays in Curriculum History and Theory*）等書。〈導讀〉中對這些專著皆有簡介，不另多著墨。

當初，我之所以選擇 UWM 讀博，乃因該大學課程與教學領域為美國各大學之翹楚，其中知名學者很多，相關學系都有卓越的學術表現，與課程與教學學系相互支援，研究生可以跨修課程。當時諸多名師，如多元文化教育專長的 Carl Grant，幼兒教育專長的 Gary Price，中學課程的 Fred Newman，教師教育的 B. Robert Tabachnick 及 Ken Zeichner，品格教育的 Alan Lockwood，教育與課程之文化歷史研究的 Thomas H. Popkewitz，社會科教育的 Gary Wehlage，還有我的博論指導教授、專長為課程理論與批判教學論的 Michael W. Apple 等，都為甚具名望的大師級學者。

我甫抵 UWM 時，即表明擬以普通課程與教學的理論與實務為研究取向，徵詢課輔師長，推薦 Kliebard 和 Apple 兩位教授。因 Kliebard 較為資深，先徵詢其意願暨指導研究生的情形，得知其雖有意協助，但受限於名額已滿，憾莫能助，惟至誠歡迎隨時與他就論文研究事宜進行研討。其後，得知也取得哥倫比亞大學博士學位、比 Kliebard 稍晚入 UWM 服務的 Apple，仍有指導研究生的空間，而轉請他擔任指導教授。

四年之間，我在此一名師坐陣、學術研究氣氛濃郁的環境下學習，奠下了日後以課程與教學的理論與實務為終身職志的基礎。其後，除就當時受教於名師所得，持續鑽研，撰寫各式專書與論文之外，並於 1996 年邀集學友們共襄盛舉，成立中華民國課程與教學學會，且於同時創辦《課程與教學》季刊；如今學會與期刊已發展成華文世界該領域的重要學術專業平臺，皆可謂種因於當時師長們的影響。每思及此，備為感懷，謹藉此序，聊表心跡。

凡此，還需感謝單教授不辭辛勞、竭盡心力，以兩年時間譯注《競逐》一書，並邀請作序，引發我多年前的美好回憶。職是，謹於本序末了，簡述我倆的同寅之緣。蓋單教授是我在國立臺灣師範大學教育學系就讀時低我一級的學弟。我於 1977 年幸獲教育部公費赴 UWM 讀博，所遺學系助教職缺，即由他

接任。1981 年夏，我畢業返臺服務，我們又成為同事，復因教學和研究專長相近而同屬課程與教學學群，常有互動。值得一提的是，1990 年代，系裡所設中學教師修讀碩士學分暑期進修班，於結業的第四年開有兩門移地教學的課，連續六年，我倆皆合開此課，帶領數十位學員赴歐進行兩週教育訪學。單教授每年皆任副團長，協助我照應學員學習與生活。我們行遍西歐各國，萬里路上，同學共習，學術情誼更堅。如今，在科技部的人文學及社會科學經典譯注計畫的贊助下，單教授就我的業師 Kliebard 教授之傳世名作，完成譯注，即將付梓，可喜可賀，樂為之序。

黃政傑 謹識

靜宜大學教育研究所終身榮譽教授

國立臺灣師範大學教育學系退休教授

2020 年 5 月 31 日

譯注前言

一

　　據本人理解，迄目前為止，以美國中小學校課程史為主題的專書有二，惟僅其中之一有中文譯本。該中文譯本是由華東師範大學課程與教學研究所崔允漷教授帶領其團隊於 2006 年，根據譚納（Daniel Tanner, 1926-）與唐娜（Laurel Tanner, 1929-2013）二人，於 1990 年合撰出版的 *History of the School Curriculum*，所迻譯而成的簡體中文版《學校課程史》。如今，另一本由克里巴德（1930-2015）所著，於 1986 年初版、2004 年三版的 *The Struggle for the American Curriculum, 1893-1958*（簡稱 *Struggle*，則在科技部的譯注計畫贊助之下，由本人獨力完成的《美國中小學課程競逐史（1893-1958）》（簡稱《競逐》）繁體中文譯注本，亦將剋期問世。

　　兩本美國中小學校課程史專書，分別由海峽兩岸的同道譯成中文，一方面固然代表兩岸課程與教學學界善盡學者譯介新知的責任，回應廣大群眾對於類此新知認識與理解的需求；另一方面，則顯示近數十年來，兩岸頻繁的課程與教學改革，為學界帶來了深刻的反思。誠如崔允漷教授（崔允漷等譯，2006：IV-V）在《學校課程史》的〈譯者前言〉引用原著中的一段文字：

> 許多課程改革方案很少關注甚至忽略了前人的努力。每一個新的課程改革小組在探討課程改革時，似乎他們要解決的問題都是那些從前未認識到的問題。因而，沒有成功地把課程研究工作建立在前人的基礎上。過去與現在之間的斷裂總是成為屢教不改的錯誤。（並見於譯文第 33 頁，原著 p. 30）

其實，類似的說法不為鮮見。本人應邀於 2006 年在北京師範大學教育學院甫發行之《教育學報》第二期撰成的〈教育改革性質的歷史分析〉文中即有類似的結語：

> 我們千萬不可忘記，當今所有的人和機構皆為歷史的產物，而且，我們無時無刻不需要根據歷史的經驗，來為現在和未來的行動作出決定。今天的社會變遷快速，民眾的教育期望日高，教育的問題層出不窮，改革的壓力永不止休，然而，每項問題皆必然有其歷史的軌跡可資追循。於是，從教育改革的觀點來看，歷史的分析乃成為不可或缺的必要功課。（單文經，2006：33；2011：24-25）

緊接著是一段引自堤亞克（Tyack）與庫本（Cuban）（1995: 6）的文字：

> 歷史儲存了前人所進行的各項實驗。研究這些實驗的成本既便宜，又不必再把一大堆相關的人士當作實驗室中的白老鼠一樣耍弄。同樣的道理，許多教育問題皆可在過去找到根源，而且許多解決方案也都曾經為前人試驗過。換句話說，如果一些所謂的「新」點子，曾經有人嘗試過，我們為何不好好地看看他們過去是怎麼做的呢？（Tyack & Cuban, 1995: 6）

《競逐》一書的原作者克里巴德（Kliebard, 2004: xvii-xviii）則在該書的初版序言中指出，當時教育學界較少以「兒童與青年走進學校大門之後」所學習到的課程為主題進行歷史研究，反而對於「誰進去學校這件事投放了大量的注意力」，所以他「深以教育的歷史研究之不平衡而操煩」。而這種漠視課程史研究的現象，正是他撰作該書的主要動機之一。

質言之，本人之所以費時費心於 2016 年下半年，撰寫長達約四萬五千字的「《競逐》譯注」計畫書向科技部提出申請，並依核定的二年期限（2017年 8 月 1 日至 2019 年 7 月 31 日，106-2410-H-034-032-MY2）完成初稿函交承辦人送審，俾便讓該書的中文譯注本能盡速面世，亦是著眼於此。

二

崔允漷教授（崔允漷等譯，2006：V-VI）在《學校課程史》的〈譯者前言〉指出，其於1997年秋天，因接待《學校課程史》作者之一譚納率領的美國教育學家中國訪問團，而起意從事該書的迻譯工作，以迄團隊於2005年完成譯稿，前後費了八年之久。翌年3月，譯本方行出版，共為八年有半。相對於此，《競逐》一書中譯本的催生，自起意至付梓成書，所費時日之長久，亦不遑多讓。

2013年春，本人鼓勵一位原為英文專業、後習課程與教學，已在某大學服務一段時間的中壯年朋友某君，似可以其兼具英文及課程與教學的專長，以 *Struggle* 為對象向國科會提出經典譯注研究計畫的申請。渠經相當長時間的準備，於同年年底完成申請，惜乎因故未獲通過。

2015年冬，又有一位類似專長與經歷的某君，來電稱其於8月底按新規定〔「科技部補助人文學及社會科學經典譯注研究計畫作業要點」（以下簡稱「要點」）第四點〕，以 *Struggle* 為對象提出的「經典譯注計畫構想表」業經審查通過，並已完成計畫申請書初稿，請本人提供意見。本人依過去申請「《經驗與教育》譯注研究計畫」（2011年8月1日至2012年7月31日，NSC100-2410-H-034-053）及「重新詮釋杜威《民主與教育》的時代意義譯注計畫」（2014年8月1日至2016年7月31日，MOST103-2410-H-034-028-MY2）兩案的經驗作了一些建議。後來，某君依限提出申請，惜乎又因故未獲通過。

既然兩匹千里名駒皆不幸折足，只好由本人這匹猶然志在為學研究的伏櫪老驥補位。2016年秋，我在執行「吳俊升（1901-2000）對杜威行誼與思想的研究之批判」專題研究計畫（2016年8月1日至2017年7月31日，MOST105-2410-H-034-039）的中途，於提出構想表、等候審查結果的同時，亦抽出不少時間敘寫《競逐》譯注計畫的譯名決定、譯注必要、作者介紹、成書經過、大要說明、接受情況、文獻評述等項，配合原著試譯五頁、注釋若干等，依限提出申請，而幸於2017年7月上旬獲知通過。此後情節，已如上述，不再贅述。

三

　　最後，依一般撰寫前言的慣例，在此謹向有關單位及人士表示感謝。

　　為譯注本作序的黃光雄教授是本人進入課程領域學術研究的啟蒙老師，黃政傑教授則是作者克里巴德的及門弟子。兩位課程領域先進的推薦序，為譯注本增色不少，謹此致上無盡謝忱。

　　感謝科技部能慨然地第三度贊助本人進行經典譯注研究的工作；多位審查人的指教與支持，更應致上萬分的謝意。

　　感謝本人最常出入借書還書的國立臺灣師範大學圖書館、中國文化大學圖書館；中國文化大學圖書館的參考室協助以館際互借的方式借閱各種圖書資料，尤應感謝。

　　感謝於本人在撰寫計畫書期間，不吝花費許多時間細讀，並且提供許多高見的顧曉雲及黃瑄怡兩位課程與教學界的後起之秀。顧君留學英國，取得倫敦大學博士，現任國立中正大學教育學研究所副教授。黃君留學美國，取得密西根州立大學博士，現任國立臺北教育大學課程與教學傳播科技研究所助理教授。兩位的中英文俱佳，對課程史亦多所研究，且都曾熟讀 *Struggle* 原著，因而所提供的意見皆甚中肯。黃君還特別薦請其英文造詣頗高的美籍同學，代為處理一些費解的文句，尤應特別道謝！

　　還需特別感謝國立臺灣師範大學教育學系的劉蔚之教授，帶領修習她一門功課的博碩士生及前來訪學的大陸學者，一同參與譯注本的校對工作。不僅劉教授在譯解原文與用字遣詞等方面提供了很多修正意見，其他人亦在尋找錯別字與漏落字等方面作出了很大的貢獻，謹此誌之！

　　當然，也一併要感謝協助譯注本出版事宜的心理出版社洪有義董事長暨林敬堯總編輯！

單文經　謹識

2020 年 8 月 11 日

導讀

茲依序就譯名決定、譯注必要、作者介紹、成書經過、大要說明、接受情況及文獻評述等項敘寫如下。

壹、譯名決定：本書譯名決定之緣由

本書譯名定為《美國中小學課程競逐史（1893-1958）》，先考慮者為"Struggle"一詞的譯法；俟其決定後，方才確認本書譯名。

一、"Struggle"一詞的譯法

"Struggle"一詞該如何中譯才最為「精確妥貼」（思果，2003：17），頗費思量。蓋該詞可譯為競爭、爭戰、衝突、掙扎、鬥爭、奮鬥等；因本書旨在敘述美國四個對中小學應該「教給學生什麼課程」有興趣的利益團體相互競爭與追逐的歷史，以譯為「競逐」較佳。[7]

二、書名的決定

王紅欣（2010：103）將 *The Struggle for the American Curriculum, 1893-1958* 的書名直譯為《為美國課程而戰》。何珊雲（2010）與夏英（2015）皆譯為《1893-1958 年的美國課程鬥爭》，而楊智穎（2015）則將"Struggle"譯為「競奪」（pp. 26, 62ff）或「爭奪」（pp. 47, 77）。譯注者淺見，這些譯法似皆有待商榷。

譯注者相信，梁實秋若見及如此譯名，恐怕會說，這種「生吞活剝

---

[7] 另外，鍾鴻銘（2004）並未特地將本書書名譯成中文，但於行文中將"struggle"一字解為「競逐」（p. 114）；宋明娟（2007：5）則逕行譯為《美國課程的競逐，1893-1958 年》。其餘譯法，請見下文。

的逐字直譯……乃是『硬譯』、『死譯』」。另外，他對於此一中譯，把這本書主述的時間"*1893-1958*"加以刪除，也會說：「譯者沒有權利做這樣〔刪割〕的事」（本段引文皆轉引自黃邦傑，2006：28）。

職是，似可將其直譯為《為美國課程而競逐，1893-1958》。然，似仍不盡妥切。

誠如單德興（2004：143）所說，在翻譯時：「讓讀者除了理解表面的意思」外，還要讓他們「有機會一窺可能蘊藏其中的特定訊息，探索作者的用心」。更有進者，從事翻譯研究應做到「雙重脈絡化」（dual contextualization）（p. 125）：

> 翻譯不應止於原作本身的迻譯，也應帶入相關的文化、歷史脈絡，讓讀者一方面從譯文本身了解原作的旨意，另一方面從其他相關資訊知悉作者與寫作背景，以便體會原作、作者及其脈絡的關係，進而體會在經由翻譯、移植進入另一個文化的過程中，除了原意之外，在標的語言和標的文化中衍生了哪些新意，產生了哪些效應。

《為美國課程而競逐，1893-1958》的直譯書名，似已傳遞了這樣的訊息：本書是某些團體以「美國」為場域，就著「1893 至 1958 年」間的「課程」，進行「競逐」的故事。

然而，為了讓「標的語言和標的文化」——亦即中文世界——的讀者能更迅速地由本書譯名理解其可能的內容，似宜在「課程」一詞前冠以「中小學」，俾便更明確地範限其「標的」。

不過，在中文裡似不大習用「為美國中小學課程而競逐，1893-1958」這樣的語法。若改成「1893 至 1958 年美國中小學課程的競逐」，或許會比較像中文些。

那麼，既然都已經說到了「1893 至 1958 年美國中小學課程的競逐」，何不趁機把這本書乃是課程史的專著一事也併同明說了。

於是，《1893-1958 年間美國中小學課程的競逐史》即似成為較妥切的譯

名。然而，如此仍嫌不夠簡潔，最後乃定名為《美國中小學課程競逐史（1893-1958）》。

貳、譯注必要：本書在教育史與課程等領域之重要性

在美國，本書是在教育學門，特別是教育史與課程等領域的經典之作，亦是主修教育的學生必讀之專書；在臺灣乃至其他中文世界，亦是以教育研究為主旨的學界人士所公認的好書。〈國科會 103 年度人文及社會科學經典譯注計畫推薦書單〉（簡稱〈推薦書單〉）曾列本書為其中之一，即為明證。茲試自其在教育史與課程等領域的重要性，說明該書譯注為中文的價值。

一、本書可增進讀者對於 1893-1958 年間美國中小學課程歷史的特質之理解

本書作者克里巴德（下簡稱克氏）指出，從歷史發展的觀點來看，1893-1958 年間的美國中小學課程是高度政治妥協的產物，深受當時社會與經濟局勢，還有來自多方面的意識型態角力之影響。他以這段期間發生的事例，詳細解說各個利益團體為了中小學課程而相互競逐、彼此妥協的經過。在這段期間，此一中小學課程與利益團體競逐的關係，比起中小學課程「與所謂有研究支持的課程政策、教師的經驗知識，以及學生學習需求等的關係」（引自上述〈推薦書單〉的說明），來得更為密切。而此一評述恰足以說明，克氏把1893-1958 年間的美國中小學課程視為各方競逐與妥協結果的觀點，確切地指陳了這段期間美國中小學課程史的特質，而這也正是本書之所以成為教育史與課程等領域重要經典的主要緣由。

二、本書可充實讀者對於 1893-1958 年間美國中小學課程理論與實務的認識

克氏以 1893-1958 年間的美國為範圍，評述人文主義者、兒童研究或發展

論者、社會效率論者及社會改良論者等四個利益團體，就著中小學課程相互競逐的故事。同時，他十分細膩地析論各派重要人物的課程理論，並且就其等所推動的實務作法，作出相當詳盡的解說。值得注意的是，克氏在處理本書人物的思想時，屢有精彩且具創意的闡釋。例如，他指出，與其說約翰・杜威（John Dewey, 1859-1952）[8] 專屬於這四個利益團體中的某一個，不如說，因為杜威把每一個團體的某些主張都加以重新詮釋與重新建構，所以，與他們都有著某種關聯；或者換個角度來看，若說與杜威相互競逐的任何一個利益團體結盟，不如說杜威把他們所提倡的主張加以統整與轉化，因而自成一格（Kliebard, 2004: 26）。

三、本書可藉以提醒教育史及課程學者多加重視中小學課程歷史的研究

一者，過去教育史學者多集中於教育制度與思想的研究，較少注意中小學生在學校學習了什麼課程；殊不知作為課程主要內涵的知識究應包含哪些成分、又應由誰來決定，乃是教育史學者應多著力之處。另者，總是有人批評課程學者，只是悶著頭研究當今的課程應該如何改革、如何編製、如何實驗、如何施行，卻因為很少關注課程史，而經常重蹈前人的覆轍卻不自知。克氏針對1893-1958 年間美國中小學課程的各項議題，包括課程的社會文化因素、課程思想、課程實驗、課程改革、課程編製、科目調整等，作出了兼具深度與廣度的敘述與詮釋，既豐富了這段期間教育史與課程研究的成果，亦因而提醒了教育史及課程學者研究中小學課程歷史之必要性，並且示範了從事類似研究的可行性。

8　本書提到兩位杜威，一位為約翰・杜威本人，一位為其長子富瑞德・杜威（Fred Dewey, 1887-1967）。惟因富瑞德只出現一次，因而除此之外的「杜威」，皆指約翰・杜威本人。

參、作者介紹

　　克氏於 1930 年 7 月 24 日生於紐約布朗克斯區（Bronx, New York City），2015 年 6 月 8 日辭世於芝加哥北方的伊利諾州伊凡斯頓（Evanston, IL）。他並未留下任何專書形式的自傳，也未見別人為他出版過傳記專書。所以，譯注者撰寫這一小節的生平部分，主要根據他所發表類似自傳的文章，所出版專書中的作者介紹專節、序言及內文中的自述，別人在專書或文章中所作的介紹，以及親友於其身後所撰發的訃文等資料，綜合整理而成。至於重要著述的部分，除由上述的資料中擷取之外，亦透過圖書館及學術網路搜尋而得。

　　此其中當以他於 2009 年發表的〈隨緣的機遇與相繼的抉擇〉（Chance Encounters and Consequential Choices）一文最為珍貴。該文先敘述文題由來，另分成長、早期求學經驗、進入大學、成為教師、入伍、再拾教鞭、哥大師範學院、麥迪遜、著作、人生另一章等十小節，自述其一生的生涯大事。茲謹以此為基礎，就有關資料，將本小節分為成長與求學、中學任教與修讀碩博士學位，以及大學任教與重要著述等三個部分，簡要陳述之。

一、成長與求學

　　克氏的全名是 Herbert Martin Kliebard，父母——Yetta（Yaskulka）及 Morris——都是操意第緒語（Yiddish）的德系猶太人；父母親分別於 1912 年及 1919 年移入美國。

　　克氏幼時家中十分窮困。父親在克氏稱之為「血汗工廠」的女帽紡織工廠工作，工餘並在猶太人社福單位義務助人；母親體健時，亦跟著做些小工，貼補家計。克氏生下時正當美國經濟大蕭條時期（1929-1933），父親只能偶獲零星工作：淡季時無工可作，旺季時則須日夜趕工，難得充分休息。這段經驗讓他留下難以磨滅的印象，在他 69 歲出版的《為工作而接受學校教育：1876-1946 年間的職業主義與美國課程》（*Schooled to Work: Vocationalism and the American Curriculum, 1876-1946*）一書序言，還提起這件事（Kliebard, 1999: xv）：

有時，父親拿到了計件的工作（piece-work），就會在家裡拼命地做完，累得連話都說不出來。我對邰勒（Federick Winslow Taylor）[9] 所說的「論件計酬制」（piece-rate system）反感之至，就是源自於我自己的生活史——這種制度把人的生產力壓榨到最後一盎斯。

他在〈隨緣的機遇與相繼的抉擇〉一文中還提及，記得一歲時，也就是 1931年，因為家裡窮到無法繳付房租，遭人趕出所租賃的公寓，破舊的傢俱被人棄置街頭，真是慘啊！

克氏小時家中多以意第緒語互動，英語基礎不佳，但頗為用功，尤酷愛閱讀。然家中無車，無法前往市區圖書館，乃妥為利用每週前來一次的圖書館巡迴車，借閱圖書勤讀。克氏小學六年級時，適逢珍珠港事變，雖尚年幼，亦感到「天搖地動」（Kliebard, 2009: 131）。中學時，喜愛戲劇與寫作；中學畢業後，因成績優異且家境清寒，得以免費入讀紐約城市學院（City College in New York）。大學求學期間，曾受教於知名自然主義哲學家柯里果利安（Yervant Krikorian, 1892-1977）教授，[10] 因而對哲學產興趣，尤鍾愛杜威思想。

克氏大四時與同學受邀到某位住在曼哈頓河濱大道（Riverside Drive）的教授夫婦之高級公寓住家中，驚見四周排滿各式圖書的專用書房，想想自己家人擠在一個房間（one-bed room）的簡陋公寓，廚房中的餐桌，在飯後即成為其書桌，不禁感嘆其間直如雲泥之差異；此一印象，延亙近一甲子，猶如昨日（Kliebard, 2009: 133）。[11]

---

9 為表區分，本書提到 Taylor（Federick Winslow Taylor, 1856-1915）時，中譯為邰勒，而將 Tyler（Ralph W. Tyler, 1902-1994）中譯為泰勒。

10 據蘇克（Shook）於 2005 年出版的《現代美國哲學家辭典》（*Dictionary of Modern American Philosophers*）一書第 1360 頁對於柯里果利安（Krikorian）教授的簡介所示，他曾於 1944 年出版《自然主義與人類精神》（*Naturalism and the Human Spirit*）一書。該書收有杜威，胡克（Sidney Hook），納格爾（Ernest Nagel），阮德爾（J. H. Randall, Jr.）等人的論文。

11 當年克氏應約 21 歲，距離〈隨緣的機遇與相繼的抉擇〉一文發表時的 79 歲，約莫 58 年，將近一甲子。

二、中學任教與修讀碩博士學位

　　克氏於 1952 年大學畢業後隨即入讀哥倫比亞大學師範學院碩士班,並參加紐約市中學教師證書考試。此一考試分為三個部分:學科、教育方面口試,還有一場講演考試(speech exam)。因為他所帶有的布朗克斯區紐約人特有的腔調,讓兩位口試官對他的表現有不一致的看法。不過,後來,還是勉強讓他通過。隨後,他即分發到布朗克斯職業中學(Bronx Vocational High School)任教,且繼續兼讀閱讀教學的碩士學位。

　　一年後,克氏取得碩士學位,即奉召入伍,分發於德州一陸軍醫學中心(Brooke Army Medical Center at Fort Sam Houston, Texas)下設的一所醫務學校(Medical Field Service School),先任職業輔導人員,後在該校的閱讀實驗室任讀唇術(speech reading)講員。兩年兵役結束後,返回職業中學服務一年,即 1955-1956 學年。作家韓特(Evan Hunter, 1926-2005)曾於 1954 年,以該校為據,出版名為《黑板叢林》(*Blackboard Jungle*)的暢銷小說,使該校獲得一些「不樂見的惡名」(unwanted notoriety)(Kliebard, 2009: 135)。事實上,在這一學年當中的某天早晨,克氏即在該校圖書館前親睹已經覆蓋屍布的學生大體;這名學生是遭人刺死的。

　　克氏於 1956-1957 學年轉到紐約北方的小鎮尼亞克一所公立學校(Nyack Public Schools at Fort Sam),擔任閱讀專家(reading specialist),同時入讀哥倫比亞大學師範學院博士班,先取得閱讀教學專家學位(Specialist Degree in reading);導師為史川教授(Ruth May Strang)(1895-1971)。[12] 後來,克氏多在課程與教學系選課,經編序教學(programmed instruction)見長的藍格教授(Phil Lange)轉介白樂客教授(Arno Bellack),並任以課堂語言(language of the classroom)為主題的專案研究計畫之助理。[13] 六年後,克氏在白

---

[12] 史川教授曾出版兒童研究、青少年心理、閱讀、團體活動、輔導與諮商,以及成績報告等方面的專書。

[13] 白樂客教授於 1940 年獲威斯康辛大學學士,並先後於 1946 年及 1952 年獲得哥倫比亞大學師範學院碩博士學位。其專長為課堂內的教師行為,曾出版《課堂語言:

樂客的指導下，以專案研究計畫的部分成果撰成論文，取得博士學位。

　　克氏在修讀博士課程期間，有三次修習教育史名家克雷明教授（Lawrence Cremin, 1925-1990）有關美國教育史的功課，包括兩門講演課、一門學術討論課（colloquium），引發其對教育史研究的興趣。另並修過馬克利蘭教授（James McClellan, 1922-）的教育哲學課，以及費尼克斯教授（Philip Phenix, 1915-2002）的功課。[14]

三、大學任教與重要著述

　　1963 年 8 月起，克氏進入威斯康辛大學麥迪遜校區課程與教學系任教。據同事艾波（Michael Apple, 1942-）回憶，當時，克氏教的課有中學課程、課程計畫，以及課程史專題研究等（Apple, 2015: 418）。克氏於 2000 年退休，仍持續研究與著作。他於 2015 年辭世。

　　他的學生之一、加州大學河邊分校（University of California, Riverside）裴姬教授（Reba N. Page）指出，克氏一生當中約莫發表各式著作 90 餘件（Page, 2010: 211）。[15]克氏在〈隨緣的機遇與相繼的抉擇〉第九節，論及自己的著述

中學教學所溝通的意義》（*The Language of the Classroom: Meanings Communicated in High School Teaching*, 1965, Arno A. Bellack, Herbert M. Kliebard & others）、《課堂歷程研究：近期發展與下一步驟》（*Research into Classroom Processes: Recent Developments and Next Steps*, 1971, Ian Westbury & Arno A. Bellack, editors）、《課程與評鑑》（*Curriculum and Evaluation*, 1977, Arno A. Bellack & Herbert M. Kliebard, editors）等書。

[14] 馬克利蘭著有《對美國教育的有力批評》（*Toward an Effective Critique of American Education*, 1968）及《教育哲學》（*Philosophy of Education*, 1976）等。克氏未指明修習過費尼克斯教授什麼功課。費尼克斯所著《各種領域的意義：普通教育課程的哲學》（*Realms of Meaning: A Philosophy of the Curriculum for General Education*, 1966）一書，十分有名；費尼克斯另著有《教育與共同善：課程的道德哲學》（*Education and the Common Good: A Moral Philosophy of the Curriculum*）一書。

[15] 裴姬為美國加州大學河邊分校教育研究院退休教授。她於 1964 年取得華盛頓大學（Washington University）的歷史專業文學士，於 1973 年取得約翰霍普金斯大學

時，列舉了論文一及專書二。[16] 一篇論文是指 1968 年發表的專書論文〈課程領域回顧〉（The Curriculum Field in Retrospect）。兩本專書，一是本書（即《競逐》），另一則是前面提過的《為工作而接受學校教育》。

另外，克氏將所發表的論文輯成兩本文集：一是 1992 年出版的《鍛造美國的課程：課程史與課程理論論文集》（*Forging the American Curriculum: Essays in Curriculum History and Theory*, 1992a），另一是 2002 年出版的《課程的變革：20 世紀美國課程的改革》（*Changing Course: American Curriculum Reform in the 20th Century*, 2002）。他於 1992 年，在《課程研究大全》（*Handbook of Research on Curriculum*）發表〈美國課程史的建構〉（Constructing a History of the American Curriculum, 1992b）一文，亦是很重要的專著。

茲謹就以上所述及的克氏五項重要著述之中，本書除外的四項，簡單介紹如下：

〈課程領域回顧〉（1968）是克氏在哥大求學時認識的韋特教授（Paul W. F. Witt）所主辦以「科技與課程」（Technology and Curriculum）為題的學術研討會，電話邀請他發表一篇論文。他回以不具備任何科技的專長，恐不宜為之。但在韋特表明不必鎖定這個主題後，克氏決定以〈課程領域回顧〉為題，撰成他第一篇以課程史為主題的論文。[17] 查該文分為前言，課程領域的啟始、

文學與歷史專業文學碩士，並於 1984 年取得威斯康辛大學麥迪遜校區的課程與教學博士。她著有《較低分流課堂的情況：課程與文化的觀點》（*Lower-track Classrooms: A Curricular and Cultural Perspective*），並與人合編有《美國中學課程分化的詮釋式研究》（*Curriculum Differentiation: Interpretive Studies in U.S. Secondary Schools*, 1990）。

[16] 在克氏辭世後親友所發布的訃文中（Kliebard Obituary, 2015），也提到這兩本專書。

[17] 鍾鴻銘（2004：95）據曾為克氏學生的胡南克林（Barry M. Franklin）於 1998 年 6 月 16 日與克氏的談話而寫道：「他應邀回到師範學院演講，講題由其自選，這篇演講稿經潤飾後以〈課程領域回顧〉為名發表」（Franklin, 2000: 3）。顯見胡南克林所記載者，與克氏實際狀況略有出入。特誌之。

成型，課程的二分與差異化（dichotomies and differentiation），以及結論等五節。時值 1960 年代末期，因受蘇聯發射人造衛星的影響，聯邦政府聘請的學科專家，有漸漸取代課程專家在學校課程事務中發言權的趨勢。克氏乃呼籲課程學者要認真思考如何再找回「自我的身分認同」（self-identification）（Kliebard, 1968: 83）。

〈美國課程史的建構〉（1992b）一文於前言，說明「建構課程史」時，不能視課程為統合而一貫的整體，而應視其為由各種力量──有些是理性且蓄意形成的，但大部分卻是出乎直覺，或是具有象徵與儀式性質的──以近乎混亂的形式進行交互作用的產物。接著，依序說明課程史作為一個研究領域的演進與發展，美國歷史上各個課程委員會報告書的意義，由科學方式編製課程到各個學科所受到的挑戰，杜威傳承與進步教育的意義，研究課程史的不同方法，各個學科的歷史，以及界定課程史的範圍與結構等主題。譯注者以為，〈美國課程史的建構〉一文可謂為課程史研究方法論的佳構，凡有意深入研究課程史者，皆當詳加研讀，細予玩味。

《鍛造美國的課程》（1992a）一書由副題《課程史與課程理論文集》即可知其主軸。誠如克氏在該書〈導論〉開宗明義所示（Kliebard, 1992a: xi）：

> 在我讀研究所時，學術界無所謂課程史這回事，課程史皆融入一般的教育史中，既無人可稱課程史學者，亦無人有此意圖，一路走來，我幸獲此一名號。然本文集所綴諸篇雖皆應屬課程史，實則亦皆為論列課程理論之作，蓋我長久以來皆致力以歷史分析法梳理課程理論之要義也。質言之，本書輯得課程歷史與理論專文各六篇，共得 12 篇。

該書收錄之論文最早為 1970 年的〈泰勒課程基本原理〉（The Tyler Rationale），最晚為 1992 年之間的〈1880 年至 1905 年間兒童研究為本課程的興衰〉（Keeping out of Nature's Way: The Rise and Fall of Child-study as Basis for Curriculum, 1880-1905）。[18] 該文集另有人文科目的衰退、杜威與赫爾巴特論者、以科學方法編製課程、課程理論的意義與內涵、視課程理論為譬喻，乃至把職業教育當作象徵行動（Symbolic Action）等主題的論文。[19]

《為工作而接受學校教育》（1999）一書的副題《1876-1946 年間的職業主義與美國課程》更能讓讀者掌握該書要旨。克氏曾在職業中學任教兩年，一直都很關注這方面的問題。誠如克氏在前言所指，他試圖在該書：「追溯職業訓練作為教育理念的演進」（Kliebard, 1999: xiv），乃是由 19 世紀末葉興起的手工訓練（manual training），到 20 世紀上半葉盛行的職業教育，再到 20 世紀下半葉，已形成唯「獲得與持有工作」（getting and holding a job）是求的「職業主義」（vocationalism）。這種職業主義已經不再只是中學課程的一個部分而已，而是融入了整個中學課程，使得整個中學課程都職業化了。然而，誠如為該書作序的威斯康辛大學課程與教學系利思（William J. Reese）教授所說，克氏：「以此一世紀學術、人文教育的尊嚴持續遭致侵蝕，以及時而造成的不民主後果長聲哀嘆」（Reese, 1999: x）。

行文至此，譯注者猜想，克氏在看到這段話時，一定會興起：「知我者莫若利思也！」後來，克氏的學生胡南克林（Barry M. Franklin）在為紀念其師退休而彙編的《課程與後果：克氏與學校教育的許諾》（*Curriculum and Con-*

---

18 該文題可直譯〈為兒童清理自然之道〉，是為兒童研究運動倡導者霍爾（G. Stanly Hall）於 1901 年在全美教育協會（National Education Association, NEA）所發表的〈以兒童研究為基礎的理想學校〉（Ideal School Based on Child Study）一文中的一句話。但是譯注者以為，逕以副題為名，更為切題。

19 克氏於 1979 年在《課程探究期刊》（*Curriculum Inquiry*）發表的〈課程理論：請給我一個「例如」〉（Curriculum Theory: Give Me a 'For Instance'）一文所闡釋「課程理論」的意義，頗值得課程學界人士再三咀嚼。蓋克氏以納格爾（Earnest Nagel, 1901-1985）於 1969 年發表的〈科學哲學與教育理論〉（Philosophy of Science and Educational Theory）一文所提出之四種意義下的「理論」為據指出，課程理論不必像自然科學一樣力求理論的經驗實證，而須盡量做到「對於一套相關聯的概念，或多或少進行有系統的分析」（Kliebard, 1992b: 175）。

sequence: Herbert M. Kliebard and the Promise of Schooling）一書的導論中即提到：民主，以及博雅教育為「克氏在歷史與其他學理論著中特別重要的兩個相關聯的主題」（Franklin, 2000: 3），與利思看法一致。

《課程的變革》（2002）一書之副題《20 世紀美國課程的改革》明示了該文集的內容主旨。該書以時序先後收錄自美國內戰之後以至當代的九篇論文，有以課程領導人物為主述對象者，如重建社會科內涵的瓊斯（Thomas Jesse Jones, 1873-1950），以議題中心編製社會科教科書的羅格（Harold Rugg, 1886-1960），以及提倡文化識讀素養（cultural literacy）的赫許（Eric Donald Hirsch, Jr., 1928- ）；有以單一課程文件為詳論對象者，如 1918 年公布的《中等教育基本原則》（*Cardinal Principles of Secondary Education*）；亦有以課程大事如高中與大學的課程從屬關係，串連十人委員會報告書（1893）、八年研究（1933-1941）及生活適應教育（1945-1958）等課程文件與活動者；不一而足，其要者皆在說明：「為何某些課程改革成功地轉化而成學校的實際措施，而有些則否」，亦即「試將各種不同的改革加以區辨，並且探討其因為失敗而造成長遠影響的緣由」（Kliebard, 2002: 2）。[20]

2015 年，克氏辭世，親友所發布的訃文中介紹他是一位在課程計畫、教育史，以及教育改革者杜威等方面的研究具有突破性貢獻的學者。該訃文並周知，克氏於 1999 年獲杜威學會贈予「傑出生涯成就獎」（Outstanding Career Achievement Award），於 2005 年應邀在杜威學會發表杜威專題講演，還獲美國教育研究學會（American Educational Research Association, AERA）B 分會（課程研究分會）頒贈「終身成就獎」（Lifetime Achievement Award）。

---

[20] 隨後，克氏也再度強調了他一貫所持有的課程改革史觀，特照錄於此：「改革並不單純。這個具有混成（portmanteau）意義的文字，代表了許多作為，有些崇高尊貴而深具意義，有些則誤入歧途甚至應予嚴厲譴責。雖然改革一辭幾乎都帶有正向的意涵，但是，即使某些改革並未成功，還是應予頌揚；因為，反過來說，這些失敗的作法往往成功地矯正了學校教育明顯的缺失與不義，甚至，在某些情況下，還避免了一些悲劇的結局」（Kliebard, 2002: 2）。

肆、成書經過

一、緣由

我們可由克氏在〈隨緣的機遇與相繼的抉擇〉一文中的兩段敘述,以及他在一版的〈序言〉開宗明義的一段文字,明白本書的成書緣由。事實上,這兩處文字雖有不同,意思卻相近。茲在本小節先介紹前者,後者留待下一小節再予介紹。他在前文中說:

> 到了 1980 年代,我開始思考,我似可直接投身於研究有關「20 世紀的教育改革應該如何詮釋」這個具有爭議性的問題。那時,教育史學界可概分為兩個陣營,一是傳統論者(traditionalists),一是激進的修正論者(radical revisionists)。前者從正面而積極的角度,視美國的教育變革為難能可貴的進步,而後者則強調這些變革的黑暗面,不認為有所謂進步可言。……後來,我得到一項結論:其等所爭論者,本身即是一項有爭議的事情。我自己的研究歸結:其實並無任何可名之為進步教育的實體……。相反地,我試著詮釋進步年代,不以其為單一的改革運動,而是一種多元歧異的事象。我把這段期間的課程當作由若干不同意識型態大軍(ideological armies)所進行的一場戰役;它們競相爭逐主宰的地位,並且爭取人們的認可。無論好壞,競逐的後果並不必然成為定論。我當時所存有的希望是,試著把今日美國教育當中,因為各種相互匹敵的意識型態所造成之渾沌不明的混合狀態(chaotic admixture),作一番澄清。(Kliebard, 2009: 139)

於是,我們在 1986 年就看到克氏出版了《競逐》一書的第一版。

我們都明白,羅馬不是一天造成的;克氏所寫成的這第一版的《競逐》,也不是突然就從石縫裡迸出來的。從他於 1968 年發表那篇為其進入課程史學術研究「專業上……轉捩點」的〈課程領域回顧〉一文之後,所作的研究與所

發表的論文，許多都是以課程史為主軸（Kliebard, 2009: 139）。而且，他在《競逐》一書第一版的〈序言〉中即自述：

> 事實上，我好些年以來，早就考慮要寫一本有關美國現代課程歷史的專書，而且我也就這方面的主題，寫了大約幾十篇（a couple of dozen）的論文。（Kliebard, 2004: xvii）

二、經過：由三個版次的〈序言〉看本書主旨及內容的調增

《競逐》一書於 1986、1995 及 2004 三個年份發行三個版次。本節將以第三版中所分別呈現的、由克氏為各個版次所撰寫的〈序言〉為據，簡述該書主旨及內容調增的情況。

（一）由第一版〈序言〉看本書主旨、主要史料及其架構與敘事方法

1. 本書主旨

克氏於篇首提及凱叟（Carl Kaestle, 1940-）於 1984 年為兩本教育史專書撰寫題為《階級學校》（*Class Schools*）的評論，表示其一的研究「超越了相互匹敵的兩種詮釋；這兩種詮釋已經持續爭論了 15 年之久」。凱叟並就這兩種相互競逐的思想派別，作了以下的描述：

> 傳統論者說，學校制度例示了民主的演進。激進修正論者則回應道，非也；學校制度證明了社會控制對於勞工階級所施予的官僚式干預。最近，某些歷史學家即強調，公眾教育制度乃是相互衝突的階級與利益團體之間的競爭。（轉引自 Kliebard, 2004: xvii）

克氏說，雖然他是在《競逐》一書初稿即將完成時，才有機會讀到這篇評論。但是，讀來「甚獲我心」。尤其克氏對凱叟所說「最近，某些歷史學家即強調，公眾教育制度乃是相互衝突的階級與利益團體之間的競逐」一事深表同感，蓋因《競逐》一書的主旨就在於「以一種適當的表達方式，把決定這種衝

突結果之力量所具有的性質，作一番清晰的描述」（Kliebard, 2004: xvii）。

2. 主要史料

　　然而，克氏似乎預知，像他這樣，因為「中小學教學現場少有資料留下」，而不得不仰賴「一些領袖人物所發表的言論或者全國性質的委員會所發布之文件」為主要史料的作法，勢必招致論者的批判，所以先行自我招認，他說：

> 我試著不把那些通常是由教育界的某些重要領袖，或者全國性質的委員會所發布的文件，當作影響事件發生進程的某些事物，而是人們在某一段期間所留下的東西（artifacts），讓我們這些後人可憑以……重建其真正的實況。（Kliebard, 2004: xviii）

克氏明白：「那些領袖的言論及文件的陳述與實際情況相較，總是比較理想而且誇大。」但他指出，這些前人所作的陳述，代表「一種風向球，藉著它，我們可以測量這股課程的風往哪個方向吹去」（Kliebard, 2004: xviii）。他以「活動課程」（activity curriculum）（Kliebard, 2004: 143-150）為例說明：

> 某些提倡活動課程的領袖總是認為，他們所提出的課程構想，應該是學校兒童們所學到的主要課程，甚至所有的學校都在實施活動課程。但是，我們都知道，除了零星地散布在各地的少數實驗學校之外，並不是這麼回事。然而，這並不意味著，學校的實務作法上，完全感受不到活動課程運動的存在。一般而言，到了那些觀念進入公立學校時，它們就都融入在學校的現有課程架構之中了。換言之，在一些像是社會科或是英文科的脈絡當中，就比較明顯地可以看到活動課程這樣的觀念。（Kliebard, 2004: xviii）[21]

---

[21] 不過，儘管克氏先打了「預防針」，但仍然有不少學者就著這一點，提出批評。例如，1987 年，史丹佛大學的華克（Decker F. Walker, 1942-）即有很到位的批判：「作為故事體的歷史專書，該書有一項重大的限制。克氏有意地把注意力聚焦於公共與專業人物的公開陳述。我們無從得知教師、家長、學校行政人員，或是學校董

3. 架構與敘事方法

　　克氏指出，本書第一章既是書首又是導論，預示此一利益團體相互競逐的故事之後續發展。在這一章中，也把涉入其中的四個利益團體之領袖及其等的主張加以說明。至於這些主張如何發生作用，並因而影響到美國中小學校的課程，則在以後各章一一詳為表述。

　　克氏指出，該書未採取嚴格的時序架構敘事，而以維持故事完整為最優先考慮，所以難免讓讀者偶有「走回頭路」（backtrack）的感覺。最後，他就本書敘事停止在「國防教育法案」（National Defense Education Act, NDEA）公布的 1958 年之主要考慮，作了如下說明：

> （該法案代表）聯邦政府因而得以大規模地介入課程事務，致使在競逐當中的政治平衡以及所進行之交互作用的性質都有了劇烈的改變。在那之後，決定美國學校課程的方式就變得完全不一樣了。（Kliebard, 2004: xx）

（二）由二版〈序言〉看本書內容首度調增

　　克氏在二版〈序言〉之始即表示，未料及學生、同事，甚至評論者對第一版的熱烈歡迎。然若因回應這些評論而發行新版，理由不足。另一作法為增加1958 年之後的課程史；但在慎重考慮之後，以其所需要的不只是個再版，而應該是個「續篇」（sequel）（Kliebard, 2004: xiii），決定放棄此議，而以書後增列〈後記〉（Afterword）為斷。茲謹分三點摘述之。

事會的意見與行動。我們也無從得知各州或國家層次的法規、學校註冊的情況、開設的功課、教科書、測驗或是課堂實況的變遷。我們讀到的是講辭、會議、辯論、專書，以及論文。即使是在這些事件當中，我們主要讀到的還只是一些重要的、樞紐的轉捩點，以及主宰的人物。所以，這是一部由上往下看的歷史（This is history viewed from the top）」（p. 496）。然而，克氏在第二版及第三版的〈序言〉裡，就這方面的問題作出任何討論。

1. 增列〈後記〉的緣由

此舉旨在闡明本書的理論架構。克氏原以為在行文過程，本書理論架構會自然興生（emergence），[22] 所以並未明說。又，未在第一版時撰寫此一理論的部分，緣於心中仍有些許不安，亦因對於此一理論架構是否站得住腳，缺乏信心。然而，隨著有關象徵行動（symbolic action）及地位政治（status politics）的研究文獻日豐，乃著手撰寫，期能藉此突顯本書的學理焦點。[23]

克氏說，他之所以投身於此一學理的叢林，是受到葛斯菲爾德（Joseph R. Gusfield, 1923-2015）於 1986 年出版的《具有象徵意味的聖戰：地位政治與美國禁酒運動》（*Symbolic Crusade: Status Politics and the American Temperance movement*）一書的影響。[24]

2.〈後記〉要旨之一：評析有關進步教育的各種詮釋

克氏在〈後記〉所欲明示的第一項要旨，乃在為「進步主義教育時代」（progressive era in education）的這個說法作一番相當詳盡而周延的追溯，俾便梳理這些詮釋的哪些個層面影響了《競逐》一書的寫作，並讓他在完成其理論架構時，把那些過去的詮釋全部加以拒斥。更值得注意的是，他以費林

---

[22] 譯注者依朱建民於 2000 年翻譯出版的，由美國南伊利諾大學哲學系教授艾慕士（S. Morris Eames）所著《實用自然主義導論》（*Pragmatic Naturalism: An Introduction*）一書，將"emergence"譯為「興生」（朱建民譯，2000：41）。他把該書的第三章章名譯為〈興生與不可化約〉（Emergence and non-reductionism），並於該章第一句話指出：「達爾文革命帶來了興生（emergence，舊譯「層創」）的概念。」惟本書有時亦視上下文脈而將"emergence"譯為「浮現」。

[23] 楊智穎（2011：11；2015：77，83）將"status politics"譯為「地位政略」。譯注者以為，「地位政治」亦是一種選擇；日本關西大學社會學部高筑健次即如此譯法，請見 http://www.kwansei.ac.jp/s_sociology/kiyou/86/86-ch10.pdf。

[24] 該書的第一版係於 1963 年，依據其博士論文改寫而成，除了這本書之外，葛斯菲爾德還出版了《公共問題的文化：飲酒─駕車與象徵秩序》（*The Culture of Public Problems: Drinking-driving and the Symbolic Order*, 1981）一書。請見 https://pointsadhsblog.wordpress.com/2015/01/08/in-memorium-joseph-r-gusfield-1923-2015。

（Peter Filene, 1940- ）及魯傑斯（Daniel Rodgers, 1942- ）等歷史學家的著作為基礎，對於進步主義教育運動是否存在，提出了質疑。[25] 就此而言，克氏希望能解釋：

> 為何《競逐》一書所聚焦的，並非讓人模模糊糊地看起來像是一套統整的進步主義教育，而是組成本書結構的四個利益團體。必須強調的是，若把這些利益團體加起來，並不會構成一項單獨而聚合的運動。它們乃是一個挨著一個存在著，每一個都有著自己的進程。當然，有些時候，其中兩個或更多個利益團體會因為某項特定的改革作法而形成聯盟，但是，在美國中小學課程競逐的各個平臺上，它們不只是不相同的團體，甚至是相互矛盾的；更多的時候，它們乃是相互敵對的。（Kliebard, 2004: xiv）

3.〈後記〉要旨之二：以地位政治詮釋各個利益團體的競逐

克氏在〈後記〉所欲明示的第二項要旨，乃是以地位政治的觀念詮釋利益團體相互競逐的現象。他認為，人們很自然地會質疑「這些不同利益團體的領導者所提倡之改革，是否實際上走入學校與課室」（Kliebard, 2004: xiv）。就此而言，他指出，近年來許多做得不錯的研究，都已經處理了此一攸關「實施」的問題，所以，他並未以其為本書的核心論題。

克氏的作法是把四個利益團體的相互競逐這項事實放在地位政治的脈絡中，讓讀者理解其間所發生的各種衝突，乃是由「誰所珍視的信念才應該受到官方或者其他方面的認可」這個問題而引發。換言之，他試著敘述的競逐，主要是就著「誰的最基本信念應該占據此一連續劇的舞臺中央」這個問題，所呈現之有符號象徵意義的（symbolically significant）競逐（Kliebard, 2004: xv）。在

---

[25] 這是指費林於 1970 年所發表的〈「進步運動」的訃文〉（An Obituary for the 'Progressive Movement'）及羅傑斯於 1982 年所發表的〈尋找進步主義〉（In search of Progressivism）二文。

那齣連續劇裡，主角們再現了相互匹敵的價值與信念，並且競相試圖在全國的舞臺上爭取大家的確認與同意。

克氏指出，此一說法並非要減損競逐這個現象所代表的意義與價值。他不希望有人認為他所說的這些行動，要不是具有符號象徵的性質，要不就是具有實際運用的性質。然而，事實上，競逐這項行動可能兩種性質都有，但由於符號象徵的意義較受忽視，因而有必要加以強調。

（三）由三版〈序言〉看本書內容再度調增

克氏在本〈序言〉的頭尾皆在對有關人士表達謝意。另外的文字則可大致分為兩個部分：一為說明二版調增〈後記〉之考慮，並且解釋未增撰 1958 年以後的教育大事之緣由；二則以相當大的篇幅介紹三版所增列的兩章——即第九章及第十章——之內容大要。以下僅就後者簡述之。

克氏在第九章處理了 1940 年代一股新生的驅力，亟欲將傳統的學習科目（subjects of study）加以重新組織。例如，許多課程改革者即提出以「兒童青少年之需求」為考慮的「核心課程」（core curriculum）（Kliebard, 2004: x）。克氏試著在這一章，就其間的演變作一番釐清。至於第十章，則在概覽此一驅力的影響進入 1950 年代末期時，各個傳統科目在學校現場的真實情況。

克氏指出，新增的兩章都聚焦於學校科目的角色與功能，因而所處理的問題多屬於中學者，而少屬於小學者；其原因在於教育改革提倡者的主張較易在小學實行，但在中學則不然。於是，在 1940 及 1950 年代，課程競逐的焦點乃轉變而成中學傳統學校科目的適配性與有效性。於是，因為寫了這兩章，正好將前兩個版次較偏重 1893 至 1958 年間之較早時段的情況稍加變動，致使本書在時段的安排方面顯得更為對稱與平衡。

伍、大要說明

本節先將本書依正文前諸事項、正文、後記、正文後諸事項，作成表一，顯示全書的梗概；另將正文及後記當作一個整體，歸併為四部分，先定其快

照，再簡介其要義。

一、表列《競逐》一書的梗概

　　由表一可以清楚地看出，克氏在編排《競逐》的章節時，有兩項特點：其一，他並未嚴格地依循時間的順序編寫，而是圍繞著四個利益團體為核心，架構其論述；其二，他是以課程領域的領袖人物，配合課程事件展開跨越 65 年的美國中小學課程歷史之書寫。

表一　《競逐》一書的梗概

00	**正文前諸事項** 封面　封面內頁　英文版權頁　目次　三版序　二版序　一版序　謝辭
01	**第一章：1890 年代的課程動盪** 課程為教育重心　十人委員會　伊利特、霍爾　十五人委員會、哈里斯、美國赫爾巴特論者　賴思　華德　四股力量幾已成形 [26]
02	**第二章：課程與兒童** 杜威盤旋於四者之上　哈里斯　霍爾　杜威與兒童研究　杜威的主張
03	**第三章：杜威學校的課程** 課程的社會層面　杜威對當時課程理論的批判　杜威學校中的工作活動　心理化與邏輯化　評杜威課程主張的影響
04	**第四章：科學化課程編製與社會效率論作為教育理想的興起** 效率為教育要務　羅斯　邸勒　巴比特　另幾位倡導者　桑代克、史奈登　第一本課程專書問世、巴比特與查特斯
05	**第五章：某些科目的重新調整與職業主義的勝利** 手工訓練　職業教育　職業訓練　工業教育　杜威、史奈登　綜論職業教育
06	**第六章：從家庭方案到經驗課程** 家庭方案　史奈登的支持　克伯屈的方案教學法洛陽紙貴　克伯屈及其追隨者持續闡揚方案教學法，並逐漸轉向經驗課程　裴格萊、波德及杜威的批評
07	**第七章：大蕭條與社會改良論的全盛期** 康茲　社會重建論獲致共鳴　進步教育協會成立　康茲的講演　羅格
	插圖 [27] 杜威　波德　杜威學校的學童　工作活動　鄉間學校　城市學校

---

[26] 各節的標題係譯注者依各節內容大意自行加上。

[27] 共占 4 頁，計 9 幅的插圖之中，除有關工作活動的插圖 4 幅之外，其餘各 1 幅。

表一 《競逐》一書的梗概（續）

08	第八章：課程的混種
	1930 年代課改頗夯　八年研究　折衷作法舉隅　進步？精粹？　波德與杜威的評論
09	第九章：科目課程的挑戰日增
	戰時與戰後復員的教育　對科目組織的批評　核心課程　學校實況　科目課程常在
10	第十章：二十世紀中葉的學校科目
	中學成為課程戰場　古文　數學　科學　英文　歷史　科目與學校結構
11	第十一章：生活適應教育與時代的終結
	緣起　生活適應教育頗受歡迎　生活適應教育備受批評　Sputnik 與生活適應教育　科目仍在
12	後記：探究進步教育的意義——地位政治脈絡中的課程衝突
	各家研究評析　本書的觀點
13	正文後諸事項
	參考文獻　索引

二、快照《競逐》一書的要義

　　譯注者為《競逐》一書的要義進行快照（snapshot）的用意，是希望把這幾張「快照」呈現在讀者眼前時，以便讓讀者能很快地對於這本書的內容有更進一步的理解。尤其，在讀者看過表一而對該書有一梗概的認識之後，再看這幾張「快照」，應該會有更深刻的印象。[28]

（一）第一部分　第一章——1890 年代：課程動盪、蓄勢待發

　　《競逐》這本書一開始，我們就看到克氏在具有導論性質的第一章，先簡

---

[28] 譯注者在決定要用多少張快照，也就是將正文及後記當作一個整體，歸併為幾個部分，才比較恰當，著實費了一番思量。以下依第一章、第二至七章，乃至第八至十一章，再加上〈後記〉，一共分成四個部分，亦即確定了所進行的快照一共四張，乃是參考了裴姬在 2010 年所發表的《競逐》一書之長篇評論的作法（Page, 2010: 207-210）。不過，四個部分的標題，則是譯注者咀嚼《競逐》一書的內容，多方思考而後撰成的。至於快照的內容，亦是譯注者就著各章的大要，自行撰成；當然，也適時參酌裴姬一文的作法。又，譯注者並非平鋪直敘，而是夾敘夾議，亦即有時會作一些有感而發的評論。

要敘述 19 世紀末美國社會受到交通、都市和新移民人口的成長等客觀條件變化的影響,一般大眾知覺到了家庭的功能改變,以及日漸擴大且益見不具人情味等所造成之嚴重失序的社會情況,因而形成極為迫切的焦慮反應。隨著學校的教育責任日趨重大,兒童與青年究應學習怎麼樣的課程,成了大家逐漸關心的要項。一方面,教育專業團體成立了十人委員會與十五人委員會等組織,就課程問題提出改革報告,另一方面,伊利特、賴思、華德等有志之士,亦提出了課程興革的建議。第一章的末尾指出,1890 年代的課程動盪引發了四個利益團體的興起,其等都宣稱,亟應以學校課程的異動作為處理這些失序情況的手段。

(二)第二部分　第二至七章──1890-1930 年代:四個團體各顯所長、展開競逐

這個部分涉及六章的文字;茲先將此六章當作一個整體綜論之,再以兩章為一單位進行分論。

1. 綜論

第二到七章,我們讀到了,在 1890-1930 年代的四個十年之間,人文主義者、發展論者、社會效率論者和社會改良論者四個相互競逐的利益團體,各顯所長的情況。

人文主義者主張學校應該教一些由推理能力及文化遺產所組成的知識,這些知識具體顯現於各個傳統的科目之中。反對人文主義者主張的三個團體排成一列,目標都在代之以名為科學的這門逐漸具有說服力的形式之學問;當然,這三者在課程方案及對於所謂的科學之內涵等方面,都有不同的主張。發展論者說,學校所應該教的知識必須符合兒童及青年的本性、成熟的需求與興趣,而這些都記載於兒童研究的發現之中。社會效率論者則猛烈攻擊浪費,並且促使學校所教的,都能依據那些經過科學檢證的能力,以及有效地區別化的知識;而且,這些知識與能力必須許諾給學生們一個可能預見的未來,特別是要把他們裝備起來,以便擔負未來的工作責任。至於社會改良論者所倡議的課程

則是把所需要學習的社會科學知識充分運用，俾便建立一個符合公平正義原則的社會。

《競逐》一書的敘事除了四者的主張之外，還揭開了這些意識型態之間的灼熱衝突，以及彼此互動所形成的細緻組合。以古典的人文主義為例，《競逐》一書以其特有的術語再現其長久以來堅守的意識型態，更因而傳達了「為什麼直到現在，仍然有人會為古典的人文主義教育而奮鬥」的緣由。因此，我們要充分地理解此一觀點，而不能一味把古典的人文主義看成過時的，或是與現在毫無干係的老舊學說。我們今天在各級學校，特別是大學階段所強調的「通識教育」，都與克氏念茲在茲的「博雅教育」此一意識型態有著密切的關聯。

譯注者以為，此一部分的六章，除了讓我們逐一理解每種意識型態的意義與內涵，以及其特點之外，還為我們提示了研讀該書的若干注意事項。

首先，本書所論述之四個利益團體的代表人物，以及其他人士，在敘述其等的課程主張時，因為意識型態有所不同，所以，雖然同樣使用諸如興趣、努力、效率、兒童中心、進步等文字，但是，它們所代表的意義卻往往有極大的不同。讀者們若是沒有此一認知，就會把他們因為立場不同而意義有異的觀念混雜在一起，因而造成困惑，甚至誤解。

其次，《競逐》一書詳述了每種意識型態的邏輯結構及其特點，因而為處於現代的我們這些讀者提供了一個框架，讓我們能配合有關的訊息，檢視我們自己的意識型態或想法。

第三，《競逐》一書在評述各個利益團體所持有的意識型態時，不忘追溯變動中的社會組織與歷史文化的脈絡，讓讀者能理解影響各種意識型態的背景因素，因而有助於我們就著現今的狀況進行反思與探索，並據以理解此時此地人們所持有的各種課程意識型態。

第四，《競逐》一書把每一種意識型態都和其他的意識型態相互比較，勾勒其異同，分析其要義，因而讓讀者注意到一般人總是忽略的課程複雜性。

2. 分論

(1)第二章及第三章

　　第二章及第三章為克氏撰寫這四個不同的意識型態時，所秉持的謹小慎微之態度，提供了最佳的示範。首先，這兩章並未特別聚焦在某一個單獨的利益團體，而是針對 19、20 世紀之交，人文主義論者（以哈里斯為代表）與發展論者（以霍爾為代表）這兩個團體，再配合杜威，一共三個方面，展開了精細的互動式比較。發展論者大力推動兒童中心的主張，堅決認為學校中所安排的各項學習活動，旨在讓兒童感到真有興趣，並且自然地引發其強烈的學習動機。但是，這樣的課程理念正好與人文主義論者所主張的科目課程完全相反；人文主義論者主張兒童應該在學習那些包含於傳統科目之中、與他們距離遙遠的知識之同時，學習到勤奮用功、努力學習，以及堅毅不拔的意志力。

　　杜威並不屬於這兩個利益團體之中的任何一者，但是，他卻從這兩者的主張之中，選取其中最具前瞻性的觀念，加以重新建構。杜威批判了發展論者與人文主義者所呈現的二元論——「課程與兒童」（《競逐》一書第二章章名）——指出兩種主張的謬誤，例如，持有兒童中心主張的發展論者有以「糖衣式」的學校知識來賄賂學生的嫌疑，而持有課程中心主張的人文主義論者則可能失之於只注意到兒童「從表面上看起來」似乎認真投入學校知識的學習。更有進者，杜威指出了這兩者共同的盲點——把知識當作外於兒童的事物——所以，他在《兒童與課程》這本 1902 年出版的專著之中，試著將這個問題加以重新建構。他把兒童當作主動且有能力追求知識的人，因而教育者必須在學校中提供顧及他們特別的、直接的興趣之環境，並且設法將這些興趣和那些儲藏於人類各種知識體系之中、且經過邏輯化組織而成的知識加以聯繫，進而將那些興趣加以導引與深化。其後，第三章則記載了，杜威在 1896 年創辦的杜威學校裡，以工作活動為起點，再引導到學科知識的方式，因而將兼顧心理化與邏輯化的課程理念付諸實行的作法。[29]

---

[29] 請參閱拙文：〈「學教翻轉、以學定教」的理念探源：杜威教材心理化主張的緣

(2)第四章及第五章

第四章詳細描述了以科學化課程編製的作法之興起,以及社會效率論成為一種教育理想的緣起與經過,以及這兩者對課程實際的影響。該章介紹了羅斯、邰勒、巴比特、桑代克及查特斯等人的主張。他們主張教育的目的乃在讓學生適應社會和職業的現況,而學校的職責即在以高度差異化的課程或分軌,精確而具體的課程目標,以及專門化的職業訓練,培養能為職場所用的有效率之就業者。

第五章則由手工訓練、職業教育、職業訓練、工業教育,以至職業主義的演變,持續敘述社會效率運動所帶來的學校教育改變。一些學校的科目因而作了某些調整,例如社會科由心智的陶冶,轉而強調有效率公民的培養;學校也開始為學生開設實用的商業英文科,取代傳統的英文科。由 1917 年史密斯-休斯法案(Smith-Hughes Act)的通過這件事,可以看出史奈登在與杜威針對此一職業教育主張的爭論過程中占了上風。聯邦政府據以在職業教育方面投入了大量經費,既反映了、也激起了美國人對於職業主義的想法之改變。從此而後,教育的主要目的已經確認,那就是:就業準備。

(3)第六章及第七章

第六章仍聚焦於職業教育,但《競逐》一書把鄉間與城市的作法加以區分,以便讓大家注意到在鄉間職業教育的「家庭方案」(home projects)與發展論者如克伯屈所提倡的「方案教學」(project method)(及後來的活動課程)兩者之間有著令人驚異的相似性。然而,因為從表面上來看,方案教學與社會效率論似乎關聯程度不高,甚至還有著很大的反差。這種情況再度顯示了,一些課程主張的內涵已經不再單純一致,而漸漸產生混種的現象。

第七章轉而專注於 1929 年啟始的大蕭條時代之社會與經濟情況,為社會

起與要義〉(2013e)、〈反思杜威教材心理化為本的課程實驗所帶來的改變〉(2014a)及〈教材心理化與邏輯化爭論的平議〉(2014b)等文。

改良論帶來了全盛時期。康茲及羅格固然是這一章的重要人物，杜威與進步教育協會的互動，也是這一章的重點之一。康茲以「進步教育敢於進步嗎？」（Can progressive education be progressive?）為題的講演撼動了處於經濟困難時期的不少人心，羅格的團隊所編寫之以議題為中心的社會科教科書，也成為亟需重建的社會所歡迎的課程。不過時過境遷，講演及教科書都風光不再，還招惹了一番爭議。課程境遇因為客觀條件變動而有異，成了課程史上的常態，也是克氏藉著《競逐》一書所欲傳達的事理。

（三）第三部分　第八至十一章──1930-1950 年代：折衷與混種、競合難分

　　如同前個部分一樣，這個部分涉及的有四章文字，乃先將四章當作一個整體，進行綜論。惟在分論時，不是以兩章為一單位，而是就其性質，依八及九至十一等各章順序分論之。

1. 綜論

　　第八章到第十一章把四個團體的故事帶到了 20 世紀的第四、五及六個十年，但是，正如早先的幾章一樣，它們既不只是順著時序進行分析式的說明，也不只是針對課程作些分類的敘述。我們發現，在這四章當中，先前在課程的成分已經不再單純一致的各個團體，開始產生了折衷與混種的現象，而且彼此之間的競逐與調合，也造成了難分難解的情況。

2. 分論

(1)第八章

　　第八章旨在討論各個曾經輪廓鮮明的意識型態立場，如何進行混成（blend）或混種（hybridize）。此種混雜融合或混種的情況，當以 1930 年代的競逐為轉折。這十年之間，來自聯邦政府在大蕭條時期提出的一些救助方案

所帶來的挑戰，以及因為第二次世界大戰期間及其後所出現的入學人口下降的現實，促使各個利益團體都在讓課程更具「吸引力」（holding power）（Kliebard, 2004: 266）的前提之下，試圖自我調整，甚至融入了其他相互匹敵團體的課程特點，所以，才有逐漸失去自身特色，而與別的課程混種之現象產生。

不過，值得注意的是，如同裴姬在其評論中所指出的，於第八章中，克氏暗指這四個利益團體在混種的過程中，造成了一些已經可稱之為「紊亂」（Page, 2010: 210）的情況。首先，在混種的過程中，即使這四個利益團體在價值觀念上有所不同，甚至經常為了支持某一項新的作法而短暫地結合在一起，但是，它們只是逕自深化了概念方面的混亂。關於這一點，裴姬在其評論中對於「混種」這個字眼所作的文後注解，值得我們參酌：

> 混種（hybridization）是混成（blending）的版本或種類之一；其他的版本還有合併（amalgamations）、附加的組合（additive combinations）、合成（caricatures）等等。就混種而言，是指兩個先前各有特色的實體，因為結合在一起而產生了第三個實體；該實體包含了原本兩個實體的特性。克氏所提示的一個要點是，混種而得的雜種，就其本質而論，並不一定都是正面的。有一些可能具有生產力，但是，其他的則可能是法蘭肯斯坦（Frankenstein）[30] 所造成的怪物。（Page, 2010: 217）

其次，更值得注意的是，三個改革團體都堅稱要把他們認為老舊的東西，也就是人文主義者所提倡的科目課程完全拋棄，並且以所謂之具有直接功能的、乃至較有意義的，且以「全部」學生及社會的「需求」為中心的學習活動取代現有的各個科目。《競逐》一書的第九章到第十一章，即記載了 1940 及 1950 年代這些作法加速進行的過程，並且探討了課程學者所面臨的各項挑戰。

---

[30] 英國女作家雪萊（Mary Wollstonecraft Shelley, 1797-1851）於 1818 年創作之《法蘭肯斯坦》（或譯《科學怪人》）中主人翁，係一生理學家，曾製造一怪物，後為此怪物所毀滅。

(2)第九至十一章

　　第九章為《競逐》一書第三版新增的首章；其以 1941 年美國正式介入第二次世界大戰，以至戰後復員時期為範限，分析科目課程所受來自核心課程的挑戰日增。克氏明示：儘管核心（core）一詞的涵義言人人殊，但是「反對傳統科目並試圖將兒童與青年的需求視為可行的課程另類選擇，則漸趨一致」（Kliebard, 2004: 210）。由該章有關核心課程的論述，更見證了各利益團體特有的意識型態，其獨特的個性逐步消減，單純的程度也漸次降低，但混種的現象卻變得較多。另外，值得注意的是，克氏在第九及第十兩章之中，明顯地較多採用各科目內容變動的描述，也較多報導學校課程實況的數據分析，並因而稍微減少人物思想的歷史書寫！

　　第十章為《競逐》第三版新增的次章；其持續探討 20 世紀中葉學校改革議程付諸實施的情況，特別著眼於中等學校科目，如古文、數學、科學、英文、歷史等的發展。另外，並且討論了科目與學校結構的關係。由克氏的敘事可發現，一些傳統的科目已為具有實用性或非學術性科目所取代，例如拉丁文代之以現代外國語言；有些科目則合併為一個科目；有些過去盛行的科目，後來卻消失了；又有些科目名稱雖改變，但內涵維持不變，如社會科仍是以歷史為主。[31] 對此，克氏苦心孤詣地明示後世的改革者：「贏得言辭上的論戰（rhetorical battle），甚至稱不上獲得一半的勝利」，因為「難以滲透的學校結構始

---

[31] 查 19 與 20 世紀之交，美國中等學校歷史課程由原先鮮少設科或附屬他科的情況，進到 1893 年由《歷史十人報告》作成「歷史、公民政府與政治經濟科」的以歷史為主與其他有關科目的組合，以至 1898 年《歷史七人報告》首倡單獨設科的建議，再到 1916 年《社會科報告》提出社會合科的建議。惟中等學校社會科或社會學習領域的開設至今仍是以歷史科為主，其他科目為輔。又，美國一般中學都設有「社會學習」部門（social studies department），卻未設有「社會學習」一科，因其乃由各自獨立而完整的科目，如美國歷史、世界歷史、政府等組成的傘狀學習領域，類似臺灣的「社會學習領域」。在某些較大型的學校，或會開設國際法、人權議題等專題式科目（詳見單文經，2017b，2019a）。

終橫亙於成功課程改革的途中」（Kliebard, 2004: 246），以致學校教師的課程實施往往與官方的規定有所不同。

第十一章主要討論 1940 至 1950 年代之間生活適應教育的狀況。生活適應教育延續了社會效率論教育思潮的餘緒。此一類型的教育或課程之所以備受青睞，主因在於六成左右的中學畢業生無法順利進入大學，而必須授以生活適應的能力，俾便進入社會自謀生活。因為生活適應教育並無堅定不移的核心理念，而只是一些現成課程的拼湊，於是，一旦蘇聯於 1957 年成功地發射了第一顆人造衛星，震驚全美，國會甚至引以為空前危機，將之界定為國家的緊急事件，生活適應教育的作法立即招致「軟式」（soft）（Kliebard, 2004: 266）教育的嚴厲批評。聯邦政府在國會於 1958 年通過「國防教育法案」之後，採取了 20 世紀當中的第二次介入行動，撥交空前大量的經費，試圖在「一些硬底子的科學」（hard sciences）、數學，乃至外國語文等科目，迎頭趕上蘇聯。

於是，我們看到，在特定時空之下所形成的社會歷史條件之影響下，以學術紮根為著眼點的人文主義課程意識型態，霎時之間又復活了。四個利益團體之間為期 65 年的爭戰，以一種「未明說、且無意識的低盪（detente）狀態」（Kliebard, 2004: 270）方式平靜下來。20 世紀中葉之課程情勢所再現的是針對「美國學校與社會應該何去何從」這個問題所提出之相互匹敵的主張，而產生之一種不怎麼乾脆的妥協。然而，回顧過去，克氏在《競逐》一書第三版正文的末了，語重心長地點出這一段美國中小學課程史仍待面對的多重兩難：

> 我們對於文化中的學術資源，一方面引以為傲，充滿信心，另一方面又多方反對，不時排斥；一方面視課程為心靈解放之所依，另一方面又視其為桎梏人心之鋼鎖；一方面以課程為謀兒童青少年福祉之不可或缺者，另一方面又以其實乃迫使渠等反叛與疏離之罪魁禍首；一方面讚譽課程代表了社會與政治改革之最佳媒介，另一方面又譴責其延續了現有階級結構且再製了社會的不平。（Kliebard, 2004: 270）

（四）第四部分　後記──四個團體透過課程競逐爭取其象徵與地位

關於這個部分，因為譯注者在前面第三節的第（二）小節「由二版〈序言〉看本書內容首度調增」中，已就該一後記的內容作了大要說明，此處不予贅述，而代之以裴姬所撰書評中的一段文字：

> 誠如克氏在《競逐》的〈後記〉所作清楚說明，課程意識型態作為一種象徵行動，乃在描述四個利益團體不只把文字及其他符號當作一種顯示其地位的辭令，還把它們當作構成與反映其「外在世界」（worlds）的工具。換言之，《競逐》一書不但指出了這四個利益團體是如何「造成」了課程的歷史，更指出了這些歷史也在同一段時間內「造就」了這四個利益團體。更有進者，克氏檢視了地位政治之具體脈絡當中的象徵行動，以便解釋為什麼這些利益團體會針對某一個看起來只是平常的問題，輕易地就爭執得那麼激烈。克氏認為，此間的爭戰之所以那麼激烈，是因為人們不只為了要讓某個重要的課程方案能在學校中付諸實行而爭執，更因為希望為著自己針對社會的性質，以及自己與其他人所占有的地位等事項所持有的堅定信念而奮鬥。（Page, 2010: 207）

陸、接受情況：本書接受情況分析

近數十年來，受到德國學者姚思（Hans Robert Jauss, 1921-1990）於 1967 年所提出之「接受美學」（reception aesthetics）的概念所影響，著眼於讀者在閱讀或欣賞作品時所產生的接受、詮釋、反應，以及作品、讀者與作者之間互動等現象而提出解釋的「接受理論」（reception theory）（周寧、金元浦譯，1987；張廷琛編，1989）及「讀者反應理論」（reader-response theory）〔或讀者反應批評理論（reader-response criticism）〕（文楚安譯，1998；單德興譯，1991）在美學、文學等領域，逐漸受到注意。當然，這兩種理論也成為在翻譯學界人士執行譯事工作的重要學理依據（吳錫德，2009；穆雷，1995）。

受到此一與譯注研究有關的理論與實務之影響，譯注者在過去執行的科技部譯注研究計畫成果之中，都列有「接受情況分析」一小節，把所譯注的原書接受引用與評論的情況，作一番報導，以便增進讀者對於該書的認識與理解，本譯注研究亦復如此。

本小節中，先以數量統計的方式，將本書接受引用的情況作一簡單分析；另外，則兼以文字敘述與表列的方式，呈現譯注者對於本書接受評論的情況所作稍微詳細的報導。

一、接受引用的情況

茲謹逕行以 Google Scholar 所顯示的，學界人士引用《競逐》一書的數量表示其接受引用的情況。4,058 即是譯注者於 2020 年 10 月 21 日查得的次數。克氏就讀哥大師範學院的老師克雷明於 1961 年所著的《**學校的轉變：1876 至 1957 年間美國教育中的進步主義**》（*The Transformation of the School: Progressivism in American Education, 1876-1957*）一書接受引用的次數為 3,851，而克氏同事柯若格（Edward A. Krug）於 1964 年出版的《*1880 至 1920 年間美國中學的成形*》（*The Shaping of the American High School, 1880-1920*）一書接受引用的次數為 684。三相比較，高下立見。[32]

二、接受評論的情況

一般專書所接受的評論，當屬學術期刊中專列的書評專欄（Book Reviews）最為正式，其他如出版社在專書封面底所呈現之摘自個人或期刊的介紹式書評，在出版社網路上亦可找到的一般讀者之評論，以及出版社請專業書評者所作的評論（Editorial Reviews）。

---

[32] 至於柯若格於 1972 年出版的該書第二冊，亦即《*1920 至 1941 年間美國中學的成形*》（*The Shaping of the American High School, 1920-1941*）一書，則在 Google Scholar 上未查得引用次數的記錄。

賴莫綏（Paul J. Ramsey）於 2006 年針對《競逐》第三版所發表的書評提醒了譯注者，尚有散在一些曾經參閱各個版次的《競逐》，因而在其所著專書之中針對克氏的《競逐》一書所提出的異見、批判或挑戰等，應該也算是該書所接受的評論。當然，還有一種，就是一般人或者教書先生們在課堂上或其他場合，針對該書所發表的意見，應該也可算是評論。本此，《競逐》一書所接受的評論，有可能來自好幾個方面，但譯注者決定以最正式的，也就是學者在學術期刊中所發表的書評為對象，加以簡述。

　　職是，譯注者應當感謝裴姬於 2010 年發表的書評：她在該書評之中，共參閱了 17 篇別人撰寫的長短不一──短自不足 1 頁，長至 5 頁──而寫成長達 15 頁約 7,000 字的書評（Page, 2010）甚具參考價值。惟不幸的是，其中有一篇由 J. P. Patterson 於 2006 年在網路書評專刊《教育評論》（*Education Review*）發表的評論，不知何故，找不到了。所以，扣除該文，再加上裴姬的一篇，譯注者所參閱的期刊書評，仍是 17 篇。

　　茲以此為據，分就書評大要、書評作者服務單位與專著舉隅，以及刊載書評的期刊之簡介等作成表二、表三及表四，並稍加說明，藉供讀者卓參。其後，譯注者並針對這些書評的實質內容，作一綜合討論。

（一）表格說明

表二　學術期刊中對《競逐》一書的書評大要

序	作者，出刊年份	頁	內容記要
01	Schubert, 86-7	1	確為當代課程經典！
02	Eisele, 87	4	課程＝思想，文件，科目……？史料多為二手的見證！方法不重局部（local）與個案！
03	Labaree, 87*	8	文字簡潔！主題寬廣，論理公允！四利益團體說獨樹一幟！惟，偏言說而輕接受（rhetorical vs. received）課程！僅分類而未解釋（categorization vs explanation）！
04	Mallinson, 87**	1	很仔細的研究！
05	Peterson, 87	1	該書論點與眾不同，證明克氏確為一高明史家！
06	Tanner, 87*	2	研究細膩，文字優雅，有趣，有洞見！但，不同意克氏認為杜威的影響僅止於觀念！
07	Useem, 87	1	絕佳的改革思想流派分析！宜多當時實況描述！宜多連結現狀！
08	Walker, 87	4	由上往下看的（viewed from the top）歷史！克氏宜多申述己說之特色！
09	Zilversmit, 87*	2	理解彼時教育爭論的有用指引！惜未論及四種觀點在美國中小學課堂的效應！
10	Cowen, 88*	1	詳盡而完整！
11	Urban, 88	5	Urban 自社會效率觀論該書為課程史的又一里程碑（另一為 Krug, 1964, 1972）
12	Wraga, 88	1	豐富可信的詮釋；雖少用學生、科目、社會等方面的史料，但，眾教育人皆應讀之！
13	Mclean, 91**	2	紮實緊密；文獻太多，有淹沒（swamp）文意之虞；專題與時序混合難調和！
14	O'Reilly, 96	4	真乃經典！〈後記〉詳明！有些人的聲音未見！宜考慮 1958 年後課程史！宜再細膩！
15	Ramsey, 06	5	樂見三版更新！若再新版，宜多回應（如對十人委員會及中等教育基本原則報告……）異見！
16	Leslie, 07	3	明晰而可讀性高的綜論！對學生言，書價稍貴！
17	Page, 10	15	於仔細解析本書大要後指出，本書並非「只」論述觀念！本書確為一本重要課程史專書！

注：1. 本表各篇資料取自裴姬（Page, 2010）發表的網路書評，似已撤下，故未列入本表。

　　2. 標示*者表示該書評評論的對象不只一本專書，譯注者業已依其分攤在評論《競逐》一書的頁數大略算出；**表書評作者來自歐洲。

表二旨在呈現各該書評的頁數及內容紀要。由該表得知，17 篇書評中，3頁及以下者有 10 篇，4 頁者 3 篇，5 頁者 2 篇，8 及 15 頁各 1 篇。再對照其等的內容，則發現最為可觀者恰為頁數最多的拉伯雷（Labaree, 1987）及裴姬（Page, 2010）；其次，則為歐萊禮（O'Reilly, 1996）、華克（Walker, 1987）以及賴莫綏（Ramsey, 2006）等。俟下一部分綜合討論時，譯注者將會就這五篇書評，予以較多的著墨。

表三　撰寫《競逐》一書書評的作者簡介

序	姓名，服務單位，專著舉隅
01	Schubert, W., U., Illinois at Chicago, *Curriculum: Perspective, Paradigm, and Possibility.*
02	Eisele, C.（待查）
03	Labaree, D. F., Stanford U., *Education, Markets, and the Public Good.*
04	Mallinson, V., U. of Reading, *The Western European Idea in Education.*
05	Peterson, P. E., Stanford U., *Charters, Vouchers, and Public Education.*
06	Tanner, L. N., Temple U., *Critical Issues in Curriculum.*
07	Useem, E. L., U. of Mass., Boston, *Low Tech Education in a High Tech World.*
08	Walker, D. F., Stanford U., *Curriculum and Qims.*
09	Zilversmit, A., Lake Forest College, *Changing Schools: Progressive Education Theory & Practice, 1930-60.*
10	Cowen, R., U., College London Institute of Education, *The Evaluation of Higher Education Systems.*
11	Urban, W. J., Georgia State U., *American Education: A History.*
12	Wraga, W. G., U. of Georgia, *The Comprehensive High School in the United States Since Mdcentury.*
13	Mclean, M., U., College London Institute of Education, *The Curriculum: A Comparative Perspective.*
14	O'Reilly, L. M., Ball State University.
15	Ramsey, P. J., Indiana U., *The Bilingual School in the United States.*
16	Leslie, B., State U. of NY, The College at Brockport, *Gentlemen and Scholars: College and Community in the "Age of the University," 1865-1917.*
17	Page, R. N., U. of Ca., Riverside, *Curriculum Differentiation: Interpretive Studies in U.S. Secondary Schools.*

我們由表三所舉隅的作者專著中可以看出，他們的專長類皆集中於課程、教育史，或與教育史較為接近的比較教育等領域。有些是眾所公認的名家，例如課程專長的蘇伯特（William Schubert）、唐娜（Laurel Tanner），教育史專長的拉伯雷（David F. Labaree）、鄂本（Waynne J. Urban）及比較教育專長的高文（Robert Cowen）等。

表四　刊載對《競逐》一書的書評之期刊簡介

序	期刊簡介（刊名，出刊單位，已發行卷數或創刊年份，影響係數－計算年份，排名－學科）
01	*Academe*, American Association of University Professors, 120 卷-教育
02	*American Journal of Education*, 芝加哥大學, 123 卷, 0.925-2015, 202/230-教育
03	*British Journal of Educational Studies*, Society for Educational Studies, 64 卷, 0.532,175/230-2015-教育
04	*Comparative Education*, 52 卷, 1.264-2015, 92/230-教育
05	*Contemporary Sociology*, 45 期/2003 年, 0.739-2015, 84/142-社會
06	*Curriculum Inquiry*, 45 卷, 0.812-2015, 129/230-教育
07	*Educational Leadership*, 74 卷, ASCD (Asso. for Super. & Curri. Deve), 0.29-2015, 0.44-2014-教育
08	*Educational Studies*, 42 卷, 0.5-2015, 180/230-教育
09	*European Journal of Education*, 51 卷, 0.658-2015, 156/230-教育
10	*Harvard Educational Review*, 1937 年, 1.08 -2014-教育
11	*History of Education*, 45 卷, 0.253-2015, 216/230-教育
12	*History of Education Quarterly*, 56 卷, 0.076-2014-教育
13	*Journal of Teacher Education*, 67 卷, 1950 年, 2.754, 2015, 10/230-教育
14	*Teachers College Record*, 1900 年, 0.722-2013-教育
15	*The Review of Education*, British Educational Research Association, 53 卷-教育

注：1. *Educational Studies* 為《競逐》一書的三個版次皆各刊一篇書評，所以，涉及的期刊總數為 15 份。
　　2.「影響係數」是以期刊文章在科學發表中接受引用的頻率作為指標，可用來推測該期刊品質的優劣。不過，有人主張影響係數並不能判別品質，僅能表示期刊在所屬學科領域中的相對重要性。然而，至少可以說影響係數高的期刊表示它在該學科領域中的影響力也高。又，影響係數係一年一算，是以於係數之後皆附以其計算的年份，特此說明。

綜合表二、三及四，可以確認《競逐》一書所發行的三個版次，於問世後的 30 年內，一共接受了 17 個在頗具影響力的期刊所發表的評論，而且這些作

者也都具有一定的學術聲望，再次證明了該書所受到的重視。相對於譯注者甫行完成的另一科技部譯注計畫——於 2006 年出版的《**重新詮釋杜威「民主與教育」的時代意義**》一書（*John Dewey and Our Educational Prospect: A Critical Engagement with Dewey's Democracy and Education*）——問世 10 年，一共接受了三個期刊書評，兩相對照，軒輊立分。

（二）綜合討論

譯注者將如標題所示，針對 17 篇的書評作綜合討論；當然，也將依前一部分所預示的，會較多引用拉伯雷（Labaree, 1987）、華克（Walker, 1987）、歐萊禮（O'Reilly, 1996）、賴莫綏（Ramsey, 2006）及裴姬（Page, 2010）等的文字，並於必要時引用其他書評的文字。

具體而言，譯注者在這一個部分的綜合討論將分為四點。第 1 點及第 2 點是以拉伯雷針對《競逐》一書的一版所作書評中提出的兩個問題（Labaree, 1987）為引子，第 3 點以賴莫綏（Ramsey, 2006）針對三版所提出的一項建議為引子，而第 4 點則以全部 17 篇書評中最後問世的，也是篇幅最長的，由裴姬（Page, 2010）針對三版所提出的一點補述為引子。

就第 1、2 點而言，誠如表二所示，拉伯雷讚美《競逐》一書文字簡潔、主題寬廣、論理公正，而且四個利益團體說獨樹一幟。但是，他也銳利地指出了該書的兩個問題：「其一是體裁方面，聚焦於**言說的**課程（*rhetorical cur-riculum*）……其二……這是一本詮釋得很不夠的專書（a seriously underinter-preted）」（Labaree, 1987: 485-486）。[33] 拉伯雷所提出的這兩個問題，恰巧也是 17 篇書評中若干作者共同的看法，所以，似宜先據以作一番綜合的討論。

就第 3 點而言，因為賴莫綏（Ramsey, 2006）在書評之中，就著一些教育史或課程史學者的專著中，對於《競逐》書中的若干觀點所提出之質疑，希望克氏能在新版中加以回應。就第 4 點而言，則是裴姬很費心地就著 17 篇書評，以及一般讀者所作的評論，作了綜合討論，並就其中一個要點，即克氏並不似

---

[33] 表強調的斜體字為原文即已有者，譯成中文時轉為粗黑體。

某些評論所指：「未給權力這個概念足夠的注意，或是所給的注意不夠強而有力」（Page, 2010: 212）。

　　讀者或許會問，你怎麼未理會歐萊禮（O'Reilly, 1996）針對二版所作唯一的書評。其實，不然。譯注者是把他的評論要項，與第 1 點合併討論。

　　1.請先看拉伯雷等人提出的第一個，也就是體裁方面的問題

> 像絕大多數課程史論著一樣，該書也幾乎聚焦於**言說的**課程。具體而言，它檢視了教育界領袖在教育組織之前以書寫或是口述方式所發表的聲明，並以這些聲明代表美國的課程。（Labaree, 1987: 485）

然而，拉伯雷認為，這樣的作法顯示克氏輕忽了「**使用的課程**」（curriculum-in-use）或「**接受的課程**」（*received* curriculum）（Labaree, 1987: 486），是為遺憾也！

　　關於此一「偏『聽』教育界領袖之言」的批評，在 17 篇書評當中不為少見，例如「克氏太過依賴二手的見證（second hand testimony），是為其方法上的一大瑕疵」（Eisele, 1987: 50）；「〔克氏〕未論及四種觀點在美國中小學課堂的效應」（Zilversmit, 1987: 85）；「克氏較少運用與學生、科目，以及社會有關的史料」（Wraga, 1988: 58）；「〔克氏應該以〕更寬廣的角度思考……在此一競逐的活動中，我們還未聽到哪些人的聲音」（O'Reilly, 1996: 252）等等。然而，批評得最為嚴厲的當屬華克。他是這麼說的：

> 作為一本單純的敘事體歷史專書，這本書有一項顯然是有意造成的重大限制。克氏刻意把注意力聚焦於廣為大家公認之公共與專業人物的公開陳述。（Walker, 1987: 496）

華克指出，因為出發點有所偏差，使得作為讀者的我們無從得知教師、家長、學校行政人員，或學校董事會（school board）34 的意見與實際作法；而且，

---

34 學校董事會（school board）亦可譯為學務委員會或教育委員會。

我們也無從得知各州或國家層次的法規，學校註冊選課的情況、所開設的功課，師生所使用的教科書、測驗等等課堂實況的變遷。相反地，我們讀到的盡是一些講辭、會議、辯論、專書，以及論文。華克更由此歸納一項很重要的結論：

> 即使在這些事件當中，我們讀到的主要還只是其中一些重大的事件，一些具有樞紐性質的轉捩點，以及居於上位的主宰人物之言論。所以，這是一部由上往下看的歷史（This is history viewed from the top）。（Walker, 1987: 496）

本此，華克從社會史的角度，針對此一「由上往下看」的作法所造成之後果指出，此一作法使這本書彷彿成了一項專為「享有特權的白種男性安排的演員陣容」（male, Waspish cast）（Walker, 1987: 496）所作之記述。[35] 華克並細數書中，針對這段歷史最重要人物所呈現的照片，也清一色都是代表宰制（dominance）的男性。華克指出，因此我們在《競逐》書中讀到了：

> 雖然，在那段時間舉行不少引人注意的論壇，但我們讀不到任何有關女人、黑人、語言居於少數者的教育，因為在重大論壇中發言的主要人物總是忽視這些論題。移民成了一個微小的問題，甚至在書後索引裡也找不到這個名詞。（Walker, 1987: 496-497）

2. 其次，請看拉伯雷等人提出的第二個問題，也就是詮釋得很不夠的問題

接續前述拉伯雷所說「這是一本詮釋得很不夠的專書」，他明示這是該書更重大的問題，因為這本書有了這個問題，就表示克氏「錯失一個〔讓這本書〕讀來更生動的機會」（Labaree, 1987: 486）。拉伯雷就「詮釋得很不夠」

---

[35] Waspish 一詞有二義，一為原指黃蜂，轉借為惡毒、易怒等義，另一則為 WASP 的形容詞。WASP 為 White Anglo-Saxon Protestant 的縮寫，原意為白人盎格魯－撒克遜新教徒，現用以指稱美國當權的菁英群體及其文化、習俗和道德行為標準，因為 WASP 所代表的這個階級或人群通常地位不俗，有錢有勢，於是也成為美國其他種族反感、厭惡的對象。

這個問題具體地點出，克氏只是：

> 把各種不同的改革作法加以分類，而成為若干個適切的利益團體
> 之範疇（category），然後，就把它們放在那兒，未做進一步的處
> 理。（Labaree, 1987: 486）

但是，拉伯雷明言：「分門別類（categorization）並非解釋（explanation）」
（Labaree, 1987: 486）。拉伯雷更進一步說道：

> 「美國課程的競逐」到底是什麼意義，我們似乎見不到。我們除
> 了知道各種不同的部分到底是什麼之外，我們還需要知道更多：
> 這些各個不同部分所代表的是什麼，又，如何理解它們已經達成
> 妥協的各項改革。若只是為這些多元的競爭做一些描寫性質的記
> 述，對於所找到的材料，似乎未盡公平；該一主題，亟需強而有
> 力的社會史詮釋。（Labaree, 1987: 486）

拉伯雷還舉出最大也是持續存在時間最長久的利益團體——社會效率論者為
例，說明讀者們還希望進一步理解：為什麼這個團體在 20 世紀初突然興起？
它在美國社會所獲得的支持，以及其後所獲得的資源，又都是來自何方？它為
什麼能在如此長久的時間裡，與兒童發展論者並存於美國中小學課程的戰場之
中？

關於此一「詮釋得很不夠」的批評，在 17 篇書評當中也有一些共鳴的反
應。例如，華克即從批判的角度，作了如下的指陳：

> 克氏主張，進步教育並非單一的運動……但這一點與克雷明所說
> 的「該運動一開始就顯示了多元的、經常矛盾的特性」有什麼不
> 同呢？而且，克雷明還點出了，進步主義思想有科學家、感情主
> 義者及激進派等三種思想流派。但克氏甚至未試圖顯示他這本書
> 比別的專書更為適切。其實，除了在序言，他甚至未在其他地方
> 提到更多的詮釋。（Walker, 1987: 497）

不過，尤辛（Useem）則以建議的方式指出，克氏作出了一些：「非常有趣的，也可能是最正確的評估，但是，我們需要更多的申述」（Useem, 1987: 896）。

3.第三，請再看賴莫綏對《競逐》一書的評論與期許

賴莫綏在書評中指出，雖然《競逐》是：「到目前為止寫得最好的美國課程史專書，但是，此一新的版本（指三版）……仍然有其缺點」（Ramsey, 2006: 64）。特別明顯的一個缺點就是，克氏未能就一些學者對他的觀點所提出之質疑，有所回應。賴莫綏舉了三個例子。

第一，安格斯與米瑞爾（Angus & Mirel, 1999）對於《競逐》一書有關十人委員會（Committee of Ten）這個課題之解釋有嚴厲的批評。他們認為，此一全美教育協會（National Education Association, NEA）下設的委員會成員們所持有的理念，與 1890 年代的進步主義思想相當符合，因為它主要是試圖把課程的權力，由外行的學校董事會移轉到教育專家的手中（Angus & Mirel, 1999: 10）。所以，克氏堅持把十人委員會歸類為保守的人文主義者，顯然對其成員的意圖有所誤解（Kliebard, 2004: 10-11）。[36]

第二，芮嘉（William Wraga, 2001）也就著克氏對於 NEA 在 1918 年公布的文件《中等教育基本原則》（*The Cardinal Principles of Secondary Education*）之處理作了相當嚴厲的批判。克氏認為，金士利（Clarence Kingsley）「幾乎隻手完成了」該一反映了社會效率論者課程觀，因而有著「進步意義」的報告（Kliebard, 2004: 95）。然而，芮嘉（Wraga, 2001: 513）卻很有說服力地指出，不但《中等教育基本原則》不是金士利單獨完成的工作，也不像克氏所說的，「該報告顯示它並不明白地倡導那種狹隘、且有決定論色彩的社會效率意識型態」。

第三，卜瑞鴻（Brehony, 2001: 413-414）批評《競逐》一書有著「種族中

---

[36] 顯然，針對克氏的觀點提出質疑的安格斯與米瑞爾（Angus & Mirel, 1999）一書，不是針對《競逐》一書於 2004 年發行的第三版而發，但為方便計，本譯注研究中凡引用《競逐》一書文字者，係以 2004 年第三版為準。

心的色彩」（ethnocentrism），因為克氏討論課程問題完全侷限於美國，而未能試著探索更廣泛的、國際的進步主義教育方面的趨勢。

本此，賴莫綏剴切指陳，雖然克氏的焦點與詮釋都作了非常妥切的論證，但作為修正的版本，至少也應大略地就著這些中心問題作一些回應。他並且舉了卡茲（Michael Katz）於 2001 年所再版的《早期學校改革的反諷》（The Irony of Early School Reform）即就著論者針對其一版的一些意見，作了必要的回應（Ramsey, 2006: 64），希望克氏也能酌予考慮。

4.第四，再請看裴姬對各個書評的綜合整理，以及她自己所作的補述

譯注者一直都未就著裴姬針對《競逐》第三版所評論的文題〈競逐：一本「只」論述觀念的歷史專書〉（Struggle: A history of "Mere" Ideas）（Page, 2010）表示過任何意見，現在到了本文討論該書所接受的評論之尾聲，是應該稍加說明一番的時候了。

唐娜（Tanner, 1987）對《競逐》一版所寫的書評中，針對該書評論杜威的一段文字：「他一生備受尊崇，但他對於教改的影響大部分都範限於觀念界，而未及於實務界」（Kliebard, 2004: 75）有所質疑，而發表文題為〈發生與「未發生」的事件〉（Events that Happen and "Unhappen"）之書評，直指：「一些讀者——而我正好是其中之一——不同意克氏就杜威的影響所作的結論」（Tanner, 1987: 137）。唐娜以為，杜威對於美國教育的影響，明明是「發生」過的事件，為何說那是「未發生」過的事件，甚至「只是」一些「觀念」呢？

唐娜舉了不少例證駁斥此一結論。克氏接受刊出該文的《師範學院紀事》（Teachers College Record）編者特別邀請，以〈杜威對課程實務影響的問題〉（The Question of Dewey's Impact on Curriculum Practice）為文回應，他坦承其論點與一般人有異，因為一般人總是：「把杜威等同於美國教育」（Kliebard, 1987: 139）。但他的結論仍是：「表面上看來，一些實務作法與杜威的觀念形似，但實際上並不然」（Kliebard, 1987: 140）。

有趣的是，正當克氏說杜威對後世教育或課程實務的影響「只是」一些「觀念」之時，克氏這本《競逐》的課程史專書也一樣接受了不少論者所作

「『只是』聚焦於『觀念』、課程的『領袖』、全國的情況,還有教育的理論化」——請注意,這句話引自裴姬(Page, 2010: 212)的評論。

譯注者相信各位讀者已經看出來,裴姬之所以會以〈競逐:一本「只」論述觀念的歷史專書〉為題,於 2010 年——這一年,她的老師克氏已經 80 高齡,可能已經封筆,因為他於 2009 年發表〈隨緣的機遇與相繼的抉擇〉一文之後,即似未再有任何文章公開發表——撰成此一長篇書評的緣由之一,極可能是要為他的老師,就著這一本已經成為公認的課程史經典,歷年來所接受的、包括期刊上所發表的正式書評在內的各種評論,作一綜合的回應。在這篇寫得甚為精彩、又富意義的書評中,裴姬要為老師昭告於世:《競逐》一書就是一本「只」論述觀念的歷史專書!

裴姬在這篇書評,開宗明義地即是一句讚詞:「《競逐》是一本優雅超凡、出類拔萃的思想史專書」(*Struggle* is an elegant, extravagant intellectual history)。接著她說,該書豐富的故事、簡潔的文字所呈現的課程研究成果,其價值乃在於理解教育與學校,並且洞悉課程所反映與重建的政治、經濟與文化的狀況(Page, 2010: 205)。裴姬所撰評論一氣呵成,未明白分節,但仍可歸納為五個部分:首先,前言說明她與該書結緣的經過,並簡述其要旨與大意;其次,則以約三分之一篇幅逐章敘述其要意,並指陳其採取「中道」(middle way)取徑之特點;再次,綜合歸納該書所接受的各種評論;再其次,為該書並非如若干論者所言,不關注權力的問題作一番澄清;最後,則為結論;而末尾是以這麼一段文字作為結束:

> 《競逐》一書所提供的觀念,讓我們可以思考一些今天所面臨的困惑。所以,從最佳的觀點來看,它是一本「學術」專書,一本很重要的專書(an "academic" book, one of no small measure)。(Page, 2010: 217)

行文至此,本導論的文字已積累甚多,理應就此結束這一部分的敘述,但是,有鑑於該一書評確實精彩,乃依然盡力就最重要的三個部分,摘述如下:

(1) 《競逐》彷彿構成一幅萬花筒式的描繪（a kaleidoscopic portrait）
（Page, 2010: 207）。裴姬指出，《競逐》所敘述的歷史沿著此一故事
主軸不斷地延伸，彷彿構成了一幅萬花筒式的描繪。她並一一記載其
重建史實與敘說故事時，所採用的方法與材料：

(a)關鍵人物的傳記式素描；(b)歷史事件發生的來龍去脈（如 1940
年代末期的全美生活適應會議）；(c)具有指標意義的研究報告（如
八年研究）之緣起與經過；(d)重要文本（如克伯屈〈方案教學〉
一文的內容與意義）之仔細記述；(e)針對各種理解課程的方式，
加以討論（如個案研究、學校調查、運用美國聯邦教育署所提供
之教育資料而作的統計、揭發醜聞的新聞報導、相片、教科書分
析、政策分析）所作的討論；(f)針對分析日常與政治語言所運用
之工具而進行的討論（如根喻、社會語言、論述社群、口號系
統）；(g)一些容易理解的課程概念（如美國的課程像是一條河，
河中的四個利益團體就是漲漲落落的水流，其中一條或另一條在
適當的時候會升起到表面，但是沒有任何一條完全主宰著整條河，
也沒有哪一條完全消失）；(h)於教育現場當中，教育工作人員費
心教導學生時，在教學時總是會產生的一些問題……其中，有哪
些是應該教給學生的知識，又，為什麼應該把這些知識教給學生；
課程就是人們針對這些問題所作的回應，但不只是一種常識性質
的或是技術性質的反應。（Page, 2010: 207）[37]

(2) 綜合歸納該書所接受的各種評論
裴姬指出，在很大程度上，論者對於《競逐》這本書提出的評論，乃是：

繞著傳統與「新」史學的差異而起的，有些則關注課程研究到底
應強調理論抑或實務。於是，我們看到社會史學家及實務導向的
課程論者即批評《競逐》這本書只聚焦於觀念、課程的「領袖」、

---

[37] Page 引文中的(a)(b)(c)……等序號係譯注者所加，以下同。

全國的情況，還有教育的理論化。也因此，他們催促克氏應該多注意社會的力量與結構、一般的教育者及社會大眾、地方的情況，以及一些實際的問題。有些評論則指出，即使克氏的課程史詮釋明顯是針對「競逐」而來，但是，該書對於權力這個概念，所給予的注意還是不夠。（Page, 2010: 212）

另外，除了來自論者們的批評之外，裴姬也歸納了一些對於《競逐》一書表示高度讚美的讀者所提出的優點：

(a)該書直接以課程為焦點，而課程一直是教育研究之中受到忽視的一個課題，特別是針對課程的意識型態之教育學與社會文化等的意義所作有系統、且有實徵文獻可徵的記述與詮釋，更為少見；(b)該書針對美國課程所引發之全國性質的、而非只限於與地方有所關聯的事件之來龍去脈，作了多層面的、而非單一層面的敘述；(c)該書針對四個利益團體之間所發生的激烈衝突作為象徵政治的例子，所進行之引人入勝的敘事，令人難以釋卷。（Page, 2010: 212-213）

裴姬說，她還要再加一項優點。那就是她認為《競逐》的成就之一正是，該書不但不是未注意到權力的課題，反而是對於這個課題有了鞭辟入裡的獨到見解（Page, 2010: 214）。其後，她以大約全文五分之一的篇幅，引用討論此一課題之三本專書的說法，反覆論證此一優點。

(3) 就克氏對於《競逐》一書所接受之各項評論答謝與回應所作的歸納

最後，譯注者將以裴姬就著克氏對於《競逐》一書所接受之各項評論，而進行之答謝與回應所作的歸納為本，稍加摘述；這些答謝與回應出現在第二版與第三版的序言，以及在第二版增加的〈後記〉，還有第三版增加的兩章等處。雖然譯注者在前文，也就是本節第三小節（即「由三個版次的〈序言〉論及本書內容的調增」），已經觸及其中一些內容，但是，譯注者認為，仍有必要看看裴姬怎麼說：

克氏指出，論者們所指教的研究取徑並非他所選用者；他還解釋
了採取思想史的寫作方式之原因。他同意，領袖人物倡導的改革
理念是否真切地落實在學校教育這個層面，此一問題當然很重要；
而且他也在〈後記〉中提到了一些做得很周延的以學校教育實施
為主題之個案研究……。但是，他特別提到，他是以不同的方式
——亦即象徵政治的有關說法——來處理各個利益團體的史料；
他相信，透過領導人物的觀點，應能理解各個利益團體涉入文化
與社會宰制的競逐之用意所在。同樣地，若我們想要理解權力的
形成，那麼，以人類學家所說「針對上層人士做研究」（studying
up）的作法，[38] 就不能不加以重視，因為菁英分子與專業人士確
實控制著權力。不過，克氏所作的回應，並不是要表示，他自己
的研究取徑或其他任何一種研究取徑，就是書寫歷史的唯一或最
佳的作法。相反地，因為學校教育與其他有所關聯之社會實務都
是挺複雜的工作，所以，我們需要有各種不同的、做得很好的歷
史記述，包括不呆板地重述一些相互矛盾的證據與解釋，具中道
意義的歷史記述。（Page, 2010: 212）

---

[38] 過去人類學家總是進入初民社會，或是下層社會進行俗民誌的研究，自 1969 年納
德（L. Nader）在題為〈人類學家向上看〉（Up the Anthropologist）的文章中，
向人類學者提出挑戰之後，人類學者將注意力轉到現代社會的正式組織和工作場
所，開始採用「向上研究」的路徑，使用「整體觀」研究權力機構和國家科層體
制。請參閱袁同凱、陳石、殷鵬（2014）一文。茲並摘錄納德這篇文章的一段敘
述如下：「『針對上層人士做研究』（studying up）與『針對下層人士做研究』
一樣，都會引導我們翻轉過來，問一些『常識型』的問題。我們若不問某些人為
什麼貧窮，而問為什麼其他人如此富有？……人類學家總是對於農人為什麼不願
改變，而較少問為什麼汽車製造業者不力求創新，或者，較少問為什麼五角大廈
或大學不能在組織上更具新意？這類重要機構與科層式的組織所具有的保守性格，
可能比農人的保守性格，對於人類發展，以及變革理論所具有的涵意更為豐富」
（Nader, 1969: 289）。

柒、文獻評述：重要文獻評述

　　從較為嚴謹的角度來看，本譯注研究計畫的重要文獻，應該包括三類：其一，是以《競逐》一書為對象，探討該書的內容、研究觀點與方法、研究結論等方面的特色，進而對照其他課程史學者的有關論著，藉以確認該書在課程史研究所占有的地位；其二，則是以該書作者，亦即克氏為對象，特別是把他當作一位在課程史研究領域「真正負有披荊斬棘之功」（鍾鴻銘，2004：93）的重要學者，由其生平事蹟探討其學術背景，再將其課程史的研究成果當作一個整體，探討其所關注的課程史問題，分析其研究這些課程史問題所採取的觀點與方法，以及所獲得的結論與啟示，並且一一放在課程史研究領域之中，衡鑑其價值，評估其成就；其三，則是把課程史研究當作一個整體，將克氏視為持有獨特觀點與方法，且累積相當豐碩成果的課程史研究者之一，探討其他學者的異同，進而評析其在課程史研究社群中所占有的地位，並尋繹其意義。

　　在譯注者進入這三類文獻的評述之前，先要確認這些文獻的出處，亦即要找到這些文獻在哪裡。譯注者試以《競逐》一書、克氏（中國大陸譯為克利伯德），以及課程史研究的有關術語等之中英文為關鍵詞，進入中英文的有關資源搜尋與查詢，確實得到若干可用的重要文獻。[39] 茲據以評述如下。然而，如眾所周知，任何分類皆可能只是一種理想類型（ideal type）（方永泉，2000），在譯注者能力所及的資源中，則時有兩種、甚至三種類型的文獻重疊或合併在同一種之中者。是以，本節乃以綜合的方式，也就是不特地分類的方式進行重要的文獻評述，不過，譯注者會作必要的說明。又，本節所評述的文獻，僅限於對本譯注研究計畫之進行有較重大助益者，而非全部。

---

[39] 英文部分以國立臺灣師範大學圖書館資源整合查詢系統的搜尋為主；中文部分則有臺灣期刊論文索引系統、臺灣博碩士學位論文加值系統、中國期刊全文數據庫、中國優秀碩士學位論文全文數據庫，以及中國博士學位論文全文數據庫等中文資料庫。另外，譯注者並配合現有及近來所能找到的有關中英文文獻，再進入特定的期刊及專書查詢另外的可用文獻。

茲必須先行說明者，譯注者以上述文獻搜尋步驟所得的英文文獻，所得仍為本導論第三節第四小節第二部分所探討的 17 篇書評，而未有所超越。此其中，尤以拉伯雷（Labaree, 1987）、華克（Walker, 1987），歐萊禮（O'Reilly, 1996）、賴莫綏（Ramsey, 2006），以及裴姬（Page, 2010）等都可歸屬於第一類的文獻；其中，最特別的是裴姬（Page, 2010）一文，蓋其雖以書評的形式發表，但自其文長及內容兩方面來看，若說其為第一類的文獻，洵不為過。除此之外，在英文世界似未再見有同樣品質者。關於這個部分，譯注者已針對該文作了相當多文字的引介，不再贅述。既然如此，譯注者乃決定以中文世界所能找到的重要文獻，亦即鍾鴻銘（2004）、宋明娟（2007）、何珊雲（2010）、楊智穎（2015），以及夏英（2015）等五篇論文為評述對象。

鍾鴻銘（2004）的〈H. M. Kliebard 的課程史研究及其啟示〉一文，在一開始的前言，即指出早期課程研究具有「非歷史的」現象，1960 年代以後，以歷史的角度研究課程才漸受重視，而其中重要的人物即是克氏。接著，在敘述該文的探究方法與內容，以及克氏的學術背景之後，分成六點說明其課程史觀點，就其對課程史研究之目的、性質、理論、議題，以及其以競逐的概念解釋美國課程史的作法。最後，則指出以克氏觀點省思臺灣的現況，確認臺灣的課程研究亦有著亟需改變之不重視歷史研究的情況，並據以提出若干建議。

鍾文為臺灣、甚至整個中文世界中最早一篇以克氏為對象，探討其課程史研究方法與成果的論文。該文精要地指出了克氏的主張有如：課程史研究旨在培育吾人批判慎思的習性；而課程作為一種選擇之文化財，其選擇過程應是課程史研究的重點所在；克氏的論述中實有民主與博雅教育兩個核心議題；且克氏認為隱喻可幫助吾人理解課程理論；克氏課程史研究的範圍，主要集中於 19 世紀末以迄 20 世紀中葉這段期間，其時實係四股力量為著主導美國課程史的發展等。然而，譯注者以為，鍾文所提出的「吾人應以螺旋觀代替鐘擺觀來從事課程問題的解析，以掌握其本質」（參見鍾鴻銘，2004：112-114）主張，是否為克氏的本意，有待商榷。又，其所根據《競逐》一書乃是第一版，而未及見到克氏在第二版及第三版中新增的部分，亦是該文的限制之一，而為包括本譯注在內的後來研究可補足之處。

宋明娟（2007）的〈D. Tanner、L. Tanner 與 Kliebard 的課程史研究觀點解析〉一文，旨在以其等美國課程史專著為據，分析其等治課程史的意圖，有關課程史價值的主張，並將其等與多位學者的觀點，作一比較。從本譯注研究的觀點來看，宋文的價值可以由其「表一　Tanner 二氏與 Kliebard 的課程史研究觀點比較」及「表二　課程史著作中的不同觀點取向與其內涵」看出端倪。又，因宋文發表時間稍後，因而已有機會接觸到《競逐》一書第二版及第三版的新增內容，是以其掌握的資料較鍾文更為全面，所作論述的要項亦因而較為周延。然其逕指克氏的觀點取向為「懷疑論」（宋明娟，2007：28），則有待進一步的商榷。[40]

何珊雲（2010）的〈課程史研究的經典範式與學術意義——試析《1893-1958 年的美國課程鬥爭》〉一文，在前言之後分為三節。第一節，先以 1960 年代，在課程領域面臨「進入垂死狀態」的危機之時，克氏不但「沒有後退，而是迎難而上，萌發了以歷史學的方式追求課程理論新生的學術志向」（何珊雲，2010：166），進而拿出可觀的課程史研究成果。第二節，以摘要的方式敘述《競逐》一版的分析框架與內容。第三節旨在反思該書的學術意義與啟示，直指由 1960 年代整個學術的理論進展來看，克氏的分析框架「並無多少新意，他只是在借鑑『知識社會學』的研究路徑，但仍不能否認……（其）學術意義」（何珊雲，2010：170）。最後，何文以若干個問題反思百多年來中國的課程探索之過去與未來。

---

[40] 克氏（Kliebard, 2009: 139）確實指出：「我自己的研究歸結：其實並無任何可名之為進步教育的實體……。相反地，我試著詮釋進步年代，不以其為單一的改革運動，而是一種多元歧異的事象。」（請見本導讀「肆、成書經過」的「一、緣由」中克氏所自陳者）然而，若逕指其為「懷疑論」（skepticism）則有待商榷。蓋克氏（Kliebard, 2009: 139）接著的一段文字是這樣說的：「我把這段期間的課程當作由若干不同意識型態大軍（ideological armies）所進行的一場戰役；它們競相爭逐主宰的地位，並且爭取人們的認可」。也許「意識型態競逐論」或「意識型態認可競逐論」更能確實表達克氏的課程史觀點。

何文果如其文題，雖以一個範圍很大的「課程史研究的經典範式與學術意義」為主題，而以具有書評意味之「試析《1893-1958 年的美國課程鬥爭》」為題，實則該文的內容乃是以後者其為主述之重點，而以前者為輔助。何文以巴比特（John Franklin Bobbitt, 1876-1956）於 1918 年出版《課程》一書為背景，以 1960 年代學科專家介入課程事務，促成教育學者反思課程領域的前途一事，突顯克氏決定在此一課程領域面臨危機之時，投入課程史研究二十餘載，終於獲致可觀的研究成果，而於 1986 年出版具有「經典範式」的《競逐》一書；此一書寫手法，可謂頗具新意。又，其於文末所提諸項問題，如：百多年來中國的課程探索，曾出現多少利益團體？其等各自有什麼意識型態？彼此之間曾否競逐課程改革的控制權？其歷史演變如何？等等，並謂這些問題都可得益於克氏的分析框架一項，亦頗具價值。惟至所遺憾者，何文雖於 2010 年發表，但卻未能以《競逐》最新發行的第三版為據，以致於無法掌握克氏課程史研究成果的全貌！

夏英（2015）的〈西方課程史研究路徑的比較與啟示〉一文旨在以克氏及英國課程史專家古德森（Ivor Goodson）為對象，探討如何合理地借鑑西方課程史研究方法，並有效地應用於中國大陸課程史研究中。該文比較兩種具有經典意義的路徑後發現，兩者都秉持課程理解範式下的課程變遷觀，都不約而同地採納了「結構與行動者」的分析框架，展現了課程變遷動態辯證的特徵。該文在結論中指出，比較這兩種研究路徑，有助於大家進一步明白課程史研究的價值與意義，辯證看待課程史所能詮釋的範圍及研究價值，理性認識研究方法的優勢及侷限，為更好地研究課程史提供有意義的啟示。

夏英一文精準地理解與比較了當今課程史研究學者中，持鉅觀與微觀研究路徑的克氏與古氏二人的研究要旨，並善用社會學家布迪厄（Pierre Bourdieu, 1930-2002）及吉登斯（Anthony Giddens, 1938-）等人的理論，點出了克、古二氏採取的分析框架，因而撰成了具有相當深度的學術論文。這種善用不同學門理論進行分析與批判的作法，亦當為譯注者執行本譯注研究時，特別是在撰寫本導論時盡力參酌者。又，夏文將"hybridization"譯為「混種化」，並且直指克氏以「混合成功」（夏英，2015：107）的觀點，考察課改過程中的各種

價值觀，亦值得譯注者參酌。但該文與何珊雲一文同樣，皆未能以《競逐》最新發行的三版為據撰文，以致無法掌握克氏課程史研究成果的全貌，是為一大遺憾也。夏文之中，提及克氏地位政略（譯注者譯為政治）一段，顯係參酌了楊智穎（2008）所撰《課程史研究觀點與分析取徑探析：以 Kliebard 和 Goodson 為例》一書的文字，但是，並未就楊文參考克氏於 1988 年所發表的〈重構近代美國課程的嘗試〉（The Effort to Reconstruct the Modern American Curriculum）一文詳為查對，而與楊文一樣犯下了一些小錯誤，也是譯注者在執行本譯注研究時引以為鑑者。[41]

楊智穎（2015）的〈Kliebard課程史研究的理論觀點及分析取徑探析〉一文旨在對克氏的課程史研究觀點與分析取徑有更整全與深入的理解。該文第一節在敘述克氏的思想淵源及學術發展。第二節則先針對克氏對傳統課程史研究的批判進行分析，以確認「非歷史立場」（ahistorical posture）是課程研究者亟須改正的態度，再依課程變遷的鐘擺效應、課程變遷的進步觀、課程改革成敗的歷史評析，以及課程變遷的混種化等小節，探討克氏對課程史進行研究時所持的理論觀點。第三節，則探討克氏進行課程史研究所採取的兩種分析取徑：一為利益團體競奪的分析取徑，一為歷史個案研究的分析途徑。最後，則為綜合評析。

相對於前面的四篇論文，楊文與宋文一樣與時俱進，用了《競逐》一書三版的材料，並且在探討「利益團體競奪的分析取徑」一節時分為三點：除「追溯在教育中被稱為進步主義年代的一系列詮釋」，與「在地位政略的脈絡下去詮釋各種利益團體」兩點之外，另加「其他相關的利益團體競奪分析取徑」一點，並且加上「政經社會結構和利益團體間的互動，」及「中央層級的課程方

---

[41] 譯注者讀到夏文（夏英，2015：108）有"political expedient"一語，判定其文法不對，可能為筆誤；同時，又讀到楊文（楊智穎，2008：64；2015：79），確認夏文參考了楊文。譯注者並據楊文的參考文獻，找到克氏一文，才發現二文皆將克氏所用"politically expedient"一語，筆誤為"political expedient"。又，譯注者並確認，楊文誤以該文的發表年份為 1998。

案與地方行動者間的互動」兩項。譯注者以為如此力求深入闡釋、試著突破的作法，著實令人佩服，但是，尋繹克氏本意，證諸克氏原著，此一作法似有過度推論之嫌，是亦包括譯注者在內的後來學者當引以為鑑者。

綜上所述，自本譯注研究的立場而言，這五篇論文確實可稱為「重要」，蓋其等對於譯注者進一步理解《競逐》一書的內容有所助益，亦對譯注者對於全面掌握克氏的課程史研究作法與成果有所啟示。特別是，在執行《競逐》一書的譯注，以及為譯注成果撰寫學術導讀時，這五篇論文皆讓譯注者得收「見賢思齊、見不賢則內自省」之效。

三版序

　　在最佳的情況之下，新的版本之問世總是會給作者一個機會，不只是作若干文字調整及編輯上的變動，還能就某些重要議題的處理，作一番交代。在《美國中小學課程競逐史（1893-1958）》第一版發行於 1986 年時，雖然我曾因為它受到熱烈的歡迎而感到高興，但是，我也花費了許多時間反思我應該做些什麼樣的改善工作。

　　當然，撰寫歷史絕非只是把一些事實與事件，按照某種年代的順序加以安排而已。它無可避免地包含了詮釋在內。後來，為了第二版，我試著把引領我針對《競逐》一書所作的詮釋之背後的理論架構加以明白的解說。在第二版於 1995 年出版時，我決定把某些事情放在〈後記〉中說明清楚。該一〈後記〉採取的是史學論文（historigraphic essay）的形式呈現，先處理撰寫本書這件事背後的一些問題，並說明我所作出的詮釋緣起於哪些資料，然後再說明我對於這個時代所作的敘述與那些就著大致相同一段時間進行書寫的歷史學者所作的詮釋，有什麼不同。這篇〈後記〉重印在三版之中。

　　過去一段時間裡，三不五時，就有朋友催促我把這本書的內容更新，那也就是說，建議我把這段歷史的敘寫超越原定的 1958 年那個界限。我認為，那是一件十分重大的任務，不過，我從未想過要在第三版之中作這件事。這樣的一件事，所需要的將會是另外一本專書。我之所以決定把這本書停止在 1958 年，有我特殊的理由。我用來形塑我針對 1893 到 1958 年這段課程史，所採取之利益團體的解釋架構，因為 1958 年通過的「國防教育法案」（National Defense Education Act）而產生了很大的改變。影響所及，不只整個課程的論述必須做根本的改變，課程的形塑與構成的動態過程，也會因為聯邦政府的進入利益團體競逐的場景這件事，而產生大幅度的改變。任何就著 1958 年之後的教育所作詮釋都需要對於

課程（從一般的角度）及利益團體（從特別的角度）如何針對聯邦政府所投入的新一撥經費，以及附隨這些經費所產生的管控效應，作嚴肅的考慮。幸運的是，某些學者已經開始處理因為聯邦介入而引發的諸多論題。魯道夫（John L. Rudolph）（2002）的《科學家在課堂中：冷戰期間美國科學教育的改革》（*Scientists in the Classroom: The Cold War Reconstruction of American Science Education*）讓我留下深刻的印象。而利思（William J. Reese）（2005）[42] 的《美國的公立學校：由公共學校到〈把每個孩子帶上來〉》[43]（*America's Public Schools: From the Common School to "No Child Left Behind"*）一書的後面幾章，也以豐富的訊息及令人醒目的方式處理了 1958 年之後的論題。

所以，我決定在第三版之中處理另一類的問題。如同原初的版本所示，我當時相信四個利益團體之中的三個利益團體都直指著課程之中的科目結構，要把它們從現有的位置拉下或者加以修改，而且，我還在兩個方面留下了許多內容還未說到：一是乾脆把學校科目廢除，一是學校科目本身如何回應這些壓力。在「八年研究」的五大冊報告於 1942 年出版時，更坐實了這個想法。畢竟，「八年研究」是由進步教育協會的領導者們所發起，因為他們熱切地相信中等學校課程仍持續受到大學入學的要求所主宰，所以他們設計大規模的實驗，俾便顯示所發展出來的不同於傳統學術課程之另類作法，不會為大學學習帶來準備不足的負面效應。

於是，我決定為第三版新寫兩章。在第九章之中，我處理了 1940 年代出現的一股重新產生的驅力。這股驅力試著把課程組織加以重新導引，俾便遠離傳統科目的窠臼，特別是許多課程改革者都圍繞著「需求」這個核心來組織課程，進而帶動一些協力合作的努力。這些努力最後終於獲得了「核心課程」（core corriculum）這樣的名稱。但是，在此一名稱之下卻有一大堆不同的作法，也因此促使我試著盡力加以釐清。

---

[42] 《競逐》一書出版時，該書尚未出版，是以作者原文為「出版中」（in press）。茲查得其為 2005 年出版，慢《競逐》一書一年問世。

[43] 同上注，該書原名為 *Continuity and Change Since the Early Nineteen Century*，出版後改為現名。

在第二個新章，第十章之中，則是概覽此一驅力的影響進入 1950 年代末期時，傳統科目的真實情況。這包括了一個科目接著一個科目的逐步概覽，不只報導這些個別科目如何回應那些試著拉下它們現有地位的作法，還報導了 20 世紀中葉，新進學生人口大規模增加的情況所帶來之影響。

這兩章所處理的問題，皆聚焦於學校科目的角色與功能，因而必然在較大的程度上，處理較多中學課程的問題，而較少處理小學課程的問題。如八年研究的領導者所看出來的，各個類別的改革者，可以成功地將他們的主張在小學付諸實行，但是，在中等學校的層次就不那麼成功。正是這項理由，1940 及 1950 年代，課程改革的主要爭論之處，就成了傳統科目在中等學校課程所呈現的穩定程度與有效程度。

在寫這兩章時，我也試圖調整本書一項無心造成的不平衡。雖然本書所涵蓋的期間為 1893 至 1958 年，但是，第一版及二版相對地偏重此一期間的較早時段。在加上專注於 1940 及 1950 年代這兩章新的內容之後，我希望不只能處理這一歷史悠久的科目課程所遭受的龐大挑戰，還希望能在時序方面獲致較對稱的安排。

我在威斯康辛大學麥迪遜校區服務了很長的一段時間，我的朋友與同事給了我難以估計的具體協助，例如讀一或兩章書稿，非正式的探訪我，甚至在廊道上的談天說地，也都為我帶來莫大的精神鼓勵。在《競逐》一書的過去兩個版次，我曾試圖詳列至少一些曾經給予我協助的人名，但是，我不願再加上任何新的姓名，因為，這麼做總是會忽略掉一些曾經給予我特別協助的人名。我希望藉此機會，對較早的謝詞中提到的人士，再予以更大的謝意，然而，我更希望藉此機會，對我未曾提到任何姓名的學生們，表示特別的感謝，他們多年來在課堂中及其他的場合所表現的熱切，與學術上的好奇心，一直都激勵著我。謝謝各位！

我對於家人的感謝十分深邃。我的孩子黛安及肯恩，他們的配偶馬克及朱迪，以及我的孫輩瑪莉莎、大衛及布利安娜所帶給我許多的安慰與歡樂。

我要特別且立即地感謝負有這本書付梓工作之責的羅德利奇出版社（Routeldge）的編輯巴那德（Catherine Bernard），因為跟她溝通總是很愉快。而

且，通情達理的她不只擁有豐富之專業知識與超強的能力，更有著經久不衰的合作精神。

Herbert M. Kliebard
威斯康辛大學麥迪遜校區
2004 年元月

二版序

　　我確實未想到學生、同事，甚至評論者都對於這本書表示熱烈的歡迎。那麼，暫且不說別的，我應該可以藉著這個場合，向那些不厭其煩對這本書表示支持的所有人士，表示誠摯的感謝。

　　在慮及第二版的問題時，我慎重地思考了，應該怎麼做才會讓它增色。首先，二版的發行讓我有機會就著那些針對這本書所作含蓄的或是明確的評論，作出回應。但是，我認為若僅針對已作出的評論予以回應，實在不值得發行一個新的版本。另一個選項是有人建議，這些建議不只來自某一個方面，都提到要我增加一章，以便超出第一版定下的 1958 年這個時間界限。我曾慎重考慮此一作法，但是，末了的結論是，若是要達成此一目的，那麼所真正需要的應該是續篇，而非只是再版。

　　最後，我決定採取最合理且可能最適切的作法，就是為本書的理論架構再作更深入的闡述，而不變動時間界限，所以，我在本版加上了〈後記〉。我在撰寫《競逐》一書的第一版時，原本以為在敘述的過程之中，本書的理論架構會自然興生，所以，實在沒有必要以明確的文字說清楚。我實在很難表述我當初的想法，不過，當時確實有些不安；做那樣的選擇，或許是對於這套理論架構是否站得住腳，還缺乏信心。我想，1986年第一版已經問世相當長一段時間了，我現在應該可以藉著介紹有關象徵行動（symbolic action）及地位政治（status politics）等方面的豐富研究文獻，把本書的學理基礎好好地充實一番。

　　我之所以決定投身於此一學理的叢林，原因之一是受到我所讀的葛斯菲爾德（Joseph R. Gusfield）（1986）《**象徵型的聖戰：地位政治與美國的禁酒運動**》（*Symbolic Crusade: Status Politics and the American Temperance Movement,* 1963）這本書的影響。它的結尾部分對我而言，是個獨一無二的範本，它所反映的不只是該書的實質內容，還闡明了豐富其

詮釋的象徵政治學架構——不是拒斥（前人所作）較早的詮釋，而是浸染了新的觀點。我無法複製葛斯斐爾德的卓絕技藝，但是它確實從不只一個方面對我想要完成的事功，提供了範本。

我試著在〈後記〉中分成兩方面進行探究：第一，它就著一般稱之為進步主義教育時代（progressive era in education）這個說法所作的一系列詮釋，作了一番追溯，俾便梳理出那些詮釋的諸多層面影響了《競逐》一書的寫作，並且讓我在架構好我自己的理論後，把那一系列的詮釋全部加以拒斥。更值得注意的是，我以諸如費林（Peter Filene）及魯傑斯（Daniel Rodgers）等歷史學家的著作為基礎，對於進步主義教育運動是否存在，提出了質疑。就此而言，我希望解釋，為什麼《競逐》一書所聚焦的，並非讓人模模糊糊的看起來像是一套統整的進步主義教育，而是組成本書結構的四個利益團體。必須特別強調的是，把這些利益團體加起來，並不會構成了一項單獨的運動。它們乃是一個挨著一個存在著的利益團體，每一個都有著自己的進程。當然，有些時候，其中兩個或更多個利益團體會以某項特定的改革作法形成聯盟，但是，在美國中小學課程競逐的各個平臺上，它們不只是不相同的團體，甚至是相互矛盾的；更多的時候，它們乃是相互敵對的。

第二，我試著把我對於那些利益團體的詮釋，放在幾乎和葛斯斐爾德研究美國禁酒運動一樣之地位政治的脈絡下進行。我企圖以這種方式處理這麼一個我相信讀者會提出之惱人的問題。在一個由社會史主導歷史研究的今天，人們很自然地會質疑，這些不同利益團體的領導者所提倡之改革，是否實際上走入學校與課室。在《競逐》一書之中的各處，我都試著處理這個問題，但是，無可否認的，這個論題並未成為本書的核心。沒有了那個重點，就總是會有某個說法以退化的方式（我得倒抽一氣！）進入思想史，或許就有某些人相信這樣的說法。我在本書的〈後記〉之中，試著指出近年來許多值得參考的歷史研究，它們都已經處理了此一「付諸實行」的問題。然而，我可以毫不猶豫地確認，這樣的研究確實有價值，但是，它們卻不是我用以處理此一問題的作法。相對地，我想說明，除了從工具主義的角度來看這個問題，以便確認學校是否真正把這些教育領袖所致力推動的改革，落實到學校所真正付諸教學的課程，

這固然是處理此一問題的作法之一，但是，我在此地所引介的，由葛斯菲爾德〔以及艾德曼（Murray Edelman）〕所提出的學理論述（theoretical formulations），也可以特別地用來框定這項課程落實的問題。在地位政治的脈絡之中，有大小不等的衝突是由「誰所珍視的信念才應該受到官方或者其他方面的認可」這項問題所引發。換言之，我試著敘述的競逐，主要是就著「誰的最基本信念應該占據此一連續劇的舞臺中央」這個問題，所呈現之具有符號象徵性質的競逐。在那齣連續劇裡，主角們再現了相互匹敵的價值與信念，試圖在全國的舞臺上爭取大家的確認與同意。說利益團體所表現的競逐具有符號象徵或是戲劇的性質，並不會減損其重要性。然而，應該不會有人認為我所說的這些行動，要不是具有符號象徵性質，要不就是具有實際運用的性質，非此即彼，斬釘截鐵式地二分。很大程度上，它們兩種性質都有，但是，各項行動所具有之符號象徵的意義比較容易遭致忽視。如此就特別不幸了，因為就是這些行動所具有之符號象徵的意義，與文化和社會的優勢以及其所蘊含的意義，最有關聯。

　　最後，我必須再次向許多人士表示由衷的感謝，他們直接或間接影響了我針對書中所描述之諸多事件所作的詮釋。我對葛斯斐爾德所傳達的事實：「沒有任何作者會記得他曾經借用過的未經加註之想法的每一個人」（p. viii），深表同意。我在第一版的謝詞中已經盡可能地對全部幫助我寫這本書的人士都表達過謝忱。在此一第二版，我則希望特別感謝多堤（Jack Dougherty）及賴文（David Levine）協助我編纂大幅擴增的索引。最後，若果我還是把任何一位朋友遺漏了，且讓我致上誠懇的歉意。

1993 年 11 月

一版序

　　凱叟（Carl Kaestle）（1984）在最近為教育史方面的兩項研究所撰 　
寫的評論當中，就其中之一表示了這樣的意見：此一研究「超越了相互
匹敵的兩種詮釋；這兩種詮釋已經持續爭論了十五年之久」。他繼續描
述這兩種針對美國教育進程所提出之相互匹敵的思想派別：

> 傳統論者說，學校制度例示了民主的演進。激進修正論者則
> 回應道，非也；學校制度證明了社會控制對於勞工階級所施
> 予之科層體制式的壓迫。最近，某些歷史學家即強調，公眾
> 教育制度乃是相互衝突的階級與利益團體之間的競爭。

雖然我是在已經大體上寫完這本書之後，才有機會讀到這篇評論，但是，
我立即理解了凱叟在評論後一學派思想時所表達的意見，恰是我一直以
來試著要說的話。我一直都積極地注意著這兩種相互匹敵的思想學派在
20 世紀的發展，而且總是有著這兩派都不無缺點的感覺。它們兩者都一
樣對，但是，假若簡單地說，20 世紀美國教育的動力就在它們兩者之間，
就幾乎難以令人信服。我所試圖作的事就是，用一種適當的表達方式，
把決定這種衝突結果之力量所具有的性質，作一番清晰的描述。

　　事實上，我好些年以來，早就考慮要寫一本有關美國現代課程歷史
的專書，而且我也就這方面的主題，寫了大約幾十篇的論文。我想我應
該可以把引發我早先對於這個主題有濃厚興趣的原因，很正確地加以重
新建構。第一，我深以教育的歷史研究之不平衡而操煩。大家對於誰進
去學校這件事投放了大量的注意力，但是，對於兒童與青年走進學校大 　
門之後所發生的事情，所給予的關懷就相對地少了許多。從某個意義來
看，大家不願意認真面對這類的問題，是可以理解的；因為在當前的脈
絡之下，要回答這個問題，有其難度。試著處理這個問題，即使在最近

的過去，也都意指著必須從很不充分的證據當中作成詮釋。遺憾的是，這通常是指，我們只能由教育世界中領袖人物所發表的言談作成推論，而不是由課堂中的文件，以及教育現場參與者所作的報告，來進行研究。

另一方面，我們不難理解，至少可以退一步說，在某些關鍵的主題方面所作的某些主要陳述，的確反映了一些實際的狀況。在我寫這本書的過程中，我試著不把那些通常是由教育界的某些重要領袖，或者全國性質的委員會所發布的文件，當作影響事件發生進程的某些事物，而是把它們當作人們以某一段期間所留下的東西精心製造而成的工作成果（artifact），且我們可以憑藉這些工作成果重建學校裡所進行的科目教學之真正實況。讀者會關心，本書所呈現的各項觀念是否值得我花費這麼多的工夫提出來（我想，就某些情況而言，這確實值得）。除了這個問題之外，對我而言，這些前人所作的各項陳述，代表的是一種風向球，藉著它，我們可以測量這股課程的風潮會往哪個方向吹去？不過，對於這件事情，我試著遵循一項重要的經驗法則，那就是，我打從一開始就明白，那些陳述與我們所可能預期的實際情況相較，總是比較理想而且誇大。舉例而言，某些提倡活動課程運動的領袖總是認為，他們所提出的課程構想，應該是學校兒童們所學到的主要課程，甚至所有的學校都在實施活動課程。但是，我們都知道，除了零星地散布在各地的少數實驗學校之外，並不是這麼回事。然而，這並不意味著，學校的實務作法上，完全感受不到活動課程運動的存在。一般而言，到了那些觀念進入公立學校時，它們就都融入在學校現有的課程架構之中了。換言之，在一些像是社會科或是英文科的脈絡當中，就比較明顯地可以看到活動課程這樣的觀念。大體上而言，課程的科目組織一直都持續存在著，但是，在此一架構之中，就總有一些內部的變化反映著一些主要的課程改革運動之影響。就某些案例而言，這種情況可能已經讓某些歷史學家低估了 20 世紀課程改革的影響。我們所賦予學校科目的名稱，並未把全部的故事告訴我們，因為這些名稱並未仔細地反映出真正在課程實務上所存在的各種不同狀況。

第二，進步教育這個術語一直讓我不知道怎麼樣才好，這是我必須坦誠直言的。由我所參閱之數不清的參考文獻，讓我有這種感觸。我發現，我研究得

愈多，就愈覺得這個術語所涵蓋的是一個範圍廣大，不只是各不相同的，而且還是相互矛盾的教育觀念，以致於變得沒有什麼意義。最後，我變得相信這個術語不只是空洞的，而且還是挺害人的。我認為，不只是在於「進步的」（progressive）這個字眼不妥當，更在於我們值不值得用單獨一個字眼描述它所蘊涵的意義；還有，若我們試著這麼做，我們能不能確認它的定義。於是，我原本是不知道怎麼樣才好，先轉變而成懷疑，後來，又從懷疑轉變而成憤怒，最後，則又變成了困惑。我希望本書讀者能看出，我所獲得的結論是，20世紀有好幾個教育改革的運動，它們每一個都有著不同的行動綱領（agenda for action）。描述這些不同利益團體所持有之主要意識型態的立場，以及它們之間取得平衡的方式，還有相互矛盾的情形，就成了我的主要任務。換言之，我認為，美國有一些利益團體，把各級學校所安排讓學生學習的課程（the course of study）[44]，當作其表達觀念與實現其目的之媒介；而一部現代美國課程的演進史，就可以用這些位居主宰地位的利益團體之間產生的相互作用來加以解釋。

那麼，這個故事的主角就是各個不同利益團體的領袖，但是，我們必須把他們的觀念放在現實的背景來理解，我們不僅要考慮美國這個國家各級學校的實際狀況，以及學校教育體制的科層結構，還要注意到各個時代的政治與社會條件。當然，我們不能就著這些因素全部都給予一樣的重要性。還有，我們把舞臺的中央給予了對於美國學校課程持有相互匹敵想法的各個利益團體之間所

---

44 本書偶會出現與"curriculum"意義相近，但又有差別的"course of study"一詞，茲特錄得一個相當古老但仍具參考價值的說法供參：**課程**（The *curriculum*）或可界定為教材、活動與經驗等構成學生學校生活的整體。**學習課程**（*A course of study*）通常是以小冊子（pamphlet）形式呈現的材料（material），它針對某一給定的科目，就其目標或內容，乃至用以達成所欲結果的活動及書籍等，作成可供教師使用的說明。這段文字取自《**全美教育研究學社第 29 期年刊：學社算術科委員會報告書**》（*Twenty-ninth Yearbook National Society for the Study of Education: Report of the Society's Committee on Arithmetic*）。請見 West、Greene 與 Beownell（1930: 65）。

形成的爭戰。在作成決定的當時，我只是希望這本書能夠澄清上述的想法及其涵義，因而能協助我們確認並且詳盡地闡明我們從這個專業眾多前輩所繼承而來的各種不同課程作法。

　　我所立即要面對的一個論題就是，我應該如何處理杜威這個高人（towering figure）。雖然在我整個專業生涯之中，我始終都是研究杜威各項論著的學者之一，但是，我發現我自己也不知道應該把他放進我所描述的四個利益團體之中的哪一個才好。最後，我的決定是，我不把他歸屬在任何一個團體，而是以一種盤旋在競逐活動的上空，卻不歸屬於任何一個特別陣營的人士。我想，我也應該坦承，我在某些章節之中，把杜威的聲音當作評論我自己，在一直進行著的爭戰之中所持立場的方式之一。

　　我的好友兼同事，已故的柯若格（Edward A. Krug），在寫一項重要的論著時，總是喜歡寫一篇能涵蓋若干主要專題的論文，只是為了要看看這些不同專題可不可能結合在一起。此次寫這本書，我也決定作這樣的嘗試。不過，在完成這本書的寫作後，我卻發現那篇論文或許可以充當第一章，並且預示這個故事的後續發展。所以，本書的第一章既是書首，又是導論（或者，至少我是這麼打算）。它啟動於一開始（就我的目標而言，是 1890 年代），但是，它也觸及了以後各章將會更為精緻地處理的主題以及後續的發展。舉例而言，所有四個重要的利益團體，再加上某些重要領導者與他們的重要主張，即在第一章作了介紹，但是，較為充分地處理他們影響美國學校課程演進的想法，則在以後的各章呈現。

　　另外一個持續在本書各章節之中出現的問題就是，許多事情都在同一個時間發生。在我多方思考應該如何處理這個問題之後，我決定不採取嚴格的時序架構。於是，在 1920 年代，科學化課程編製的思潮達到高峰，但是，支持活動課程的運動也頗顯眼。我想，最好的辦法是，不試著在同一個時段說這兩個故事，而是先說其中一個故事，然後再說另一個故事，希望因此能在說每一個故事時，都能維持相當的一貫性。然而，這種作法也不是沒有代價，因為我發現我必須來回地進入一些我已經處理過的時期，俾便重新找到另一條線。

　　本書涵蓋的歷史跨越了六十五年的時間，所包含的是課程事務活動頻繁的

一個時期——事實上，那是一個課程改革由具有試驗性質的開始，而終於演變成為一項全國重要事務的時期。大家對於課程事務表示強烈興趣的這段期間，其苗床乃是 1890 年代，因為十人委員會報告書這項頂重要的課程文件即是在 1893 年公布。但是，這也正是拉出課程變革主線的十年，而且，四個即將為了課程這件事而進行競逐的各個不同利益團體，他們可資辨認的特性也逐漸顯現。在這段期間，每一個利益團體都宣稱自己贏得勝利，但是，卻沒有任何一個利益團體是無條件投降，或者享有壓倒性的勝利。就是此種具有模糊性質的競逐結果，方才足以解釋在 20 世紀裡，圍繞著美國教育進程所作詮釋如許之多的原因。本書結束於 1958 年通過的「國防教育法案」，聯邦政府因而得以大規模地介入課程事務，致使在競逐當中的政治平衡，以及所進行之交互作用的性質，都有了劇烈的改變。在那之後，決定美國學校課程的方式就變得完全不一樣了。

1986 年

謝辭

在撰寫這本專書的過程中，我積欠了很多人情，在這些讓我經常想到的恩典當中，應該從二十多年前說起。當時，我還是個研究生，認同課程領域的人，很少有人表示對課程史有興趣。那時大家的想法是：「把陳腐的過去一掃而光」，進而以此為本，將學習的課程（course of study）作一番重建。我研究所的指導教授白樂客（Arno Bellack）則是一個非常與眾不同的人。他不只激發了我研究歷史的興趣，而且擁有對於美國課程的歷史根源令人驚異的知識。他在寬廣的領域所展現令人不可思議的洞見，即使是兩三句的日常會話，也都不斷地重新浮現在我心裡，一直到今天。多年來，白樂客持續地成為我的朋友，不只如此，他還是我最重要的「共振板」，始終對我的各種著作提出犀利的意見。

當我初到威斯康辛大學，因為空間不夠（當時教育學院正經歷成長的陣痛），讓我非常幸運地被丟到柯若格（Edward Krug）的地下室研究間。所以，在那段時間，我有機會每天與這麼一位才華橫溢的學者進行對話，事後證明我是少數的幸運兒。我驚鴻一瞥，哎呀，我竟然有此難得的特權親眼看著他撰寫那本不朽的巨著《美國中學的形塑》（*Shaping of the American High School*）。即使在今天，像我這樣只是坐在那兒，差不多是挨著一位大師的手肘邊，就能學習到一項技藝，也是不常見的。除了他的心智聰穎之外，柯若格的親切宜人也值得傳述，因而我總是感謝他不時作好準備，為我這位青年人的努力成果，提出溫和但機敏的評論，當然，我更要感謝他未曾間斷的鼓勵。

我還要感謝許許多多協助我準備這本書的初稿的人。對於那些協助我確認所必須找到的文件的人，我要表達向柏沃克（Dianne Bowcock）、布朗（JoAnn Brown）、謝小芩（Hsiao Chin-Hsieh）[45]、凱勒（Sahron

---

[45] 2017 年 7 月 4 日電郵確認；謝教授為新竹清華大學教授，她為臺灣大學哲

Keller），以及史坦尼（George Stanic）等人。答路磅（Maria Dalupan）完成了頗費心力的參考書目核對，技巧純熟且專心敬業，她更找了我初稿中出現的脫漏，一一加以補上，又檢視了最後一稿，並且作了仔細校正，所以應予特別的讚美。

　　實際上，為了準備最後的草稿需要更多人的協助，以致我在此可能無法一一指名道謝。我特別要感謝佛絲（Joanne Foss）及蘭茲（Sally Lanz）兩位切實地改正了我原初各個文稿上的許多錯誤。課程與教學學系及教育政策研究學系辦公室的職員同仁經常在我有任何需要時，給我及時的協助，即使突如其來的要求，他們也無不立即處理。為文稿作準備的過程中負責督導的許萊瑟（Donna Schleicher），總是沉著地且幽默地工作著，因此，幫我隨時保持著神智清楚的狀態，而不致因為繁瑣的文稿準備工作而困擾。我的教師同仁們諸如艾波（Michael Apple）、凱叟及魏拉格（Gary Wehlage）等人在我因為撰寫這本書而遭逢困難時，總是站在我這一邊，給我充分的支持與鼓勵。

　　我很感謝威斯康辛大學麥迪遜校區研究學院准許我一個學期的研究假，讓我得以有時間執行寫作本書所必須作的一大堆研究工作。來自杜威學會（John Dewey Scoiety）的研究支持，也應予以衷心的感激。

　　為了在書中加入一組照片而必須找到這些照片的底片，所費的工夫比我原初想像的大了許多。我要向以下協助本書取得某些照片的人士表示感謝：南伊利諾大學摩里斯圖書館（Morris Library, Southern Illinois University）的布郎（Louisa Brown）、克拉克大學赫欽斯高達德圖書館（Robert Hutchins Goddard Library, Clark University）的肯伯爾（Stuart Campbell）、達特茅斯學院圖書館（Dartmouth College Library）的克芮馬（Kenneth C. Cramer）、俄亥俄州立大學大學檔案館（University Archives, The Ohio State University）的鍾斯（Ruth Jones）、哈佛大學大學檔案館（University Archives, Harvard University Library）的麥克亨尼（Robin McElheny）、哥倫比亞大學師範學院米爾班紀念圖

學系畢業，早在美國南伊利諾大學卡本德爾校區哲學系取得碩士學位，後赴克氏任教的單位攻讀博士學位。

書館特藏組（Special Collections, Milbank Memorial Library, Teachers College, Columbia University）的門特（David M. Ment）、東烏迪工業訓練所校長（President, Dunwoodie Industrial Institute）菲利普斯（Warren E. Philips）、芝加哥大學圖書館（University of Chicago Library）的波普（Richard L. Popp）及威斯康辛州立歷史圖書館（State Historical Library of Wisconsin）的威廉姆森（Myrna Williamson）等等。南卡羅來納大學的克利多（Craig Kridel）教授引導我確認某些照片的收藏地，也應一併致謝。

本書第一章的簡版曾經在《**教育研究人員**》（*Educational Researcher*）發表。本書書稿的一些較短的部分曾經融入一些我在**全美教育研究學社**（National Society for the Study of Education）的 1984 及 1985 年年刊，以及《**青少年期刊**》（*Journal of Early Adolescence*）所發表的論文之中，也特予說明。

第一章

1890 年代的課程動盪

i 課程為教育重心

　　19 世紀美國教育制度的核心是教師。社會期望這些未經良好訓練、 *1*
工作疲累、待遇很低,而且常常也不夠成熟的教師,都能表現合乎標準
的美德,踐行社區的價值,同時也都能對於既不守規矩,且又愚鈍的學
生,施予嚴格的管教。但是,到了 1890 年代,主要建立在面對面接觸的
團體所組成之 19 世紀社會,明顯地步向衰退之途,不過,還是有人體認
到社會變遷的來臨,所以,在學校教育的角色這個問題之上,似乎也出
現了一種急遽改變的觀點。隨著都市成長,學校不再是直接促成可見的、
團結的社區之利器;它們反而變成介於家庭及混亂而非個人化的社會秩
序之間更重要的中介機構。透過學校這種機構,新工業社會中求生的規
範與方式得以代代相傳。傳統家庭生活不僅正在式微,即使仍然穩固存
在,也不足以教導年輕人如何進入複雜而科技化的世界。

　　由於學校的社會角色有所改變,教育的重心也有所改變:從可以看
得見、感覺得到的教師,轉變而成為包含在課程中,既遙遠又生疏的一
些知識與價值觀念。在 1890 年代以前的美國,就已經出現一些試圖爭取
中小學課程控制權的力量,馴至 20 世紀早期,中小學課程即逐漸變成了
競逐的戰場。

　　當然,視課程為急務,有如冰凍三尺,絕非一日之寒。早在 19 世紀 *2*
就有一些徵兆顯示,越來越多人開始注意到美國學校中的學習課程(the
course of study)到底是怎麼變成現在這個樣子的。大約自 1800 到 1830
年,從英國引進的「導生制」(monitorial method)[46] 就在紐約及費城等

1

城市盛行過一陣子。這種制度有時也稱做「蘭開斯特制度」（Lancasterian system），需要將學習課程劃分成標準的學習單位（Kaestle, 1973）。或許對 19 世紀學校影響最深遠的是大眾教科書的普遍採用，像是「麥葛菲閱讀系列」（McGuffey Reading Series）以及著名的《藍皮拼字書》（blueback speller）。[47] 由於未受過良好教育的教師必須仰賴這些教科書作為標準，這些教科書逐漸使課程步向全國化。在 1856 到 1864 年之間，芝加哥學區的學務總監（superintendent）[48] 威爾斯（William Harvey Wells, 1812-1885）把所有學生劃分年級，並為每個年級的每個科目建立不同的學習課程（course of study）（Tyack, 1974: 45-46）。這種早期對課程的關注，預示了 20 世紀全國所矚目的焦點。

---

[46] 英國的蘭開斯特（Joseph Lancaster,1778-1838）是公誼會〔或稱教友派（Religious Society of Friends），又稱貴格會（Quaker），為基督教新教的一個派別〕教師，他於 1798 年在倫敦創辦一所學校，實行導生制。後來，他發現一本由蘇格蘭聖公會牧師貝爾博士（Andrew Bell, 1753-1832）所撰寫的小冊子，得知貝爾早在 1791 年（或 1792 年）就曾在印度馬德拉斯的軍人孤兒學校中實施導生制，選擇導生（helper）幫助其他學生學習。所以，這種制度也稱做「貝爾－蘭開斯特制」（Bell-Lancaster method）、「馬德拉斯制」（the Madras system of Education）、「導生制」（monitorial system）。由於這種制度頗有助於普及初等教育，因此盛行於 19 世紀初的歐美各國。

[47] 《藍皮拼字書》：美國早期學校在進行英語拼音教學時大多採用英國教科書，韋伯斯特（Noah Webster, 1758-1843，著名美語字典的編者與出版商）遂於 1783 年撰寫一本符合美國人習慣且適合按年齡教學的《英語語法規則第一部》（The First Part of the Grammatical Institute of the English Language），1786 年更名為《美國拼字書》（The American Spelling Book），1829 年又更名為《初級拼字書》（The Elementary Spelling Book）。不過，由於其封面為藍字，多數美國人稱之為《藍皮拼字書》（blueback speller 或 blue backed speller）。這本書十分暢銷，光是在韋伯斯特有生之年，即印行 385 次，至 1890 年已印行六千萬本，幾乎美國每位年輕人都讀過，可以說它塑造了 19 世紀美國的教育與語言。

[48] "superintendent"可譯為教育局長，但本書皆譯解為學務總監。美國一般的學區皆設有學務委員會（school board，或譯為教育委員會、學校董事會），委員為民選無給職，負責學區教育政策的審議。學務總監係由學務委員會聘請的專職人員。

　　雖然美國的社會變遷是歷經幾乎整個 19 世紀的努力而來，公眾對於這種變遷卻是到 1890 年代才產生危機感。公眾明顯感受到社會正在劇烈變遷，而這些變遷與 19 世紀末大眾傳播事業（包括雜誌與報紙）的急遽發展，以及鐵路迅速延伸而成相當便宜且可靠的運輸工具所產生的巨大影響，都有著密切的關聯。除了都市持續成長之外，傳播事業與鐵路交通這兩方面的發展，都是促使美國社會從相當孤立而自給自足的社區轉化成都會型工業國家的重要因素。例如，1870 年代這十年美國的報紙就成長了一倍；到了 1880 年代，《紐約畫報》（*The New York Graphic*）在報上甫一刊登複製的照片，就預示讀者人數的大量增長。以致在 1882 到 1886 年這幾年之間，日報的價格從每份 4 分錢降到 1 分錢，這主要是由於普立茲（Joseph Pulitzer, 1847-1911）的《紐約世界》（*New York World*）[49] 成功發行所致（Mott, 1941: 508），而 1890 年引進的整行鑄排機又帶來更大幅度的成長。在 1872 年，只有兩種日報宣稱發行量超過十萬份，但是到了 1892 年，又有七種報紙超過此一數據（p. 507）。超越眼前社區的世界正快速變得鮮明可見。

　　但是，在 19 世紀末，將這種嶄新意識帶給美國人的，不僅僅是報紙。我們今日所知的雜誌，是在 1882 年開始出版。事實上，後來美國的週刊發行量超過了報紙。例如，到了 1892 年，《淑女家庭雜誌》（*Ladies Home Journal*）[50] 的發行量已達到驚人的七十萬份。

　　我們也不能忽略書籍的讀者群。貝拉米（Edward Bellamy, 1850-1898）烏托邦式而貼近社會主義的小說《向後看》（*Looking Backward*）[51] 在 1888 年銷

---

[49] 《紐約世界》是美國新聞史上重要的報刊，於 1860 至 1931 年之間在紐約市發行。1883 至 1911 年，由普立茲主持，曾創下一百萬份的發行量。

[50] 《淑女家庭雜誌》為美國著名女性雜誌，1883 年創刊，於 1907 年成為第一本訂戶突破百萬的雜誌。

[51] 《向後看》（*Looking Backward: 2000-1887*）於 1888 年出版，佛洛姆（Erich Fromm, 1900-1980）稱之為「美國所出版最傑出的書籍之一」。此書對美國知識界與社會均有極大影響，許多馬克斯主義者常提到此書，有許多社團討論與提倡此書之觀念，尤其是一些烏托邦社團，也曾引發許多群眾運動。

售超過一百萬本，並促成鼓吹實現貝拉米所倡導之觀念的組織大為增加。無疑地，鉛印的文字正逐漸入侵美國孤立隔絕的早期傳統社會。

　　跟大眾之間流傳的新聞傳播媒體至少可以等量齊觀的，乃是 19 世紀末的鐵路發展對美國社會生活的影響。到了 1880 年，東部與中西部都已經採用四英尺八英寸的標準鐵道軌距，但是當時南部幹線絕大多數採用五英尺軌距，西部幹線在 1880 年代則鋪設非常窄的鐵軌。然而，到了 1883 年，鐵路工業領導人創立了至今仍在使用的標準時區制度，[52] 在那十年的後期，美國大部分鐵軌都已經標準化了。

　　1889 年，美國營運中的鐵路已經有十二萬五千英里，而英國只有兩萬英里，俄國只有一萬九千英里。如魏伯（Robert Wiebe, 1967）所指出的：「美國新鐵路網的重要性，不在於引人注目地連結了紐約與舊金山，而是在於像伊利諾州奇瓦尼市以及南達克他州的安伯丁市這種小城市都可以便利地到全國各地去，而全國各地也都可以到達這些地方」（p. 47）。就如同大眾傳播媒體一樣，鐵路穿透美國各地的城鎮與村落，不僅創造了新興工業與市場，也改變了社會態度，更重新塑造了美國人對自己居住在何種世界的看法。

　　除非是一些極端的影響或是其他的外來力量，不然的話，人們並不會察覺社會轉變已經到來。不過，到了 1890 年代，變遷的徵兆就變得十分清楚；這些徵兆雖讓人們感到驚慌，卻也讓人們不得不接受這些改變，並試著肆應之。19 世紀末了的四十年，因為一千四百萬移民的到來，導致美國的人口倍增。那段時期芝加哥等大城市急遽成長，到了 1900 年，這類城市的人口都已經達到一百萬之多，大約是四十年前的十倍。在心理上，20 世紀即將到來這件事，普遍地激發了美國人就其國家的前途進行反省與思索。這使得原本應該以歡欣鼓舞的心情迎接 20 世紀到來的情況，卻埋藏著一股深厚的心理壓力，讓人們

---

52 1883 年 11 月 18 日星期日，美國鐵路部門正式實施五個時區，分別是「中殖民」（Intercolonial）、「東　部」（Eastern）、「中　央」（Central）、「山　區」（Mountain）、「太平洋」（Pacific），其後經過幾次調整，1918 年美國國會通過「標準時間法案」（the Standard Time Act）確立美國大陸的東部、中央、山區、太平洋四個時區劃分。

對於將來會造就出什麼樣的美國，充滿了疑惑。的確，1893 年美國嚴重的經濟衰退所帶來的恐慌，也是造成深切憂慮與反省的原因。[53] 當社會處於如此迅速變遷的狀態，到底應該在學校中教給美國的孩子什麼，這件事也面臨了檢視，應該不是一件奇怪的事情。

　　在 1890 年代，課程狀況可以心智訓練（mental discipline）的學說及其支持者為代表。雖然心智訓練這個課程理論的根源，至少可以溯及於柏拉圖的想法，他主張學習幾何是改善一般智能的方法，其 19 世紀的版本主要是直接源自 18 世紀德國心理學家沃爾夫（Christian Wolff, 1679-1754），他仔細臚列了據稱是構成人類心靈的各種官能（Wolff, 1740）。建立在此一心理學理論之上的心智訓練論者宣稱，學習某些科目就能獲得力量，並憑以強化記憶、推理、意志與想像等官能。更有進者，心智訓練論者辯稱，某些教導這些科目的方法可以促進心智並厚植這些力量。就像透過激烈運動可以強健身體肌肉一樣，心智的肌肉，亦即各種官能，也可以藉由適當設計的心智體操來訓練。因此，他們乃能據以精心擬訂一種有系統且似乎可行的方式，來處理這些已經困擾著教育家與哲學家好幾個世紀的問題。透過心智與身體的類比，可以簡單卻有效地處理像是：「我們該教導什麼？」「我們該應用什麼規則來教導科目？」甚至是課程均衡與統整等這些惱人的問題。這種理論甚至於假定，官能的出現有其自然順序，如果能遵循這些順序，就能為課程列出一套合理的序列。此外，各種官能的排序也為課程範圍的界定提供了基礎。既然忽略任一種官能都意味著該種肌肉的萎縮，教育者就必須確保課程不會有不均衡的現象，亦即要重視可以培養特定官能的科目，而非別的科目。理想的教育是指健全的心智組合，而不只是一兩項心智肌肉的發展。

　　19 世紀最著名之心智訓練主義的文件是 1828 年的耶魯大學教師所提出的一份報告書。[54] 它其實就是傳統教育與人文價值在面對自然科學與實用科目

---

[53] 1893 年恐慌是美國一次嚴重的經濟衰退，始於 1893 年，於 1897 年結束。

[54] 《耶魯報告書》（*Yale Report of 1828*）由美國耶魯大學發表於 1828 年。該報告書在課程史上，有其一定的歷史意義，但學者卻有不同的解讀，有認為其為反動性的文件，有認為其並非消極地抗拒時代的變化，而是主動地作出回應（鍾鴻銘，2014）。

時，所採取的激烈防禦措施。這份報告書指出教育的兩項主要功能是「**心智的訓練與內容的充實**」（the discipline and the furniture of the mind）（Original papers, 1829: 300），也就是強化心智的力量（今日稱做培養思考能力）以及將內容填入心智（今日稱做知識與技能的學習）。報告書的主要作者耶魯大學校長戴伊（Jeremiah Day, 1773-1867）與傑出的古典學者金斯利（James K. Kingsley）教授，都毫不懷疑前者絕對是較為重要的教育功能（正如我們今日可能會主張的一樣）。而且，對他們而言，這表示再次肯定他們一直以來所教導的課程。畢竟，在他們的經驗中，希臘文、拉丁文與數學以及**純文學**（belles lettres）都早已確立了價值，而一些較新穎的科目，像是各種現代外語，則都尚未證明其分量。因此，他們堅定地拒絕將這些科目加入看起來完整且其分量已獲證實的學習課程。到了 19 世紀末，為美國境內數量漸增的師範學校所撰寫的教科書，全面性地採取「心智如肌肉」的比喻作為基礎，以便對準教師們解釋他們該教什麼以及該怎麼教。當這項譬喻一經確立，「心智就像是肌肉」的潛在指令所具有之「就像是」的特質就消失了。換言之，對很多教師來說，心智根本就是肌肉（Turbayne, 1962）。

　　在很大程度上，相信心智事實上就是肌肉，或者至少相信心智像是肌肉，為主張在學校提供單調的操練、嚴格訓練、不需動腦地逐字背誦提供了學理基礎。無論如何，這已持續多時，因為當時這些訓練不足而且通常年紀很輕的教師無疑地根本不知道自己會做些什麼，但是，心智訓練為他們可以繼續這麼做，提供了具有權威的正當性。19 與 20 世紀的一些學校生活軼事記錄證實了，除了少數例外，學校是無趣而沉悶的地方。例如，1913 年，一位工廠督察員陶德（Helen M. Todd）決定從童工本身了解：比起留在骯髒的工廠裡，他們是否想回學校去。陶德系統地詢問了 500 個童工，如果家庭經濟條件過得去，他們可以不必工作，他們寧願選擇工作還是上學。在這 500 人當中，有 412 人告訴她（有時是用生動描述的方式），他們寧可擔任經常疲累不堪的勞工，也不願意回到他們以前經歷過的單調、羞辱甚至是極端殘酷的學校生活。看來，這些孩童選擇芝加哥血汗工廠的原因，並非僅僅出於經濟的需要。某種程度上，正是這些世紀末的學校將他們推向工廠。若重新評價美國的社會機

構，也就難怪公立學校所遵循的教條會遭受嚴厲的檢視。

　　到了 1890 年代，心智訓練的門牆上可見的碎裂，已經變得更為明顯了。畢竟，作為一套課程理論，它代表了稀奇古怪但卻很不穩定的一樁折衷方案。的確，若是心智真像肌肉一樣可以藉由操練而增強，那麼，為什麼我們不可以就著一大堆不同的科目進行操練，而寧願依照習慣指定的那套科目進行操練。甚至，為什麼某一官能像是記憶，可以藉由一些無意義的音節進行操練呢？官能心理學的理論與 19 世紀版本的文雅科目合併在一起，形成了一個不穩定的聯盟，進而為使得歷史悠久的文學課程得以永續存在。在許多人的心裡產生了這樣的問題，一套根源可以追溯到文藝復興時代宮廷式生活的課程，是否能適合新工業社會的要求。雖然心智訓練的蕘崩經常與它無法通過一些實徵檢證——先是由詹姆斯（William James, 1842-1910）（1890: 666-667），再加上後來由桑代克（Edward. L. Thorndike, 1874-1949）（Thorndike & Woodward, 1901; Thorndike, 1924）所完成——有關，但是，心智訓練理論的失勢，以及學校所採取有關改革措施，則是變遷中的社會秩序造成之最為直接的後果，因為這種情況為何種知識最有價值這個問題帶來了一種截然不同的概念。

　　雖然在社會所重視的知識與這些知識如何體現在學校課程之中，這兩者之間有著差距，但是，難以想像在某個文化中，大家因為某種理由而認為重要的知識，不會找到任何方式進入該一社會有意教給其年輕人的課程之中。不論是在一個以狩獵動物維持生活的社會所重視之有關如何狩獵的知識，或者把學習拉丁文當作進入某一特殊階級的啟蒙儀式，或者在一個不預期的懷孕成了國家重要議題的社會所進行之性教育等等，前述的說法也都適用。在社會所重視的知識，以及採取行動將它們融入課程之中，其間的進程變成了極為曲折的路線，這是因為我們把一項事實考慮了進去，亦即在任何社會之中，其各個不同的部分，對於社會應該重視什麼形式的知識，都會有著不同的強調。某個文化裡，人們對於其所擁有的資源當中何者最有價值這件事，很少有一致的見解。如何狩獵這樣的實用知識，必須多多少少與該部落的神話知識取得協調；有關拉丁文文法中詞形變化的知識，必須與其原生文化中的語文能力與文學傳統，作一番權衡；而性教育則必須就著相互衝突的道德與宗教價值的背景，作全面

的理解。於是，在任何既定的時間裡，我們都不會找到由某一個利益團體占有完全優異地位的情況；相反地，我們發現不同的利益團體為了主宰課程這件事而相競爭，而且，在不同的時間裡，這些相互匹敵的利益團體會依據地方及整個社會的狀況而獲致某種程度的平衡。從這兒看來，這些利益團體中的每一個都各自代表著對各該文化中的知識與價值所作的不同選擇，也因此為不同的課程進行著各自的遊說活動。

在 1890 年代，我們不只看到因為對於社會轉變的意識日漸增加，而使得心智訓練理論開始遭致拆散，還看到這些意識開始將 20 世紀當中為了美國中小學課程而競逐的各個利益團體膠黏在一起，而成了此一競逐過程中具有控制作用的影響因素。促成變革的動力之一是在 1890 年前後開始，大量的新進學生人口湧入各個中等學校。在 1890 年，只有 6%到 7%的十四至十七歲青年入讀中學。到了 1900 年，同一個年齡階段的人口群體中，入讀中學的已經超過11%，到了 1920 年，則大約有三分之一之多。到了 1930 年，此一數目幾乎高達 450 萬，超過該年齡層總人口的 51%。難說到底是什麼原因造成美國青年對中等教育的興趣陡然增加。在某種程度上，這可能是與美國公共學校（common school）在 1890 年之前的三、四十年之間的成長有所關聯，因此，這些學校所形成的新增人口群體的孩子，現在正好準備要進入中等教育。此外，諸如電話等科技的變化影響了青少年找尋工作的能力（例如，在過去，傳送訊息就是現成的工作來源）。就某種意義而言，因為科技變化而形成的青少年失業，讓他們除了入讀中學之外，沒有別的事情可做（Troen, 1976）。在較大的程度上，這段期間要求較高層次訓練的辦公室事務員工作總是比手工勞動的酬勞較高一些，也使得入讀中學值得投資。另外，較大部分美國人口聚集於都市的狀況，也使得入讀中學比以前更為方便。明顯地，在 1890 年代社會變遷漸趨明顯，使得大家都把新近的注意力投放在學校教育機構上。當然，大家很快就注意到，中等學校註冊人數劇烈增加的情形。特別是，它引發了一個「大哉問」的問題，亦即《耶魯報告書》強力衛護之那套一直保持未變的課程，是否可為新增的學生人口群體提供必要的服務，固然值得質疑；其能否為一個嶄新的社會培養其所需要的人才，也讓人擔憂。

ii 十人委員會

在 1892 年成立的全美教育協會的十人委員會（National Education Association Committee of Ten），原本旨在處理另一個具有爭議性的問題，亦即為大學入學制定一致的標準規定這個相當世俗的論題。但是，該委員會的工作以及所提出的各項建議，無可避免地，都受到因為青年及家長對於中等教育的要求日增，所帶來的課程問題，乃至其所孳生的課程涵義所影響。當初，成立該委員會的直接動因是，一直以來，中學校長們都因為各個不同大學對於入學的要求有所不同，以致他們很難為學生一一做不同的入學準備工作而埋怨。雖然這個問題本身具有相當重大的實際意義，但是，幾乎不可避免地，它也牽扯了一些較為廣泛的原則性問題，因而必須謹慎將事。這些問題有如：若仍然以單獨的一套課程，或者單獨一種類型的課程，來面對數量漸多且類型日異的學生，是否合理，又是否可行？

這位出身貴族的哈佛大學校長伊利特（Charles W. Eliot, 1834-1926）[55] 之　*9*
所以受命擔任十人委員會的主席，是有鑑於他所發揮的影響力不只在高等教育階段，也因為他對初等與中等學校的影響力甚為可觀。伊利特積極參與全美教育協會的活動，也經常應邀在地方與區域的教師協會擔任講員。他受命擔任這項職務還有另外一項象徵意義，那就是，至少在這段期間，他將在 20 世紀掌控美國課程的四個主要利益團體中之一的團體中，擁有領導者的地位。伊利特

---

[55] 伊利特於 1869 至 1909 年任哈佛大學校長四十年之久，將原本為地方型的學院辦成國際知名的研究型大學。他於 1892 年接受全美教育協會（NEA）委任，組成「中等學校課程十人委員會」，完成了《中等學校課程委員會報告》（*Report of the Committee of Ten on Secondary School Studies*, 1893）；該報告請見 https://archive.org/details/reportofcomtens00natirich。又以該委員會及報告為主題的專書，請見席哲（Theodore R. Sizer, 1932-2009）所著《十九與二十世紀之交的美國中學》（*Secondary Schools at the Turn of the Century*, 1964）。另外，伊利特著有《教育改革》（*Educational reform: Essays and addresses*, 1898），請見 https://archive.org/details/educationalrefor00elioiala。

至少在某一段時期，一直站在人文主義論者（humanist）這個利益團體的最前線。雖然這個利益團體多半未為後來各個時期的專業教育者所見，但是，它仍然在美國課程的掌控這件事，持續發揮重大的影響力。

　　就一般的取向而言，伊利特這位人文主義論者，也是一位心智訓練論者（mental disciplinarian），不過，雖然此項作法在很大程度上影響了他在課程事務方面的思想，但是，他並不全然是一位維持課程現況的衛護者。作為一位教育改革者，他的聲名之所以大噪，除因他在哈佛大學倡議選修制度之外，也以他曾經針對初等與中等學校的課程提出各種改革建議。舉例而言，在受命擔任十人委員會主席的同一年所撰寫的一篇論文中，伊利特（1892b）辯稱：「大家太依賴權威的原則，而太少漸進的與持續的訴諸理性（reason）」（pp. 425-426），而且「只憑記憶的（memoriter）方式學習語言，或者自然科學，還有算術等等，無法保護男人或女人……讓他們不會在一見到一些好像有道理的謬見或是詭辯，就失去了自己的主見而屈從於這些不合乎理性原則的主張」（p. 423）。基本上，伊利特認為系統的理性發展乃是學校的主要功能，而且，他察覺到當前學校中發生的許多事情都跟這項功能一點關聯都沒有。毫無疑問的，伊利特憑著他自己作為一位科學家的背景，把推理的能力理解成這樣的過程：正確觀察、作成觀察紀錄、分門別類，還有，最後，並由這些心理的運作完成正確的推論。伊利特認為，課程就應該致力於培養這些心理的習慣，不過，除了這些之外，「以清楚、精確且具有說服力的方式」（p. 4）表達思想的能力，也是學校教育的重要任務。

　　伊利特與大部分心智訓練論的不同，在於他認為任何科目，只要是能為人們持續進行一段時間學習的，就潛在地是具有心智訓練作用的科目。這意指他不像其他心智訓練論者那樣，在課程事務方面作了那麼多重的限制，這當然與他在哈佛大學所致力倡議的選修原則乃是一致的。此一倡議代表著，他與耶魯大學教師提出的那份報告書所例示之嚴格規定的課程而形成之高等教育傳統，有了極為明顯的斷裂。伊利特對於課程事務中選修制度的支持，還往下延伸到了小學較高年級。就某種意義而言，雖然伊利特並不強調教育的目的在引導社會改革，但是，對於人類所擁有的能力，他一直都是樂觀主義者。正確地選取

科目，配合正確的方法進行教學，可以培養來自所有階級的公民，充實他們符合人文主義論者理想的能力——理性的能力、敏於美感，以及崇高的德性。對於那些暗指人們的天賦有極大個別差異的懷疑論者，伊利特所作的回應，基本上是：「我們美國人習慣於低估由初級學校到大學，幾乎每個教育階段學生的能力。」他並且舉例說：「經過證明後確認，文法學校中沒有能力學習幾何、代數及一種外國語文的學生，所占的比率比我們現在所想像的小很多」（pp. 620-621）。

雖然十人委員會於 1893 年初出版的報告背負了明確的伊利特印記，這一點是不會弄錯的，但是，到處都有妥協的痕跡，也是明顯可見。舉例而言，伊利特必須勉強接受一套由四種不同的課程中作出選擇的作法，而非他樂見的選修制度。這種在中學課程講求一致的作法，正是中學學校行政人員所要求的。大家預期大學能夠以這四種不同的學習課程中任何一種作為接受入學的基礎。但是，就決定學校人口中，誰可以入讀大學，又誰不可以的規準而言，十人委員會的態度堅定且全體無異議的一致同意。十人委員會並未為在準備「入讀大學」與那些為準備「謀求生活」這兩種學生，作任何課程的區分（distinction），如此的立場與心智訓練理論乃是一致的，而且，這與十人委員會所主張的，任何科目都不可以用不同方式為不同學生群體進行教學的說法，也是一致的。該委員會是這樣推究的：所有的學生，無論其學習的目的何在，都有權享有就著各種不同科目以最好的方式所進行的教學。更有甚者，他們主張，為生活作準備的教育**就是**大學教育，而大學應該接受這樣的說法：為生活作準備的良好教育，就是為大學嚴格的學習作適切之準備（National Education Association, 1893）。 *11*

iii 伊利特、霍爾

伊利特的報告受到許多好評，但也有一些嚴厲的批判；這些批判主要的論點在於，委員會並未因應學校的人口變化作充分的調整。無疑地，這些提出批判的最有力人士——當然也是音量最大的評論者之一——就是早已經為眾所公

認的、領導著美國兒童研究運動的霍爾（George Stanley Hall, 1846-1924）。[56]
霍爾是早在十九世紀末二十世紀初，試圖影響美國中小學課程事務而相互競逐
之四個利益團體中的第二個，也就是**發展論者**（developmentalists）陣營中非
常關鍵的人物。[57] 基本上，就應該教什麼東西給兒童這件事而言，發展論者主
張兒童發展的自然秩序是最為重要，且在科學上最能站得住腳的根據。與發展
論者有所關聯的兒童研究運動，是人類在 19 世紀後半葉，依循科學原理行事
而形成的新情勢之下應運而生的一項活動。在很大的程度上，這項運動所進行
的研究都是針對各個不同發展階段的兒童行為，以仔細的觀察與記錄所完成
的。

　　巧合的是，正是伊利特於 1880 年邀請霍爾到哈佛大學進行有關教育學的

---

[56] (1)霍爾被譽為美國的「兒童研究之父」。在兒童研究運動中，霍爾執行了大量關
於兒童的調查和研究，建構了其教育思想體系。他還提議並主持多次兒童研究會
議，幫助建立了許多州的兒童研究協會，引導多種社會力量積極參與，加速了美
國兒童研究運動的發展，為現代教育科學的探索作出了貢獻。詳見郭法奇於 2006
年發表的〈霍爾與美國兒童研究運動〉一文；並見郭法奇於 2012 出版的《歐美兒
童研究運動：歷史、比較及影響》專書。(2)霍爾為克拉克大學創校校長，任期至
其辭世為止（1887-1924）。他於 1892 年創立美國心理學會（American Psychol-
ogical Association, APA），並任會長。(3)霍爾於 1887 年創辦了《**美國心理學期
刊**》（*American Journal of Psychology*）；著有《**青年期：其心理學及其與生理
學、人類學、社會學、性、犯罪與宗教的關係**》（*Adolescence: Its Psychology and
its Relations to Physiology, Anthropology, Sociology, Sex, Crime and Religion*, 1904a,
1904b）（上下兩巨冊，這兩巨冊亦可合稱為《**青年期心理學**》，本書後面有時逕
稱之為《**青年期**》），及《**兒童生活與教育面面觀**》（*Aspects of Child Life and
Education*, 1921）等書。

[57] (1)這是指本書作者克氏（Herbert Kliebard, 1930-2015）就著 1893 到 1958 年間之
美國中小學的課程事務，相互競逐的四個利益團體，亦即人文主義論者（human-
ists）、發展論者（developmentalists）、社會效率論者（social efficiency edu-
cators）及社會改良論者（social meliorists）之間相互競逐的過程，所作的敘述。
(2)本書第 1 章的最後一節，亦即本章第 7 節，克氏為這四個利益團體的一般情況
作了摘要與總結。

講演；而這一段講演的經歷，最後又促成霍爾於 1893 年發表了他在兒童研究
方面的第一篇重要的論文：〈兒童心智的內容〉（The Contents of Children's
Minds）。[58] 如文題所示，霍爾的這篇論文主要是針對兒童心智內容所作的詳
細紀錄。霍爾的假定是這樣的：如果我們知道了兒童有哪些心智內容，就可以
很有系統地決定，學校裡應該教些什麼。可能因為霍爾對於鄉間生活有著一種
特別神秘的崇敬（他曾經宣稱，他喜歡把衣服脫掉，裸著身子在麻薩諸塞州家
鄉的地上打滾），所以霍爾才會試著弄清楚兒童到底對於動物和植物有些什麼
認識。兒童認得犁、鏟、鋤等工具嗎？城市裡的兒童真的對於池塘是什麼，有
清楚的概念嗎？他們分得清楚河流與小溪的不同嗎？他們對於自己身體的各個
部位與器官，都有所認識嗎？他們能辨識四方形與圓形嗎？霍爾以他所完成的
研究為基礎作了一番總結：一般教師對於兒童心智內容所作的假定，有失諸太
多之虞；他並且指出許多波士頓的學童根本不知道牛長得什麼樣，也分不清山 *12*
丘與島嶼有什麼不同。雖然霍爾自己經常以他對於神話與神秘主義的特殊喜
好，[59] 把這些冰冷的數據加以活潑化，但是，許多人都把他針對十人委員會所
作的批判，當作是一種為了反對牢固之既有建制而發出的科學與進步之聲。牢
固的既有建制在面臨對於現存課程之功效的巨大挑戰時，幾乎沒有足夠勇氣提
出穩健的改革建議。

　　霍爾（Hall, 1904b）認為，全美教育協會的各個委員會似乎斤斤計較，有

---

[58] (1)我們可自 https://archive.org/details/contentsofchildr00hall 取得於 1893 年印行的
　　該文；惟其文題為〈兒童在入學時的心智內容〉（The Contents of Children's Minds
　　on Entering School）。但依據美國心理學會的一個名為"APA PsyNet"的網站，就
　　〈兒童心智的內容〉一文所作的簡介顯示，該文最早發表於 1883 年的《普林斯頓
　　評論》（Princeton Review）期刊上（http://psycnet.apa.org/books/11304/031）。究
　　竟如何，有待再深入理解。(2) "mind"可譯解為心靈、心智、心思、心理等。

[59] (1)神話泛指任何古老傳說，藉由故事的形式來表達民族的意識型態；因為神話起
　　自原始社會時期，人類透過推理和想像對自然現象作出解釋，但是當時人們對自
　　然現象的知識有限，所以經常籠罩著一層神秘的色彩。(2)神秘主義者相信，只需
　　藉著沉思默想與心靈內省，而不需用到理智與感知，就可以認識上帝與真理。

意把任何東西都當作有教育價值的材料。[60] 他抱怨道：「所有的東西都必須計入課程；凡是放在課程裡的內容都有其教育價值，這也實在太多了吧！」他又說：「這裡不再看得到原生的、自由的、強勁的成長之森林；所有的東西都像洛可可風格的庭園（rococo garden）一樣，排行列序、精雕細琢、整齊劃一，卻顯得毫無生意。」[61] 依霍爾之見，如此的制式規定和青年所散發之與生俱來的自發性相違背：「在人類生命的各個階段當中，處於這個年齡的學生，其自發變異的情況，比任何一個階段都大得多。他不希望接受一套標準化的、已經凝結成塊的精神食糧。那樣的安排徒然讓他們倒盡胃口」（p. 509）。

在霍爾特意把焦點放在十人委員會的建議事項時，他堅決地聲明這些建議干犯了他所指稱的「三項特別嚴重的謬誤」。第一項謬誤是，十人委員會主張應該以相同的方式教所有的學生，以便把他們教得具有相同的程度，而不理會他們都有各自的「可能目標」（probable destination）。他把十人委員會的這一項謬誤，說成是一項「由大學制定的政策傑作」；他這項指控，在 20 世紀已經變成了眾人對於十人委員會的「普遍想法」（conventional wisdom）。[62]

---

[60] (1)全美教育協會（NEA）先以全國教師協會（National Teachers Association）為名成立於 1857 年，後來加入了全國學務總監協會（National Association of School Superintendents）、全美師範學校協會（American Normal School Association），以及中部學院協會（Central College Association）三個原為各自獨立的組織，而於 1870 年合併而成。(2)「十人委員會」另依當時中學課程中的九個主要科目：拉丁文，希臘文，英文，其他現代語文，數學，物理、天文學及化學，自然史（生物，包括植物學、動物學及生理學）歷史、公民政府與政治經濟學、地理（自然地理、地質學及氣象學），而設有九個委員會（Sizer, 1964: 99）。

[61] 洛可可風格的庭園以抽象的火焰形、葉形或貝殼形的花紋、不對稱花邊和曲線構圖，展現整齊劃一、精雕細琢的形式。洛可可風格起源於 18 世紀的法國。洛可可 Rococo 這個字即是由法文 Rocaille 和 coquilles 合併而來。Rocaille 是一種混合貝殼與小石子製成的室內裝飾物，而 coquilles 則是貝殼（修改自 https://zh.wikipedia.org/wiki/Rococo）。

[62] "conventional wisdom" 一詞直譯為傳統智慧，或傳統觀念、世俗認知、一般常識，常具貶義。所以在此，或可解為眾人對於某人或某事的「普遍想法」，說明了霍爾對十人委員會的主張，相當不以為然。

在此，霍爾所指的是：「到了最後，那一大群學生只好淪落到那些專收蠢人或低能者的學校裡去；因為這些學生的能力都比較差」（p. 510）。霍爾的假定是，眼前的學校人口在天賦的才能方面，有著很大的差異，所以，只有一套共同課程的作法，根本就行不通了。霍爾所提出的第二項反對意見是，十人委員會主張，只要教得一樣好，所有的科目都具有一樣的教育價值。他指出：「在記憶當中，沒有任何謬誤會像這一項，如此徹底地貶低內容而崇拜形式」（p. 512）。對於像十人委員會成員一樣的心智訓練論者而言，科目的形式傳達了學科的價值；而科目的內容，則充其量只是它的「裝備」（furniture）而已。所以，就此而言，霍爾的批判否定了此一主張的基本假定。最後，霍爾指出，在「基本上，凡是能在大學適應良好的人，同樣也能在生活方面適應良好」這樣的說法當中，他「所看到的只有無窮的貽害」（p. 512）。霍爾所提出的這項指控，可以說是巧妙地把十人委員會的建議事項從頭到尾徹底翻轉了過來。十人委員會主張，能適應生活的人也一樣能適應大學的學習；兩者是同一回事。他們認為，既然已經為中學生設計了一套能適應生活的課程，也就可以要求大學接受這套課程作為入學許可的根據。但是，對於霍爾而言，這只不過是十人委員會所採取的一種策略，其用意在使大學能夠支配中學的課程。

伊利特在回應上述各項指控時，重申他對於人類智慧與推理能力所持的樂觀看法。例如，他否認有「一大群能力較差的學生」入侵1890年代的學校。相反地，他力辯，所謂「能力較差的學生」，其真實的人數只占了學校人口的「一個不顯眼的比例」。他（Eliot, 1905）也在一段特別具有現代意義的文字之中，預見了差異化課程可能帶來的不良後果，亦即這種課程不但無法反映學生與生俱來的傾向和潛能，反而決定了學生的社會與職業命運。他是這麼說的：「凡是研究……〔霍爾〕所著《青年期心理學》（*Psychology of Adolescence*）一書且思慮周密的學者都不會相信，美國的大眾會在孩子們十多歲之前，就試圖把他們加以歸類，俾便讓他們將來擔任書記員、鐘錶製作員、平版印刷員、電報操作員、磚石泥瓦匠、卡車司機、農場工人等等，並且依據這些預言，就著他們未來職業生涯的歸類，在學校給予不同的處遇。問題是：應該由誰來作這些預言呢」（pp. 330-331）？不過，就新興的教育政策而言，

事實又再一次證明，霍爾比伊利特更有先見之明。針對學生未來的目標進行預測，俾便作為因應學校人口中的不同成分作進一步課程調整的依據；這樣的作法成為後來幾十年在課程計畫方面的主要特色。

　　當20世紀逐步到來，十人委員會成了學校無法充分因應社會變遷的象徵，因為這個委員會未能反映變化中的學校人口之需求；十人委員會也成了大學對於中學施予粗魯宰制的代表。在十人委員會看來，其所建議的各個學術科目，乃是一種普通教育（general education），可以普遍適用於所有中學生。[63] 但是，後來的改革人士對於此一說法的理解卻有所不同；他們以為，這些學術科目只適用於一部分學校人口，也就是那些目標在升入大學的中學生。事實上，後來，像法文與代數等科目成了所謂的大學入學科目（college-entrance subjects）——實際上，在 19 世紀未曾聽聞過這個名詞。即使像英文這一類的科目，也經過一番差異化的安排：凡是目標在升大學的學生，依規定須學習標準的文學作品，而占多數的其他學生，則學習通俗的作品與「實用的」英文。這許許多多的課程改革反映了霍爾的想法：新加入的中學生人口就是沒有能力學習由十人委員會倡議的那一類課程。

14　　然而，事實上，十人委員會所提出的建議事項，跟 19 世紀的傳統課程相比，已經有了相當程度的改變。十人委員會建議，在四組學程當中，只有古典學程的學生必須修習希臘文，而且即使如此，希臘文的學習時間也由過去的三年縮減成為二年。另外兩個學程，現代語言學程及英文學程中，拉丁文也不再列為必修科目。雖然十人委員會認為古典學程與拉丁文－科學學程，在某種意義上比現代語言學程及英文學程優越一些，但是，其原因是前兩種學程開設的時間較早，所以學程的條件較好，有經驗的師資也比較多，而不是因為它們原本就較為優越。十人委員會希望，這種平等對待各個學校科目的主張，能發揮一種「濟弱扶傾」的效用，把後來慢到之現代學術科目的地位加以提升，讓它們可以「迎頭趕上」，跟古典科目一樣地受到重視；如果因為實際的緣故，無

---

[63] "general education"一詞或可譯為通識教育，有時與博雅教育（liberal education）一辭通同。

法完全做到「並駕齊驅」，至少大體上能做到「旗鼓相當」。十人委員會堅持讓所有的中學生都接受博雅教育，這種人文主義理想毫無妥協的餘地可言。

iv 十五人委員會、哈里斯、美國赫爾巴特論者

到了1895年，正當十人委員會引發了如此之多、且來得又快之爭議的時候，另外一個委員會——大家依舊以組成的人數為15人，而稱之為十五人委員會——已經作好準備，向大眾就小學的課程提出報告。[64] 這一次，披戴著人文主義立場之斗篷的，是美國黑格爾論者（Hegelian）的領袖，一位強而有力且善於表達的聯邦政府教育總長（Commissioner of Education）的哈里斯（William Torrey Harris, 1835-1909）[65]〔原作者文內注：委員會的主席，本職為紐約市布魯克林區學務總監的麥斯威爾（William H. Maxwell, 1852-1920, Superintendant of Schools of Brooklyn, New York）將該委員會分為三個附屬委員會，各自處理小學教育不同層面的問題。哈里斯擔任的是處理科目相關（correlation of studies）[66] 問題的附屬委員會，因而負責撰寫報告之中屬於課程的部分〕。

---

[64] (1)十五人委員會全名為「小學教育十五人委員會」（Committee of Fifteen on Elementary Education）。(2)《十五人委員會報告書》是由哈里斯、A. S. Draper 及 H. S. Tarbell 等人於1895年2月19-21日於克利夫蘭（Cleveland）舉行的學務總監部門（Department of Superintendence）會議發表（見 https://catalog.hathitrust.org/Record/008611700）。該報告將小學十個年級減為八個年級；強調讀、寫、算課程，以及英文文法、文學、地理與歷史。另設衛生、文化、聲樂和繪畫，每週一節課或六十分鐘。手工訓練、裁縫與（或）烹飪，以及代數和拉丁文等科目在七或八年級開設（方德隆譯，2004：139）。

[65] 哈里斯於1889到1906年擔任美國第四任教育總長（Commissioner of Education）。

[66] 關於科目相關的問題，請看《杜威1899年教育哲學講義》（Lectures in the Philosophy of Education：1899）一書第中的一段文字：「關於教材組織……這個我即將要談論的問題，可以分為二方面。其一，各個不同科目的選擇及其等的調整（adaptation）；其二，經過選擇的各個不同科目應該如何依據彼此的關係，加以安排。第一個問題，我稱之為選擇；依據彼此的關係安排各個科目，則稱之為相關」（Dewey, 1899: 184）。

哈里斯曾於 1869 至 1880 年之間在聖路易擔任學務總監；作為一個十分受敬重的教育者，他的實務經驗使得他所作的發言受到相當大程度的信任。然而，他也是美國黑格爾論（Hegelianism）陣營的機關學報《思辨哲學期刊》（*Journal of Speculative Philosophy*）主編，因而他的學術聲望亦甚為崇隆。雖然他也曾經擔任十人委員會的委員，但是，他在所撰寫的十五人委員會附屬委員會報告書中，盡力將自己與當時已經開始走下坡的心智訓練論加以切割（National Education Association, 1895）。相反地，哈里斯嘗試就著人文主義課程提出一套新的立論，並且清楚地解說此一立論的基本原理；他不僅在這份報告這麼

15　做，也在所寫的許多文章，以及在全美教育協會的會議上所發表之講演中這麼做。跟伊利特比較起來，或許哈里斯對於在他周圍所發生的狀況為社會帶來的變遷，反應敏捷了許多，但是，他堅決主張，以西方文明中的最佳資源為中心建構而成的課程，對於美國的中小學校而言，仍然是最為適切，也是最有價值的一套課程。不論美國的社會機構所經受的轉變有多大，或者人們所宣稱之學校人口特性的變化有多大，哈里斯所提出的、他總是喜歡稱之為「靈魂之窗」（windows of the soul）的五個科目——文法、文學與藝術、數學、地理，與歷史——仍然會是達到「將人類文化傳遞給絕大多數美國人」這個目的可資運用之不二手段。哈里斯對於自然科學地位上升這件事，存有幾許懷疑，如此的態度使得他成為課程之中人文科目的主要衛護者。雖然哈里斯接受某些特定的改革作法，例如讓女生有進入高等教育機構的機會，並且引進幼兒園的制度，但是，他在教育政策的主張方面，卻獲得了保守人士的稱號，這肇因於他對手工訓練這項新的作法，所表現的反應不冷也不熱（當時，教育界的領袖們幾乎一致讚許這項改革作法）；他對於以兒童研究作為決定「教什麼」的依據這件事，是否真有什麼高明之處，態度甚為保留（有一次，他還說這樣的作法「太過前進了吧」）；還有，他完全反對專門化的職業訓練。在他看來，工業社會所帶來的價值侵擾，使得深為他所重視的各種價值觀念更有必要在學校付諸實踐，而且學校會證明這樣的作法確實有效。對於哈里斯而言，在讓其他機構——家庭、教會及企業——繼續履行它們原有功能的情況之下，公共學校是一種有著很清楚功能的專門化機構，它必須持續地把偉大的西方文化遺產傳延下

去。[67]

　　但是，到了 1895 年，反對傳統人文主義論者課程的各種力量，數量及組織都有所增長。1892 年，全美教育協會在紐約州薩拉多加溫泉市（Saratoga Springs）舉行會議——也就是任命十人委員會的這一次會議——時，一群美國教育界的領袖人物——他們當中有不少曾在德國進修因而自認為持有科學觀念者——成立了全美赫爾巴特學會（National Herbart Society）。在這些人物當中，有一位羞怯的、三十三歲的密西根大學教師，杜威（John Dewey, 1859-1952）。像霍爾一樣，杜威確實與美國赫爾巴特論者（American Herbartian）的主張，在某些基本問題上有不少相異之處（所持的理由可能不同），然而，他或許認為，這是最有希望為已經變成呆滯遲鈍、且經常帶有壓抑性質的美國學校體制，帶來改變的一個團體。該學會成立三年之後，於 1895 年在俄亥俄州的全美教育協會所舉行的會議上，這些赫爾巴特論者針對他們認為是保守與反動的化身，也就是美國教育總長，已經做好當面提出質問的準備。雖然，赫爾巴特論（Herbartianism）作為美國教育中有特別身分、且只有很短全盛時期的一項運動，早在 1905 年就開始走下坡，但是，赫爾巴特論者的想法與反作用力，使這項運動作為一項具有獨特性質的實體，卻在其自身消褪之後許久，仍然一直持續在美國的課程產生深邃的影響力。

　　領頭攻擊哈里斯的是全美赫爾巴特學會的主席德嘉謨（Charles DeGarmo, 1849-1934）。對於十五人委員會報告書所做迂迴批評的細節，不如此次面質

16

---

[67] 此地有必要簡述 19 與 20 世紀之交美國中小學校的型態。在美國普及教育（1820-1920）興起之前，一般家庭的子弟或在鄉鎮學校（the town school）或在教區與私人學校（parochial and private schools）接受基礎的教育；條件較好家庭的子弟則於八、九歲進入拉丁文法學校（Latin grammar school）接受學院或專業的學術預備教育，亦有進入兼及學術與實用教育的學苑（academy）者。普及教育興起之後，有導生制學校（monitorial school）及公共學校（common schools）為一般家庭的子弟提供基本教育。1821 年始設的公立中學（public high school）在 1875 年迅速成長，成為一般家庭的子弟皆可入的中學，而過去占多數的拉丁文法學校及學苑，則逐漸衰微而成為少數（方德隆譯，2004：126-134；Reese, 1995; Sizer, 1964: 1-6）。

行動的意氣風發及象徵意義來得重要。事實上，許多的爭議都圍繞在哈里斯所作小學課程科目相關附屬委員會的報告。該報告採用了赫爾巴特論者所專屬的關鍵術語，諸如相關與集中（correlation and concentration），卻未以赫爾巴特論者所指定的方式使用這些術語。舉例而言，在就著五個主要學習科目的分支作報告時，雖然哈里斯避免以他自己的標準用語「靈魂之窗」來說明，但是，清楚的是他把每一個分支都分開來看，亦即把它們每一個都視為一項重要的學習，卻未顧及它們各個分支之間的交互關係，而這正是在赫爾巴特課程理論中起著關鍵作用的要點。哈里斯以「相關」用來指謂「將兒童與其精神及自然環境加以關聯」（National Education Association, 1895: 40-41），但是未用以意指各個科目之間的交互關係。當他運用赫爾巴特論者的「集中」概念時，他只是以日常的用法，主張小學的學習應當「集中」圍繞於哈里斯多年來倡議之相互協調的五個科目群。雖然赫爾巴特論者們在使用「集中」一詞時或有一些不同，但是，他們在實際運用這個詞時多半指涉，以某個特別的科目，諸如歷史或文學，當作所有科目的焦點，因而可以達到他們所尋求的課程內部之一致性。這裡一點兒、還有那裡一點兒，到處都顯示哈里斯似乎故意走著自己的路，並且攻擊赫爾巴特論者的作法，例如，他們太常使用**魯賓遜漂流記**（*Robinson Crusoe*）作為整合三年級各科目學習的方式，哈里斯指稱這樣的作法是「淺薄而無趣的一種相關」（p. 84）。

17　　　在哈里斯的對手這一邊，既經充分備戰，因而針對哈里斯的報告所作回應頗為激烈。第一個投身於辯論的是法蘭克・麥莫瑞（Frank McMurry, 1862-1936），他與他的兄弟查爾斯（Charles McMurry, 1857-1929）都是赫爾巴特論者運動的重要人物。麥莫瑞先以「埃及」這個地名作為顯示小學課程中，如何可以它為核心而讓其餘各個科目分支圍繞之，而成為相互關聯的整體。到了此時已經博得全國聲響的教育改革者帕克（Colonel Francis Parker, 1837-1902），雖然只是個赫爾巴特論者群體中的邊緣分子，但是，他毫不含糊地說清楚他對於赫爾巴特論者的同情，把哈里斯的報告比作為：「一齣遺漏了哈姆雷特的哈姆雷特戲劇」（"Discussion," 1895: 165）。當德嘉謨上臺發言時，他的批評也是勢不可擋。他暗示，該委員會根本就未盡到它應負的責任，

亦即實際上它並未處理科目相關的問題。哈里斯這位講壇表演高手亦是強而有力地辯護，接著這場面質大會之後的幾個月，在專業的期刊上仍然上演著幾乎一樣激烈的爭論。從某個意義來看，這次克利夫蘭召開的會議，就像打響南北戰爭第一炮的薩姆特要塞（Fort Sumter）[68] 一樣，變成了即將在 20 世紀大部分時間展開大戰的地方。且不計赫爾巴特論者的批評帶來了什麼成就，但是，哈里斯與赫爾巴特論者之間的齟齬，確實代表了美國課程即將展開的爭戰之中，各種力量之間重新整備的啟始。1895 年的這場會議之緊張，以及其所產生的戲劇感之巨大，於三十八年之後，時年八十五歲的德嘉謨，在寫給巴特勒（Nicholas Murray Butler, 1862-1937）[69] 的信函之中依然深為觸動地說：「從來沒有一幕場景像克利夫蘭那一個不朽的日子那樣，始終讓我記得清清楚楚，翻來覆去地重新浮現在我心上，這個日子標識了舊秩序的逝去，以及新秩序的誕生」（Drost, 1967: 178）。

V 賴思

　　賴思（Joseph Mayer Rice, 1857-1934）是另一位親臨「那一個不朽的日子」之現場見證人，也是哈里斯報告的批判者；到了 1892 年，這位年輕兒科醫生基本上已經放棄醫事專業，開始履行教育改革者的生涯。跟霍爾、帕克及杜威一樣，賴思也與美國赫爾巴特論者這個群體有著鬆散的附從關係，他還曾於 1888 年離開美國，到德國設在若干大學最好的教育學中心進修。在歐洲考察幾個學校教育系統之後，賴思心中帶著一個相似目的回到了美國。在一份具

---

[68] 薩姆特要塞是打響南北戰爭第一炮的地方，它是位於美國南卡羅來納州查爾斯頓港的一處石製防禦工事，始建於 1827 年，以美國獨立戰爭英雄薩姆特（Thomas Sumter, 1734-1832）將軍的姓氏命名。1861 年 4 月 12 日，薩姆特要塞遭到南軍炮轟，稱為薩姆特要塞戰役。隨後，美國總統林肯對南方宣戰，南北戰爭爆發。

[69] 巴特勒 1887 年創辦了哥倫比亞大學師範學院，並於 1902 至 1945 年間擔任哥倫比亞大學校長。他自 1925 到 1945 年期間擔任卡內基國際和平基金會會長，而與艾丹姆（Jane Addams, 1860-1935）同獲 1931 年諾貝爾和平獎。

有影響力的期刊《論壇》（*The Forum*）的贊助之下，賴思在 1892 年 1 月 7 日至 6 月 26 日之間完成了美國小學教學的調查工作，他在這段期間行走訪了三十六個城市，針對他所訪問的學校與課堂作了仔細的觀察。這些觀察的結果即成了發表於 1892 年 10 月至 1893 年 6 月《論壇》之上的九篇文章。這些文章立即帶來了一時的轟動，所以，賴思在 1893 年將它們集成書本的形式，以《美國的公立學校系統》（*The Public School System of the United States*）為名出版，因而讓更多的民眾得以讀到這本書。

18

賴思（Rice, 1893a）的憤恨意識滿布於每一紙頁之上。以下所摘錄的是他在紐約市一所學校小學部最低年級所作的觀察，由此可見他的論調及大致的發現：

> 這節課一開始，老師發給每個兒童一面小旗子，上面貼了各種形狀及顏色的紙片，例如四方形的綠色紙片，直角形的紅色紙片等等。老師在每個兒童的東西都齊備之後，就發出一個信號。一接收到信號，第一位兒童就站起來，說出旗子上的幾何圖形，大聲且明確地界定形狀，說出顏色的名稱，然後，在位子上坐下來，以便讓第二位兒童接著作同樣的事情，於是：「那是個方形；方形有相等長度的四個邊，還有四個角；綠色（坐下）」第二個兒童（起立）：「那是個三角形；三角形有三個邊，還有三個角；紅色（坐下）」。第三個兒童（起立）：「那是個不規則四邊形；不規則四邊形沒有任何一個邊與另外的邊平行，它有四個角；黃色（坐下）」。第四個兒童（起立）：「那是個菱形；菱形有四個邊，二個銳角，二個鈍角；藍色（坐下）」。這樣的過程持續到每個兒童都朗誦一遍為止。在朗誦的過程中，速度維持的非常之好，以致於全班 70 個兒童在幾分鐘就都朗誦了一遍。（p. 34）

如果不考慮別的事情，賴思的調查至少傳達了許多改革者感到急迫的意識：我們的學校已經變成了一個幾乎是沒有生氣的系統。但是，賴思還發現了某些學校系統，例如印第安那波里斯（Indianapolis）就比其他一些地方要好得多，因

而他決定要找出這些學校系統成功的秘訣。賴思原本與發展論者的想法一樣，認為在有關兒童的科學資料之中，就藏有相當成功的課堂教學技巧，以及一套合理課程的關鍵要訣。但是，後來，他還發現一些學校的學務總監缺乏教育學方面的知識，也發現他們對於課堂中實實在發生的諸多事情，所給予的注意力失諸於膚淺，因而大加撻伐。他還指出，學務委員會也是由一群不夠資格的人士組成，這些人士往往都是政治任命的。社會大眾也未能免於受到賴思憤怒的批評。然而，至少從重要性來看，對於賴思而言，似乎以教學的品質最該負起美國教育悲慘結局的責任。他堅持認為，有許多大家都認為不勝任的教師，卻 *19*
仍持續在公立學校一天一天的教下去。

賴思在《論壇》之上所發表的第一系列文章引發了幾乎可說是相當極端的反應。畢竟這些文章開始出現，比一般所認知的揭發醜聞之報刊早了一年（Curti, 1951）。教師與學校行政人員趕緊為自己辯護，以幾乎是歇斯底里式的強度指責賴思。有些批評聚焦於他自己缺乏課堂經驗（Schneider, 1893），有些則集中於他文章當中英文字句屢有錯誤（"Critic at sea, VII," 1895: 295），甚至還有人在他們回應賴思評論的文字中暗指他是反猶太主義（anti-Semitism）70（"Critic at sea, VII," 1895, p. 149）。專業教育人員似乎不習慣於這種公開而冷酷無情的指責。他們一直在學校與課堂的圍牆之內，過著一種相當不易破壞的生活。

賴思果真是不怨不悔，又在 1893 年春天進行第二度的調查。雖然他表明他興趣於那些正在實驗新課程的學校系統，但是，事實上，他幾乎完全聚焦於蒐集小學三年級的閱讀與數學成就。賴思試圖找到比較的數據，俾便指明為什麼某些學校與教師比其他學校與教師，在這些科目的教學更為成功。就此而言，賴思為人認可為教育研究中的比較方法論之父，這是由艾爾斯（Leonard Ayres, 1879-1946）早在 1918 年即提出的說法（Engelhart & Thomas, 1966:

---

70 "anti-Semitism" 直譯為反閃族主義。在字面意義上，反閃族主義是對於所有閃族的反感情緒，雖然猶太人與阿拉伯人同屬閃族，但是，於 1873 年首次在德國出現的此一名詞，在歐洲特指對於猶太人的仇恨情緒。

141）。特別是，賴思在 1895 年展開之拼字方面的研究，可以說是一項非常了不起的大事；原本包括了大約 16,000 個兒童，其設計的目的乃在發現優越的拼字教學技巧。很顯然地，因為某些教師在施行測驗時，根本就在他們仔細的說明中，把答案都告訴了受試的兒童，所以這次測驗並未成功。但是，賴思不屈不撓地又進行了為數 13,000 位學童的測驗，這回是他自己親自督導每次測驗的施行。在這些研究工作都完成之後，他只能總結說，花用在操練拼字技巧的時間與學生這方面的成就，兩者之間並無關聯，但是，拼字要怎麼教的訣竅則仍然是個秘密。

　　當賴思在新一系列《論壇》上所發表的文章整理成文集出版於 1912 年時，這本書的書名意味深長地定為《教育中的科學管理》（*Scientific Management in Education*）。雖然我們仍然看到他對於兒童在學校環境中應該愉快生活的關注，但是，賴思的工作所帶來之主要衝擊，已經由學校生活的千篇一律與不用心，轉移到課程的標準化與效率等論題上了。賴思對於 1890 年代美國學校發生的諸多事情，所產生之真心誠意的沮喪與厭惡，已經轉化而成為一種嚴厲的決定，要求教師與行政人員必須多方加以**督促**（made），俾便使他們能作正確的事。舉例而言，視導工作應以學生成就達到經過確切訂定的標準為職志（p. xvi）。賴思（Rice, 1912）宣稱，一般而言，學校行政的管治應該要依從「一套教育管理的科學系統，以便根據各項確定標準獲得基本的測量結果」（p. xiv）。這樣一種對於科學的詮釋，應用在教育與課程之上，代表著藉由兒童所通過的發展階段之發現而形成的科學，已經有了根本上的背離。賴思（Rice, 1912）聲明：「兒童的資本是以時間為代表；而且，某些結果究應加以讚美，抑或應加以指責，端視其為了獲得這些結果所花費的時間」（p. 9）。教師的職責即在務必做到：「花費這些資本時……能依據健全的經濟原理，亦即毫不浪費」（p. 9）。賴思辯稱，圍繞在一套清楚陳述之經過界定的目標（pp. 24-25），並且聚焦於測量的技巧之上，將會揭示這些結果是否真正實現。

　　在緩慢但長久的階段中，賴思的立場由一位憤怒的人道主義論者（humanitarian），轉變為透過大抵已經在工業界成功施行的科學管理技術，來清除課

程方面浪費的狂熱者。幾乎與他原意完全相反的是，賴思變成了即將在 19 世紀末出現之第三個主要的課程利益團體，亦即**社會效率論教育者**（social efficiency educators）的先驅者。即將作為這個 20 世紀團體的特徵之社會觀念很難在賴思的主張中看出，但是，他毫無疑問地反映了即將成為該一運動的註冊商標之課程編製的科學與技術之不同看法。雖然，就改革運動的最大意義而言，社會效率論利益團體確實代表了一種改革運動，但是，它所從出的基本假定，以及它所致力的方向，都與發展論者有所不同。舉例而言，與霍爾及發展論者有志一同，賴思及其在意識型態上的繼承者，找到了共同對抗伊利特及哈里斯的人文主義立場（humanistic position）之理由，但是，到末了，社會效率論教育者及發展論者彼此之間的不同還是遠遠大於他們與敵人之間的不同。他們之間的苦戰將會反映在他們專業的論著之中，他們在專業學術會議的爭辯之中，還有，在學院與大學之中——當課程議論與問題獲得在學術上受尊重的地位，並且在學院與大學中經過正式化而成為一些課程與學位學程之時。

21

vi 華德

　　遠離全美教育協會的中心，以及為大家尊為神聖的學術殿堂，這些美國課程所拉出的戰線，還有一位人士緩步克服困難前進；他是一位相對不知名、多半靠著自學而成的一位在政府工作的植物學家兼地質學家；然而，他的想法即將出現，並為那些很快就會變成社會理論方面的既成信條，帶來重大的挑戰。到了 1893 年，華德（Lester Frank Ward, 1841-1913）多多少少在他任職之美國地質調查局（United States Geological Survey）[71] 的化石植物學工作之餘，找到時間完成了名為《**動態社會學**》（*Dynamic Sociology*）的兩大巨冊。雖然他自

---

71 美國地質調查局（網址：https://www.usgs.gov/）是美國內政部轄下的科學機構，是內政部唯一一個純粹的科學部門，有約一萬名人員，總部設在維吉尼亞州雷斯敦，在科羅拉多州丹佛和加利福尼亞州門洛帕克設有辦事處。美國地質調查局的科學家主要研究美國的地形、自然資源和自然災害與其的應付方法；負責四大科學範疇：生物學、地理學、地質學和水文學。

已受到達爾文理論的強大影響，但是，華德卻與當時新社會學界的老前輩史賓賽（Herbert Spencer, 1820-1903）在將達爾文理論應用到社會層面時，所持有的立場完全相反。史賓賽於1882年在美國所進行的非常成功的專題講演之旅，還有他在諸如《科普月刊》（*Popular Science Monthly*）這樣的期刊中所發表之廣為大家傳閱的文章，已經將他的社會達爾文主義訊息加以傳布，而且，他的門徒，諸如耶魯大學的孫末楠（William Graham Sumner, 1840-1910）也在美國各大學推廣他的想法。基本上，他們認為達爾文所發表的物競天擇說在社會的領域中，也有其平行的理論。換言之，最適者生存不只在叢林之中，也在社會之中，都是一條律則，而人類之間不均等的財富與權力分配，正是確認此一律則有效的證據。

相反地，華德（Ward, 1883）的主張乃是，在社會的領域中：「我們毫無選擇，只有放棄對於這種緩慢的宇宙進化律則之所有嘗試與信任」（p. 153）。社會達爾文主義者所倡議的放任主張，在華德看來，乃是達爾文理論的訛誤之說，因為在進化的過程中，人類已經針對自然所具有的任何盲目的力量，發展出了明智介入的能力，而且，在那種能力之中也存在了社會進步的路線。他辯稱，文明並非由宇宙的天然力量自行採取它們的路線所造成，而需要以人間明智行動的能力將事物改變得更好。對於華德而言：「如果道德進步的形成，不是由宇宙律則的世俗影響所自然而然帶來的，那麼，它就必然是人類本性的力量經過**理智的**（intellectual）導引，才得以進入人類利益的脈絡」（p. 216）。至少，在這些層面，華德於他1883年的著作之中，已經預示了杜威教育哲學的重要成分。

在華德的心目中，社會進步的關鍵在於一個適切建構而成，並且公平分配了的教育系統。華德喜歡以傳承作為譬喻討論與教育的聯結，而且，他在《**動態社會學**》書中辯稱，基本上，社會的不均等乃是社會傳承分布不良造成的現象。像伊利特一樣，華德對於人類的智慧（intelligence）力量表示極大的樂觀，堅定而絕不含糊其詞地指出，人類的天賦能力乃是跨越階級與性別界限而公平分布的，而之所以讓大家觀察到人類條件在各方面都有所不同，都應該歸因於上述之社會傳承的分布不良。然而，一般而言，華德與伊利特及其他人文

主義者不一樣的地方，乃在於他把教育視為社會進步之直接且強而有力的工具。

　　《動態社會學》一書絕非無人聞問，例如，史默爾（Albion Small, 1854-1926）這位在芝加哥大學受到杜威尊重的同事，就在該書出版許多年後宣示：「總體說來，與美國其他任何已經出版的書相比，我還真希望自己曾經寫過《動態社會學》這樣一本書」（Commager, 1967: xxvii）。不過，在 1892 年 1 月 1 日，華德決定開始從事另一項抱負不凡的工作，大約三個月之後，《文明的心理因素》（*The Psychic Factors of Civilization*）一書幾近完成。這本於 1893 年出版的專書，為大家公認是華德眾多論著之中最重要的一部。在這本專書之中，華德反覆重申他對「最適者生存」（survival of the fittest）作為一項學說的攻擊，說它不可能應用到社會世界裡，也不可能作為在人間世事方面受歡迎的介入行動，特別是政府主導的介入行動。華德認為，就現有之政府主導的介入行動而言，其最大的問題是其等皆由不對的團體掌控著。正確一類的介入行動若要能夠臻其功，就必須把黨派觀念強的壓力團體加以消除，代之以採取實際且具有人道主義色彩的方式來解決問題的團體。

　　華德（Ward, 1893）對於平權主義的投注心力毫不含糊。他在《文明的心理因素》書中說道：「貧民窟居民與哈佛學院的畢業生相比，並不遜色……罪犯都是貧民窟的天才人物。社會逼使他們走到這步境地，而且他們可以把天賦的才能作最好的運用」（p. 290）。展現在我們面前的進步狀況及重大事業之關鍵就在於將文化資本透過一套振作且具有活力的教育系統加以妥善地分配。　　*23*

　　在他所著《文明的心理因素》一書，還有其他的論著當中，華德所揭示的主張顯示他不只是 20 世紀福利國家的先知，更是即將在未來數十年為了課程而進行爭戰的第四個也是最後一個主要利益團體，**社會改良論者**（social meliorists）的先驅者。在 1890 年代，華德已經就著該利益團體的主張，擬訂了主要的原則，亦即將要把教育置於以公正社會為目的之任何運動的中心。毫無疑問地，人們往往把華德在教育方面的主張當作是美國人的懸念。例如，當有人要求史賓賽就美國的未來作一評論時，他聲明：「美國人有一項常見的妄想，他們誤認教育可以作為政治弊病的萬用靈藥」（Commager, 1967: xxxvii）。不論這是一套實用的信念，抑或是一項大眾的妄想，這的確是杜威與許多美國教

育者在 20 世紀即將共同擁有的想法。華德自己注意到了，對於《文明的心理因素》一書最有見解的評論，應是杜威（Dewey, 1894）所發表的，而杜威確實相信教育乃是社會進步的關鍵。當然，有一種情況存在，亦即美國人就教育具有導正社會弊病的力量這項共同擁有之信念有可能是紊亂而不規則的，但是，不管是否果真如此，這樣的信念確實已經成了未來形塑課程政策的一股強大力量。

vii 四股力量幾已成形

　　隨著 20 世紀的到來，即將決定嶄新的美國課程路線之四股主要力量已經一一浮現。首先，有一股勢力是人文主義論者，而他們正是那古老傳統的捍衛者。此一傳統與理性力量以及西方文化遺產中最優越的元素密不可分。往後幾年，雖然這個利益團體的領導者大多保持置身於專業教育社群之外，但他們通常還是立足於學術界和知識分子之間，發揮其強大的影響力。在面對快速的社會變遷和正在萌芽的學校系統時，重新詮釋傳統，並藉此而盡可能保存其所崇敬的傳統與價值，這項任務就落到他們身上了。

　　擺好陣勢反對人文主義論者團體的是三股不同的改革者，每一股分別代表了一種就著「課程應該納入哪些知識」，以及「課程應該導向到哪些目的」等問題，所提出的不同概念。在兒童研究運動中的霍爾和其他人，主要沿著自然發展次序的軸線，引導此一課程改革的趨勢。發展論者通常融合了對於兒童時期的浪漫觀點，但是，發展論者專心致力於藉由較精確的科學數據，俾便解決課程之謎，所以，他們不只試著就兒童與成人的不同發展階段獲取科學數據，還對於學習的本質進行科學研究。由這樣的知識，即能導出與兒童的真正興趣、需求和學習型態協調一致的課程。那麼，課程就可能變成釋放兒童內在的自然力量之手段。

　　第二個改革團體為社會效率論教育者，他們雖然也受了科學力量的感染，但他們把優先性置於創造一種冷靜而有效率，且平穩運作的社會。賴思始於 1892 年的學校現狀揭露之舉，原本出乎於純真之人道主義者的動機，後來卻

變成即將主宰未來數十年間美國思想的一場如假包換的效率盛宴之前兆。事實上，在後來的幾年，效率變成了衡鑑課程事務成功與否的最主要規準。把工業方面的標準化技術應用到學校教育事業，浪費應該可以消除，而課程如同史奈登（David Snedden, 1868-1951）及馮尼（Ross Finney, 1875-1934）等社會效率的提倡者所理解的，應該編製得具有更直接的功能性，俾便讓美國的未來公民更能踐行其成人的生活角色。人們必須能掌控自己的利益，但是，更應該把社會的利益當作一個整體，這種主張乃是一種具有啟示錄意義的願景（apocalyptic vision）。如我們所知，社會正面臨四分五裂，學校裡以科學方式建構的課程為核心，應該可以阻止甚至避免此種災難。該一願景包括了一種想法，那就是在嶄新的科技社會中，人們需要極大專門化的技能，所以，極大差異化性質的課程應該會比前此更為盛行。

　　最後，社會改良論者由其很早期的人物華德為代表。[72] 華德是這個利益團體的先驅者，該團體視學校為社會改革與社會正義的一個主要，甚或是唯一重要的力量。都市中的墮落與邪惡，族群與性別的不平等，乃至特權和權力的濫用，這些都可能藉由一套聚焦在這些議題的課程進行教學，讓新一代得以就著有效地處理這些濫用情況的知能加以充實。社會達爾文主義宣稱，改變乃是超出我們控制的力量之不可避免的結果，這樣的說法並不確當；把事情改變得更好的力量，操控在我們以及我們所建立的社會機構的手中。時代的確已經改變，但是，根據社會改良論者的說法，新的社會條件並不會要求我們一定要固著在兒童和兒童心理學一端；解決之方並不只是把現有社會秩序中缺乏效率的情況加以消除。真正的解方就在能創造新社會願景的學校力量中。

　　20 世紀已變成一個競技場，在這個場子裡，就著關於「教哪些知識最有

---

72 克氏對於社會改良論者的描繪，係從華德延續自 1930 年代的康茲（George S. Counts, 1889-1974）和羅格（Harold O. Rugg, 1886-1960），一般的教育哲學家都將其等視為社會重建論者（Kridel, 2010）。其實，克氏在 1988 年的〈重建現代美國課程的努力〉（The Effort to Reconstruct the Modern American Curriculum）一文中，也是使用「社會重建論」的名稱。

價值」及「學校教育的核心功能為何」這兩個問題而提出的四種不同看法持續爭論著。隨著 20 世紀的向前邁進，雖然社會和經濟發展的一般趨勢，各個團體之不定期形成的脆弱結盟，國家的整個氛圍及個人的人格特性等等因素，都會導致這些團體影響學校實務的能力，但是，並沒有任何一個利益團體曾經取得絕對的優勢。到了末了，哪一種團體的主張會變成美國的課程，並不是任何競爭的一方所形成之決定性勝利的結果，而是一種鬆散、大部分不連貫，且不怎麼乾淨俐落的妥協。

第二章

課程與兒童

i 杜威盤旋於四者之上

正當美國中小學課程競逐的過程中，那些意識型態的戰線畫定之時，盤旋在熱鬧哄哄的爭辯場域之上的一位男士，此時正就著即將成為 20 世紀的美國教育，同時展開典型化與超越化（personified and transcended）的嘗試。杜威並不是一個輕易就選邊的人。對於杜威而言，在 19 世紀一一形成的主要課程利益團體所提倡的主張，並不是他將要在其中作出抉擇的選項，而是代表了他將要憑以鍛造自己課程理論的原始材料。杜威面對教育論題時所採取的這種作法，很有可能就是他即將在 20 世紀美國教育中所扮演令人好奇的角色之主要原因。杜威發現自己使用跟時人一樣的語言，但是，通常他所意指的事物卻十分不同，而且，當這些相互匹敵的利益團體熱切地求助於他的支持與領導時，他所表現的立場卻又是在一些關鍵性的事務上所持有的主張及所形成的理論，與任何一個既有運動的主要路線都有相當大的距離。正因為如此，他就不致於成為這些團體裡的任何一個或者另外一個團體中的要角，而成為一個將他們所持有的某些觀念加以重新詮釋與重新建構的人士，到了後來，他的思想反而跟他們全部都有著某一方面的通同。從長遠的觀點看來，最好這麼理解杜威在課程事務方面的主張：他不直接與這些相互匹敵的利益團體之中的任一個團體進行結盟，而是針對他們所倡導的觀念，進行統整，特別是重新加以轉化而形成的某種思想。

緣於此一重新建構的工作精妙纖巧、錯綜複雜，因而難以捉摸，也難怪有人試著將他的觀念轉譯成為實際作法時，總是會有所誤解甚至曲

解，唯有在 1896 至 1904 年之間，他為檢驗自己的理論而躬親在芝加哥大學辦理實驗學校時，我們才對於他的課程理論如何落實有了一幅正確的圖像。人們不時稱之為杜威學校的這所學校，毫無疑問地是教育史年鑑中意義重大的一章，然而，那不只因為指引該校之理論所具有的統整性質，而且，還因為該校成為一般人公認的教育改革象徵。我們不能說，杜威在那裡所檢驗之具有特殊性質的課程觀念，像一般人普遍認為的，已經轉譯而成廣為傳布的實際作法。隨著他的聲望日隆，杜威總是讓人們將他與課程及各種一般性質的學校改革連結在一起，而不管這些改革的作法是否真實地反映了他的想法。同時，杜威苦心孤詣地在芝加哥那段期間所發展而成的教育理論，要不是遭到一些人改裝而成為既可憐又可笑且令人感到諷刺的文句，例如「作中學」，要不就是完全受到忽視。論及杜威的聲望，實在很弔詭，他在世的時候確實獲得了全世界認可的崇高聲望，並且贏得了世界級的偉大教育家之美譽，但是他對於美國各級各類學校帶來的實際影響，卻既是過度的高估，又遭致非常嚴重的曲解。他的命中註定，讓人們將他與進步教育這麼一個模糊、本質上而言無法界定的實體加以等同，事實上，進步教育要不是由各種不同且總是相互矛盾之改革不怎麼完整的一項混合，要麼就根本是一件具有歷史性質的虛構作品。

由杜威來到芝加哥之前的生涯狀況，一點也看不出來他未來會成為 20 世紀美國教育思想中巍然屹立的偉大人物。舉例而言，在 1893 年末或 1894 年初，塔夫茲（James H. Tufts, 1862-1942）助理教授寫信給芝加哥大學哈伯（William Rainey Harper, 1856-1906）校長建議他考慮聘任杜威為哲學主任教授（Head Professor of Philosophy）時，並未提到杜威有關教育方面的資歷。塔夫茲所舉證的事實是，杜威所著的《心理學》專著，廣為美東著名大學校院採用為教科書。而且，杜威所著的《萊布尼茲新近出版的各式論文》[73] 一書在哲學界普受歡迎（Brickman & Lehrer, 1961: 167）。塔夫茲也報導了杜威乃是「一個完全沒有任何毛病，也不會做任何虧心事的人，而且朋友很多，卻沒有任何

---

[73] 作者在此係以 *Leibnitz's New Essays* 簡稱原書名 *Leibnitz's New Essays Concerning the Human Understanding*。

敵人」（p. 168），塔夫茲還提到了杜威在密西根大學是一位普受歡迎而且服務績效良好的教師。他也說到另一些事實，亦即杜威是個教會成員，也是珍·艾丹姆所創辦的赫爾中心（Jane Addams's Hull House）的友人。 *28*

不過，我們倒是可以在杜威較早期的生涯過程中看出他逐漸增加對於教育哲學的關注。畢竟他在大學階段之前的學校有些教學經驗。他曾經在賓夕法尼亞州的油城（Oil City, Pennsylvania）一所中學擔任了兩年教師，隨後，他又在維蒙特州夏洛特的鄉村學校任教一段時間，不過，他的教學所反映的可能是一位青年男子對於自己未來方向還不確定的狀況，而非對於將從事的教育專業生涯有了明顯的意向。稍後，他才決定把哲學當作一生全力以赴的職業。他之所以決定以哲學作為終生工作，是來自早先幾個方面影響的結果，包括了他在維蒙特大學修讀本科學位的教授托利（H. A. P. Torrey, 1837-1902）在內。但是，對於他把哲學當作畢生興趣最直接的刺激，或許是來自《思辨哲學期刊》（*Journal of Speculative Philosophy*）的主編哈里斯（William Torrey Harris, 1835-1909）。哈里斯不只接受了尚在中學任教時杜威所撰寫的一篇論文，還鼓勵他持續研究哲學。

哈里斯回給杜威的那封信函，明顯地協助他克服了因為約翰霍普金斯大學拒絕給他獎學金所帶來的失望心緒，於是，他帶著從姑姑借得的學費，於1882年來到了巴爾的摩展開他研究院的修讀。在第一年研究生的學習過程中，杜威受到摩里斯（George Sylvester Morris, 1840-1889）影響，使得他投入研究德國的觀念主義，同時對於英國的經驗主義產生了反感。當摩里斯回到密西根大學原有的工作崗位，杜威繼續了他在約翰霍普金斯大學讀研的功課；這時，在某種程度上他是跟著霍爾（G. Stanley Hall）在實驗室做研究。1884年他以「康德的心理學」（Psychology of Kant）論文獲得博士，但該博士論文並未流傳下來。

毫無疑問地，因為摩里斯的介入，使得杜威獲得了一生以來第一個學術任命，在密西根大學擔任哲學講師。聘請這樣一位能代表現代科學觀點的哲學講師，在密西根大學的學生群中引起了一番議論（Martin, 2002: 86-88）。在19世紀末的當時，哲學與心理學還是連結在一起的。杜威的教學任務幾乎都在心

理學的領域，而摩里斯自己所教的則大部分是哲學的功課。杜威作為一位很有前途的哲學家與心理學家，同時又是很受學生們歡迎的講師，他的聲望很快就建立起來了。當他於 1888 年受聘到明尼蘇達大學擔任哲學教授（the chair of philosophy）[74] 時，他接受得很不情願，不過，一年之後，因為摩里斯辭世，哲學教授出缺時，他又回到密西根大學。

在密西根大學期間，杜威開始採取了一些嘗試性質的作法，朝著認真投入教育事務的方向前進。第一，他與齊普曼（Alice Chipman, 1858-1927）女士成婚，還有幾個孩子的陸續誕生，引發他對於兒童的心智成長，以及他們如何漸增式地以理智掌握外在世界等事象，產生了出乎自然的好奇心。第二，杜威在心理學方面的著作引導他注意到如何把心理學應用到課堂中。由馬克利蘭（James A. McClellan）所著的一本《應用心理學》（*Applied Psychology*）在後面幾版中把杜威也列名為作者。雖然有人認為這本以師範學校為訴求對象的專著，主要是馬克利蘭執筆完成的（Boydston, 1969），但是，這件事也顯示了杜威在教育事務方面的興趣漸增，最起碼在這些教育事務與心理學發生關聯時，他會有所關注。第三，杜威任職於密西根大學期間，該大學正在推動密西根計畫（Michigan Plan），這是一項有關大學入學作法的計畫，讓一些在經過密西根大學有關院系教師認可其課程的中學完成學業之學生可以入讀該大學。這項計畫讓杜威有機會進入大學以下的學校，接觸這些學校的教師與課程。舉例而言，在視察位於伊蒲西蘭蒂（Ypsilanti）的中學時，杜威觀察到希臘文教師可能太過於注意一些細節時，顯示杜威的工作表現「異於常人地有效率」（William, 1998: 18）。最後，杜威與美國赫爾巴特論者（American Herbartians）的連繫，可能是他教育理論有所進展的最重要原因。

全美赫爾巴特學會（National Herbart Society）會員中的許多知名教育者，皆曾在德國耶拿（Jena）及來比錫（Leipzig）兩地一些重要的教育學中心進修過，因而至少表面上看來，他們都致力於推廣他們的老師赫爾巴特（Johann

---

[74] 查"the chair"除可譯為講座，亦可譯為教授。然，依當時情況，似應譯為教授較為合理。蓋其時（1888 年）杜威年方 29；距他於 1884 年取得博士學位，隨即在密西根大學任講師，一共才四年。擔任講座教授似不甚合理。

Friedrich Herbart, 1776-1841）之教育理論，但是，他們各自就赫爾巴特之著作所做的詮釋，還有一些可資質疑之處（Dunkel, 1970）。然而，更重要的是，他們在某一段相當簡短但是很緊湊的時間裡，成為對於主要由哈里斯所代表的心智訓練論者及傳統人文主義者等教育舊法提出挑戰的焦點。在 1900 年，該學會改名為全美教育科學研究學會（National Society for the Scientific Study of Education）之時，他們與赫爾巴特論者的各種概念，在具體細節方面通同的情況，很明顯地消失了，也因此向人文主義課程提出挑戰的這件事，就由另一些改革者接手，然而，他們所提出的主張，與已經為眾所公認之赫爾巴特式的概念，如相關（correlation）、集中（concentration）、統覺（apperception）及文 *30* 化紀元（culture epochs）等，只有很少，或根本就毫無通同之處。雖然某些赫爾巴特式的觀念，例如赫爾巴特論者原本強調的模範公民素養（model citizenship）[75]，就不必然與快速發展中的兒童研究運動（child study movement）性質契合，但是，在很大程度上，赫爾巴特論（Herbartianism）的主張已經為發展論者利益團體所吸納。一般而言，赫爾巴特論者對於兒童成長與發展，乃至兒童興趣等的重視，已經很好地與兒童研究運動的重要主張融合在一起了。

ii 哈里斯

當杜威於 1894 年抵達芝加哥大學擔任哲學與心理學系主任（教育學是在稍後才增加的），教育界由代表美國教育未來發展路線有很大歧異的兩個主要利益團體之間產生的對抗所主導。這兩個團體都各由一位有活動力與影響力的發言人所領導，而杜威在早先與他們都有一些接觸。作為《思辨哲學期刊》主編的哈里斯，曾經在青年杜威生命中一個關鍵的時間點上，提供了所需要的鼓勵。霍爾則曾經是杜威在約翰霍普金斯大學讀研時第二年的教授之一，而且，杜威曾經在霍爾的實驗室執行一些心理學的實驗。這個時候，哈里斯已經多多少少承繼伊利特，成為一些力量匯集而成之人文主義利益團體的主要人物，這

---

[75] "citizenship"有時譯為公民素養，視上下文脈而定。

些力量試圖藉由將西方文明當中最為精華的成分融入課程之作法來保存人文主義的理想，即使在面臨快速增加的學生人口湧進各級學校註冊入讀的情況之下，他們的主張依舊不變。另外，其個人努力以赴希望能成為「心智方面的達爾文」（Darwin of the mind）（Hall, 1923: 360）的霍爾，則是眾多新興心理學家們的代言人，這些心理學家們認為，如果各個學校的學習方案能與那些就著兒童生活本質所進行的科學研究發現取得一致，那麼，這些學校就有必要進行劇烈的改革。

　　在 19 世紀的最後二十五年裡，毫無疑問地，哈里斯是在教育界最為顯赫的人物。他未像霍爾曾經出版過如《青年期》（*Adolescence*）這樣一本傳世的鉅著，這樣的事實致使人們往往低估了他在他那個時代的教育事務所扮演之關鍵角色。在漫長的生涯之中，他曾經在全美教育協會（National Education Association）的會議上發表不少於 145 次談話（Wesley, 1957: 48），而且，有人曾經試著整理他的著作目錄，結果共得 479 項（Evans, 1908）。他的才智能力與驚人的精力是他成為全美最受矚目的人物之重要因素，然而，除了他在人格方面所散發的影響力之外，他更對大量的學校教師與行政人員表達支持的心聲，這是因為他們正為面對大規模改革所帶來的威脅而惴惴不安。特別是，哈里斯建立了一個平臺，讓教育界某些對於科學興起為全國各地學校所帶來的巨大社會轉變有所抗拒的人士，能有機會反映他們對於學校的學術傳統會受到影響的顧慮。這表示他有能力在來勢洶洶的教育革命呼聲之中發出一種溫和的音調，然而，從某個觀點看來，哈里斯可能是為人文主義課程而發言的最後一個偉大人物。

　　20 世紀的教育領導者基本上都是各種不同種類變革的支持者，但是，專業教育建制之外的學術界人士與知識分子，則在教育政策上持有人文主義的旗幟，並且通常都認同學校所擔負之理智發展的角色。雖然在那些定期聚集於教育性質的研討會，以及為教育期刊撰文的教育領導者當中，哈里斯的主張總是處於不利的地位，但是，在未來的時日裡，他在課程事務所持有的基本主張，仍然對於全國各地大多數的教師及行政人員發揮著一定的影響力。

　　哈里斯出生於 1835 年，那時美國還是個農業國家，他對於自己一生當中

美國社會所經歷的各種變革知之甚詳，但是，他不認為這些變革就一定要求學校課程作出重大的整頓。雖然，為了適應現代社會而作的某些溫和改革可以融入學校課程，但是理智發展作為學校的基本功能，則應該始終如一。事實上，美國社會的重構反而使得各個學校應該更迫切地讓這項獨特的功能有效地加以發揮。哈里斯對於黑格爾哲學的詮釋，讓他不是以任何一種天啟的意義（apocalyptic sense）來理解工業化以及其對美國社會機制所帶來的深邃效應，而是作為神聖意志開啟（the unfolding of the Divine Will）的一個部分。同時，哈里斯還可能是一位強烈型個人主義（rugged individualism）[76] 的支持者，因為他相信個人只有把他自己附從於體現文化成果的社會機制之下，才可能達成自我的實現。就是透過這些機制才使得人類種族的智慧傳遞下去。作為一位他所稱的「自我活動」（self-activity）的一貫倡導者，哈里斯（Harris, 1898a）將這種活動等同於透過意志的操練而獲得之合乎理性的作法，復加他持久不變地強調兒童的理性（rationality），使得他與諸如霍爾這樣的「順乎自然的教育」之倡導者發生了直接的衝突。依據哈里斯的說法，學校必須訓練兒童控制他們的衝動，而不能屈從於它們。哈里斯說：「盧梭所言回到自然，對我而言，……簡直是教育學說之中最離譜的異端」（p. 37）。

　　早在 1880 年，哈里斯即宣稱課程是教育事務的核心。他說：「學習課程的問題是教育者面前最為重要的問題」（p. 174）。而且在哈里斯的心目中，課程必須由豐富的文明資源中得到指引，而不應該由兒童的興趣或是他們自發的衝動獲得暗示。對於哈里斯（Harris, 1886）而言，以心理學方式探究兒童的成長與發展固然應占有一席之地，但是，絕不可能單單靠它為適切的教育路線提供指引。他說：「自我的活動在任何一個新生的靈魂之中，原本就是一種自發性——其所蘊含之可善、或可惡的行動，乃是無可限量的」（p. 92）。然而，他寫道，課程的作用即在於將自我的活動導引到：「真理之知，美藝之

_32_

---

[76] 強烈型個人主義又譯為頑強的個人主義或不屈不撓的個人主義，亦有人譯為粗糙型或直率型個人主義，為 1920 年代盛行於美國的一種具有極端性質的個人主義（Hickman, 2006: 68）。

愛，善行之習」（p. 92）。論及所謂的「新教育」（New Education）的箴言
——「以行習得行」（Learning to do by doing）〔他認為這句話是由知名的德
國教育家狄斯特威格（Friedrich Adolph Wilhelm Diesterweg）所說的〕——
時，哈里斯很小心地指出，這樣的說法因為缺乏了某些「導引的方向」（p.
92），所以，不夠完整。經過適切建構而成的學習課程將會提供他所說的方
向。他認為，課程當中的任一項學習分支〔或者，他喜歡稱之為「協調的科
目群組」（coordinate groups of study）〕，都可以打開通道，讓學習者更適切
地理解西方社會與理智傳統。他之所以選擇算術與數學、地理、歷史、文法、
文學與藝術等科目，作為一般人熟知的「五扇靈魂之窗」的代表，是因為對他
而言，它們代表了將兒童引領到自我活動的最佳方法，而這種自我活動又讓兒
童能掌握文明的豐富資源。

　　哈里斯（Harris, 1888）宣稱，學校應該最先提供機會讓兒童掌握語文閱讀
與寫作的要領，這必須超越兒童在家庭裡習得之「通俗的字彙」（p. 574）。
33　如此日增的語文能力會打開呈現在印刷的書頁之中所包含的人類種族智慧，因
而將兒童由「依賴口語字詞的奴隸狀態」（p. 575）解放出來。一旦完成了這
項努力，兒童就可以超越個人經驗與口說語言的世界而學習更多東西，同時，
也可以打開算術這第一扇「靈魂之窗」。算術讓兒童進入管制自然世界的抽象
關係。對於哈里斯（Harris, 1898b）而言，算術，特別是真確的測量，代表著
征服自然的第一個步驟，而他希望能由基本的算術，迅速地進入那些可用於自
然科學的數學運思，而反對算術操作的大量練習。第二扇靈魂之窗的地理可用
以將無機的世界與人類的世界取得連繫。哈里斯（Harris, 1888）反對他所謂的
「水手式的地理」（sai-lor geography），亦即死記一些河流、島嶼及城市的名
字，而希望代之以「動態式的地理」（dynamic geography），亦即學習自然力
量與人類之間的交互關係，進而理解世界上各個不同部分所進行各種不同形式
的工商活動。歷史直接聚焦在「實現於機構，而非只是個人行為」（p. 575）
的意志之伸展。在歷史的學習之中，所強調的是美國以及人類總體如何形成文
明的情況。哈里斯特別熱中於文法的學習，作為一位喜歡舞文弄墨的詩人，他
宣稱文法這扇靈魂之窗能「讓人類經驗針對所有問題所能作的闡明與解釋，加

上一大片的強光」（p. 576）。對於哈里斯而言，語言的邏輯結構是一種模式，可以突顯思考本身的性質。還有，最後，文學所打開的那一扇靈魂之窗，讓我們把生活當作一個整體來認識，並且因而理解人類品格的重要精神。依據哈里斯的說法，這種對於人類經驗的理解，最好藉由仔細研讀標準的文學作品，點點滴滴地積累。這些作品不只通向對於人類行動的根源之理解，還能為課程提供可資應用的藝術欣賞之主要形式。

　　哈里斯（Harris, 1888）宣稱，課程的基本成分是：「由中心往外輻射出去的五條重要的科目路線，而且它們與人類學習的五個部門相連」（p. 579）。這種作法並未將其他的科目排除在外；它們只是置於從屬的地位。「舉例而言，工業繪圖應該在公立學校占有一席之地，另外，與這一科並行排列的還有筆法（penmanship）」（p. 579）。雖然他的主張允許他支持某些人在 19 世紀末及 20 世紀初倡議的變革，例如藝術方面的有系統教學，但是，他可能是力倡兒童應該持續不斷學習古典文學的領導人物，而且，他對於那時幾乎已經消逝的希臘文與拉丁文等科目的支持，也從未動搖過。然而，哈里斯為古典語文科目辯護的緣由，與典型的心智訓練論者有所不同。似乎哈里斯所給予的支持是有條件的，他認為心智能力可以藉由使用而有所精進，但是，他對於心智訓練論者所執持的在某個領域習得的心智能力，可以遷移到另一個領域的信念，卻保持懷疑的態度。哈里斯（Harris, 1898b）不同意心智訓練論者所聲稱的，某些科目的價值乃在於其等可當作傳輸工具，因而可用以強化兒童內存的心智能力，他比較有興趣的是，這些科目可以直接提供哪些內容。於是，記憶一些日期可能對於「神經系統的健全發展」有些正面的效果，但是，該項活動所導出之更直接的理由，應該是：「因此增加了這些資料本身的用處」（p. 178）。雖然，不可避免地，哈里斯發現他自己偶爾會使用形式訓練（formal discipline）的用語，但是他希望在課程中保存希臘文與拉丁文的理由，是因為事實上希臘與羅馬乃是西方文明的重要成分，而且，哈里斯相信，唯有充分理解傳統，才可能理解現代社會。對於哈里斯而言，在決定各個科目的價值時，關鍵在於其內容，而不是其形式。於是，跟具有改革心態的心智訓練論者伊利特不一樣，哈里斯反對以法文及德文代替古典語文。雖然伊利特會辯稱，若是適切

地進行教學，法文對於心靈的訓練效果與拉丁文一樣，但是，哈里斯則主張擁有法文的知識，就不如作為我們文化資源的拉丁文那麼有價值。

哈里斯還有一點跟伊利特不一樣，他對於選修課深表疑慮，只有在內容的相似度夠大之時，他才贊成把五個協調的科目群組中任何一個科目加以替換。藉由強調兒童所學習的內容特性，而非科目的訓練價值，哈里斯乃是在藉著保存人文主義者理想的課程，重建其立論的理據。

哈里斯能夠在他對於人文主義論者課程所執持的觀點，和心智訓練說之間保持一段距離，在那麼一個時代裡，乃是一件特別重要的事實，因為，這時，心智訓練說的心理學基礎，亦即官能心理學（faculty psychology）正受到一些人們所尊敬的心理學家之攻擊。實驗心理學的興起嚴重地削弱了官能心理學的理論基礎；官能心理學成功地為 19 世紀大部分時間裡，不只是希臘文及拉丁文，還有其他傳統科目的持續存在，提供了理據。毫無疑問地，哈里斯所提出的理據，有一部分的訴求乃在於，不必要就著學校的組織結構作根本改變，因此，基本上，所教導的東西還是一樣，但是，所執持的理由不同。更有進者，理智的發展作為學校核心角色的原理，實質上保持未變。人文主義論者的科目在現代美國課程中所遺留下來的東西，至少從寬廣的輪廓來看，正是依循著哈里斯所闡明的科目規畫（program）。

雖然理智發展在哈里斯的教育理論之中居於至高無上的地位，但是理智的發展不可能不配合意志發展平行前進。只有在自我發展的最低層次，亦即感官知覺之中，意志才不存在。此地，心靈只是感覺的被動接受器。真正的理智發展開始於意志所產生的注意力，以及因為有了意志力而形成之選擇某些感覺印象，進而忽略其他印象的能力。哈里斯（Harris, 1896a）辯稱：「『注意』或許可視為意志與理智之第一層聯合的名稱」（p. 442）。在我們進入較高層次的認知活動——分析、綜合、反思（分析與綜合），乃至最後的洞察或哲學的認知——意志持續扮演著重要的角色。所以，意志的訓練，特別是透過正確習慣的形成，變成了教育所發揮之主要功能中的精萃成分，亦即理智的增廣與加深。哈里斯一貫不變地強調學校擔負著藉由經過適切選擇了的科目，傳遞西方文化遺產的任務，增強了他在那個時代的教育世界當中，作為「偉大的保守

者」（the great conservator）之聲譽。同時，他對於意志訓練的認同，也使得他成為那些把當時通行的課程視為與兒童的自然衝動及興趣相反、因而簡直是毫無希望地過時且完全不符合科學要求的那些改革者攻擊的特殊對象。在一個心智訓練受到嚴重削弱的時代裡，哈里斯所倡行的人文主義課程，事實上並非人們的刻板印象中那種完全不注意心靈作用的操練，也絕非嚴苛的威權主義式作法；但是，在世紀之交，溫和的改革很容就讓人等同於為現況辯護，因而使得哈里斯的處境就彷彿在諸多新領導人倡行之激烈變革所形成的巨大浪潮中，迎著浪頭游將過去一般。

36

iii 霍爾

在赫爾巴特論失去其早期作為一項改革運動的力量，兒童研究運動隨即蓄勢待發，作出對哈里斯的主張最直接的威脅。雖然，該項運動的領導者喜歡根據某種正當的理由追溯其先哲，諸如康美紐斯（Comenius, 1592-1670）、福祿貝爾（Froebel, 1782-1852）、裴斯塔洛齊（Pestalozzi, 1746-1827）及盧梭（Rousseau, 1712-1778）等，但是，他們有關課程的關鍵乃是在於兒童研究的主張，直到 19 世紀的後半才獲得全美的知名度。在 1870 年代，兒童研究的主張藉由亞當斯（Charles Francis Adams, 1807-1886）（1879）針對美國教育所作的批評而獲致動力，尤其是他試圖讓大家注意到兒童的心智習慣，進而讓大家理解科學對於當時愚昧無知的教學作法可能帶來啟示之努力，更是直接促使該項運動形成的原因。亞當斯高度讚揚帕克（Colonel Francis Parker, 1837-1902）在麻薩諸塞州昆西（Quincy, Massachusetts）學校系統的工作成果，此舉不僅為帕克帶來了全國的知名度，似乎還指出了單調辛苦的工作及壓抑難過終究不必要成為與學校教育相伴的附隨產物。帕克不只為兒童引進比當時一般嚴格編組而成的學校極大幅度的自由；基本上，他還放棄了老舊的學習課程，而代之以較符合兒童傾向的遊戲與活動。帕克引進了他稱為「全字閱讀法」（word method）用以教兒童閱讀，以便取代以發音練習為重點的基礎語音教授法（phonics），因為那才是兒童學習語言的「自然」方法。算術當中

的問題取代了純粹數字熟練的操弄，而且把規則與通則等學習保留到較高年級時再行學習。以往較低年級正式學習的文法也停止了，而引進一些諸如信函書寫的自然語言活動。亞當斯把昆西學校系統引為學校教育的模範，不只因為它運用了兒童的自然偏好以便增進學校活潑愉快的氣氛，更因為該校確實進行著有效率的學習。

　　但是，一直等到霍爾於 1880 年自德國返回，發展論者們才找到一位能使他們成為美國教育之中一股重要勢力的領導者。就是因為霍爾的人格讓詹姆斯在跟他談過一次話之後，就寫信給約翰霍普金斯大學的校長，推薦他作為一位臨時的講師，這項工作原本是邀請詹姆斯的。詹姆斯在信中說：「他是個有學問的男士，比我對我自己的期望還強的人」（Ross, 1972: 104）。雖然霍爾並未獲得那一項聘任，但是伊利特校長伸出了援手（依據霍爾的說法，那時伊利特出現在霍爾面前時，伊利特正騎在馬上），並且提供他在哈佛任教教育學及哲學史的機會。霍爾的教育學功課排在週六，以便讓波士頓的教師們可以選課，而結果是這些功課立即帶來轟動式的成功。在那個時候，以健全的科學原理為依據之教育系統的訴求，確實具有很大的吸引力。更有進者，帕克在附近的昆西所推行之工作，也使得霍爾的出現在這一幕之中特別顯得幸運。這時，在他生命當中一段期間的漂泊與不確定之後，三十七歲的霍爾突然之間就聲名大噪。他依循自然而教育的說法，為教育的原理帶來了切當的解釋，而這正是帕克做不到的。帕克所推動的各項教育改革多是出於直覺，而且，雖然他還算是一個能激發聽講氣氛的講者，但是，在為他所推行的工作說出一番前後連貫的道理這一方面，他就不太有效率。

　　反過來說，霍爾就會把科學的權威帶進漸增的信念之中，這種信念以為兒童自己的自然衝動可以用來作為處理教什麼才恰當這個問題的一種作法。當霍爾（Hall, 1883）發表〈兒童心智的內涵〉（The Contents of Children's Minds）之後，該文很快就成為科學化教學的模範，而且，在緊接著的一年，霍爾就接受了約翰霍普金斯大學聘任他為教育與心理學正教授的榮耀。霍爾從 1882 年在約翰霍普金斯大學擔任講師開始就很成功，再加上他作為一位科學家而積累的崇高聲望，明顯地讓他處於比很想得到此一職務的杜威的導師兼朋友摩里斯

有利的地位而贏得了此項聘任。到了 1887 年，霍爾協助創設了《美國心理學期刊》（*The American Journal of Psychology*），又一年之後，他離開約翰霍普金斯大學並成為克拉克大學（Clark University）的首任校長。1891 年，他創設《教育學研究》（*Pedagogical Seminary*）期刊，並且自任主編，此時，他的地位毫無問題地讓他成了美國教育改革中發展論者這個支派的領導者。有了霍爾掌舵，兒童研究的主張就跟科學化的、也因而成為有效處理重大教育論題的作法畫上了等號，然而，人們卻漸漸地把人文主義者試圖將西方文化成就保存在課程中所作的努力，視為純屬思辨且又古板的作法。

　　兒童研究盛行於 1890 年代。在 1894 年，霍爾（Hall, 1895）在全美教育協會（NEA）的年會上宣布：「跟各位報告，今天有一個新的兒童研究部門成立」（p. 173）。而且，在同一年，伊利諾州兒童研究學會（Illinois Society for the Study of Children）也成立了。兩年後，伊利諾學會的集會吸引了多達三千個人，而且，在屆滿十年時，至少有二十個其他的州裡成立了兒童研究的組織。毫無疑問的，在這項迅速成長的運動之中，有著一些不同的地方。舉例而言，有些領導者喜歡在實驗室的條件下研究兒童，另外一些則鼓勵採用「人類學的」方式，在自然的情境中蒐集資料，這種觀察的方式或許可以霍爾（Hall, 1888）自己所完成的〈一具砂樁的故事〉（The Story of a Sand-Pile）作為例證。然而，不論是哪一種形式，有一項共識就是有關兒童的研究資料需要再多予蒐集。該運動的領導者相信，由成堆如山的資料中，可以得到有關兒童應該如何進行教育的直接推論〔雖然有時候他們稱之為培根式的方法（Baconian method）〕。不過，除了必須依照兒童自己的本性施予教育這項一般性的主張之外，該運動領導者的看法都很模糊。將兒童研究的成果應用在學校的課程（program）這件事，還是得由霍爾自己帶頭加以仔細的解釋。

　　當然，在諸多發展論者之間還是有著一般的共識，亦即學校往往把兒童看成被動的接受器，又將一些與他們的自然傾向及偏好恰巧相反的學習計畫（program of studies）呈現給他們，以致於讓兒童的活動需求受到挫折。對於某些改革者而言，這意指著只是把一些較具活動性質的工作，諸如手工訓練或職業教育等介紹給兒童，並且能較為深思熟慮地注意到一些娛樂及遊戲的活

動。但是，霍爾的心裡卻有著更雄偉的架構，而且，雖然他已經在自己身上穿戴著科學的盔甲，更重要的是，他的課程觀念並不是取自他及他的心理學家追隨者們如此認真蒐集而來的資料，而是來自他所聲稱的，對於個人發展與人類種族歷史的階段之間的關係，所作形上學的、甚至神秘主義式的假定。

　　從霍爾早期向赫爾巴特的德國門徒學習開始，一直到他回到美國，始終相信把文化紀元（cultural epoch）的學說應用到教育上，所具有的中效性（validity）。文化紀元理論假定的想法是，兒童在他或她的個人發展中複演了整個人類種族的歷史發展過程。在霍爾（Hall, 1904c）的心目中，此種複演具有強烈的神秘主義式的言外之意：

39
　　　兒童與人類種族早期歷史彼此之間各自揭露了另一者的性質之關鍵，這樣的原理可以應用在感情、意志與理智裡的幾乎每件事情之中。為理解某個兒童或是種族，我們必須經常地參照另一者。同樣的原理也可以應用在所有自發性質的活動之中。於是，在尋求真正的動作教育原理時，我們在研究今日兒童的遊戲、競賽及興趣之外，還必須試著將這些與早期人類具有特性的活動進行比較……兒童在他的各項行動之中重新進行著種族生活的歷史，正如在他的身體之中許多的基本器官都訴說著它由較低等的動物生命形式演化的故事……具有全面主宰性質的、主要當然是無意識的兒童意志，乃是重新過著以前的生活，宛如他早期的祖先以肩膀及身體奮鬥著，以便他的影響讓人有所感覺，又，他的聲音讓人有所聽聞。（pp. 443-444）

「個體發育史複演了生物發展史」（ontogeny recapitulates phylogeny）（個人的發展——一個人——依循著物種的歷史發展——人類種族）這樣的一般性主張，至少從17世紀開始，就廣泛地由大家接受為一項中效的科學原理，但是，把它應用在教育上——它作為一種課程理論的宣示——則在19世紀晚期，與赫爾巴特在德國及美國的門徒有緊密的關聯。人們廣泛地把文化紀元的理論接受為一項綜合性的原則，乃是與達爾文的理論有所關聯。正如人類胚胎中的

「腮裂」（gill-slits）是在海洋之中生命開端的一個聯結點，所以，兒童現在的各種行為及衝動也應該視為連接我們祖先遺產的線索〔"Discussion（on work），" 1901, p. 521〕。兒童的行為在各個歷史時期或世代中皆有其根源，而此一聯結也就應該有如人們所聲稱的，為教些什麼提供了線索。換句話說，一位正經歷著某個發展階段的兒童，就會有著與相類似的歷史階段緊密相聯的學習材料可資運用，而這些材料既出乎自然又符合科學效果。

　　文化紀元理論在教育上的魅力，大部分在於它與一套科學化的科目次序，以及作出將課程加以統整的承諾有關，這樣的作法不致於產生霍爾曾經指涉的「許多科目的烏合之眾」（mob of subjects）的亂象。課程由相互關聯的部分組成，而不再是一些孤立實體的拼湊，這樣的理念一直都還是整個 20 世紀課程改革者始終關注的課題。就文化紀元的例子而言，人類歷史各個世代的順序，和用以學習的實際教材都集中於各個世代的文化內容之上。於是，兒童在他們「野蠻人」的發展階段，就可以學習那個歷史世代衍生而來之所有科目中的材料，例如古代神話及寓言。兒童研究運動之所以對於霍爾及其他人具有吸引力，就是因為它所主張的課程一定會注意到兒童的興趣。不只霍爾，實際上所有的兒童中心及赫爾巴特論改革者——帕克、查爾斯與法蘭克‧麥莫瑞、德嘉謨——都堅定地支持文化紀元理論。這套理論不但在全國性的教育研討會上有著廣泛的討論，在一些為師範學校設計的教科書之中也有顯著的篇幅，例如查爾斯‧麥莫瑞（McMarry, 1893）所出版的《**普通教學法原理**》（*Elements of General Method*）即在出版之後的八年之內印行了十個刷次。

　　雖然文化紀元理論為霍爾的課程提供了一般之理論配置，但是，它仍然需要以另外的兒童發展原理作為補充。他對於年輕人的理智訓練深以為慮，這主要是因為從他的觀點來看，推理的能力尚非兒童全部能力組成部分中的一個部分。在他一篇最有影響力的講演中，霍爾（Hall, 1901b）指出「學校」一詞的字源來自休閒這個詞，所以，學校的功能並非把文明強加於兒童身上，這種行動方案不只無用更且有害；相反地，學校應該盡可能不要介入兒童的發展過程，甚至在可能的情況下，應該盡量延長兒童期與青年期的階段。他聲明：「年輕人的監護人最重要之任務應該是力求不介入自然的發展，進而防止傷

40

害，還應該保有作為兒童幸福與權利的衛護者之令人驕傲的稱號。」對於兒童的休閒所施予每一項侵害「都有相對應的特定設想」，因此，每一項課程的介入都必須要有毫無爭議的立論（p. 475）。就這一點而言，霍爾有一項若不是最主要的、也是最持續一貫的懸念就是，假若不明智地縮減兒童喜愛遊玩的傾向，那麼，隨之而來的就是對於兒童身體健康的傷害。霍爾（Hall, 1892）曾經辯稱：「每件與教育有關的事情，從學校建築的用地到每一本教科書的內容，乃至於每一個科目的分科……遲早都要從健康的立場來判斷」（pp. 7-8）。當然，霍爾始終如一的倡議健康乃是學校首要目的這件事，讓他斷然地與哈里斯的主張相反；如前所述，哈里斯領銜主張理智的發展才是學校特有的重要功能。

　　有如霍爾對於《十人委員會報告書》的評論所指出，他所懸念的另一件當務之急乃是他所謂的「個別化」（individualization），這件急務使得他就應該 *41* 教導的事物所作建議，有很大的差異性，不只是因為學校人口中理智能力的組距很大，還因為其他在遺傳方面一些已經確定了的特性，諸如性別所造成的差異。自然不僅將所有人類都通過的階段加以固定，還決定了人類可教育性的限制，更決定了社會階層的性質。作為一個遺傳決定論信仰者的霍爾（Hall, 1911）倡導基於天賦而施予的差異化教學，甚至鼓勵在小學階段專為一些「笨蛋」（dullards）分開設立學校（p. 605）。依據霍爾（Hall, 1903）的說法，依性別設立隔離的學校應該在青年時期一開始，因為兩性之間的明顯差異突然開始於：「青春期──在十多歲的時候」（p. 446）。霍爾以帶有一些驚慌的心情指出，雖然女孩一直到大約十歲的時候，都還會採用一些與他們自己性別有所關聯的理念，但是，統計的研究顯示，在那之後，女孩會採用男性的理念；他並引述某位作者的擔心說：「很快我們就會有一些沒有女性性格的女性」（p. 448）。雖然霍爾並不反對男女合校，但是，他支持在中學裡作某些隔離，以便保證兩性「都能獲致充分而完整的發展」（p. 449）。霍爾感到，在男孩生命中的一段期間，因為「我們的學校日漸女性化」而使他們的發展瀕臨危機，因此，他主張在一段期間裡，學校應該由「強壯的男人」主導，而且那裡的課程應該以適合青年男子的自然傾向，諸如他喜愛內容盡量多而形式盡量少

的科目（p. 448）。依據霍爾的說法，女孩們在英文及歷史的學習占優勢，是出乎於她們的「內在傾向」，而她們之所以在拉丁文及數學等科目表現優越，只是「習慣與傳統」的作用，或者是出乎於「勸告」（p. 448）。霍爾主張為女孩學習植物學、生物學，以及化學設計特別的版本，並且不很認真地考慮要為女孩設立兩種中學，一種「為絕大多數女性」設立強調「母職與家庭生活」課程的學校，另一種則旨在尋求一個可以終其一生安身立命的生涯（p. 450）。

　　一般而言，小學的課程，至少在八歲之前，應該以遊戲為主，而且要特別注意，不能給兒童一些沒有必要的且潛在地會造成傷害的學術功課（intellectual tasks），以免讓他們負擔過重。霍爾（Hall, 1901b）建議，閱讀與寫作「在我們的制度中，於八歲以前，應該加以忽視，而且之前的學校學習（school work）應該聚焦於故事，自然的研究，還有藉由遊戲及其他活動而施行的教育」（p. 478）。八歲以後的重點應該在練習及記憶，因為「這是推理剛剛開始的年齡」。舉例而言，算術的教學應該「機械化」而且要少強調規則與解釋（p. 479）。因為對於優美的文法所抱有的期望還太早，所以，寫作的功課應該劇烈地減少，相反地，「兒童應該生活在一個響亮的演說世界裡」（p. 479），而這樣的作法會為推理的年齡一旦來到之時，正確地運用英文奠定良好的基礎。霍爾認為在小學階段強調地理，會成為「中古世紀的遺風」，因而鼓勵應該將它大幅度地縮減（p. 481）。該一科目所剩下來的內容就應該尊重反映了文化紀元理論的成長階段。舉例而言，孩子對於原始人感到興趣的年齡在九到十歲時達到最高峰，而對於「地理中的貿易及政府的部分」感到興趣是在十六歲與二十歲之間（p. 480）。拉丁文及希臘文，「如果要教它們」（p. 480）就應該在不晚於十或十一歲的年齡，因為這時語文的記憶能力在最高點。兒童不應該示以不熟悉的章節，而應該就著教師已經教過的課文，讓兒童在反覆練習的基礎上進行學習。

　　當霍爾（Hall, 1902）把他的注意力轉向中等學校的課程時，令人好奇的是，他更不能容忍拉丁文這個科目。他特別苦惱的是，在 1890 年與 1900 年之間，也就是中學註冊人數增加一倍，中等學校的學生選習拉丁文的百分比實際上由 34% 增加到 50%，依據他的數字，這整個十年，準備入讀大學的學生由

42

14%降低到 11%（p. 261）。霍爾以他對十人委員會所作有關建議的評論為參照指出，為什麼「那一大群能力不足的人」仍然頑固地傾向於這樣一個沒有用的且可能有害的科目呢？除了與科學一科相比較，拉丁文的教學成本較低，還有「開設給女生的拉丁文教學比科學多」（Hall, 1901a: 655）等事實之外，霍爾把較多學生選習拉丁文這個令人煩惱（雖然時間很短）的趨勢歸因為「迷信式的崇敬」（p. 655）。至少在兩個場合裡，他以瓦盛頓（Booker T. Washington, 1856-1915）的自傳裡所說的，「有色人種」有一種幾乎是超自然地相信拉丁文知識的力量，儘管有這樣信念的人很少，但卻證明了它確實是某些人的迷信，而這種迷信正是瓦盛頓亟欲加以根除的。

如果中學能成功地把對於拉丁文的迷信式崇敬加以消除，那麼，霍爾會希望代之以對於英文的加強，但是，若真是這麼做的話，所強調的應該是內容而非形式。因為中學的男孩剛好通過他們個人發展的荷馬時期（Homeric stage）[77]，所以霍爾會希望能集中讓他們學習亞瑟王（King Arthur）[78]、帕西法爾（Parsifal）[79]、齊格菲（Siegfried）[80] 及羅恩格林（Lohengrin）[81] 等英雄式的傳說故事，這都是著眼於騎士精神與榮譽的封建時期最尊貴的人物。霍爾（Hall, 1902）主張，中學文學教學的目的不在於其藝術的價值，而在於其道德的影響（p. 265）。次於英文的中學課程是科學，特別強調天文學，因為「這時對於天空的好奇心最強烈也最優質」（p. 265），還有地質學及生物學。一般而言，這些內容科目應該比那些形式科目，諸如語文學習及數學等科目，來得重要許多。霍爾強調的第三個領域是動作訓練，這個領域會讓男孩能夠獲致「最堅強

[77] 荷馬（Ὅμηρος，約前 9 世紀－前 8 世紀），相傳為古希臘的遊吟詩人，生於小亞細亞，失明，創作了史詩《伊利亞特》和《奧德賽》，兩者統稱《荷馬史詩》。

[78] 亞瑟王全名為 Arthur Pendragon，是英格蘭傳說中的國王；據說他在羅馬帝國瓦解之後，率領圓桌騎士團統一不列顛群島，被後人尊稱為亞瑟王。

[79] 帕西法爾為德國歌劇家華格納（Wilhelm Richard Wagner, 1813-1883）創作的歌劇，敘述男主角帕西法爾通過考驗成為「純全的騎士」之過程。

[80] 齊格菲是由華格納作曲及編劇的尼伯龍根的指環（Der Ring des Nibelungen）中第三部歌劇。

[81] 羅恩格林是華格納創作的浪漫歌劇，雖然劇中有歷史成分，但其性質屬於童話歌劇。

的生活成就，〔以便〕人人都將他的整個自我作一番整合，因而可以與他的同儕競爭，並且通過他們的裁決」（p. 266）。在這一點上，霍爾自誇地說道，他實際上可以做許多農事，而且以他在德國學校所接受的訓練，他會「為書本包裝、貼上金箔，並且加上封面；完整地做一雙鞋子，做一點吹玻璃、木工，還有金箔製造」（p. 267）。霍爾相信，這樣的活動可以用來訓練肌肉，同時還可以訓練意志。霍爾認為，把中學課程圍繞在英文、科學及動作訓練等這三組科目，再加上其他科學，就像他自己所說的，就大功告成了（*ad libitum*）。

　　霍爾從未倦於稱讚科學這一科的優點。對他而言，科學代表著進化過程積累到最高點，而且，科學就是他自己作為一位科學家的地位，使他以此為根基而獲致崇高的聲望。但是，就霍爾那個時代的世界中所活存下來的偉大理智傳統而言，到頭來竟然是浪漫主義，而非達爾文主義主宰了他的思想。他所提出的課程改革建議，幾乎意味著對於理智的詆毀，而偏好兒童時期，特別是青年時期的情操化（sentimentalization）。貫穿霍爾的全部論著，理智始終都是附屬於強而有力的健康，以及人類種族的活力。對於霍爾而言，理智（reason）的發展作為教育的主要目的，乃是前科學時期的產品，因而，若是在中小學裡試圖落實這項目的，將只會使得學生精力衰竭，並且讓健康受到傷害。就著青年期這個概念而言，霍爾（Hall, 1904a）不只表達了一種對於個人發展階段的理想化，更表達了一種對於人類種族發展階段的理想化。就是這段時期「遺傳下來的傳統之水門打開了，才讓我們聽到來自更遙遠的祖先的聲音，在我們生命中接收到天賦的能力……熱情及欲求，躍進了強而有力的生命中」（p. 308）。但是，正如霍爾（1901b）的教育理論在時間上所回顧的乃是萬古永世，所以，他的理論根本是為一個超人似的種族預先作準備，也因此，對他而言，這種願景正代表著：「藝術、科學、宗教、家庭、國家、文學，以及每種人類機構的最高且最後的測試」（p. 488）。霍爾的「理想學校」除了以神話式的意識「為那些最有才能的人移開各種障礙……俾便為超人的王國迎來這些貴客」（Saunders & Hall, 1990: 591）之外，卻未對於社會改革作出任何的承諾。由霍爾所代表的發展論不只在傳統的人文主義找到了敵人，更代表了一種與社會改良論者完全不同的改革思想。

44

iv 杜威與兒童研究

　　杜威對於快速成長的兒童研究運動之反應至少是混雜的。作為一位對於19 世紀末之教育現狀不滿意的人，杜威自然而然受到該一運動的領導者所提出之改革前景所吸引。更有進者，作為誕生於與《物種源始論》（*Origin of Species*）一書出版同一年的一個人，像他那個世代的大部分知識分子一樣，一般而言，都會受到科學所帶來的希望感染，因此，杜威對於以科學的方式研究兒童這件事表示歡迎。然而，他對於把這類研究直接應用到課堂的一些緊急事件上，就非常謹慎小心。他認為，不可以把科學發現逕行轉變而成行動的處方，霍爾的工作就蘊涵了這樣的意思。杜威對於把科學立即而直接加以應用，俾便滿足改變學校的迫切要求這樣的作法，頗有微辭。他說：「由於科學研究者未能一經請求就為教育緊急情況提供可用的處方、通達的門票和可資辨別的標籤，於是他們就受到了攻擊；由於早期的先驅們靜靜地在實驗室研究一些似乎生僻和深奧的課題而未能為我們提供電報、電話、電燈和通訊這些立即可用的工具，於是我們就攻擊這些電學界的先驅們。毫無疑問，這兩種攻擊都是沒有意義的」（Dewey, 1897a: 867-868）。此中的涵義是，該項運動的領導者們確實為人們帶來了希望，因為在現代生活當中，對於兒童期與青年期等現象都沒有任何基本認識的情況下，他們的科學探究為大家帶來了一些理解，還有配*45*合這些理解在教育上可以應用的原理。杜威對於兒童研究變得孤立於其所源自的心理學學門也表示不安，因為到了最後，所謂的兒童研究只剩下一些紛亂雜陳，幾乎是非理論的（atheoretical）資料蒐集工作而已。他引用了詹姆斯的說法指出，兒童研究運動似乎有著下列的現象：「人們對理論、推測和假設存在著恐懼，這種恐懼就像與事實分離的純粹思辨一樣荒唐可笑。單純地蒐集事實，不受有指導意義的有效假設（working hypothesis）控制，不受一般通則的啟發；這樣的作法從不曾成就過科學，將來也不會」（p. 868）。這樣的評論幾乎表示了，杜威宛如在說，這項運動更多的是像在傳播福音，而不是在從事科學的研究。

　　但是，杜威把他最強烈的批評保留給在該項運動內部的那些人，他們在科

學面具的背後，純粹是利用兒童研究作為他們自己情緒性的表達，因此而成為支持一種有問題的作法之媒介。他敘述這項評論時，先以三個主要的歷史階段來追蹤兒童興趣的發展，這每一個歷史階段都與一個社會解組的時代相一致。對於柏拉圖及亞里斯多德，他以兒童的政治興趣作為歸因，也就是說，要適切地訓練兒童能對理想的社會感到興趣。杜威（Dewey, 1897a）說：「兒童有意識地產生興趣的第一個緣由，就是兒童作為社會組織中的一分子，其所擁有的地位」（p. 18）。兒童所接受之適切的訓練，成為改造社會的重要因素，但是，這主要是從怎麼讓兒童適應於「最有益於他適應社會生活的結構」（p. 20）。此一理想的教育表述乃在於「它具體體現在這一項陳述中，即掌控學校整個課程的最首要考慮，乃在於把兒童培養成為他所由生的文明對他要求的那個樣子」（p. 21）。這項理想的主要弱點在於，人們未把兒童當作一個個人來考慮，卻完全從他或她所處的社會秩序這個觀點來看兒童。依據杜威的說法，若是在事前就固著這樣的目的，我們就只會從與此一目的有關聯的角度來理解各種事物，而這樣的作法會使我們對於兒童的看法有所傷害，也弱化了我們的社會願景。他說：「如果我們心中有了兒童將要適應的固定目的，那麼我們就只能在兒童身上看到與該目的有關的事情」（p. 21）。

　　杜威將第二種在兒童心中有意識地產生的興趣，與文藝復興時期相匹配，在那裡的主要觀點是考慮到兒童的藝術興趣，而不再是政治的興趣。在這個時期，兒童的興趣開始明顯地呈現在藝術的作品上，它們象徵著一種不再失去天真的理想（a kind of ideal of lost innocence）。在兒童那裡，人們看到了自發與自由等大家曾經渴求的特性。重要的是，這樣的一種兒童觀只是用來撫平成人內心的激動情緒，而不是要為兒童的行動提供真實的鼓勵。杜威辯稱：「對成人而言，成人把兒童看作是起安慰作用的人，讓成人可以從理想中擺脫出來。為了把我們從實現理想的責任中解放出來，而把某件事物設定為理想，沒有什麼比這更容易且更便捷之自我欺騙的方法了」（p. 23）。他宣稱，就最好的情況而言，這樣的兒童觀協助人們有系統地表達其理想，但是，就最壞的情況而言，兒童就變為只是成人在努力讓生活承受得起或是更愉悅之過程中的一項玩物而已。

46

　　第三種且是當今這個時代的兒童心中有意識地產生的興趣，乃是源自我們所稱的科學化時代，而且，像其他的興趣一樣，與它相聯的乃是較舊的習慣與傳統已經裂解的時代，然而，它也與先前的兩個時代有所關聯。因為事實上兒童的這種興趣乃是受到德國浪漫主義思想而產生的自然結果，所以，其所傳承的遺產包含了兒童期無論如何都是與「人們的兒童期」緊密相聯這樣的信念，又，事實上它與「失去了的伊甸園」（a lost Garden of Eden）[82]關聯在一起，因此，一旦回到兒童期時，它總是與悠閒的、原始的條件相聯。杜威（Dewey, 1897b）認為，就是這種情感上的原始主義阻止了兒童的藝術與科學興趣兩者所形成的豐富融合。雖然兒童的藝術興趣提供了「進行科學研究之無比重要的興趣……回到天性，一定是求實的而不是情緒化的」（p. 26）。當杜威把他的注意力轉向政治與科學兩種興趣的關係時，他就開始批評霍爾所最偏愛的論題之一，亦即我們要以已經呈現於兒童身上的所謂自然傾向為依據，為社會上每一個特別的角色安排一種不同類別的教育：

> 無論贊同這項事實還是為此感到遺憾，我們都不能在習慣、常規或者傳統的基礎上，為了讓他具備某個成員資格而去教育他。今天的兒童所為之受教育的社會太複雜，它對個性提出了太多的要求。兒童的個性如果建立在這些習慣和常規之上的話，必定會帶來極大的災難。我們必須透過給予兒童最廣泛的力量和最全面的文明工具來教育他。只有關於這些力量與如何控制它們的研究和知識，以及在他們的發展過程中，有什麼且如何產生有益作用或者阻礙作用的研究和知識，才是恰當的學習任務。（pp. 26-27）

47　於是杜威反對當時在教育政策方面漸漸增加的趨勢，這種政策要求我們不只要基於社會未來發展方向的預測來教育兒童，還要能以此一社會期望個人所擔負

---

[82] 根據《創世記》記載，上帝耶和華照自己的形象造了人類的祖先，男的稱亞當，女的稱夏娃，並將他們安置在伊甸園中。然而，自從這對人類的始祖因犯罪而被逐出伊甸園後，就受了咒詛，失去平安、喜樂；原本美好的一切不復存在，世界也變得永無寧日。

的特別角色為據將課程加以差異化。

v 杜威的主張

在杜威履行芝加哥大學的職務一年之後，他（Dewey, 1896a）完成了在教育哲學方面的第一篇主要的著作，〈與意志訓練有關的興趣〉（Interest in Relation to Training of the Will）。毫不令人驚奇的是，該文處理了人文主義與發展論兩者之間進行的激烈爭論。作為全美赫爾巴特學會第一號年刊附冊中的這篇論文，它為杜威在思考許多方面的衝突時所採取的方向，提供了一項意義重大的表示。其實他在許多方面都是這麼做，而且，這也是他處理教育甚至哲學論題所採取的典型作法。誠如這篇論文的文題所示，杜威試著闡明兩方的熱烈爭議之處，一方是興趣論的支持者，也就是赫爾巴特論者與兒童研究的支持者，另一是意志論的支持者，也就是由哈里斯所代表的心智訓練論者及人文主義者的主張。

如同他一貫的作法，杜威（Dewey, 1896a）採取不支持任何一方的態度。他的作法是，以「興趣vs.努力——一場教育訴訟」（p. 6）這樣的方式重新陳述兩方的主張，然後，再於實質上，找出兩者在所干犯之謬誤中各自的訛錯。依據杜威的解釋，興趣論支持者似乎主要關心的是在教給兒童的東西之上，加上一層糖衣，兒童由此而學習到的不只是表面上已經變甜了的東西：「他很快就學會對身邊一切真實的、有趣的事情感到厭惡。受大人寵壞的這個兒童只做他自己所喜歡的事情，而這正是教育中興趣理論不可避免的結果」（p. 8）。

杜威對於意志論的評論也是一樣徹底。他聲稱：「簡單地說，努力理論認為，勉強注意（雖然這是一件不愉快的事，但我還是會做）應該優先於自發的注意」（p. 6）。在這種情況之下，兒童所真正學習到的，「似乎是在一個無趣味的主題中簡單地獲取一些熟練的技能，而其思想與精力其實是由其他的事情占據了」（pp. 6-7）。在這種學說的案例之中，杜威明顯地希望能引起大家注意到的，不只是該項活動的表面意義，還有其無意的且可能更重要的後果。然而，最後他指出，我們並不必要在兩者之間作出選擇：一方是只以娛樂來吸

48

引兒童的認真學習，另一方則強迫兒童進行令他們討厭的學習任務，並以其等作為意志訓練的部分活動，進而形塑他們的品格。依據杜威的說法，在這場訴訟的兩方，原告與被告都由同樣的假定出發，以致於造成這樣的結果：「對自我而言，要掌握的觀念或者客體是外在的，要達到的目標以及所要從事的活動也是外在的」（p. 9）。對於興趣論的支持者而言，事實上是要把原本沒有興趣的事物，特意地變成有興趣，因為它們根本就落在兒童真正興趣的範圍之外；對於意志論的支持者而言，必須耗費勤奮的工夫，以便克服自我與對象之間的距離。杜威在此描述自我時，既不像發展論者所認為的，自我乃是受制於自然的且不能避免的開展，又不是由諸如意志這樣與生俱來的固有能力，可以藉由精神方面的努力之外在運用而強化，而這種努力通常都是令人不愉快的。杜威似乎要為兒童提出辯護，認為他們會在適切的情況之下，力爭上游、積極而主動地進行明智的自我指導。他在這篇文章的結論中指出，如同幸福一樣，「人們若是以最低意識的方式將興趣視為目的的話」（p. 33），那麼，興趣可以最好地達成。我們不應該只是為兒童套上糖衣，也不應該依賴以假亂真的自我開展歷程，我們亟應首先把兒童自己「急切的衝動與現有的習慣」找出來，然後藉由適當環境的安排，以「富有成果且有序的方式」（p. 33）導引他們。在這些情況之下，興趣會自然產生。

　　杜威這篇1896年出版的專論把他強行推進當時最為重要教育爭議的前線。興趣與努力作為教育的基本概念，畢竟反映了赫爾巴特論者與哈里斯之間，在稍早就著哈里斯所提出的《十五人委員會報告書》（*Report of the Committee of Fifteen*）而掀起的那場歷史性戰役。顯然，杜威把那場戰役所用的術語作了重新建構，以致使得哈里斯感到不得不對於杜威的評論提出說明。若是我們考慮到哈里斯的資歷和輩分，他過去在面對攻擊時必然強力反抗的一貫作法，還有他作為仍在其位之美國最有權力的教育總長這項事實，他對待時年三十六歲的杜威，所採取的作法可以說是不尋常的謙遜。

　　哈里斯（Harris, 1896b）以吐露心情式的讚美開始他對杜威的回應，然*49*後，他實際上試著把杜威所作的分析轉個方向，變成至少有部分在為他自己的主張進行辯護。哈里斯宣稱，基本上杜威藉由把興趣界定為「一種自我表達的

活動」（p. 487），實際上把赫爾巴特論者的興趣概念從屬於一項較高層次的原則。就赫爾巴特論者的意義而言，興趣涵蓋了所有類別的興趣，不論其為「好、壞，乃至無關好壞的」（p. 489），但是杜威所用的術語，自我表現，實際上引進了一項層次較高且確定的原則，而興趣乃是附屬於其下的。他說：「沿著自我表達的路線而形成的興趣，乃是唯一理想的興趣。此種興趣與揭露這個世界中的神聖意志這項基本行動有關。在此，興趣乃是從屬於一個較高層次的範疇，亦即它乃是神聖意志或是理智的自我表達」（p. 489）。於是，哈里斯這麼作等於是在爭取把杜威當成同屬黑格爾論者陣營的一員，俾便聯合起來一同對抗赫爾巴特論者。哈里斯總結道：「我們必須把興趣看成從屬於針對學習課程所作較高層次選擇的問題，在這種情況之下，興趣將會把兒童與他所由生的文明加以關聯」（p. 493）。對於哈里斯而言，兒童研究只是一種工具，藉著這項工具可以達成使學生熟悉宇宙中合乎理性的秩序這項偉大目的。

　　哈里斯宣稱杜威為他的同盟，這樣的說法明顯地是一項誇大之辭。不過，若是霍爾以兒童研究名義作出相似的宣稱，也是一樣的牽強附會。還有，若說杜威站在敵對的兩方中間，這樣的說法也不十分公平。杜威所掙扎且努力的，乃是試著將課程與兒童之間所形成的明顯對立加以消除，而不是要在兩者之間進行調解。

　　杜威對於兒童研究的謹慎樂觀，使他得以一般的方式與教育世界中的改革勢力密切合作，但是他對於兒童研究的實際作法有所保留，則使他遠離此一由霍爾代表的運動之主流。事實上，他對於理想化的原始主義，乃至一套實際上是決定論的差異化學習課程所作的批評，使他與霍爾最珍視的一些理想完全對立。杜威在兒童與青年的身上看到的，不是與原始時代的樂園進行神秘的聯合之可能性，也不是一種超人種族的終於實現，而是理智地掌握現代世界的潛能。在這個方面，杜威與人文主義者對於理智發展的強調之距離，並沒有一般人所想像的那樣遙遠。雖然他對於「文明的最完整工具」到底何所指這個問題，確實與哈里斯等某些人的主張有所不同，但是，他與伊利特及哈里斯對於人類理智潛能所持的基本性質之樂觀看法，則與霍爾所持有的遺傳決定論，乃至對於兒童及青年的理智活動之不信任，則又是完全相反。雖然在世紀之交發

生的這場人文主義者與發展論者兩個陣營之間的激烈爭戰之中，杜威並非剛好是一位旁觀者，但是，他也不是兩個陣營的堅定盟友。然而，哈里斯與人文主義者這一邊，還有霍爾與發展論者的另一邊，這兩邊的爭論為杜威提供了形成他自己課程觀念的脈絡。就是在這項努力所形成的劇痛之中，杜威學校誕生了。

第三章

杜威學校的課程

i 課程的社會層面

在杜威 1894 年承擔芝加哥大學哲學、心理學與教育學學系主任這項 *51*
工作之後的兩年之內，實驗學校正式開學。杜威過去在巴爾的摩市作為
一位研究生的兩年，不可能讓他為 1890 年代到那麼一個騷亂且刺激的芝
加哥，作好準備。從黃金海岸 83 到由南歐及東歐剛剛抵達的移民所居住
的骯髒貧民區，那是一個有著明顯對比的都會。芝加哥的政治敗壞、猖
獗一時，正好成為公民同盟會（Civic Federation）、都會選民聯盟（Mu-
nicipal Voters' League）、芝加哥婦女會（Chicago Woman's Club），當
然，還有艾丹姆（Jane Addams, 1860-1935）所創辦的赫爾睦鄰之家（Hull
House）等都會中社會改革機構的溫床。就是在這個有「世界屠宰場」
（Hog Butcher to the World）之稱的芝加哥，肉類包裝商阿默（Philip Ar-
mour）建立了一個巨型的工業帝國，而且，就是在這兒，費爾德（Mar-
shall Field）及卜爾曼（George Pullman）兩位商人聚集了龐大的財富；另
外，芝加哥也是讓陶德（Helen Todd）（1913）把工人階級的子女描述成
「人類垃圾堆」（human-rubbish pile）（p. 70）的地方。還有，賴思
（Joseph Mayer Rice, 1857-1934）在他那一系列有名的真相報導中稱之為
「最不進步的」（1893b）（p. 200）學校系統就是在芝加哥；不過，這
也正是由楊格（Ella Flagg Young, 1845-1918）——杜威（Dewey, 1939）
認為她是自己所曾經接觸過的人士當中「最熟悉學校事務的一位」（p.

---

83 黃金海岸地區是芝加哥近北區的一部分，其大致範圍為北大道、湖濱大道、
橡樹街和克拉克街。

29）──擔任十二年學區學務總監的學校系統（1887-1899）。

52 　　當時芝加哥大學的氣氛也必然很令人興奮。雖然，在杜威抵達時，這所大學才只創辦還不到四年的時間，但是，哈伯（William Rainey Harper, 1856-1906）校長已經聚集了來自各種不同領域的一大串學者所組成之強大陣容，其中尤以社會的領域為最。史默爾（Albion Small, 1854-1926），這位華德的傑出門生，受聘為社會研究方面的教授兼主任，後來還聘任了韋布倫（Thorsten Veblen, 1857-1929）、湯瑪斯（W. I. Thomas, 1863-1947）、米德（George Herbert Mead, 1863-1931），以及庫利（Charles Horton Cooley, 1864-1929）等人，使得芝加哥大學成了美國在社會探究這個領域的大本營。這位曾經在耶魯大學任教希伯來文的知名教師哈伯，對於教育學有著特別的興趣，而且，毫無疑問地，某些他的聘任反映出他把芝加哥大學辦成一個中心，不只是在此一領域的學術成就方面，還希望成為一個可供正在執教之教師們利用的資源中心。哈伯苦心孤詣地經營著芝加哥大學與中小學之間的關係，這在州立大學是一件很普遍的事情，但是，對於一所私立大學而言，則是不尋常的（McCaul, 1959: 261）。

　　史默爾（Small, 1986）較早在全美教育協會（NEA）發表一篇題為〈社會學對於教育學的要求〉（Demands of Sociology upon Pedagogy）[84] 的講演，顯示了芝加哥大學成立初期，整個校園充滿著對於教育學的興趣，也顯示了圍繞在杜威新職務的學術氣氛之一般情況。史默爾在這篇發表於《十人委員會報告書》公布三年後的講演，一開始即向聽眾致歉，因為他以該委員會報告書的建議為媒介，藉由重啟「古代歷史上一個封閉式事件」，而為學習課程（course of study）提出不同的想法（p. 174）。尤其，史默爾對於十人委員會當中的「歷史、公民政府與政治經濟學」分組委員會的會議報告感到特別不安。依他的詮釋，此一分組委員會假定，教育的首要目的乃是「個人的實現」，其次的目的則是「讓個人能適應於與社會的合作關係中，俾便讓個人在與其有共同命

---

[84] 本書將依上下文脈，把"pedagogy"譯解為教育、教育學或教學，其形容詞"pedagogical"亦然。

運的社會裡，以其自己最理想的方式在社會中發揮作用」（p. 174）。史默爾感覺到，若缺乏社會哲學的基礎，那麼，前人所留下的東西，也就是該報告所呈現的東西，就都會變成「一些經過分門別類的科目表」，但是，對其等之成為一個整體所具有的意義，則毫無概念。若是有任何把教育視為一個整體的概念，也主要是一些「質樸的中世紀心理學……若不是顯得有些悲哀，就是有些可笑」（p. 175）。依史默爾之見，像這樣對官能心理學的依賴，會導致委員們相信，歷史可用以訓練名之為判斷的官能，數學可用以訓練名之為推理的官能，依此類推，這樣作，彷彿把心智能力當作一種獨立的實體，而且宛如智力本身與其餘的存在，多多少少是分離而獨立的。他宣稱：「教育意義在於整個人格的育成，而非只是智力的發展」（p. 175）。

　　在他全篇講演之中，史默爾強調，十人委員會的報告在處理各個科目時，都把它們當作「一套各自散亂前行、毫無組織，卻又充滿賣弄學問意味的抽象概念」，它們與真實的世界沒有關聯，而且，這樣的一個概念只能用來讓我們把各個科目都想成單獨分立的物體，而非一整個實體的各個部分。他說：「稱職的教育者注重的是事實，而不是離開事實且經過舊習慣定了型的抽象概念」（p. 176）。在史默爾轉變話題到另一個問題，是否有哪一個科目可以作為各個科目集中之後的中心之時，他對於這個與赫爾巴特論者有緊密關聯的主張不表認同，而斷然地否認有這樣的科目存在。相反地，「合乎道理的中心是學生他們自己……〔而且〕教育學應該是協助青年人將他們與事實接觸的情況加以組織的一種科學」，而非只是聚焦於思維而已，更要「兼顧思維與行動兩者」（p. 178）。如果我們要讓學生們從這些科目所可能再現的整體而形成的抽象概念之中，明白任何道理、衍生任何意義，那麼，我們都必須引導學生們，讓他們理解到整體。史默爾強調，若要真正獲得任何的知識，都必須將其置於關聯中，進而加以理解。不只社會學的學習如此，所有各種分支的知識都一樣，應該由其中心的「社會活動所構成之具有集中性質的完整體系」開始，亦即由日常居家的事務開始，逐漸向外延伸，一直到最後獲致「社會急需的事務」（social *desideratum*）為止，由此「社會的成員將會蛻變成為對於他所屬的社會，在分析方面及綜合方面都有明智理解的人」（p. 182）。史默爾總結他的

講演時，為他的師傅華德所提倡的社會改良主義作了強而有力的背書。他堅持主張，教育者「不應只將他們自己評定為兒童們的領導者，而應該是社會的倡導者。社會學所知道的社會改良或改革的手段，不比掌握巨大影響力的教師所能擁有的方法，來得更為根本（radical）」（p. 184）。他總結道，一旦教師們開始明白並且接受他們的社會責任，而非把他們自己想成只是提供「各種心理衰弱用的滋補藥物」（p. 180）的人，他們將會踐履「創造一個更好未來」的積極角色（p. 184）。

一般而言，史默爾的教育觀念反映了大家對於傳統的學習課程，愈來愈失去耐心，尤其他的觀念預示了一種不只把教育理解成為個人理智能力發展，還進而以較廣義的社會用語來理解的趨勢。此一趨勢多半起於這樣的一種憂慮，亦即面對快速變遷的社會時，還希望維持社會的穩定。就史默爾的情況，乃至後來杜威的情況而言，課程的社會意義乃是建基於人們對社會進步抱有希望。理智發展作為心智訓練論者所主張的偉大目的，當然甚為重要，但是它必須與學校作為一個社會機構，以及學校在整個較大的社會秩序中所占有的位置，這兩項事實做一調和。

ii 杜威對當時課程理論的批判

任何想法皆非無中生有。杜威憑以錘鍊而成為後來他實驗學校的理論基礎，即是由諸如史默爾、哈里斯、霍爾，以及赫爾巴特論者等所持有之教育與社會的概念加以重組而得。杜威開始就著辦理一所與芝加哥大學有所關聯的實驗學校進行慎重的思考，似乎是在他抵達那兒之後不久的事，而且，在一年之內，他就為這所他稱為大學初級小學（University Primary School）的學校，散發了一分私人自印的「組織計畫」（plan of organization）[85]。杜威（Dewey,

---

[85] 該文題為〈大學附屬小學的組織計畫〉。全文分為組織原則、課程與教學規畫（含設備與材料），兩個部分；另並附有一份為期兩個月的工作計畫。作者克里巴德所引用的文字皆出於第一部分；這個部分先指出辦學普遍遭遇的難題與目的，再分別說明處理這些難題時，可運用的社會學與心理學的原則，最後，則闡釋這些

1895）以這樣的宣示展開陳述：「所有教育的最終問題乃在於就著心理的與社會的因素進行協調」（p. 224）。這是杜威終其一生都在深思與斟酌的一個問題。一方面，我們看到的是個人，而教育的主旨即在讓個人的能力以最充分的方式加以發展。另一方面，我們則看到，每個人都生活在社會的環境之中，而且，社會環境蘊涵著個人能力的表現總是要想方設法與「社會目的」有所配合。杜威相信，臻於如此「配合」之境界的做法之一乃是，把學校造成一個具體而微的共同體（community），讓兒童在其中生活、參與，以及貢獻——事實上，兒童在這兒逐漸形成其個性，同時，社會共同體的福祉因而增進，社會現實的要求也因而得以進行檢驗。特別重要的是，在這樣的一個學校概念之中，學校的各項學習都指向對兒童現在有價值的事務，而非「只是為了某些其他的事務，或者未來的生活作準備」（p. 224）。這樣的教育概念拒絕了兩種主張，一是教育的作用在於培養下一代在現有的社會秩序下能有效地運作，另一是兒童現在的興趣（interest）必須從屬於未來的報酬，而不論它們代表的是職業的能力，抑或是文化遺產的要求。然而，透過導引的過程，將兒童現在的興趣帶向現代世界之理智要求，則仍然是杜威心中所預想的一項具有調控性質的目的（controlling purpose），而且，其關鍵的問題在於建構一套最能促成此一導引過程的課程。杜威在就著學校作為實驗室這項提議進行構思時，心中即有此一想法。在他看來，針對實驗學校所作的理論設計，要在一個有著真實的教師與真實的學生所在的世界之中，就其如何達成目的進行檢驗。

　　在各個不同的時間點上，也就是在實驗學校實際運作之前，還有在運作的過程當中，杜威曾經就著他實驗學校所闡明的具有調控性質之目的，將現存的各個課程理論做了一番深思。杜威極有興趣於「試圖為課程中的不同科目提供某些原則或哲學的各個理論」，而哈里斯的主張當然是其中之一（Dewey, 1899a/1966: 187）。哈里斯對於在學習的課程中再現人類經驗整體的觀念，存有廣泛而普遍的同情，而且，他試圖透過他所提出之五個群組的科目完成學

55

原則在教育上的運用。如本書所附參考文獻所示，這份組織計畫收錄於《杜威全集》早期第五冊。

習。杜威認為，「將人類經驗中所有的內在因素，都以某種程度的對稱性，加以再現與呈現」（p. 189）在課程之中，乃是一件很重要的事情。此間的問題在於，哈里斯的五個科目領域正好無法以任何具有凝聚性的方式，達成他所設想的目的。杜威認為，這些群組科目當中的每一個，多多少少都是以「預先制定好的」樣式讓學生學習，並且也是以各自孤立的方式進行教學，「而未為我們帶來任何統整的原則」（p. 189），也就是因為如此，它反映了赫爾巴特論者在幾年以前，「在克利夫蘭的那一個不朽的日子」，針對哈里斯所完成的分組委員會報告書所做成的批評。這種科目領域之間的孤立狀況所造成之結果就是，任何一個科目的學習都會遭受類似下述的困境：「因為與歷史分立，所以地理失去了許多意義，而且，如果你把歷史完全孤立於地理之外，歷史也會失去其大量的內容」（p. 191）。所以，這些不同群組科目之間的區分，乃是形式化的也是人工化的，特別是從兒童理解它們的方式來看，尤為如此。這麼一個由科目的組織與分類所構成之體系，對於成熟的心靈而言，確實能形成其意義，但是，「若在一開始，就以不同於尋常的方式把它們介紹給兒童，那就是攪亂與裂解之，而非協調與聯結之」（p. 193）。即使以最高層次的學術水準來看，在各種不同分支的知識領域之間的涇渭分明，也不見得是一件好事。舉例而言，杜威察覺到，即使在 19 與 20 世紀之交，生物學方面所執行的最讓人振奮的實驗研究，其實也都是引進物理學與化學的概念，方才得以致之（p. 194）。

56

　　科目以多多少少完成了的形式呈現時，就產生了一個相關聯的問題。杜威堅信，正是在那些情況之下，若要把有組織的知識體系理解成與人類需求及人類願望關聯在一起的事情，乃是很困難的。杜威樂於指出，有組織的知識體系終究是一段長久時間的歷史發展之結果。它們不是就著精煉過的抽象概念，以充分發展的方式突然出現，而是人們所擁有的條件，以及人們依照平日間做一些事情的方式，自然而然產生的結果。杜威（Dewey, 1899a）宣稱，一般在學校裡所教的最為抽象之科目，「原本都不是從土地上，也不是從自然中突然出現，而是從人類的生活與人類的需求中發生」（p. 191）。以最後完成的抽象概念呈現學校科目的作法，不只扭曲了它們的根源，更加大了知識與人類事務

之間的鴻溝。杜威之所以反對哈里斯的主張，並不在於其試圖將西方文明的學術成果帶給兒童，而是在他這麼做的時候，並未尊重兒童理解他們周圍世界的方式，還有這種主張所持有的知識觀點誇大並且歪曲了各個科目的分支之間的區別，因而不但未能增進這些科目與人類意旨之間的關聯，反而使這層關聯弄得模糊了。更有進者，課程中主要科目之間統整的許諾，也會因為一旦將哈里斯五個科目領域的每一個都視為彼此獨立的存在，而無法達成。在針對哈里斯的基本立場於課程所產生的影響提出這些批評時，杜威明白他也是在批評他那個時代的標準式課程，因為哈里斯所提倡的課程主張，與當時已經實施的課程看起來十分相似。

　　有一套課程理論可能為改革帶來正確的方向，這當然就是文化紀元論；但是，杜威對於其功效有著混雜的感觸。此一課程理論的部分訴求，是其試圖在建構一門學習課程的過程之中，直接把兒童的興趣列入考慮。如果某個年齡層的兒童，在其發展的過程之中，對於北歐神話有著自然的興趣，那麼，為何不把這件事作為起點，並進而把這項興趣導引到其他的事務上去呢？更有進者，文化紀元式的課程提議，要由人類進化的早期，循序漸進到多多少少是當代的文明階段，又，此一課程注意到了學生有效面對現代世界的能力，而這正是杜威所認為的學校課程最終應該達成之目的。

　　作為全美赫爾巴特學會的活躍會員，杜威幾乎不可避免地要認真面對這套理論，因為赫爾巴特論者就是以這套理論作為基礎來看待學習課程，這是大家共同的認識。一位居於領導地位的赫爾巴特論者，也是兒童研究運動要角的萬流（C. C. Van Liew）（1895），以這方面的主題所發表的一篇長文，是杜威經過考慮後而發出回應的直接緣由。杜威（Dewey, 1896b）以通常的情況來理解這套理論，視其為解決這樣一個重要的問題，亦即找到「為兒童與教材之間提供對應」的原則（p. 233），而文化紀元理論即假定：在歷史紀元中所包含的事物，與能吸引兒童的事物，這兩者之間有著相互共鳴的對應性。雖然杜威小心地說，他並非以一般的方式質疑對應這項事實，但是，把它應用在教育上卻並非一項事實，而是一項由生物學的複演說而形成之類推，然而，由這樣的一種類推導引出教育的涵義，毋寧是一件錯綜複雜的事情。「沒有任何一個人

會提議，一位做母親的人，在她的腹中胎兒到達『魚』的階段時，就必須變更她的飲食，或者她就一定要注意到這件事」（p. 234）。那麼，我們就必須考慮到兩個問題：一個問題是，在兒童與種族之間的平行現象，並不像有時候假想的那樣呆板；另一個問題是，人們不能由種族的發展推論到個人的發展，而不就著某一個對應的時期是否存在於兒童身上這樣的事情，作某種單獨的檢證。若是某人在論及課程時，把複演歷史紀元這件事看得太過呆板，那麼，這個人就當然會冒著「抑制發展」的危險（p. 234）；這個人只因為人類種族在某一段歷史中，曾經碰到較長的發展時期，就把某一段時間的學習加以延長。在最好的情況下，歷史紀元的存在可能暗示，為兒童的發展找到一個對應的歷史紀元確有其可能性。然而，即使如此，也還是不清楚，我們應否把這一項興趣揀選出來，當作最重要的事項，並且把與此相對應的紀元當作讓孩子學習的最主要根據。在杜威看來，我們應該要更進一步地確認，即使在兒童的身上找出了這些相對應的興趣，它們也一定是跟其他興趣一起存在著。杜威（Dewey, 1899a）說：「絕不會有任何一個心靈純粹只是具有神話的性質，或者純粹只是具有英雄的性質。」（p. 207）在一個明顯地是指涉霍爾及兒童研究運動中的一些其他人常用的那一類推理方式中，杜威辯稱：「任何人都可以開始蒐集到很多由兒童所自發性地表現出來的具有神話形成意義的言行。」但是，這並

58　不能保證：「作出這樣的推論，亦即該兒童所在的這個時期，主要就是具有神話形成意義的人，也因此跟形成神話時期的初民們一樣，具有相同種類的情緒氛圍」（p. 207）。

　　杜威反對文化紀元課程論的第二個主要層面在於其實際的作法，蓋在德國及美國都一樣是運用各該歷史時期的文化產品（cultural product）作為教學的基礎。實際上，文化紀元課程論者有時運用各該歷史時期的人們所創造而成的傳說作為這樣的產品，但是，杜威指出，通常這些並非該一時代的真正人工製品（artifact），而是該一歷史紀元的一種文化表徵，例如在美國常見的作法是以朗費羅的海華沙（Longfellow's Hiawatha）[86] 來代表兒童正經歷著與人類

---

[86] 海華沙為美國詩人朗費羅的長詩〈海華沙之歌〉中的印第安英雄。據易洛魁人（Ir-oquois）的傳說，海華沙教會了他的族人農業、航海、醫學和藝術，使用他強大

「野蠻」時期歷史相對應的發展階段。這一點讓杜威的批評具有很大的說服力。杜威（Dewey, 1896b）指出，若是在兒童的發展階段中真有一個農業階段，那麼，「就真確之類推而言，就應該要求在餵養兒童時，採取人類種族當初餵養他們子女的方式，也就是與土地、種子、空氣、陽光，乃至強大的潮汐漲落等大自然中的生活進行直接的接觸」（p. 235）。杜威所反對的，與其說是以複演的基本類推來引導課程的觀念，不如說他反對的是文化紀元論之共通假設，亦即若果確實有這樣的一種平行現象，歷史與文學必須作為學習的基礎。以神話為例，就兒童而言，若只是把它們當作故事，那麼，「那是一件非常好的事情」，但是，在提到霍爾針對神話之教育價值所作的詮釋時，杜威所採取的立場為：「若假定它們有一種故事以外的價值，就是自欺欺人——諸如假設故事與兒童本性有著內在的相似性；透過『文學』，將兒童導引到該神話所源起的文明，從而接受某種精神的洗禮」（p. 236）。杜威在總結他所作的分析時提到，兒童參與嚴肅的理智學習之能力，這樣的提法幾乎與霍爾的立場完全相反：「讓我們用他們應該獲得的尊嚴與崇敬，對待理智資源、潛能和我們孩子的需求，而且，既不對現實生活流於感傷，也不把現實生活加以符號化，更不假借心理方面的遊戲向兒童呈現生活的現實」（p. 236）。雖然杜威對於赫爾巴特論者的文化紀元概念發生興趣，但是，顯然距離他完全地支持這些概念，還有一段很長的路。

　　在發展可用以導引杜威學校的課程理論之時，杜威拒斥了世紀之交兩個最強而有力的選項。雖然這兩者都各有其吸引杜威之處，但是，依他之見，兩者都無法按照它們各自宣稱的原理付諸實施。以哈里斯為示例的人文主義者課程，只試圖將一些科目集合在一起，然後施加於兒童身上。雖然透過這些科目而完成的學習所達成之理智發展目的很是崇高，但是，這套課程既缺乏緊密的凝聚性，又無法做到杜威所關注的、對於兒童興趣的訴求。論及文化紀元的課程理論，興趣正是吸引杜威之處，但是，仔細審視之後，其所承諾的、在兒童

59

的魔法征服所有自然和超自然的敵人。傳說中的海華沙雄才善辯，曾說服了多個部落的人成立易洛魁聯盟。

與人類歷史紀元之間具有共鳴的關係這一點，則似乎是象徵性多於真實性。由複演的譬喻所衍生而得的涵義顯得太過遙遠。就著課程共鳴式地依據兒童興趣加以調整的承諾，就絕對無法實現。所以，到頭來，杜威就只好就著他所拒斥的各種理論，建構一套能作為杜威學校課程理論的某些陳述。

iii 杜威學校中的工作活動

1896 年 1 月的某個星期一大清早，由兩位教師及十六位學生編組而成的杜威學校展開了第一個學期的活動。依據現有的記載，那個上午的活動包括了一首歌的教唱、一趟到五十七街 389 號房屋連著屋後的花園之踏查、兒童組裝可放置他們物品的紙製容器、一名兒童對大家說了一個故事，最後則是做了一些運動（"The model school," 1896: 707）。用以指引未來幾年學校活動的課程，還未在杜威的心裡得到充分之發展，而且，在這套課程存在的開頭幾年，一般隨意的參觀者可能會把它看成是一套文化紀元式的學習課程（course of study）。杜威（Dewey, 1936）後來承認：「表面上，從人類文化發展選取題材，藉以擴大兒童的內在經驗，類似『複演』理論的作法」（p. 472）。事實上，從外觀上看來，杜威的課程確實與文化紀元論的課程甚為形似，特別是它由人類歷史早期逐步漸進到後來的時期這一點尤為如此。但是，其血肉與組織則有著很大的不同。在杜威學校開辦的早先幾年，當最年幼的那幾個組集中於*60* 學習「為原始人蓋個房舍」（Mayhew & Edwards, 1936: 43），還有「重新發明了捕捉劍齒虎的捕虎機」（p. 44）等課程，較年長的幾個組則是處理古希臘人，並逐漸進到後續的歷史時期。但是，在那些表面的形似之外，則是在學習課程的統整中心這個問題之上，有著杜威所精心鍛鍊的一項基本改變。跟史默爾一樣，杜威認為赫爾巴特論者受到誤導，假定任何目前已經存在著的科目，諸如歷史或文學，皆可為他所試圖探求的課程提供統整的來源。

相反地，杜威在他所稱的工作活動（occupations）[87] 這個術語，找到了可

---

[87] 依杜威（Dewey, 1940）的說法，"occupations" 一詞的動詞為 "occupy"，是指人們對於物質、空間等的占有或擁有，注意力、時間等的投入或充塞，也指心中為某

用以統整的概念。或許，這個術語是一個不怎麼適切的選擇，因為人們很容易就把它等同於職業教育，或者認為它就是一味強調外在活動的一回事，但是，杜威煞費苦心地利用各種不同的機會解釋他所賦予該一概念的意義。也許他針對工作活動這個概念的重要性所作最完整的解說，應該可以在他所寫成的最精闢的論文之一〈原始心靈詮釋〉（Interpretation of the Savage Mind）中找到；這篇論文正是他在辦理杜威學校的期間寫成，但並未涉及任何教育學方面的主題。平常總是一位溫和評論者的杜威（Dewey, 1902b），卻在這篇論文之中，一反慣常的作法，嚴厲地攻擊了史賓賽（Herbert Spencer, 1820-1903）所作的人類學解釋。杜威感到不安的是史賓賽所穿插的所謂之原始人的敘述，似乎是以他自己的文明作為標準來衡量別人的情況，彷彿我們可以用某種「固定的量尺」來測度原始人的心靈（p. 218）。以這樣的態度看待原始人，就總是認為他們缺乏文明人所擁有的這種或是那種性質。但是，杜威堅持以為：「原始人的心理狀態和特質不僅僅是人類心靈藉以穿越而留在身後的階段。它們一定已經融入了更進一步演化的結果，而且其本身已經構成了現有心理組織框架之整體的一部分」（p. 217）。他指出，令人好奇的是，這樣的正面觀點在動物演化的案例之中早為大家普遍接受，但是，在史賓賽及一些人類學家詮釋人類進化的著作之中卻看不到。杜威不以某種分等別級式的量尺來看人類的心靈，而極力主張我們要把人類的理智活動，甚至人類的文化都看成一個整體，這些都與個人或社會所從事之特有的活動，乃至個人達成他或她控制環境的能力有所關聯。他認為：「生物學觀點所給予人們的信念是，心靈無論在其他方面如

些思慮或想法所盤據。在中文世界裡，有逕將"occupation"直譯為職業（如鄒恩潤譯，1927）者；有意譯為作業者（如劉時工譯，2012）；亦有意譯為活動作業者（如李文奎，1992；易紅郡、繆學超，2012）或主動作業者（如張雲鳳，2008；羅麗萍、謝雲天，2011）；不一而足。然而，職業的譯法固屬不甚恰當；作業、活動作業、主動作業，又易與課堂作業或家庭作業混淆；因此，作者慮及，包含專注參與、投入心力等特性的「工作」與「活動」二詞，皆是職業與作業等概念之所以成立的基本內涵，乃參酌林玉體（2000：416）的譯法，將"occupations"譯為工作活動。關於杜威對於工作活動的主張，請見拙文（單文經，2017a）。

61　何，至少是用於依照生命過程之目的而掌控環境的一種器官」（p. 219）。漁獵時期的人們、農業時期的人們，以及其他時期的人們等等，皆不可以他們精通或是沿用了我們所稱之文明的截留物（trappings）之程度來衡酌他們，而只能以他們所生活的世界當中要求他們所進行的主要活動作比較。杜威說道：「工作活動決定了人們履行的義務、成功與失敗的標準……因此，它們提供了有關價值的有效劃分與界定……工作活動的群組如此根本與普遍，因而它們能提供對於心智特質進行結構化時，可資運用的框架或模式」（pp. 219-220）。對於基本的工作活動有所理解，不只會為我們把洞見帶到現在的心理運思之中，還會為我們對文化中的其他事項——藝術、宗教、婚姻、法律帶來理解的要領。

　　以近似霍爾所應用之「個體發育史複演了生物發展史」的原理在建構學習的課程時，杜威採用了自己對於人類種族進化所作的詮釋，並且嘗試將它重組在實驗學校的課程中。在某個重要的意義上，如同霍爾及赫爾巴特論者一樣，杜威的課程也是一種歷史重點概述，但是它所概述的不是由人類種族大致通過的歷史階段；相反地，它所追溯的是稱之為工作活動的基本社會活動之演化。杜威（Dewey, 1896c）希望：「這種簡化的社會生活在微觀上複製了整體生活的基本活動，一方面能夠使兒童逐漸地熟悉更大社群的運作結構、材料和模式；另一方面，它能夠使兒童個別地透過這些行動路線進行自我表達，進而達到掌握自己能力的目的」（p. 418）。那麼，對於杜威而言，圍繞在基本的、具有社會性質的工作活動而建制的一套課程，將會提供可以協調個人與社會目的之橋梁——這一點對他而言，乃是任何教育理論皆需解決的核心問題。它也會發揮將課程的各個部分連結在一起的作用，並且為課程提供統整性，而這正是杜威認為哈里斯的學習課程規畫中所缺乏的要項。至於兒童是否會對於這些事務有興趣，或者這些學習的規畫是否能夠達到所欲求的效果，則必須在實驗學校的環境下發現之，而且，必定要以課程實驗的結果為根據，再引進必要的調整。

62　　實驗學校開辦大約一年之後，杜威就著那個時間點之前已有的進展，將學校的一般組織以及學習的架構，作了一番概要的敘述。在組織方面，小學的九

年分成了三個年段（subdivisions）：第一個年段包括四歲至七歲的兒童；第二個年段是由七歲至十歲；還有第三個年段則為十歲至十三歲。杜威（Dewey, 1897d）把小學當作一個整體，認為具有區別意義的課程宗旨（the distinguishing aim）並非提供專門的知識或者「擁有一定數量的訊息」，而是在兒童的意識之中「建立對他所處世界準確得當的認識，理解他上學之前感觸最深的東西，比如家庭或者鄰里生活，並逐步擴大社會圈子」（p. 74），此一具有總括性質的宗旨（general aim）與史默爾的主張甚為相似。實驗學校的學習課程分為三個部分（subdivisions）：手工訓練、歷史與文學，以及科學。杜威對於手工訓練的目的之理解，並非在其有助於實用的動作技能之發展，而在於其能提供「培養兒童的社會精神」之機會，並且「激發兒童以有益於所在社區的方式工作之動機」（p. 72）。更有進者，作為基本的社會活動，它們可以為一些有組織的知識整體所再現的抽象概念，提供追循其演進之軌跡的起始點：「例如，烹飪是理解簡單基礎的化學事實和化學原理的自然通道。同時，烹飪也是學習或研究作為食物原料的植物之可行作法」（p. 72）。木工的引介並不是為了培養他們使用鋸子與鐵錘的技巧，而是因為它呈現了很好的機會「培養兒童真實的數字意識」（p. 72）。杜威明顯地有興趣於讓兒童能掌握化學與算術的原理，而且，他認為若要達成此一目的，最好以人類祖先最早在面對類似緊急狀況時所需要採取的作法，來介紹這些學習。

　　從如此之具有社會意義的工作活動，諸如種植食物、架設蔽身之處，乃至製作衣物等，一般傳統所見的教材（subject matter）即應運而生，但是，其等生成的方式較諸典型之課程更為生動而充滿活力，且更為積極而具建設性。舉例而言，算術預期由烹飪活動興而生之。在一份由當時的烹飪教師所撰寫而現今仍存在的報告之中，史凱芝小姐（Miss Scates）報導了三分之一、三分之二及三分之三等分數，以及 1：2 的比率都包含在烹煮米片與麥片的活動之中，儘管她記載著：「這並不是一項很成功的試驗，因為所用的磅秤有點彆腳」（"Scrapbook IX," 1900）。教師也不時地要求兒童們評鑑他們自己的手工製品，把它們當作兒童們一項顯而易見的高峰活動，不只讓他們在活動設計的階段參與其中，也讓他們在結束的階段有所貢獻。杜威自己的九歲男孩，富瑞德

63

（Fred）的報導可資為證：

> 我們蓋了一間小屋。我沒有把小屋蓋好。我不可能做一個好的印
> 第安人。哈波的小屋很好。威廉也有一間好的小屋。昨天我們在
> 一隻羊的膝部找尋細線。我們找到了它。那是羊腱。（"University
> Primary School," 1896）

杜威也關心兒童對於有組織的教材（subject matter）諸如科學的精熟，但是，他認為達到這個目的之最佳途徑，乃是引導兒童進入一些基本的、具有社會意義的工作活動，因為科學正是由這些活動所興生的。舉例而言，在 1900 年，第 V 組測試了即將用於園子裡的種子，以便決定有多少比例的種子會發芽（"Group V, " 1900）。在一堂由坎普小姐（Miss Camp）所帶領的歷史課，透過某種冶煉的工作，發現了在冶煉的過程中，煤炭比木材為佳的現象（"Group V, " 1900）。在另外一組，曾經創作一個與某個印第安部落有關的故事，並且打算在故事當中說明，部落的居民離開了他們的洞穴，展開一場河流之旅；這一組兒童表示，他們想要利用故事裡印第安人所使用的黏土，進行這個故事的創作。於是，這組兒童就以黏土的使用，展開了試驗。

在發展即將構成杜威學校的課程當中所採行的各項活動時，杜威並未在哈里斯與霍爾之間取得一番妥協。更確切地說，他所採取的作法是在嘗試就著兒童與課程的論題加以重建，以便讓兩者之間的對立成為不必要的事情。杜威（Dewey, 1897c）試著藉由某些特定教材說明他所執持的觀點，他說：「地理不僅僅是一系列可以單獨進行分類和討論的事實與理論，更是真實的個體對世界之感受與思考的一種方式」（p. 361）。毫無疑問地，對於杜威而言，教育的關鍵要點乃在於後者，但是，問題的核心在於兒童理解世界的方式，與成熟的大人之間有著明顯的差距。他說：「對一個兒童來說，恰恰因為他是個兒童，地理學科不是，也不可能和那些從科學專題的角度闡述之地理內容一樣。**後者恰好就包含著需要藉由教學問題加以引導的經驗**……我們必須發現兒童的現有經驗領域（或者他能夠輕易取得的經驗領域）中那些值得稱為地理學的東西」（p. 361）。對於杜威而言，並無所謂的那麼一套經過人們「永遠地加以

劃分而成的」且已經確定的科目（subject），名之為地理或者任何其他名稱。舉例而言，假若我們有一平方英里的土地，並無所謂的那麼一個客觀的實體，可藉以確認其理解的方式為地理學的，或是三角學的，或是植物學的，或是地質學的，或者，其實是歷史學的。人們看那塊地區的參照點，正是就著它的特點而形成之任何種類的邏輯組織之起始點。對於杜威而言，第一個課程問題就是：「如何能讓兒童從現在已經擁有的、粗糙的、本然的經驗，逐漸地且系統地發展而成為完整且有組織的成人意識」（p. 364）。

隨著時間的進展，杜威學校的學生人數與日俱增，且學校聲望逐漸提高，杜威（Dewey, 1897c）仍持續報導學校的活動狀況，並且精鍊他的學習課程理論。他日漸關注的一件事情是，教育學界存在著兩項明顯的不同主張，其一堅持兒童的心理運作乃是最應優先考慮的事項，而另一則堅持有組織的知識體系才是最應優先考慮的事項；前者所採取的是心理學立場，而後者所採取的是邏輯學立場。杜威針對哈里斯的《十五人委員會報告書》所持有的心理學觀點，作了「較無價值」之批評，因為該報告中存在了一種二元論，把「經驗的題材」和「處理這些題材所包含的心理運作」兩者作了不自然的分立（p. 357）。雖然杜威知道一般的教師並不會經常提出這樣的問題，而只是依從著已經設計好的課程，但是他強調，那些從理論角度處理課程問題的人，還有那些負責設計課程的人，就不能忽視類此站不住腳的二元論。杜威把哈里斯的主張描述為：「在美國，人們針對這些問題所能給予之最具有哲學性質的答案。」所以，我們可以看出來，杜威並不反對哈里斯的一般主張：「選擇與定位一種學習（study）的標準，乃是著眼於該項學習在使學生適應其所由生的文明之需求，所具有的價值」（p. 359）。但是，對於《十五人委員會報告書》及其他有關論著之中，哈里斯所持有之社會決定論的課程觀點，不曉得是什麼緣故把心理學的觀點排除在外，杜威確實持有不同的意見。於是，我們看到的是，在這一場人文主義者與發展論者持續進行中的爭戰之中，杜威並未站在任何一方，他的基本看法是，他們兩方所爭論的是一個虛假的議題。

杜威學校之中學習歷史的方式也可以說明，杜威如何運用該校來幫助他就 *65* 著與他同時存在之各個利益團體所提倡的觀念，進行一番重建。他說：「學習

歷史不是為了堆積資訊，而是為了利用資訊，生動地建構一幅人們如何行動，又為什麼能建功立業或走向滅亡的圖像」（Dewey, 1900: 199）。歷史教學的目的是要引導兒童理解與欣賞人類社會生活的各種價值，並且讓兒童明白導致人們之間有效地進行合作的各種力量。在杜威的眼中，人類歷史乃是一套人們如何運用智慧來掌握他們環境的紀錄——「人們如何學會思考，如何學會考慮事情的效應，如何改變生活的條件以便使生活變成完全不一樣的事兒」（p. 200）。這樣的原理也可應用到學習早先的人們如何發展能用以協助他們克服逆境的工具。這也可以應用到學習美國拓荒時期的人們「如何應付原始且經常是充滿敵意的自然，並且藉由真正的智慧、精力，以及堅毅的性格等重新獲致成功」（p. 201）。把歷史當作社會歷史來教學，而非只是一些事件的描繪，也會「防止歷史陷入神話、傳說，乃至純文學的表述」（p. 201），這裡杜威所指涉的是赫爾巴特論者積極倡議且大力推廣的作法。杜威說：「儘管我很贊同赫爾巴特論者在豐富小學歷史課程方面所做的大量工作，但是，他們的作法卻往往顛倒了歷史和文學之間的真實關係」（p. 201）。雖然他原則上並不反對運用《魯賓遜漂流記》（*Robinson Crusoe*）這一類的文學作品，把人們如何獲得足以掌控惡劣情境的智慧這件事加以理想化，但是，他認為若是能把這個主題放在美國殖民地時期的歷史進行教學，會比較好些。同樣的道理也可以評論把《海華沙》（*Hiawatha*）用來作為學習所謂野蠻人生活的事例。為什麼不以第一手的方式學習美國印第安人，以及他們如何面對各種條件而造成的社會生活，又，他們如何克服各種不利的條件，而寧願透過一項經過理想化的文學描繪？雖然杜威清楚地理解學習歷史有許多價值，但是，他還是對於赫爾巴特論者提出的文化紀元論之中所蘊涵的，必須嚴格地遵守年代順序來進行歷史教學，有所質疑。於決定各個不同時期的適切性時，在時間上的遙遠特質，並非一項具有導引作法的考慮。重要的是與兒童自己的心理狀況在「精神上」（in spirit）要保持切近的距離。於是，比方說，對於兒童而言，史前時期的生活比巴比倫時期或者埃及時期，在距離上而言都切近得多，其間之原因若以杜威的文字表述，就是因為這兩個時期都：「未能充分簡化，也未能充分概括，或者，至少它未能以正確的方式進行簡化或概括」（p. 202）。

　　所以，在實驗學校之中，並無今天我們所稱的簡史（a survey of history）。取而代之的是，該校試著依循適切的兒童發展時期，介紹那些能為人類社會生活提供洞見之各個層面的歷史，特別強調他們所從事之典型的工作活動，而正是這些工作活動形塑了社會生活的實質內涵。對於第一組，也就是六歲的這一組而言，有個初始時期，兒童要學習生活在城鎮與鄉村地區的人們所從事的工作活動；七歲的兒童則著眼於人們所發明的事物，以及這些事物是如何因為有了克服某些困難之需求而產生的；還有八歲的兒童要學習探險者與發現者的情況，以便作為兒童由其切近的周圍環境，到那些在時間更遠的事物之間的過渡。一般而言，芝加哥與美國為第二組兒童提供了主要的焦點，該組第三年的學習專注於檢視歐洲與美國生活之間的聯結，以便讓兒童能掌握住其間的轉承（transition）。最後，在第三組，由古代的世界依年代的順序開始介紹，再導引到有關歐洲與美國歷史等較符合一般作法的學習。杜威小心謹慎地指出，此一學習的順序「並不只是思考的所得，而是年復一年大量實驗的結果」（p. 203）。

　　或許，與當時一般傳統的課程相對照，杜威學校的課程最具戲劇性的，而且，到了末了，也是最具爭議的不同，乃在於其處理所謂的三R，也就是讀、寫、算的作法。尤其，在那時和今天的許多人都認為，「讀」這項學習乃是小學課程能否成功的試金石。一般而言，杜威相信，若是在運用的脈絡之下，特別是與課程所圍繞之基本的工作活動聯結在一起，進行讀、寫與算的教學，有可能是最為有效的。這項信念有部分是植基於整個課程理論，有部分則是他對於變遷中美國生活所具有的概念。在一個以讀及寫這兩項知能區分受過教育與未受過教育的時代裡，「所有屬於這些目的之意義，很自然地轉向它們所賴以實現的方法上」（Dewey, 1898: 316）。然而，在一個過去存在的孤立已經打破，讀及寫兩項知能作為「更豐富且更寬廣的精神生活」（p. 316）之通道的立即重要性已經遞減，而且，電話與電報、新聞與雜誌，還有至少在城市裡各種形式的娛樂不斷出現，都縮小了與「稱作書籍的銀行」（p. 317）取得連結的動力。在這種脈絡之下，杜威針對當時的情況作了一番批評，他感覺到一般人只是一如既往地把閱讀當作「學習課程的中心和核心，並且用大量漂亮的圖 *67*

片、物體、遊戲和一些淺顯的科學來打扮它」（p. 318），而未直截地面對因為閱讀方式改變而造成的事實。

　　杜威明顯地關心，教師是否以成功的方式進行了閱讀教學，但是，只要是閱讀抽離了它的自然脈絡，就似乎難以避免地讓兒童把閱讀看成只是一項必須加以完成的事情，卻不知道所閱讀的那本書到底有什麼意義。在描述閱讀作為一門孤立的科目時，杜威（Dewey, 1898）為一本書竟然變成了一門「閱讀課」（p. 322）而歎惜，更為閱讀本身竟然變成了只是在發發聲與認認字而悲痛。他說：「若是把閱讀過程變成其本身的目的，卻還想不讓閱讀變得了無生氣，就心理學的情況而言，這是根本不可能的事」（p. 322）。閱讀用的課本例示了其內容的全然瑣碎，更呈現了「表達的實質與形式之間致命的分離」。於是，杜威懇求大家：「找來你初次看到的半打或一打這樣的書本，然後請你自問，這些書本所呈現的觀念中，有多少值得一個聰明的六歲兒童認真以對」（p. 322）。

　　在杜威學校裡，閱讀的教學全是一些基本活動的自然結果，以致於有一位擁有非凡記憶力的傑出校友記不得以前曾經上過閱讀課〔1976 年 10 月 18 日，與鄧尼（H. K. Tenney）的個人連絡〕。讀、寫、算是在起造會所，或是烹飪，或是豢養一對羊兒等活動過程之中自然發生的事情。杜威以這種作法試著避免當時流行的閱讀教學方法中兩項共同的效應。第一個是「表現在盲從於書本與不能有效地運用書本的自相矛盾之中」（Dewey, 1898: 324），另一個則是「三R，也就是讀、寫、算的制度」（p. 325）確實把整個課程弄得過於擁擠，使得四至八或九歲之間的兒童無法參與很重要之具有教育意義的活動。舉例而言，各種不同形式的藝術——音樂、繪畫、製作模型等等——比起將學習集中於書寫的符號，更能符合該年齡兒童的需求，因為選用閱讀材料時，並未考慮到它的內在價值，卻只注意到大致可以符應兒童認得語文符號的能力，這樣的作法讓文學與歷史也因而遭殃。在這個時候，杜威所未料到的是，曾經讓他那麼感嘆之讀、寫、算的教學趨勢，會在 20 世紀因為標準化成就測驗的興起而變得劇烈地惡化，更使得他自己對於閱讀與人類意旨之間關係的強調，變成了一般人藐視與諷刺的對象。

iv 心理化與邏輯化 [88]

當杜威在他的學校裡建立學習（studies）的順序，並且探討這些科目（subjects）應以什麼方式來處理的同時，他也試著把導引這些工作的學術概念作一番釐清。杜威在 1899 年 4 月對著家長及其他聽眾，發表了三次專題講演，在講演中他試著表達他辦學的基本理據；其後，這些講演就構成了《學校與社會》（School and Society）的主要內容。這本在同年出版的書籍立即使實驗學校的聲名大噪，也把杜威的觀念傳播給遍及全世界的讀者。在第一場次的講演〈學校與社會進步〉（The School and Social Progress）之中，他企圖把課程核心，即工作活動，與美國社會所經受的巨大變遷，特別是杜威所謂工廠制度的到來，這兩件事情聯結在一起。杜威（Dewey, 1899b）認為，工作活動所指的並不只是要懷念那些過去的老日子，也不只是要明白「整個照明的過程並不僅僅是按開關、開電燈這樣簡單輕鬆的事，而是從宰殺牲畜到煉製油脂、到製作燈芯、再到浸入蠟燭等一系列辛苦而漫長的工作」（p. 19）等等情事，工作活動所指的應該是，在這樣的過程之中確實辛苦，但是，它作為一項具有教育意義的活動，並非只是輕輕地彈動開關，或者讓居家充滿電力的照明等行動，所能比擬。還有，那些早年的活動確實為兒童提供了合作行動的機會，讓他們為朝向共同目的與獲致成功的意義而努力，這些都是在一個現代科技社會中無法很容易做得到的事情。對於「城市裡長大的兒童」（p. 21）而言，因為這樣的機會不再，所以教育的問題就變成了，要在學校之中重新創造出某些先前時代才有的工作活動。這樣的作法不只為真實目的提供了豐富的意義，還在智慧及合作行動，與現代世界所要求的工作，兩者之間取得聯結。

依杜威之見，達到此一理想的作法乃是在學校之中建立「一個具體而微的

---

[88] 關於杜威對心理化與邏輯化的討論，請見拙文（單文經，2014b）。該文於縷述杜威心理化主張的提出、杜威與追隨者持續闡述其主張，乃至如赫思特（P. H. Hirst, 1946-2003）等學者的批評後指出，杜威所主張的：由兒童在工作活動中所發現的興趣，循序漸進地引導他們學習依邏輯原理組織而成的知識，雖屬老生常談，卻仍值得參照。

69 共同體，一個胚胎型的社會」（p. 28），並且引進各種具有社會意義的工作活動，以便學校的「整個精神都煥然一新」（p. 27），因而成為一個生活的地方，而不再「只是個學習各種功課的地方」（p. 28）。杜威再度小心地強調這些工作活動之社會層面的意義，而非其功利性質的價值，以免讓這樣的想法演變到最後，還必須讓他為了澄清自己主要關注的並非實際技能的教學，而花費無謂的時間與精力。他說：「對於知識水準一般的陌生參觀者來說，沒有什麼事情比他們看到一群十、十二和十三歲的男孩、女孩專心編織縫紉更為驚奇了。如果單從讓男孩子為將來釘扣子、縫補丁作準備的角度來看待這件事，我們獲得的只是一個狹隘與功利的觀念——此一觀念難以解釋學校中的這些作業何以受到如此之重視」（pp. 29-30）。在杜威學校裡，兒童們修剪羊毛、製作梳子以便梳理羊毛，然後在紡車上紡織棉紗，這些都是現代社會所鮮見的實際活動。在這裡，他們所依循的是他們自己設計的，而且是自己由最原初的形式開始創造，一直到整個製品完成。杜威在講演中提起，柏拉圖把奴隸界定為凡事都沒有自己的想法，而總是表達某些別人見解的人。杜威細心而周到地想著，在一個現代工業社會之中，比起柏拉圖的時代，更急切地需要有一些地方能夠讓人們學習到形成自己的想法，並且付諸實行。所以，他認為：「當我們以這種寬廣而豐富的方式看待學校的工作活動時，我對經常聽到的反對意見感到迷惑不解而又束手無策。這種反對意見認為，這些工作活動不適合在學校進行，因為它們的傾向是唯物主義的、功利主義的，甚至是卑賤的」（p. 34）。杜威所預見之具體而微的共同體，其主旨在引導兒童成為有效率的社會成員，而且藉由「為他們提供自我指導的有效手段，那麼，一個有價值的、可愛的、和諧的較大型社會，就必將會來到我們中間。我們對此深信不疑」（p. 40）。

　　在他後續的兩次專題講演之中，杜威試著指出作為該實驗學校特色的各項活動，不只具有他在第一次講演所提到的社會價值，還能依循兒童所帶到學校的各項本能，給予適切的教育。在〈學校與兒童的生活〉（The School and the Life of the Child）講次中，他就著他認為足以說明兒童行為特徵的四項本能或衝動：社會或溝通的本能，建造的本能——亦即製作東西的本能，由前兩者產
70 生之表達的本能，還有，最後一項，藝術的本能，作了進一步的引申。杜威

（Dewey, 1899b）認為，事實上，不曉得什麼緣故，如文化紀元理論所示，這些衝動與初民的生活多少有些關聯，而且因為「兒童的心理會自然重現原始人類的典型活動」（p. 58），所以，人們可以運用這些對應的關聯建構學習的課程。儘管杜威對於赫爾巴特的理論有所保留，但是，赫爾巴特論支持者某些特定層面的觀念似乎對他造成了持久的影響。當杜威將主題轉移到第三講次〈教育上的浪費〉（Waste in Education），他小心地敘述他心目中的浪費，與一般強調效率的浪費有所不同——當時，這個問題還只是在其初始的時期，但是，後來註定會成為 20 世紀美國教育上一個重要的問題。杜威宣稱，他對於「金錢的浪費或者是事物的浪費」（p. 75）並沒有興趣，而比較關注由學校孤立於社會生活而造成的人類生活上的浪費，因為「所有的浪費，都可歸咎於相互隔離」，這種孤立的現象還發生於某個科目與另外一個科目所形成的隔離，還有「……學科與方法上缺乏連貫性的問題」（p. 74）。

　　杜威愈來愈把實驗學校的工作，跟他的知識論，還有，事實上，是跟他的整個哲學加以聯結。他說實驗學校「對於知識所執持的基本理論強調在思想發展中的問題部分，這些問題產生於各種積極主動的情境（active situations）；也強調由行動檢驗思想的必要性，如果思想要成為知識，就必須經過這樣的檢驗。一個完整的知識理論，只能在教育過程中得到有效的檢驗」（Dewey, 1936: 464）。就是這個原因，杜威試著把學校理解成一種社會生活形式的體現，因為這種合作式社會生活的縮影可以為思想的發展提供所必須具備的情境。杜威明確地否認他會要求「讓個人『適應』制度，若適應是指做好準備，俾便符合現在的社會安排與條件」（p. 466）。在他看來，本質上，心理發展毋寧是個社會過程，而且心理發展需要有合宜的社會環境，方才可能有效地進行。從長遠的觀點來看，杜威試圖透過課程達成的預期結果乃是理智的發展（intellectual development）。之所以如此，並不只是因為理智能讓個人掌握他或者她的環境，更因為理智的社會行動能為人們帶來建立一個更好社會的希望。杜威排斥傳統的學習課程並非因為它們過度強調理智方面的內容；其實，正是因為它們缺少這方面的內容。杜威堅定地指出：「習俗與成規向我們大多數人隱藏了傳統學習課程極度貧瘠的理智，隱藏了它缺乏理智組織的狀況」　*71*

（p. 468）。

　　在為他的學校設計學習課程時，杜威一如往常拒斥了我們先前所引介的兩種作法。一是「沿襲傳統的學習和課程安排」；另一是「允許經驗和行動的自由流動，這雖然具有直接和感性的吸引力，卻不能產生任何具體的結果」（Dewey, 1936: 469）。實驗學校的課程所試圖提出之解決辦法是，要在兒童的生活與興趣之中，找到能發生導引作用的事物，以便藉著這些事物所提供的最好機會，將兒童逐漸帶領到能掌握那些與邏輯上有組織之知識體系相關聯的抽象教材。然而，因為杜威學校存在期間主要辦理的是小學部，又因為杜威在還未試圖發展中等教育課程（program）就因故離開了芝加哥大學，所以，就杜威所預見之適切的學習課程而言，我們只得到一個截短了的版本。此一版本所強調的似乎主要是兒童的興趣及積極的工作活動等課程要項，對於他所附加的兒童應該掌握文化的理智資源這項要點，則似乎有所輕忽。

　　在杜威離開芝加哥大學的前兩年，他所撰成的《兒童與課程》（*The Child and the Curriculum*）一書，毫無疑問地是他課程理論中最知名的著作，而且，就絕大多數的層面來看，該書也最清楚地呈現了他的課程理論。一如往常，杜威（Dewey, 1902a）試著消除他所關心的那一種站不住腳的二元論。一方面，我們有著「體現在成熟後的成人經驗中特定之社會目標、意義與價值」，而另一方面，我們有著「未成熟的、未發展的人」（p. 4）。在這兩項「基本因素」之間有著明顯的差異。成人世界乃是參照各種一般原則以合乎邏輯之方式加以安排的；此一世界乃是經過分類整理而成的，也是由真實世界加以抽象化而得的。另一方面，兒童則生活在一個由急切而直接的經驗所組成之世界。當我們考慮到學習課程時，這些基本要素究竟意指什麼，正是杜威在《兒童與課程》一書中刻意闡釋的要點。就一般成規的作法而言，都是在科目之下分為若干主題（topics），主題之下再分為若干學習的項目（studies），學習項目之下再分為若干課（lessons），最後，每課之下又分為若干具體的事實與技能（facts and skills）。他說：「看來如此漫長的一條路，若是從整體的角度來檢視，把它考慮成一系列個別的步驟，那麼就容易行走了」（p. 8）。從另一邊來看，我們可以將兒童，還有與兒童發展有關的事實當作起始點，那麼，在考慮到教

什麼這個問題時，所應參照的標準乃在於兒童本身，而非在於那一堆教材所組成的東西。

　　杜威的作法是將所須解決的問題加以重組，進而消除其間明顯的對立。他相信自己已經在**經驗**這個概念中，找到了解決此一兩難問題的關鍵。人們必須　*72*「擺脫這種偏見，即認為在兒童之經驗與構成學習課程之各種形式的教材之間，存在某種類別（不同於程度）的鴻溝」。人們一旦做到了這一點，兒童與課程（學習的課程）就變成了「只是界定單一過程之上的兩個端點」（p. 11）。基本上，杜威所建立的乃是一個由經驗所構成的連續體，在此一連續體構成的單一過程，學習課程的作用即是沿著那一條直線，由某一個確定的端點，亦即直接的、混亂的，卻是完整的兒童經驗，到另一個確定的端點，亦即在邏輯上有組織的、抽象的，且是經過分類的成人經驗。所以，在課程之中，經過重組的並不是如赫爾巴特論者所倡議之人類歷史發展的階段，而是人類透過智慧（intelligence）的運用而掌控其周圍世界的方式之階段——亦即知識發展的階段。

　　但是，如果這種經過重組的課程只是符合邏輯原理，是不夠的；它還必須加以心理化。杜威指出，雖然科學家與科學教師的觀點並無直接對立的情形，但是，他們也絕不是「直截了當地完全一樣」（p. 22）。科學家主要關注的是讓知識升級、發展出新的假設，並且試著驗證這些假設。雖然教師也關注科學的題材，但他或她主要關心的是如何把知識轉變成兒童經驗中的一部分。教師所關心的不是知識本身，而是這些知識對於兒童所造成的影響。當兒童在教育的過程中有所進步，兒童的經驗會開始以合乎邏輯且有組織的經驗體系呈現，這就是我們所稱的知識，它們是經過許多個世紀的時間演進而成。杜威因而希望在同一時間，讓兒童能掌握他們文化中的理智資源，並且把生活在科技社會中為知識與人類事物所豎立的障礙加以破除。藉由重組課程中知識演化的情況，杜威希望不只達到教育兒童的目的，更希望能把他所相信的，將知識曾經在前工業社會中所扮演的角色加以恢復。

V 評杜威課程主張的影響

　　杜威於 1904 年，在與哈伯校長一場不幸的，且幾乎是悲劇式的爭論之後，離開了芝加哥大學。實驗學校繼續存在，但是，漸漸地失去了杜威所賦予的一些特性。他在哥倫比亞大學的職務是哲學系專任教授，他雖然與師範學院維持著一些聯結，但是，他在哥大長期生涯反映的主要是他在哲學方面的興趣。雖然他在教育方面的巨著《民主與教育》（*Democracy and Education*）直到 1916 年才出版，但是，該書主要是杜威在芝加哥期間所發展的想法之全面性的綜合成果。曾經建立他作為教育政治家（educational statesman）聲名的杜威，終其一生持續關注教育的問題，而且他所作的宣示時常吸引全國的注目。但是，雖然人們總是把全美各種教育政策與計畫的改革，都歸因於他在哥大長期服務生涯所造成的影響，而且，他的論著確實吸引了不少十分忠實的門徒，不過，我們無法在任何地方找到有人連貫且持續久遠地實行他的學習課程規畫。若是說杜威對於美國各級學校的課程毫無影響，這種說法明顯地太過誇張，但是，其他改革者針對應該教什麼這個問題所提出之相當不同的概念，確實遠比杜威的概念成功許多，或者較為正確地說，他們的想法比起杜威的想法，與實際上影響著 20 世紀的各種力量更能契合。

　　為什麼杜威的想法，在最佳的情況之下，人們充其量只是把它們轉譯成口號，而在最壞的情況下，卻讓人們把它們全部惡意地加以曲解？他自己或許曾經就此一問題作過一些最有意義的洞察與體悟。於他仍在杜威學校期間所發表的一篇論文之中，杜威（Dewey, 1901）曾經就教育改革這個一般性的問題，乃至教育改革為什麼會失敗這個特別的問題，作了一番詳細的考慮。他還嘗試就著一些創新作法如何引進課程這件事，作了一番描繪。他說，首先，有一些人感覺到學校系統有些跟不上時代，而在別的地方有一些新穎且令人興奮的事情正在進行著。公眾的情緒受到激發，人們的信件湧至，媒體的社論齊發，遊說的團體出動，改變終於施行：「大家都獲得了勝利，除了那些壓力過重或者心煩意亂的教師，每個人都互相祝賀採取了這麼進步的措施」（p. 334）。然而，過了一段短時間，兒童的閱讀表現比以前差，或者他們字寫得比以前壞；

這些又釀起了公眾的怒喊，大家喧嚷著取消改革的口號，讓一切又回到原狀。

　　杜威（Dewey, 1901）認為，這些循環之所以形成，其中一個原因是：「我們並沒有教育標準的意識，透過這種標準，我們應該可以檢驗與判斷每個熱心改革人士的要求」（p. 335）。人們在面對每一項改革作法時，不論其為一項新穎的算術教學方法，或者是諸如手工這樣一門新興的科目，都把它們理解為孤立且單獨而與其餘的課程無所關聯，以致我們現在所擁有的、用以判斷每一項改革功過的標準乃是複雜多樣的，所以，因為有了這些不一致的標準，就很容易造成南轅北轍甚至相互扞格的後果。杜威請大家注意，他把第二個原因稱之為「學校組織與行政的機制」（p. 337）。雖然一般人把這些機制看成為學習課程這些主要事項的一些周邊配套，但是，實際上，對於學校教些什麼而言，這些組織特性往往是重要的控制因素（controlling factors）。只要是學生分班與編組的方式、教師人員的甄選與任用，乃至酬償制度的設計與執行保持不變，那麼，任何改革的命運即已註定。杜威說：「我們忘記了，正是這些事務控制著整個系統，甚至控制著某些明確可見的教育作法」（p. 338）。杜威在課程方面試圖推動的改變，如此之廣大，又如此之具有革命性，以致於這些改革必須伴隨著學校經營方式上同樣巨大的變動，方得有以致之。然而，任何學校主要的組織特性，比起課程中的任何一項學習，都更經久不變，甚至可說是難以撼動。

　　更有進者，杜威試圖藉著他的課程推動之諸多事項，其成效都是難以衡量的，因而難以適應一個主要依賴「由名為考試這種作法所進行的外部視導」來維繫的教育系統。他說：「技術上的講求效率，技能與訊息的習得，都不是難事」（p. 340）。杜威也呼籲大家注意，一般學校教師在設計學習課程方面所擔負的角色都極為微小。然而，到了末了，教師才是「可以把學習課程變成真實事務的人」，還有，「教師畢竟是學校系統中真正的教育者，只要他們在形塑學習課程的過程中仍然處於未確定的地位，並且尚未擁有專業的權威，那麼對於兒童們來說，任何課程便可能只是由外部加強於他們身上的事物」（p. 341）。杜威所稱的民主這個問題也涉及其中，但是，實際的問題衍生自一項事實，亦即就課程事務而言，教師乃是最重要的人物。若是就著學習課程的事

務進行改革，卻又不讓教師積極地參與，也不考慮到教師的能力、興趣及欲求，那麼，若欲課程改革成功，直如緣木求魚。所以，課程變革所要求的並非只是一項新穎的學習課程概念而已，而是一套複雜的過程，包含了學校組織結構，以及那些有助於把課程帶入課室的人們。根據各方面所做的記述看來，因為杜威在實驗學校中所共事的乃是甚為優質的教師團隊，所以這兒確實存在著

75　這樣優質的互動，但是，當今典型的公立學校是否找得到同樣能如此認真奉獻與投入的人與事，則是另一回事。極有遠見的杜威早就做了這樣的預測，若是未特別就著改革的本身進行深思熟慮，「我們就會在兩個極端之間徘徊：我們時而充滿熱情地介紹藝術、音樂和手工訓練，因為它們為學校的學習帶來活力，為學生帶來緩解；我們時而吹毛求疵式地抱怨這項作法所帶來的不良後果，因而堅持在過去那些好日子當中，適切地推動閱讀、寫作、拼音法和算術等教學所帶來的積極結果」（p. 346）。

　　就教育事務而言，趨時髦的作法，再加上由改革進步到保守落伍的鐘擺效應，事實上已經成了 20 世紀一項經久不變且幾乎是神秘的現象。但是，除了各種變動的本身之外，對於杜威試圖引進的各種變革而言，還存在著一些基本的抗拒。從較廣大的觀點來看，可能是因為，在杜威的心目中，作為教育基本功能的理智發展，也就是要讓人們能掌握其自己的生活，並且終而促成社會進步的主張，可能並不是大多數人對於一個現代工業化社會的重要需求。在大家的心目中，維持一個穩定的社會秩序，讓每個人都能有效地履行他或她的職責，這樣的訴求比杜威的主張更為緊要。吊詭的可能是，作為一位典型的美國哲學家，杜威至少在某些重要的層面，可能與美國主流價值的步調不一致（out of step），再者，就他個人而言，終其一生，備受尊崇，但是，他所提出的教育改革主張仍然範限於觀念的世界當中，而未進入實際的世界裡去。然而，某些經人提出的特定改革主張為何並未轉譯成為實際，又，為何其他的改革建議卻能付諸實行，到了末了，乃是一樣重要的兩個問題。

第四章

科學化課程編製與 社會效率論作為教育理想的興起

i 效率為教育要務

　　對於工業化狀態以及其後續之美國社會制度的變革，所引發的諸多 *76*
不同的、且非常激烈的反應之中，有一種是以兼具社會理想與教育學說
的形式，不但異軍突起、後勢強大，更明顯地獨領風騷。對於大部分人
而言，就是這個社會效率論主張在面對重大的社會變遷時，要堅守社會
的穩定發展，而且，就是這個社會效率論認為應以科學作為最強而有力
的支持，俾便保證社會的效率。然而，社會效率論所言及的科學，既與
霍爾所指兒童自然秩序的發展有異，又與杜威把科學探究理想化而成為
一般反省思考模式有所不同。它是一種講求精密測量與明確標準，以便
維持一個可預測且有秩序的世界之科學。在那麼一個諸如家庭及教會等
某些特定社會機構陷入危險衰落狀態的時代，學校教育的作用必須以根
本的方式重新建構，以便接替家庭及教會中斷的工作。課程的範圍必須
加以擴大，不再以理智的發展或學習科目的精熟為閾限，而須包括生活
的全部活動，而且，課程的內容也必須加以改變，俾便在學校所教授的
東西，與人們後來所從事的成人活動之間的緊密聯結能夠維持。效率不
只成為教育界的口頭禪，它還成了一項必須緊急實現的使命。此項使命
所採取的是責成課程編製者的形式，要求他們在設計學習方案時，要直
接且明確地以人們未來社會的成人成員所扮演的角色作準備。凡是為了 *77*
成功履行人們扮演那些角色所必備的知識之外，其餘的都是浪費。社會
的效益成了衡量學校科目價值的最高規準。

　　就一般的意義而言，社會效率論的倡導者都是教育改革者。這一種改革的主張與霍爾的主張有很大的不同，也與杜威的主張迥然有異，然而此一事實不應與另一項事實相混淆：社會效率論倡導者的根本意圖，乃是要把傳統人文課程所代表的教育既有秩序，加以推翻。我們也不能以為，通常與改革相聯的人道關懷，完全付諸闕如。那種早先反映在賴思論著之中的人道主義者動機，其本身所表達的關注乃是，現有課程對於這時進入學校，特別是中等學校的新興人口而言，既無法引發興趣又無價值可言。就許多社會效率論運動的領導者而言，他們除了對於社會穩定有興趣，他們還真心關注許多兒童所表達之對於學校的不滿，對於偏高的兒童中途輟學比率，也表關注。在這麼一套緊緊扣住直接效益與實質的課程，雖然其所獲得的回報還挺遙遠的，但是，我們還是可以找到這些問題的答案。

ii 羅斯

　　導引社會效率派教育者發展的社會理論，最足以代表的可能是知名美國社會學家羅斯（Edward A. Ross, 1886-1951）的論著。羅斯並不是位教育社會學家，但是，他的社會思想，特別是他許多著作當中最知名的《社會控制》（*Social Control*）（1901）一書所表達的社會思想，強烈地影響了史奈登（David Snedden, 1868-1951）、馮尼（Ross Finney, 1875-1934）、艾爾伍（Charles Ellwood, 1873-1946），以及彼得斯（Charles C. Peters, 1881-1973）等教育社會學家的著作，他們再轉而全力投入發展與羅斯想法一致的課程。以現在的標準來看，羅斯是社會哲學家的成分多於社會學家，但是，在他那個時候，羅斯的著作已經獲得了科學的充分支持。在羅斯早年時候，他自己經歷了由思辨哲學——特別是黑格爾思辨哲學——覺醒的時期，因而他自認自己的論著都不再有哲學思維所具有的模糊性與不精確性。

　　《社會控制》一書原是羅斯在 1890 年代為《美國社會期刊》（*American Journal of Sociology*）所寫一系列共二十七篇文章。到了 20 世紀初，他已經完成該書的編輯，並且在 1901 年以專書的形式出版。羅斯（Ross, 1901）這本專

書顯示了，他深為理智上的精神分裂症所苦。一方面，他無法隱藏他作為「不止息的、力爭上游，且勤於工作的亞利安人所擁有的個人上進心、權力慾望、欲暢所言、把整個世界翻轉過來以便博得美名的企圖、賺得財富，乃至贏得美人」的欣羨，在與「馴服的斯拉夫人或安靜的印度人」（p. 3）相對比時，顯得特別突出。在許多方面，羅斯從個人的角度，熱心地且深刻地自我認同於「長頭的西方金髮人」（the dolichocephalic blonds of the West）（p. 3），而且讚賞他們的強烈型個人主義（rugged individualism），因為他相信這些人具體展現的就是這種思想。

另一方面，他認為文明社會正搖擺地走在斷崖邊沿。他認為，已經等同於資本主義的現代工業社會，把那些曾經在條頓森林（Teutonic forest）[89] 之中屬於適當的本能已經遭致敗壞，而且，因此美國的個人主義，亦即「最後的、最西式的，且逐漸失去條頓民族精神的產物」（p. 17）必須加以抑制。羅斯總是排斥那種在斯賓賽論著中十分常見的想法，那就是自然律則可以保障人類的進步，與此相反的是，他認為應該為了維繫社會的持續發展而採取大量干涉的作法。羅斯非常強烈地相信：「社會總是經常面臨敵人的來襲」（p. 190），因而從某個重要的意義來看，《社會控制》一書可說是社會的武器倉庫，儲藏了各種自衛用的武器。在他看來，這些武器之強大，使得他不得不在該書的末了，發出了這樣的警訊：

> 我坦言，作為一位研究者，所承擔的責任絕對不輕，我必須探究人們心靈所發生的各種神秘歷程，也必須解剖公眾詳盡闡述社會心態的各種理想與事實。我所要掌握的是事實，確實的真象，既沒有可以比喻與寓言的形式說教與傳布到各方的福音，也沒有醒目的黑體字與驚悚的標題，其間的秘訣在於廣泛宣揚。聰穎的社會學家將會顯示宗教也是他注意到的事象，而這正是自然學家很

---

[89] 條頓森林（Teutonic forest）是否指西元 9 年奧古斯都統治時期日耳曼人反對羅馬占領軍的條頓堡森林戰役（Battle of the Teutoburg Forest），有待確認。該戰役為日耳曼人於奧古斯都統治時期反對羅馬占領軍的最後一次戰役。

少做到的地方。他會十分尊崇道德體制，而不會揭露其赤誠的性
質。他將會向男人們，而非青年人說明。他會向「新加入的人」，
如街上的阿拉伯遊民，或是艾爾麥拉（Elmira）[90] 的居民說明他正
在做的事情。他會向社會的道德資產——向教師、教士、編輯、
法律制定人士，以及法官等運用控制工具的人們說明；也會向詩
詞藝術家、思想家，以及教育家等導引大隊人馬在荒漠中行走的
人說明。因為這些作法，他才會使自己成為所有善良人士的同事，
共同努力不讓所有邪惡人士有所作為。（p. 441）

羅斯在《社會控制》一書所聚合的社會控制武器乃是強而有力的，但是，若落
到最正直的人之外的任何人手中，都會變得很危險。

教育即是社會兵工廠之中最為有效的武器之一，特別是在考慮到其他形式
的社會控制逐漸衰微之時尤然。羅斯觀察到：「在整個體制之下，我們發現一
個全世界普遍的現象，那就是作為間接社會限制的宗教，已經移轉到教育去
了」（p. 176）。不幸的是，依據羅斯的說法，長期以來，美國的學校都充滿
了「一種理智上的偏見」，而且，在理智的發展絕非「毫無道德價值」的現實
情況之下，這一種偏見就把美國的學校都「變成有助於個人成功的工具，而較
少成為社會控制的工具」（p. 176）。他認為，由現代資本主義代表的這項危
機，要求學校採取一種更多具有直接性質，且更為明顯的社會目的。

家庭的影響力式微是設計一套合適教育制度必須考慮的另一個因素，但
是，羅斯對於此一現象的解釋，與同時其他改革者並不完全一致。舉例而言，
對於杜威而言，家庭影響力的消褪意指學校應該建立與家庭更緊密的連結，而
且，教師應該負起類似理想父母親的責任，把一些在當前的工業社會中已經消
失之家事類型的工作活動（household occupations），也就是曾經有很重要教
育價值的一些社會性質的工作活動（social occupations），引進學校的學習進
程裡。對於杜威而言，家庭所消減的慈善性質與教育性質的影響，乃是學校應
該想方設法加以彌補的一項損失。羅斯則從另一方面對於同樣的現象，很高興

---

[90] 艾爾麥拉可能是指紐約州希芒縣（Chemung County）的縣治所在地艾爾麥拉市。

地表示歡迎。在他看來，在灌輸「遵守外部法律的習慣」（p. 164）這項目標的落實上，學校比家庭占有更好的位置。任何人都可能成為父母親，但是，教師的證照卻是由國家掌控的事務。因此，羅斯作了如下的解釋：

> 另外一項好處在於，作為父母親的部分代替者，教師可以作為模範，有助於兒童形成他們自己。兒童會拷貝成人的行為，所以，為兒童提供模範讓他倣效的是其教師，而非其父親，這樣做的好處是前者為經過精挑細選的人，而後者則不是。事實上，兒童期是影響個人言行的全盛時期。教師的職位給了他聲望，而且小夥子會從他那裡得到建議，這些建議是成人從一些尊貴而顯赫的人士那裡才可能接受的。把教育的責任委付予秀異的人士當會減少對於有魅力的人士之倚賴。（pp. 164-165）

羅斯對於家庭影響力的消失，並未採取譴責的作法，而是明顯地表示歡迎此一把兒童交予「經過精挑細選的人」之機會，因為這是抑制反社會傾向的又一良方。當然，羅斯並不是第一個想到把學校當作社會控制工具的人士。藉由一套學校教育制度形塑個人的一般觀念，至少可以追溯到柏拉圖。然而，對於羅斯而言，社會控制的功能既是勢不可擋的，又是迫不及待的。雖然杜威與羅斯都是從所知覺到的同一項社會變遷獲得啟示，但是，其中一位理解到的是，有必要在不同的情境之下，恢復某些有價值的經驗，而另外一位所理解到的則是執行某一種直接而可欲的社會控制形式之機會。這兩種詮釋之間的對比正顯示了，社會變遷與教育學說之間的關係並非變遷本身的直接後果，而是這些經由強而有力的個人與團體的知覺過濾後的社會變遷之間接後果。

iii 邰勒

　　除了羅斯所預見的直接而明顯的社會控制之外，社會效率論作為一種課程運動的另一重要成分就是效率本身。此地的主角是邰勒（Frederick Winslow Taylor, 1856-1915），也就是所謂的科學化管理之父。如同羅斯，邰勒並未直

接關注到教育的問題，但是，透過他追隨者中的教育界人士，他間接對於教育有很大的影響。事實上，課程作為教育界的一個專門領域，乃是誕生於可以描述為效率的真真實實之狂歡亂舞的情況，而且，這種無限制的縱容之後續效應會一直讓人們在整個 20 世紀都感受得到它的存在。美國教育事業的科層體制化橫豎都可能會發生，因為這種情況已經進行了一些時日了（Tyack, 1974）。但是，由科學化管理運動所得到之與卓越有關的譬喻、程序與標準，很大幅度地助長了這種現象。

　　邰勒的工廠科學化管理制度的直接目標乃是以較低的成本增加產量，但是除了那項經濟目的之外，還有至少與羅斯同樣關注的秩序與規制。而且，也同樣不缺道德的層面。在他於美國機械工程師協會（American Society of Mechanical Engineers）發表的第一份論文，邰勒（Taylor, 1895）在提出「論件計酬制」（piece-rate system）的作法時，表達了對於瞎混（在當時稱為"soldiering"）的關注，而且，也注意到採用什麼技術，方才能保證人們真正以誠實的態度工作（p. 856）。他曾說過：「如果有人不願意做對的事情，就要**想辦法**

81　　**讓他做**」（Copley, 1923: 183）。像羅斯一樣，邰勒（Taylor, 1903）相信，人類某些特定的自然傾向，例如偷懶，必須加以限制，但是，讓人覺得有希望的是，有項事實顯示，某些「第一等人」非常的了不起，因為他們比一般工人強了「二到四倍」（p. 1365）。那麼，第一等人就可以作為標準，以顯示人們在完成某項特定的工作時有多快，又做得有多好（p. 1365）。一旦生產技術的標準化達成了，把一般工人帶到我們所要求的水準這項目標就可以達成了。就工資的誘因而言，邰勒認為他已經找到了一種方法，既能顧及工人的最大利益，又同時能把一般人的生產水準提高到第一等人的層次。當然，在酬勞的給付方面，還是要有限制。他警告：「如果給付太多，許多人會不定時地工作，而且會得過且過、放肆無度，且奢侈浪費」（p. 1364）。但是，小心發展而成的、符合經濟效益的誘因就可以杜絕「有系統的瞎混」（p. 1351），並且以較低成本帶來較高的生產結果。

　　等到邰勒出版他的經典名著《**科學化管理的原則**》（*Principles of Scientific Management*, 1911）時，他已經廣受認可，人們把他當作工業化社會新秩序的

先知。科學化管理的核心在於把將要完成的工作任務，以小心而仔細的方法具體陳述，同時，把這些工作要素以最有效的順序排列。邰勒把此一系列的步驟摘述如下：

第一，請找大約十至十五個不同的人（來自這個國家不同地區的愈多單位愈好）；這些人應該對於即將要分析的特定工作，具有精良的技術。

第二，針對這些人在執行這些正接受調查的工作項目，精確地研究其基本的操作或動作的系列，也針對他們所使用的工具進行研究。

第三，以一個碼表研究每一項基本動作所需要的時間，然後，選取完成每一項基本動作最快速的方法。

第四，把所有虛假的動作，緩慢的動作，以及沒有用的動作，一一袪除。

第五，在袪除不必要的動作之後，把這些最快速且最優良的動作，以及最好用的工具，聚集成為一個系列。

此項技術最好以邰勒所記述的，他的同事吉伯瑞（Frank B. Gilbreth, 1868-1924）所作的「砌磚技術」之分析加以說明（p. 77）。吉伯瑞針對專家砌磚工人的每一個動作都作了分析，而且，透過浪費的袪除，一套標準，以及達成這一套標準所必須完成的動作仔細編排而成的順序，就建立起來了。實際上，執行任何一項複雜工作的關鍵都在於，將這項工作分解成最基本的組成部分，每個部分都很簡單，因而不會加重工人的能力負擔，也因此，錯誤會減少，產量會增加。　*82*

除了全力在產量方面增加之外，邰勒還預見了，一旦採用了他所提出的制度，即會出現勞資關係的新紀元。他就是以這種方式表達了他人道主義者的動機。在參議院所成立的旨在調查邰勒制度的特別委員會上，邰勒的證詞指出，科學化管理將會為未來揭示的景象是：「和平替代了戰爭；人與人之間友情深厚的誠心合作替代了鬥爭與傾軋；大家團結一致朝著同一方向前進，而非互相

拉扯抵消大家的力量；大家不再猜疑警覺，而是相互信任；大家都成為朋友，而不是仇敵」（Taylor, 1912: 30）。我們看到，改革者的熱誠促使郘勒將他重建美國工業的任務貫徹到底。他的口號是效率，但是，透過效率使他試著達成一個更高遠的目標，那就是建立一個更為有序，而少有爭論的社會。那是一個政治上持有保守觀點的人士容易接受之改革作法。

在 20 世紀的第二個十年，對於效率的狂熱渴望達到最高潮時，承襲自賴思的揭醜式新聞報導而來的對於美國學校無效率的批評，很快地就隨波而來，這也是在預料之中的事情。把郘勒的工廠管理制度應用到學校的營運，是最直接且最自然的作法。然而，科學化管理技術的運用，遲早會遠遠地超越把郘勒的想法運用到學校行政上，而別有一番天地；果然，這項想法提供的語言甚至概念工具，使課程發展這項工作所採用之嶄新且強而有力的作法，也得以精煉而成。科學化管理的路徑轉變而成教育學說的基礎，實際上並沒有什麼神秘的性質可言。那些錘鍊嶄新學說的教育領導者，對於他們想法的來源並未保有任何秘密，他們是在自我覺識的情況之下明白地遵循著郘勒主義的原理，希望透*83* 過一番努力能讓課程成為未來公民生活直接而強大的影響力，而且，最後成為建立穩定而平順運作的社會工具。

iv 巴比特

持有效率論的教育學者中，最能掌握此一新興學說要旨的，當屬巴比特（John Franklin Bobbitt, 1876-1956）；可謂無人能出其右。事實上，他的著作具體而微地顯現在課程這個教育專門領域的發展過程之中。將社會效率論的提出，與課程領域的成立，這兩件事視為同一件事，可能正好是社會效率說中的大多數核心觀念還能以僅僅微調的形式一直流傳下來的重要因素。1909 年，巴比特剛由甫自耶魯大學轉任芝加哥大學教育學系主任的賈德（Charles H. Judd, 1873-1946）聘入該系服務。賈德自己即是以科學方法研究教育的主要倡導者，可能在年輕的巴比特身上看到了同樣的精神。接著的一年，巴比特已經由一般講員（lecturer）升任為學校行政專門領域的講師（instructor），開設了

一門名稱簡單的新科目：課程學（Curriculum）。第三年，這一門成效顯然十分卓著的功課，延長修習時間為秋季與冬季，而成為跨越兩個學季的科目。到了 1912 年，巴比特發表了他第一篇重要的課程學論文〈教育浪費的消除〉（The Elimination of Waste in Education），他作為課程領導者的生涯於焉展開。

　　巴比特這篇論文（Bobbitt, 1912: 259）旨在讚揚印第安那州蓋瑞市（Gary, Indiana），這座「實際上由美國鋼鐵公司所開發而成之城市」的學務總監沃德（Willard Wirt, 1874-1938），所建立的一套學校經營制度的超卓之處（virtues）。沃德所設計的這一套「區隊制」（platoon），充分利用校園內的空間，藉以提升校園空間的使用效率。他採取系統的運作方式，讓學生們由課室轉換到如體育館等其他的室內空間，再轉換到遊戲場，靈活而充分地運用校園內可用的空間。巴比特說：「一般方式營運的學校，上課期間的校園工廠使用效率，大約是50%。」但是：「蓋瑞市的教育工程師，則是在上課期間，以百分之百的效率，充分使用校園工廠」（pp. 260-261）。區隊制顯然比課程作為一種教育革新的作法，更具行政管理的效能，然而，巴比特以「教育工程師」指稱學校的學務總監，又以「校園工廠」指稱學校，就不只是裝飾性語言的運用而已；如此作法比空間運用這樣的一般性問題，具有更為廣泛的含意。巴比特為新興的課程領域提供了一套可作為強而有力課程理論的基礎之根喻（root metaphor）。[91]　*84*

　　在列舉建立有效率的學校必須遵守的四項原則時，巴比特所提到的前三項，例如，最適切地運用校園工廠，基本上是有關行政管理的原則。但是，在闡明他將科學管理應用在教育上的第四項原則時，巴比特把工廠的譬喻加以引申，用來說明課程應該如何建構這個問題：

---

[91] 根喻（root metaphor），亦譯為本喻或基本隱喻，用以譬喻事物、概念或思想之根本或基礎。把學校課程的管理與運作譬喻成工程的營運，即是一種根喻。本書另有類似的根喻用法，請見：「當人們進行課程發展時，總要先作清楚而明確的計畫，然後再據此藍圖衡量其課程實施是否成功，如此的作法乃是衍生自社會效率、產品製作的根喻；就此一根喻而言，教育的產品是由學校－工廠（school-factory）依據現代工業社會所要求的細目，一項一項地製造而成」（p. 201）。

> 把原始材料加以揉和，以便製成我們所適用的產品。我們要把這
> 項作法應用在教育上：依照個人的能力施教。這必須有足夠多樣
> 的課程材料，以便符合社群中每一個個人的需求；而且，訓練與
> 學習的進程也要有充分的彈性，以便每一個個人都能獲得所需要
> 的東西。（Bobbitt, 1912: 269）

當然，在巴比特之前，大家早已很清楚，人們在能力方面的表現乃是多樣化
的，但是，巴比特所斷言的乃是，課程必須仔細地適應「每一個個人的需
求」，把它當作消除教育無效率的一部分驅動力。畢竟，我們不應該把人們不
會用到的東西教給他們，因為那會造成浪費。為了要減少浪費，教育者必須採
行科學管理的過程，以便有效地預測人們未來生活中所扮演的角色。然後，把
這些預測當作設計差異化課程（a differentiated curriculum）的依據。在此一新
興理論架構之中，「依據需求施行教育」只是「依據預測了的社會與職業角色
施行教育」的另一種說法。舉例而言，男孩子與女孩子在諸如職業、娛樂與公
民素養等方面的「需求」不同，所以應該在這些方面施予與女孩子不同的學習
課程（course of study）（p. 270）。男人與女人未來將在社會上扮演不同的角
色，若是以同樣的方式訓練他們，根本就是一種無效率的作法。就巴比特理論
的脈絡而言，對於「原料」的關注，與其說是為了個人的福祉，倒不如說是為
了消除課程浪費的，因為他更關注社會秩序的全面維繫。社會效率論堅決主
張，採用當時非常具有吸引力的科學方式調整課程，以達到新興工業社會的要
求。

v 另幾位倡導者

　　試圖開創一套更純粹地具有功利性質的課程之驅動力，最實質且影響最為
85　深遠的表述之一，即是由麻薩諸塞州的參眾兩院在 1905 年通過的一項旨在設
立後來稱之為道格拉斯委員會（Douglas Commission）的決議。該項決議授權
道格拉斯（William L. Douglas, 1845-1924）州長成立工業與技術教育委員會

（Commission on Industrial and Technical Education），俾便調查該州各工業的需求，以決定「現有機構符合這些需求的情況」以及「考慮應該設置何種新形式的教育機構方為合宜」（Massachusetts Commission, 1906: 1-2）。受命擔任「專家研究人員」的社會科學家金伯莉（Susan M. Kingsbury, 1879-1949）博士，於一年後提出了以在麻薩諸塞州各主要城市所舉辦的，由 143 位來自製造業、農業、工會代表與教育官員等參與的 20 個公聽會為依據而完成的報告。該報告指出，「具有寬廣心態的教育學者」和「一些與困難生活情境有密切接觸的男士與女士」兩方面的人士，取得了綜合性質的協議。大家公認，麻薩諸塞州各學校的「老式」課程與工業社會所帶來的生活要求，已經變得遙不可及，而解決之方就在於實際的職業訓練（p. 4）。如所預期，此一決議的理由，乃是由當時新興的各個改革利益團體所極力擁護的學說萃取而得的。在該決議中，明確關注「兒童的充分發展」是出自發展論者的主張；而這種教育必須對於「那些留置在感化學校或是流浪兒學校之任性而素行不良的兒童」有用，也要能「用來激勵南方的有色人種」（p. 4），則顯示了社會改良論者的主張。

　　最為普遍的就是堅決主張學校必須承擔讓學生為謀生作準備的責任。該報告指出，幾乎在每場公聽會上，總是有人告訴教育委員們：「因為缺少技術精良的工人，使得製造及建築的過程更加艱困，而且成本也更加昂貴。」（p. 4）就這件事而言，委員會斥責手工訓練的倡導者把這項教育作法看得太過狹隘，強調其價值乃是「像芥茉風味的開胃菜一樣的文化科目──卻未把任何工業目的列入考慮」（p. 14）。相對照地，委員會在獲致贊同的情況之下，表揚了先後在 1897 年成立於羅威爾（Lowell）、1899 年成立於貝德福（Bedford）及 1904 年成立於秋河（Fall River）等地的紡織學校所提供之教育，乃是最能符合公民與麻薩諸塞州需求的作法。雖然委員們覺察到，對於直接的職業訓練而言，「許多工會人士似有所疑慮與敵意」，因為他們認為這麼做會造成勞動力市場擴大而導致薪酬調降，但是，委員們認為這種疑慮大部分是沒有根據的（p. 6）。又，雖然工會未對於近幾年在教育界日漸普遍的學術科目，進行公開而尖酸刻薄的攻擊，但是，他們的同情心顯然置於「生活中的各項職業……專業的、商業的、製造業的，以及與家事有關的職業」（p. 14）。事實上，如

86

同他們所觀察到的，學徒制作法的漸漸走入下坡，使得這樣的變革成為必然的社會現實。該報告指出，曾經有一段時間，學校教育系統與學徒制機構兩者，在對於年輕人的影響這件事之上，保持著某種平衡的狀態，但是，因為現在兒童與青年幾乎把全部時間都投入學校的學術課程，甚至已經造成了一種危險的偏差，所以，那種平衡狀態已經完全遭致摧毀。重組學校課程，把過去學徒制所發揮的功能包含進去，或許可以恢復這種平衡的狀態。對於一些試圖依照他們所持有的主要社會革新理想，把社會制度加以重建的美國各界領導者而言，這樣的主張正是有訴求力的說法。

金伯莉在委員會的主要報告，還附帶有一項重要的報告：〈兒童與工業關係分組委員會報告書〉（Report of the Sub-Committee on the Relation of Children to Industries）；該報告聚焦於 25,000 名十四至十六歲的不在學青少年。在精心且仔細地針對這些青少年作了一番調查後，金伯莉發現大約六分之五的青少年未完成八年級的教育，而且幾乎沒有任何青少年入讀中學。如同一名工廠視察員陶德（Helen Todd）在七年後所指出的，致使青少年離開學校進入工廠的主要原因並不是他們在經濟上有所匱乏。對於金伯莉所發現的不幸狀況，最主要的指責來自於青少年對於學校課業的「不滿」，還有「家長不知道到什麼地方去找適合孩子的工作」，因而青少年只能找到一些非技術性的工作，例如紡織廠以及其他工廠的工作（Massachusetts Commission, 1906: 44）。更有進者，她指出，只要有合適的訓練，「我們所製造的衣服，可以與外國市場競爭」，我們的國力也會因而強盛（p. 46）。這種繁榮景象以及兒童美好生活的主要障礙就是，現有的課程與他們未來可能獲取的職業報酬之願景無關。在這種情況下，兒童與家長當然都無法理解，為什麼要在六年級之後持續入學。

87　　金伯莉的報告可謂強而有力，且又來得及時。離校者（school leavers）的問題成為若干個改革支派的焦點，而且有可能成為 20 世紀最有爭議的問題之一。但是，金伯莉對這個問題所採取的穩健且平衡的處理方式，讓可能成為爭議的一些事項保持開放的狀況。作為最強而有力的改革支派的社會效率支持者，很快就開始以其自己的方式重構這個問題。在道格拉斯委員會報告書發表的三年後，艾爾斯（Leonard Ayres, 1879-1946）（1909）出版了影響力巨大

的、也是最早公然宣稱為「教育中以科學方式撰寫而成的」專書**《我們學校中的落後者》**（*Laggards in Our Schools*）。曾經在波多黎各擔任學務總監的艾爾斯，獲得羅素塞奇基金會（Russell Sage Foundation）的經費，於 1907 年研究學校裡學習遲緩（retardation）的效應。「遲緩」一詞並不具有今天一般理解的心理學意義，而只是用來指涉兒童在學校的學習時，因故而無法像一般兒童一樣有進步的表現。艾爾斯在他的報告之首，即以紐約市學務總監麥斯威爾（William H. Max-well, 1852-1920）所指出的，在小學有 39%學生的年齡都比他們所在的年級大得太多了（pp. 1-3）。據他的理解，這個問題的重點在於為什麼會存在這種情況，並且要弄清楚有哪些補救的作法。

艾爾斯的研究是透過仔細地檢視學校的紀錄而進行，跟賴思透過觀察學校本身的作法有別。他相信，問題的關鍵乃在於，學習遲緩代表學校辦學效率的極大失分。學生們應該順利地逐年升級，但是，有非常令人驚嚇的案例顯示，他們需要花費兩倍長的時間完成一個學級的學業。當然，這個問題出在課程。艾爾斯斷言：「**這些狀況意指，我們現在的學習課程之組成，並非適用於學習速度較慢的或是一般的兒童，而適用於那些非常優秀的兒童**」（p. 5）。以這種方式界定這個問題時，他針對一個主題發出了聲響，而這個聲響讓社會效率改革者在 20 世紀的大部分時間一直在共鳴著：支配如許長久時間的「大學預備」課程，應該替換成可以符合新興人口及新興工業秩序的需求。艾爾斯指出，作為一套沒有效率的課程，其結果是：「全國作為一個整體，大約有六分之一的兒童留級重讀，我們因而每年要花費 2,700 萬美元在留級重讀的浪費之上」（p. 5）。沒有任何一個營運良好的從事製造之機構會容忍這樣的浪費。

為了改正這種令人驚駭的情狀，艾爾斯研發了一套有名的效率指標，他並且在五十八個都市學校系統中應用之。他希望把製造當作譬喻應用在課程上，以便使這套指標在實際運用時可以精確無誤。舉例而言，艾爾斯想知道，每一學年開學時的學生人數，以便計算「原料與製造的成品之間的關聯」。他試圖計算每個學級在「理論上，達成最大效率所需要的條件」，以便確認「學校的實際規模與理論上的要求之間的關聯」。他認為：「假如我們有一間工廠，未能充分（100%）利用其原料，而只有 50%體現在製造的成品之上」（p.

88

176）。又，如果我們進而發現這間工廠「理論上的成品」比較高，那麼這間工廠甚至可能只達成了不到50%的效率。因此，運用此一效率指標檢視這個國家的學校，甚至會發現，實際的狀況比原始數據所顯示的更無效率（pp. 176-177）。更重要的是，道格拉斯委員會所提出的有關課程與學校人口是否適配的真實問題，到了艾爾斯的研究裡，就化約而成單純之效率與成本效益的問題。工廠譬喻應用到課程問題所產生的力量與訴求，在艾爾斯重新建構此一問題時，確實很明確地顯示出來；就是這樣的力量與訴求使得社會效率這個利益團體，在未來的數十年當中，一直都處在居高臨下的指揮地位。

在後來的幾年當中，學習「遲緩」主要是課程缺乏效率的問題之說，變成了一個不斷重複出現的話題。事實上，這個持續存在的話題，讓社會效率運動領導者之一的密蘇里大學社會學教授艾爾伍（Charles A. Ellwood），在艾爾斯報告的六年之後抱怨道，幾乎每個人現在都似乎「想到補救這項缺失的唯一途徑就是讓我們公立學校的課程變得更為『吸引人』，以便能維繫兒童的興趣更長久一些」。不過，雖然艾爾伍（Ellwood, 1914）「不反對把課程變得更具吸引力」，但是，他更關注「浪費」這個問題所呈現之社會控制力下降的現象（p. 572）。他對於這樣的事實表示憂心，在現行強迫教育法的規定之下，兒童很可能只是「瞎混」（soldier）到十四歲離校時，卻還未達到作為一位「有效率公民」的目標。很清楚地，對艾爾伍而言，在矯正少年罪犯時，「固定刑期（a *definite* sentence）是最沒有效的方式」，那麼，為什麼不在所有的兒童身上都施以無固定期限的學校教育？他堅決主張「如果在工業學校或感化學校中的不定刑期留校對於犯罪兒童有好處，那麼，為什麼公立學校所施予之不定期的教學與訓練，不會對於一般兒童有好處呢？」（pp. 574-575）[92]。就在這種情況下，學校將會對於它們企圖服務的對象履行其「社會服務」，以便培養

89

---

[92] 艾爾伍的意思是，採取不固定刑期的作法來矯正少年罪犯，只要他們不再有犯罪之虞，就可以不再服刑，而不一定要服滿固定的刑期。學校也是一樣，不一定要求少年在固定的年段在校（例如14歲之前），而只要他們在不特定的時段，到校接受適當的教學與訓練即可。

兒童適應現代社會的要求。更有進者，若給予充足的時間，學校可以把心理學家高達德（H. H. Goddard, 1866-1957）的研究所戲劇性地突顯出來的低能者（the feebleminded）指認出來，並且在他們「經過允許而走入生活，〔並且〕依據遺傳定律……不可避免地把他們的缺陷傳延到未來的世代，甚至散布到整個人口」（p. 576）之前，採取合適的行動。這種作法，跟羅斯把學校當作社會控制武器的理想一致，讓學校可以履行一直以來未能實現的社會功能。雖然艾爾伍的建議從未以他所提出的方式執行，但是，這些建議說明了，在強而有力之社會效率的等式（equation）中，伴隨著簡單效率這個要素的另一項關鍵成分乃是社會控制。基本上，藉由效率與控制這兩個要素，讓「遲緩」與「消除」，以及它們與課程的關係，至少確定了至少半個世紀。

vi 桑代克、史奈登

　　心理學領域中兩個前後相聯的運動，對於社會效率論界定即將在 20 世紀出現的主要課程議題，提供了支持。一個是取代了瀕臨死亡的官能心理學之心理學理論，這一套理論與社會效率論的基本假設十分切合。另一個則是心理測驗運動；這項運動為立基於社會效率論的課程所需要的評估與預測等作法，提供了所必須運用的科技。事實上，這兩個都在 20 世紀第一個二十五年成長的運動，建立了一套嶄新的心理學，而這一套心理學，因為廣受歡迎，所以，不可避免地，就把社會效率這個利益團體置於最占優勢的地位。這種地位相對於其他利益團體，雖不致於是至高無上，卻也的確高人一等。

　　在新心理學發展的過程中，與科學課程編製者所提出的想法一致之最關鍵的要點之一，即是過去一般所稱的「訓練遷移」（transfer of training）說。一般皆假定，在學校所學得的東西，無論如何總是會從特定的時間與特定的背景帶到不同的時空情境裡去，但是，此一遷移的發生過程，以及它又是如何維繫的，則始終有著很大的爭議。從某種意義來看，遷移是我們所謂的學習之中的一個重要部分，因而若對於我們如何學習沒有一個表面上講得通的解釋，那麼，就沒有一個課程理論會真正獲得廣泛的接受。1890 年，詹姆斯就心智訓

90

練論者（mental disciplinarian）有關遷移的主張，點燃了最早的齊發禮砲之一；詹姆斯報導了他以記憶為主題的實驗結果，顯示人們的記憶並不如心智訓練論者所想像的，是一種分立而不連續的官能。如果記憶的官能不能藉由記憶的活動改善，那麼，就很難支持它成為學校裡一項普遍的活動，因為許多正記憶著的東西很不值得交付給記憶官能，而且，無論如何，這些東西都非常有可能忘記。

　　到了 20 世紀早期，因為對於心智訓練說的遷移概念表示懷疑而進行的實驗，幾乎變成了一項家庭手工業般的普遍（Rugg, 1916），其中帶領風潮的正是詹姆斯那位聰穎而傑出的學生桑代克（Edward Lee Thorndike, 1887-1949）。（在哈佛大學畢業之後，桑代克赴哥倫比亞大學入讀心理學研究所）。羅索（James Earl Russell, 1864-1945）院長把桑代克聘進哥倫比亞大學師範學院；此舉是他成功地把師範學院辦成一所超群的教育研究機構之努力的一個部分。桑代克對於遷移這項錯綜複雜事物的首發突襲之舉，即是與他的學生吳偉士（R. S. Woodworth, 1869-1962）共同執行的一系列實驗，後來以〈改善一項心能對於其他心能效率的影響〉（The Influence of Improvement in One Mental Function Upon the Efficiency of Other Functions）（Thorndike & Woodworth, 1901）為總合的名稱發表。在諸如估算長方形面積等許多的心能上，桑代克讓受試者接受密集的訓練，直到他們獲得高程度的精熟為止。然後，讓受試者做相似的工作，例如，估算同樣大小但不同形狀的圖形，於是，由一項學習任務遷移到另一項學習任務的數量，即可求得。諸如估算直線長度或是物體的重量等其他任務，一直重複進行著。學習中的任務所形成之特定遷移的效率並非問題之所在，而是某項任務的學習在多大程度上可以帶到相似的任務之學習去。桑代克基於這些實驗所獲致的結論，對於一般有關遷移的信念起了破壞性的作用：「任何單一心能的進步，不必定會改善一般冠之以同樣名稱的各種心能所組成的能力」（p. 250）。桑代克（Thorndike, 1913）於十二年後出版的一本重要的專書中，把這項結論加以延伸，甚至對於諸如記憶、知覺、推理，以及觀察等的心能運作，都表示懷疑。事實上，它們都是一些想像的虛構事物，應該和官能心理學家留下來諸多過時的概念包袱一起丟掉（pp. 363-365）。但

是，沒有了這些概念，普通教育的價值也令人懷疑。

　　桑代克與其他 20 世紀早期的一些心理學家試圖建構與他們的實驗證據較為一致的某些東西，用以取代由一小撮分立的官能所組成之心靈概念。桑代克所想像的心靈是一架由千千萬萬——數以百萬計——個別的聯結點所組成的機器，每一個聯結點有著跟另一個不一樣的訊息。在這種觀點看來，心靈不是由諸如記憶與推理等有待開發的大型潛能（large capacities），而是「由許多分開的多個別功能」（individual functions）（Thorndike & Woodworth, 1901: 249）所組成，像是由無以數計的電線把分立的點聯結起來而形成的一套配電盤。

　　這還不夠，桑代克在二十年後又執行一項實驗，該實驗的結果為傳統的課程信念，帶來更大的不安。這一次他所處理的問題是特定學校科目的價值。在 1922 至 1923 年之間，桑代克對 8,564 名中學生施予了兩種形式的相同測驗。然後，在可能的範圍內，他依照學生在那一年的進程之中所學習的各個科目，把母群體加以分組。一旦他把原初能力與專門訓練兩項因素做了校正，這些科目在提升智慧水準的價值，就可以計算出來了。其後，我們就可以理解，拉丁文或數學在提升普通智慧水準的價值，比家政學有多高。桑代克（Thorndike, 1924）這一項研究結論又帶來了一項轟動視聽的說法：「我們發現，由這些測驗所衡量而得的思考能力之增加，有顯著的差異……凡是開始就具有較強能力的學生，在這一年裡的收穫也最多。不管他們所學習的科目是什麼，他們都會增長最多智慧」（pp. 94-95）。桑代克是不是有意以這一項研究，以及他在 1901 所作的實驗為依據，就作成了如此籠統的結論，這或許是一個問題，但是，課程編製者已經在改善智力這件事上作成了迅速的推論——本質上，以某個旨在教導學生思考的科目進行教學，來教導學生思考能力——乃是一種空想。真正重要的是天賦的智力。

　　到了 1924 年，桑代克對於心智訓練論者的概念所作的攻擊已經擁有了一群同情的觀眾。不只心智訓練已經成為消逝了的形式理論，就連諸如巴比特與查特斯（W. W. Charters, 1875-1952）等科學化課程編製者，也都發展出一套與新心理學內存的心靈概念完全相符的課程理論。如果由一項學習任務遷移到另　　*92*

一項學習任務，不像一般所相信的那樣，那麼，即必須就著學習任務所要求之確定技能，設計一套可以具體而直接地教這些技能的課程。吉伯瑞「砌磚技能」的原子化，桑代克將心靈視為無以數計的細項心能所組成之心像，乃至巴比特的科學化課程就著組成人類生活之許多部分的學習任務所費心作成之分析，這一切都是同樣的概念。

伴隨上述作法而來的另一項心理學方面的運動，也就是把智力加以標準化，並且刻劃度數而成為智力商數這件事，也影響美國學校課程的發展甚為深遠。心理測驗源自試著追蹤天才成分的英國高爾頓（Francis Galton, 1822-1911）以及設立實驗室的德國馮德（Wilhelm Wundt, 1832-1920），但是，最直接的是為法國教育部負責找出需要接受特殊教育的學童之比奈（Alfred Binet, 1857-1911）的研究。比奈依其任務所需而開發之簡單的任務量尺（scale of tasks），一旦輸入到美國大陸之後，就經歷了大大的改變。在諸如古達德（H. H. Goodard, 1866-1957）、推孟（Lewis H. Terman, 1877-1956）、尤克（R. M. Yerkes, 1876-1956）及桑代克等心理學家手裡，那套量尺就不再只是一種診斷的設備，而是一組強而有力的工具；憑著這組工具，整個社會都受到了規制（Gould, 1981）。

正如羅斯所預見的，建立這樣一個穩定而有序的社會，其重要的力量在於有一套達成此項目的的學校制度，更具體而言，就包括了一套能緊密配合未來公民預定扮演的角色而設計之課程。因為未來的公民要執行不同且互補的任務，就需要一套能與科學化的心理測量系統可以確認的天賦能力相配合的差異化課程。特別是，中等教育所需要的差異化就必須十分講究。事實上，初級中學（junior high school）這個新型的教育機構設計，就是因為察覺到有這樣的必要性，也就是讓這些學生進入中學之前，有機會「探索」他們的需求與能力。

93　　　桑代克（Thorndike, 1906）自己對於中學課程差異化的需求一點都不含糊。他宣稱：「在中學所面臨的問題是，要給這些十四歲以上的男孩與女孩最值得施予的教育，也就是一種超出公共學校課程的訓練，以便讓他們能對於真正幸福樂利的世界，作出最大的貢獻」（p. 180）。那項任務正是霍爾早些時

候所提議的那種「預測」（prognostication），乃至伊利特在為《十人委員會報告書》進行辯論時，竭盡全力反對的概念。桑代克絕對地同意與他同行的心理學家霍爾，說道：「中學一定必須要把學生未來所需實際從事生活而做的工作放在心上，並且試著讓他們能適合這些工作，否則，這些中學就不算成功」（p. 180）。他認為，大多數的學生進入中學時，並不「善於處理抽象的**觀念**，他們的才智較適合操作一些**東西**」（p. 181），使得他們適合學習烹飪，而不適合撰寫作文或是從事實驗。更有進者，在一個現代社會之中，學校必須提供一些曾經是其他機構所負責教導的知識。桑代克肯定的說：「靠著一些經驗法則就能做好生意的時代，科學對於農夫而言是一種奢侈的時代，乃至於由母親口傳給女兒一些無稽之談是家庭主婦與母職最佳教育的時代，都已經過去了」（p. 181）。他接著作了一番推估：不到三分之一的中學生應該修習代數與幾何等科目，因為，第一，他們不適合學習這些科目；第二，他們應該把時間更有效地加以運用，也就是用來修習那些更能直接適合於他們在店裡工作謀求生活的科目。新教育的課程必須加以延伸，遠遠超越幾年前才由十人委員會所推薦的那些傳統科目，而課程差異化就成了此一延伸作法必須附隨的一件事。在將這樣的一種改革付諸實行的驅力之中，心理測量運動發揮了它應有的作用。

　　在眾心理學家正在形塑與新近出現的課程領域相一致之新心理學的同時，那些擁抱社會效率理想的教育社會學家們不只支持他們心理學同事的科學化研究，還針對那些即將導引他們試圖推動的課程變革之課程理論，作了進一步的精緻化。舉例而言，明尼蘇達大學的一位具有影響力的教育社會學教授馮尼（Ross Finney, 1875-1934），即清楚地看到了應該如何由陸軍甲種（Army Alpha）團體測驗的經驗獲致啟示，並據以進行課程的組織。令馮尼（Finney, 1928）生氣的是，在各項證據都顯示「絕大多數人的命運都事前註定，絕不可能冒出頭來」（p. 180）之時，像「要設法在你的同類中冒出頭來」（rise-out-of-your-class）這樣的社會哲學卻持續主宰著教育政策。馮尼認為，從柏拉圖到庫利（Charles Horton Cooley, 1864-1929）的社會理論家都持續不斷地犯著一項錯誤，那就是在建立一個美好社會時，假定人們真是可以藉由教導而察覺，或者總是會想方設法「認清站在正義這一邊的人」（p. 385）。幸運的是，那

個問題已經明確地搞定了。馮尼聲明：「心理學家們站了出來，帶著一些數據，又頂著一些醒目的新聞標題說了一些我們先前已經知道的事實，那就是人們當中有一半，他們的腦袋只達到平均或稍低的品質，而有相當大百分比的人則確實有著很差的腦袋」（p. 386）。儘管有這些證據，但是，仍然有一些錯誤的主張流傳著，他們認為學校的功能乃在教導人們思考，而這些主張都要（正確地）歸咎於羅賓遜（James Harvey Robinson, 1863-1936）及杜威「博士」。馮尼指出：「然而此一作法經不起細加審視。首先，依照陸軍測驗的結果來看，理髮師傅的智商只有 .78。凡是智商低於 .99+的人，他們的腦袋很難裝有一些有對於社會有用的思考能力」（p. 388）。他提出的辦法是，教導那一半沒有「進行思考」能力的人，要盡心盡力地遵循那些有能力告訴他們怎麼採取行動的人。事實上，以課程的術語來看，他所預見的課程乃是一種差異化的課程：一種為負有領導責任的人而設，另一種則為「跟隨者」而設。有許多人主張，智力商數的概念與心理測量應該可以完美地加以結合，俾便設計一套能與人們「原始材料」的品質聯結之課程，馮尼正好是持有這類主張之中的學者之一。在馮尼及持有同類主張的人看來，我們沒有必要讓全部學生都擁有思考的能力。

　　在眾多新一代的教育社會學家當中，成果最為豐碩的當屬史奈登（David Snedden, 1868-1951）。1895 年史奈登在史丹佛大學就讀大學部時，即受到羅斯的影響。在完成哥倫比亞大學師範學院的博士學位後，他成為該學院教育方面的兼任教授。後來，他成為麻薩諸塞州的教育總長，他在這個崗位上發揮了引領美國教育發展的作用，特別是在擴大職業教育的範圍，以及建立一套具有綜合性質的社會效率為本的課程。就是在他擔任麻州教育總長的這段期間，他任命了即將在美國未來課程的發展進程之中，刻下他們各自印記的兩位男士。

95　史奈登選取了他過去一位學生卜羅社（Charles Prosser, 1871-1952）作為主管職業教育的副總長。卜羅社在他漫長的生涯之中，成為美國職業教育發展的重要人物，又在第二次世界大戰之後促成命運乖舛的生活適應運動。史奈登的第二個任命是在 1912 年，請時為布魯克林的一位中學教師金士利（Clarence Kingsley），作為主管中等教育的助理總長。六年之後，金士利即在幾乎隻手獨撐

的情況之下，啟動了美國中等教育發展過程中一個重要的里程碑，那就是《**中等教育基本原則報告書**》（Cardinal Principles Report）。[93] 1916 年，史奈登回到哥大師範學院擔任教育社會學教授，因而可以把該一甫出茅蘆的學門帶到他師傅羅斯所樂見的方向。後來的二十年，史奈登成了包括馮尼、彼得斯（Charles C. Peters），以及艾爾伍等人在內的一群教育社會學家之中的核心人物。

論及史奈登有關課程的觀念，他同意諸如巴比特與查特斯等知名的科學化課程編製者的主張，但是，他持有遠較宏大且又更為明確的社會視野。史奈登（Snedden, 1921）在所發表的一篇論文中預測：「我們可以有信心地期望，到了 1925 年，導引教育的人們將會從糾結在我們當前的文明成果中，拆解出一千個明確的教育目標，這些目標的實現會為我們的社會帶來可觀的價值」（p. 79）。然而，史奈登（Snedden, 1923）察覺到，讓所有人都達成經過如此方法決定之所有目標，不但沒有必要，甚至也不是最可欲的作法。目標的設定必須與他所謂的「案例群組」（case groups）取得關聯；所謂案例群組是指：「相當大的人群組合，這些人彼此之間在很大程度上共同擁有一些相似的品質；又，這些品質與其所接受的學校教育有著重要的關聯」（p. 290）。史奈登正像他同一個時代的人們一樣，認為初級中學的階段正是：「能力、校外活動的條件（extra-school condition），以及未來的展望等各方面都有所差異的時段，因而迫使所採取的課程差異化之作法，比我們到目前為止所發覺到的要多得許多」（Snedden, 1924: 740）。因此，案例群組的創用對於初級中學這個機構特別恰當。

課程的本身是由名為「倍絲」（peths）的細小單位組成；這麼一個單獨存在的英文拼字就是個例子（Snedden, 1925: 262）。史奈登堅持他創用新詞或者將舊詞賦予新義的愛好，使他隨後又提議將倍絲組織而成「線束」（strands）；這是指圍繞著「成人生活的實際表現」。諸如「藉由平常的防護設施進行健康的維護」，這一項就大約需要 50 至 100 個倍絲。諸如成為一位市內有軌電車

96

的司機這樣簡單的線束，就只需要 10 至 20 個倍絲，但是，若要成為一位優良的農夫或者家務管理者，就大約需要將 200 至 500 個倍絲加以組合而成（pp. 288-289）。史奈登還創用了「『一批』（lotment）……是指由具有（與所涵蓋活動有關的）模態（modal）特性之學習者以六十小時可以完成的工作總量，或者所考慮到的全部工作」（p. 741）。史奈登對於學校及其課程的主張，彷彿是把郆勒對於工廠及其製造過程的主張，作了一番滑稽可笑的模仿。於是，在課程中，成了工業效率象徵的碼表，也彷彿到處可見！

　　但是，史奈登愛好離奇術語這件事不應模糊了他所代表的作法，實際上這些作法正是他那個時代的主流課程意識型態。例如，在 1923 至 1924 年間，康茲（George S. Counts, 1889-1974）（1926）所從事的以中學課程為主題的研究證據很清楚地顯示「該為不同中學人口提供不同課程」，這樣的說法普遍為人們接受。他的報告還指出了，在洛杉磯的中等學校有十八種不同的課程，而在麻州的牛頓市則有十五種（p. 13）。在同一年，林德二人（Robert and Helen Lynd）（1929）[94] 的中城中學（Middletown High School）則提供了不少於十二種的不同課程（p. 192）。

　　史奈登的門徒、來自布魯克林的數學教師金士利，就是在 1918 年時完成了一份文件，後來證明這份文件是《十人委員會報告書》開啟的課程改革之後，四分之一個世紀以來喧囂熱鬧的努力所達到的頂點。《中等教育重組委員會報告書》（The Report of the Commission on the Reorganization of Secondary Education），或者，人們通常稱之為《中等教育基本原則報告書》（Cardinal Principles Report）（National Education Association, 1918），在一發布時即受到幾乎是全面的認可，而且，與伊利特的《十人委員會報告書》（到了這時已經淪落為廣為人人厭惡的文件）不同的是，它一直都還為大家引述為課程事務方面有著最高智慧的文件。或許因為這是自從 1893 年以來，最強而有力且基本上是十分成功的課程改革措施，所以，接著而來有一些對於伊利特報告書所進行的批判，乃是難以避免的，而且，透過社會效率論在教育界所占的優勢，

---

[94] Robert Staughton Lynd（1892-1970）；Helen Merrell Lynd（1896-1982）。

因而也反映在對於學術科目日漸增多的攻擊，這也是必然的。因為該一學說的無處不在，以及對於課程之根本變革的呼籲無時不有，比較起來，金士利的報告書算是相當有節制的。無疑的，這份三十二頁的報告書最顯眼的部分應屬七項引導課程的目標：(1)健康；(2)對於基本過程的掌握；[95] (3)良好的家庭關係； *97* (4)職業；(5)公民資格；(6)善用休閒時間；(7)倫理的品格（pp. 10-11）。除了第 2 項算是例外，其他的目標各自代表了一項人生活動的領域，而且把課程引導到各該領域目標的有效履行。該報告書要求人們，應該在教育與他們日常生活所參與的真實活動，作更緊密的聯結。不像《十人委員會報告書》提出了四種學習方案，作為其建議事項的核心，《基本原則報告書》聚焦於課程之外的某些東西。課程成了達成這些目標的工具。

這份報告所強調的重點雖然有相當大的轉變，但是，就當時的教育氣氛而言，它所代表的立場相當穩健。巴比特、查特斯及史奈登等社會效率論倡導者皆呼籲，要把傳統科目加以消除，而代之以諸如公民資格與休閒生活等生活領域的本身。不過，金士利並不主張把歷史與英文等科目加以消除——而只要求將它們就著那七項目標中的至少一種，最好是更多種，作一些方向的轉變即可。金士利以前的導師史奈登（Snedden, 1919）即大聲反對，在那份七項目標的整個表單之中，職業似乎變得不見了，因而聲明這份報告書是「幾乎毫無希望地學術化」（p. 522），進而譴責該委員會「根本就明顯地偏於青年人的博雅教育」（p. 526）。

另外，就史奈登所屬意的差異化課程而言，該報告書也走得不夠遠。雖然該報告書的確論及了「各種課程」，但是，不只在一個地方稍稍論及，在一個民主社會當中，包括中學在內的各級各類學校，都必須透過共同的學校經驗，發揮其統整的功能（National Education Association, 1918: 22-23）。就此而言，委員會在其報告書中，一致支持綜合中學。當時，社會效率論教育者提倡的是，要讓不同類型的青年能接受各種不同形式的中等教育，所以，在這種情況

---

[95] 「對於基本過程的掌握」（command of fundamental processes）是指讀、寫、算等基本知能（Gutek, 2012: 157-158）。

之下，支持綜合中學這項主張其實是一項廣受爭議的立場。不過，整體而言，就四分之一個世紀以來，橫掃教育界的變革之風而言，該報告書所反映的狀況確實具有一定程度的適切性。因為金士利所提出的建議廣為各界接受，所以1918這一年可以視為反映在伊利特《十人委員會報告書》的人文主義者立場被迫持續採取辯護的作法，而不再像過去於美國的課程戰役之中扮演主宰的角色。

98

vii 第一本課程專書問世、巴比特與查特斯

到了 1918 年，社會效率作為一種課程理論幾乎已經到了頂峰，而且，對於課程改革的注意也已經到達了一個重要的關鍵點，在此，課程得到大家的公認，成為較寬廣的教育光譜之中的一個重要的分支專門領域（subspecialty）。課程獲得新地位的一個象徵就是出版了現代第一本完全探討此一課題的書籍，它的書名就簡單的稱為《課程》（*The Curriculum*）。在其中，巴比特摘述了到那個時間點為止，該一領域的狀況。他還提供了可能是最為精簡，而且同時也是他及社會效率陣營教育者所提倡的理論之最為明確的定義。

> 核心的理論很簡單。無論人類的生活如何不同，總是表現於某些具體活動的執行。為生活作準備的教育就是確定而適切地為這些活動作準備。就任何一個社會階級的活動而言，不論它們的數量如何龐大，種類如何多樣，我們都可以弄清楚。這只需我們走入這些事務的世界當中，並且發現這些事務包括了哪些細目即可。這些細目會顯示人們所需要的各種能力、態度、習慣、鑑賞力，以及知識的形式等等。它們就成了課程的目標。這些目標量多、確定，且詳細。透過這些目標的達成，兒童與青年所獲得的一系列經驗，即構成了課程。（p. 42）

巴比特就著課程理論所作的摘述中，幾乎每個句子都顯示了此一在 20 世紀占有支配地位的課程思考模式之重要層面。第一個就是簡單。較諸杜威對於複演說所作複雜概念的說明，或是霍爾文化紀元說所具有之神秘性質的浪漫主張，

巴比特課程理論顯示的簡單性質，所具有的吸引力就十分巨大。這種簡單的性質，主要表現於其有關課程設計的概念化，亦即將課程設計化約為一系列的步驟；這樣的作法與邰勒主義所啟示的要領完全一致，因而使其吸引力得以長久維繫，甚至一直到現在。具體明確是另一項頗有吸引力的訴求，而這一點正是源自科學化管理說，以及桑代克的連結論（connectionism）等理念，而且，在許多人的心目中，具體明確也正是符合科學原理的要項。嵌入巴比特對於其理論本質所做的敘述中，還有實際編製課程時所必須運用的機制，也就是巴比特所堅信之「科學化的技術」（p. 42）。活動分析，或者有時稱之為工作分析，包括了一套程序，要人們先建立由構成人類生活的「細目」所組成之清單；這些細目正是人們實際上所從事的工作，而這些事情將會進一步轉化而成課程目標。次一個步驟，只是就著能最有效地達成每個目標的作法，設計那套「系列的經驗」。巴比特所建議的作法，正是把吉伯瑞（Gilbreth）針對砌磚工序所作的分析技術，不只是應用在科學化管理案例中的「職工工作」（vocational labors）分析上，而是應用在人們所從事的所有活動上，應用在：「他們的公民活動；他們的健康活動；他們的娛樂活動；他們的語言；他們的親職、宗教，以及一般的社交活動。」課程的範圍就等於是「充實而完整的人類生活所構成的馬賽克」（p. 43）[96]。

　　巴比特察覺到，全部人類活動的範圍之廣袤，非任何課程足以完整涵蓋，但是他在「必須指導的經驗與不必直接指導的經驗」（p. 43）這樣的觀念中找到了解決此一問題的解方。巴比特認為，某些目標可能「不需有意地下工夫，就可以達成」，而且，雖然「課程發現者」（curriculum-discoverer）可能也了解這些情況，但是，「他應該會贊成，我們應該盡可能地透過非直接的經驗來達成這些目標」。幸運的是，學校不必一定把每樣東西都教給學生。某些事情只要透過自然而然發生的社會化過程來學習即可以了。巴比特強調：「**學校所達成的課程目標，應該是在一般情況無法充分地獲得之具有指導性質的經驗**」

---

[96] 作者以意思為拼花圖樣的「馬賽克」（mosaic）譬喻課程如拼花圖樣般編綴製作而成。

（p. 44）。依巴比特之見，凡是無法透過這種方式習得的能力，就稱之為**缺陷**（shortcomings），那也就是說，一旦全部範圍的活動都發現了，那麼，凡是人們無法表現出來的能力，就是**缺陷**（就當時的用語而言，與**缺陷**相當的用詞就是「需求」）。舉例而言，他以贊許的方式引述了與他有同樣想法之時人查特斯所作的研究——該研究的主旨係在發現堪薩斯市（Kansas City）的兒童在口說及書寫語文兩方面所發生的錯誤。一旦把文法上發生錯誤的類型加以區分，該錯誤就構成一項必須處理的缺陷。巴比特總結道：「只有當我們把人類在每個領域之行為表現中的錯誤與缺陷都加以列出，我們才可能知道學校裡具有指導性質的課程，應該包括哪些內容，又應該強調哪些」（p. 52）。

100　　　　巴比特與查特斯兩人都未太注意他們所持的課程概念對於較廣泛的社會問題，或者學校與社會進步之間的關聯，有些什麼啟示。大體上，他們兩人把自己看成只是將科學的見解帶到一個一直都由放任自流、傳統成訓，以及毫無裨益的玄思冥想等作法所主宰的課程領域之中。舉例而言，在《**課程**》一書中，巴比特似乎完全是以工具型的效率（instrumental efficiency）觀，來理解社會進步與學校所教內容之間的關聯。他主張：「作為社會進步的能動者（agencies），學校應該提供有效率的服務。而我們今天已經漸能理解，所謂有效率的服務是要依據科學指導的服務，而不是胡亂猜測或奇思怪想，也不是有什麼特別的自我利益牽涉在內」（p. 69）。換言之，學校應課以提供社會需求之責，而此社會需求胥依科學分析之決定。

　　　　雖然他們自己的看法如此，但是，他們還是認為注重科學分析的課程編製者的工作，有著十分重要的社會意義。這一點也許可以由查特斯的某些論著作最好的說明。查特斯，甚至比巴比特還更多致力於各種不同領域之中活動分析的實務工作。他大部分具有影響力的研究都與各種不同的職業角色，諸如圖書館員及獸醫有關；他把吉伯瑞的砌磚工作分析應用到許多其他的領域，作為那些領域職業訓練的基礎。舉例而言，他所著的《**秘書職責與特性的分析**》（*Analysis of Secretarial Duties and Traits*）（與 I. B. Whitley 合著，1924）一書，即成為商業教育領域的經典。但是，當他轉向人類所從事之較廣泛的活動，某些在職業脈絡中似乎有道理的技術，開始呈現強烈的社會意義，而且，

某些弱點也同時顯露出來。

　　1920 年前後，查特斯受到密蘇里州哥倫比亞市一所名為史蒂芬斯的私立女子學院（Stephens College in Columbia, Missouri）之請，設計一套新的課程。對於查特斯而言，很清楚的是，女性的工作與任何其他工作都一樣，所要求的課程發展技術與他在為其他有關的職業角色設計課程時，也是一樣的。查特斯（Charters, 1921）利用為此一新課程所撰作第一個報告的機會重新肯定課程改革急切要務。他開始時說道：「課程的情況益形尖銳，凡是把子女送到學校的民眾，對於學校裡所教的盡是一些沒有用的東西，愈來愈不滿意」（p. 224）。社會效率改革者的主要任務之一即是要把課程之中那些沒用的，還有一些純粹只是象徵意義的東西，替換成一些直接有用的東西。依據查特斯（Charters, 1926a）的說法，這包括了一套由人們所從事的活動之分析，再加上管控那些活動的理想。他相信：「我們界定課程時，應該以人們未來將要做的事情為依據」（p. 327）。這樣的想法正好符合社會效率論最核心的原則之一。正如我們不會為未來的醫生和未來的工程師提供同樣的教育，我們也不應該為男性與女性規定同樣的教育。如同巴比特所發現的，男性與女性無從避免地一定要做不同的事情。為了要獲得一套有關女性活動的清單，查特斯要求女性自己敘述她們一星期之內所從事的工作。總的來說，一共收到 95,000 個回應，而這些活動經過分析後，成為 7,300 個項目。之後，這些再歸納為諸如食物、衣著，以及健康等種類，而事實上這些種類就變成了課程裡的各個科目。「家務管理者」與「未婚女性」兩種不同特性的活動，受到特別的注意；凡是這兩個群體都一定要從事的活動，就成了全部女性都要修習的必修科目。衣著的研究是全部女性都必修的科目，但是，「藝術欣賞……就純粹是選修科目」，即使這項功課似乎直指了這樣的一項結論：「美學在女性之間非常重要，她們可以由這些科目中學習到比別的科目更多的藝術欣賞能力」（p. 329）。不像把興趣當作決定課程之重要規準的霍爾等人，社會效率論的教育者主要關注的是如何在未來所擔負的角色上有效率的表現，因而以這項規準來看，美學似是無關緊要。在考慮一項特別為家務管理者設計的課程時，查特斯（Charters, 1926b）決定呈現一個由四十八項特質組成的表單，讓 3,440 位裁判評其為：(1)最為重

要；(2)既不特別重要、也非不重要；(3)最不重要（p. 680）。當這些評等經過統計處理之後發現，照顧健康〔例如，「她作了她家裡的飲食規畫，以便滿足他們生理的需求」（p. 676）〕評為第一，而誠實〔例如，「在處理家庭財政事務時，她誠實無欺」（p. 678）〕與愛〔例如，「她有愛的理念，並且向丈夫、孩子及家人表達這份愛意」（p. 678）〕則評為第二。評為最後的是慈善〔例如，「她參與了一些以慈善為宗旨的有組織社團」（p. 679）〕。依據查特斯的說法，這樣的一項特質研究可以用在建立一套課程，第一，可以在「所教授的每個科目」之中，把這些特質的某些注意事項融入；第二，當某個側面圖「顯示她們在這些特質的某些部分較弱」（p. 684），就可以直接訓練女性獲得這些特質。

　　如同查特斯為女性開創一套課程的努力顯示，首先，最重要的是，科學化課程編製緊緊扣住社會的現況，以人們已經從事的活動作為人們應該作的事情之規範，即使誠如他一直都不厭其煩地解說的，在它們用來作為某一門功課合乎法理的目標之前，都會先把這些活動加以「理想化」（idealized）。因為他們把社會進步當作只是把人們目前正在做的事情，做得更有效率而已，所以，這套課程缺乏任何理想的（utopian）組成元素。他們很少或絲毫未注意到，社會變遷具有可能改變那些活動的性質與範圍之效應。其次，雖然在設計這套直接緊扣效益的課程時不斷援引科學，但是，到了末了，活動分析這項技術還是避免不了要訴諸共識。他們原初在建立活動或是特質的表單時，無論曾經採用過任何符合科學的程序，都無法獨立自主地成為課程的元素，而不涉及人類的判斷於其中。

　　舉例而言，巴比特所執行的那一項有名的洛杉磯學校調查研究，就是這麼回事；這項研究後來寫成他最具影響力的專書《如何編製課程》（How to Make a Curriculum）。雖然巴比特（Bobbitt, 1924）堅持活動分析法的要求：「在所有的分析階段中，都要特別注意，務必按照**人類實際的活動**進行分析」（p. 9）。但是，實際上他在該書中所呈現的課程目標並非實際活動的直接觀察，而是「2,700 名訓練與經驗俱佳的成人所作出的一致判斷」，且有不少的案例是「只有大多數人同意」（p. 10）。事實上，在巴比特抵達洛杉磯時所帶去的

一長列的目標表單，是他在芝加哥大學的研究生先前準備的，然後再向洛杉磯的教師們提出報告，並且徵求他們同意（Bobbitt, 1922: 4-5）。

不論活動分析有哪些實際的困難，科學化課程編製者的一項傳諸長遠之作法，就是繼續不斷地堅持在教育活動開始之前，敘述精確且明細的課程目標。當然，這樣的論點由製造業界的作法類推而來，至少依據郶勒的說法，就是要在事前規定精細的說明與標準，俾便以最大的效率獲得所欲求的成果。巴比特（Bobbitt, 1924）堅決主張：「課程編製的第一個步驟，就是要決定預計產生的具體教育結果」（p. 32）。而且，他所下的指令變成了 20 世紀課程計畫最主要作法中的最重要成分，這項事實可以說是他所代表的整個立場臻於成功之見證。相反地，這種陳述大量、精細與明確目標的想法，就從未出現在哈里斯、霍爾，或杜威的論著之中。

更有進者，科學化的課程編製者所主張的，教育即為未來作準備的概念，已經徹底地融入了當代的教育思想之中。巴比特指出：「教育主要是為了成人的生活，而不是為了兒童的生活而設。它的基本責任是要為五十年的成人生活作準備，而不是為了二十年的兒童生活作準備」（p. 8）。杜威（Dewey, 1916a）則從另一個方面，把他自己的立場視為與教育即預備說「完全相反」。他拒絕把兒童放在「等候名單」，一種「為另一個人生而接受的緩刑」（p. 63）。他堅決認為，這樣的教育沒有激勵的力量，並且將「獎賞……放在猶豫不決與因循苟且」等不合宜的表現上，而不是把重點放在兒童帶到學校之與生俱來的注意力與活動力上（pp. 63-64）。他指出，到了末了，「預備的原則使得大人們必須大量地使用愉快與痛苦等外來的動機」（p. 64），這正是因為遙遠的未來無法導引兒童的活動力。這樣的作法切斷了兒童與「現在可能發生的事情」之聯結。在杜威看來，訴諸教育即預備說的教育體制也會破壞教育背後的倫理力量。杜威（Dewey, 1909）曾經說過：「誰能計算這樣一種恆常不變的印象——沒有什麼事情就其自身而言是值得做的，只能作為其他某件事情的準備，而這件事情回轉過來也僅僅是某個真正重大之遙遠目標的一項準備——的道德力量之損失」（pp. 25-26）？在社會效率論的教育者與杜威之間，在教育是否應該視為一種準備形式這樣的問題有著深邃的不同意見，此一現象正代

103

104

表著，想要把舊秩序從教育之中逐出這件事，並非只有單一的改革思想。而且，在慮及對於學校所發生的實際效應這件事時，科學化課程的基本觀念始終重要，這個現象意指著，像巴比特這樣相對不那麼知名的人士，比起全世界都知名的杜威，可能更能觸及他所處時代的真正脈動。

第五章

某些科目的重新調整與
職業主義的勝利

i 手工訓練

　　或許因為他感覺到傳統中小學校科目有了大幅度改變的危機，伊利
特以一種令人驚訝的、幾乎難以言辭形容的方式推翻了他自己長期以來
的立場，宣稱：「小學教師們應該就著學生經過查證的或是可能的前途
進行篩選」（Eliot, 1908: 12-13）。他甚至強調：「沒有任何事比這件更
重要了」（p. 12）。說到手工訓練這項教學活動，伊利特同意它「引入
課程的作法是對的」，而且，它是「課程中一項有用的成分」；但是，
他極力主張，目的很清楚，是在為「熟練手工勞動者謀求生計」（pp. 10-
11）作準備的職業學校應予以增設。這位十人委員會報告書的建築師毫不
含糊其詞地拒斥了該委員會最具關鍵性的一項建議，並且接受了霍爾的
立場，亦即學校課程應該與學生們（甚至應該向下延伸到小學階段）未
來的前途緊密相連；而這乃是他三年之前才強烈地否定的一項主張（Eliot,
1905）。如果伊利特所重視的人文主義價值不能注入到中小學校全部學
生的心靈裡，那麼，毫無疑問地，他會比較樂見，這些價值至少還能保
留在那一些「命運」是進入大學求學的學生心裡。若沒有了這樣的妥協，
可以想像到的情況似乎就是，至少在 20 世紀第一個十年的教育改革脈絡
中，人文主義的價值將會遭到連根拔除的命運。愈來愈多課程編製者及
專業教育社群的領導者已經看出，在 20 世紀早期美國生活的傾向。而
且，就某種程度而言，普及的大眾教育本身與人文主義價值及傳統乃是

不相一致的，而這項看法就使得人文主義者的傳統孤立於美國教育政策制定的主流之外。於是，在這種教育變革潮流朝向人文主義者主張逼近時，他們似乎只好與社會效率論教育者們保持一種不公開的緩和關係，在這種情況之下，他們還能將傳統的學術課程加以保留。不過，這種保留只剩下了一部分經過選取的學校人口，亦即日後逐漸稱之為「升大學」的學生。

正當美國朝向 20 世紀第二個二十五年移動之時，教育領導者們逐步以日漸刺耳的控訴，指責各級各類學校無法按照諸如史奈登及卜羅社等改革者所支持的學說，進行變革。無論那些希望把現有課程紀錄完全刷新的教育改革者所心存的希望是如何之高企，但是，他們幾乎注定要失望了，其原因很簡單，就是他們所提出的改革，牽涉的範圍實在太廣泛。史奈登的夢想是要以細微的目標，以及由它們組合而成的一連串目標，[97] 作為課程建置的基本部件（building blocks），以便用它們替代科目；但是，此一夢想始終未能實現。雖然，這些改革者在某些時候會因為課程改革的速度看起來太慢而顯得失望與為難，但是，事實上，他們在 20 世紀的前二十年還是在一些社會效率的理想上，達成了一些引人注目的、甚至是令人驚異的成就。

歸根結底，我們不能忘了，這時有那麼一種嶄新的機構創立了，那就是初級中學，因為在第一次世界大戰之後，大量的心理測驗進入了各級各類學校，所以，此一新設的機構就可以專意地確認即將進入學校的「原始材料」之真正性質，而讓高級中學有餘力可以按照社會效率論改革者一直那麼執著的要求，提供差異化課程。舉例而言，這當中值得給予特別榮耀的諸多候選學校之一就是美國於 1910 年所設立的第一所初級中學；它是在加州柏克來的學務總監彭克（Frank F. Bunker, 1873-1944）任內所設。彭克（Bunker, 1916）沉著地由艾爾斯有關以「遲緩的」與「障礙的」學生為對象的研究，還有諸如桑代克等其他教育領導者的研究找到支持的理據。他所報導那間學校的職業取向課程正好就是社會效率論教育者們認為可以消除許多學生因為功課不佳而增加的浪費，

107

---

[97] 「細微的目標」及「由它們組合而成的一連串目標」即第四章所提及的「倍絲」（peths）與「線束」（strands）（pp. 95-96）。

進而讓他們快速地升級。新設機構主要的理據是建立在由發展論者所提出之推斷性質的證據，其大意是說，青年前期的學生與年齡較長、青春期之後的學生，最好能分開進行教育。初級中學大量納入美國教育的階梯，是由兩個或更多個強而有力的利益團體，在某一項成功施行之重要的革新作法上相互交叉，並且因而皆能從其中獲得利益的案例之一。

　　社會效率理想還算成功的第二個指標是，雖然尚未至於像某些極端的社會效率改革者所要求的那樣，把許多傳統科目趕出學校的課程，但是，這些科目卻已經按照新的功利性質之課程基準作了轉型。舉例而言，歷史這一科即受到其他社會科中的科目迎面而來的挑戰；這些科目之中有些根本就把它們設科的宗旨定為培養有效率的公民資格（citizenship）（Sivertson, 1972）。即使像歷史這個科目的名稱保持未變，但是，該科目本身卻經常呈現著與**《中等教育基本原則報告書》**的建議——以培養公民資格為主旨——相一致的新特性（Lybarger, 1981）。面對不受歡迎的移民人數不斷增長之壓力，美國的領導者在考慮到將美國制度介紹給這些新進的美國人，並且把美國的規範與價值反覆灌輸給他們的最佳方策時，轉而求助於學校教育，特別是社會科這一個科目，乃是理所當然的。

　　在社會科這個科目依據功能路線進行重組的過程中，有一位居於樞紐地位的人士就是漢普頓學院（Hampton Institute）研究部門的主任瓊斯（Thomas Jesse Jones, 1873-1950）。瓊斯在漢普頓學院設置了一門新的社會科，其設計的主旨在以美國下層階級的人士為對象，教導他們一些知能，以便他們能夠趕得上白人中等階級的生活水準。漢普頓學院以及許多其他特別為黑人及美國原住民而設置的教育機構之理據乃是，雖然這些種族並非先天就處於劣勢，但是在他們較早年齡階段的發展確實比白人緩慢。在設計這些學習方案時，引介較為進階的白人社會制度與社會實務給那些較落後的種族時，他們朝向文明狀態的進步就會加速趕上。就如瓊斯所說的：「過去，因為我們未花時間培養黑人及印第安人種，所以他們的表現就不如別的人種，也因此就顯得不平等；所以，只要有時間培養他們，他們就會跟其他種族有相等的表現」（Jones, 1908: 5）。

　　舉例而言，漢普頓學院的經濟學課程試圖直接教導黑人及印第安人，要他

108 們在一些特定的日常生活實務之中，諸如購買衣服以及使用食物等方面，放棄一些不符合要求的習慣。課程的重點放在諸如：「黑人喜歡火腿而不喜歡牛肉，喜歡肥肉及甜食而不喜歡較為營養的食物，喜歡花色多樣的奇裝異服而不喜歡較簡易實用的衣服」（p. 12）。就這方面而言：「沒有受過教育的印第安人，比起黑人，可以說更是滿不在乎」（p. 13）。這套課程試著教導儲蓄的習慣，因為「儲蓄會積累基金，既可增加個人的收入，又能有利於社區的福祉」，並且在此一基礎之上，該課程把各種儲蓄的機構介紹給學生（p. 14）。瓊斯報導稱：「經濟學的學習提醒學生們，社會的分等別級乃是建基於財富的多寡，並且教導他們一些造成這些等級的個人特性及社會力量，而這些應該會讓他們一級一級地拾級而上」（p. 40）。

在學習社會學的時候，瓊斯強調：「漢普頓學院的社會學課程最有貢獻的部分是這一項道理：在體格、經濟方面的財產，乃至識讀能力等的不同之外，還有其他方面的重大不同，那就是素養（disposition）[98]、習性以及種族的社會組織」（p. 40）。漢普頓學院也針對人口普查的報告進行研究，俾便憑以強調不同種族在婚姻關係、職業活動，還有作姦犯科等行為表現的不同。藉由研究與這些事務有關的人口普查數據，漢普頓學院的學生們將會學習到，不受一些：「『社會改革』小說家以他們憤怒的想像而製造的誇大且扭曲」（p. 40）了的數據影響。其他的課題包括了比較黑人與白人的出生率與死亡率，特別強調人們在準備承擔養兒育女的責任之前，要先對於「經濟觀點作仔細的考慮」（p. 42）。明顯地，漢普頓學院社會科的設計主旨，乃是希望透過為學生培養良好的習慣與理念，而能為他們的生活帶來直接助益，因此，早自19與20世紀之交，漢普頓學院的課程即已獲致來自全國各界的好評（Shaw, 1900）。

所以，我們不應該驚訝，全美教育協會後來會任命瓊斯這麼一位，在一項廣受稱讚的改革背後發揮引導力量的人士，擔任該協會所設置的中等教育重組委員會下轄的社會科分組（有時亦稱社會科委員會）的召集人。當各個不同科

---

[98] 拙文〈素養教育的理念與作法：杜威觀點〉（單文經，2017c）對於將"disposition" 譯解為素養的緣由，有所論列。

目分組的初步報告出爐時，很明顯地可以看出，社會科分組的改革建議會依循 *109*
瓊斯在漢普頓學院曾經推動的路線。該報告宣稱：「好公民應該是中學社會科
的主旨」，而這意指著：「要理解與人類生活朝向更好方向發展的方法之有關
的事實、條件、理論及活動」（National Education Association, 1916: 16-17）。
瓊斯呈現了一般政府報告中少見的熱情，試圖把老舊的歷史學習重新加以導向
到具有嶄新形式的社會科，如社區公民科，「讓學生可以在其理解能力所及的
時候，就有機會學習到這些課程」（p. 18）。在一段短時間內，配合公民素養
的主旨，在範圍與內容這兩個方面重新塑造社會科的努力迅速增長（Sivertson,
1972），於此，公民德行的界定主要是「服從、助人、禮貌、準時等等」
（National Education Association, 1915: 36）。在社會科委員會的報告出爐時，
它包括了直接採用漢普頓學院施行的社會科課程的建議，並且聲稱這麼作的原
因是無法找到比該課程「更好的示例」可以推薦給全國的各級各類學校（Na-
tional Education Association, 1916: 53-56）。毋怪乎在舉國上下對於社會崩解及
傳統美國價值遭致腐蝕這些危機有著近乎強迫性擔憂的情況下，這套原本是為
社會下層階級所設置的課程，會在後來衍生而成一套讓大多數美國學生適用的
課程模式。

其他科目也都經歷了一些內部的轉型。舉例而言，作為小學課程核心的閱
讀教學，逐漸由當時迸發出來的一些科學研究發現所主導，例如，桑代克所著
以字彙出現頻率為主旨的《**教師字彙專書**》（*Teacher's Word Book*）（Thorn-
dike, 1921）主導了小學閱讀課程的內容與教學方法（Gray, 1925）。在算術這
個領域也發現了相同的情況，這包括了就著不同職業的從業人員所進行之系統
測試，俾便按照商業運用的情況來設定算術課程的標準（Courtis, 1913）。以
這種作法，在科學化課程編製者的理想中，以客觀的方式確定現代生活要求，
並且據以為一大批的學校科目提供線索的理想，即因而逐漸落實。

ii 職業教育

在各項成功的課程革新作法當中，最具戲劇性且影響最為廣大與深遠的當

110　屬職業教育。1893 年，十人委員會將職業教育完全排除在四個學習課程模式之外。既然該委員會在基本上是個具有心智訓練論取向的組織，那麼其成員就當然不但不把職業訓練看作學校課程中一個合適的科目，甚至認為它也不屬於以培養學生「生活」知能為宗旨，且以不進入大學為著眼點的課程。但是，到了 1917 年，情況有所改變，職業教育成了緊急的必需品，以致需要來自聯邦的大力財政支援。職業教育成功的意義不只是增加一個新的科目，也不是新創一個課程選項，而是將許多現存的科目，特別是在中等教育階段的一些科目與來自職業教育的科目相互融合在一起。這可由一些諸如商業數學及商業英文等日漸普及，因而成為那些科目的傳統形式之合理的替代科目這件事，看出此一改變。我們很容易就可以看出來，除了為準備升入大學的學生而設置的科目之外，整個課程都職業化了。舉例而言，學務總監彭克即很驕傲地指出，在新設的初級中學裡，即設有一些重點在於實用的科目（Bunker, 1916）。

　　關於將實用性的因素引進美國的傳統人文主義課程之中，考慮較為周到的應該至少可以追溯到遠自 18 世紀晚期，由富蘭克林（Benjamin Franklin, 1706-1790）所設立的學苑（academy），甚至反映於 1828 年發布的《**耶魯報告書**》。這些作法當中，最為成功的當屬由農業與製造業團體推動立法的「土地撥贈大學法案」〔Land Grant College（Morrill）Act〕。此一終於在 1862 年通過，隨後由林肯總統簽署公布的法案，其最後的結果是設立了許多致力於將諸如機械與農業等實用技藝納入其課程之中的大學。作為 19 世紀中等教育主要形式的學苑，具有明顯實用的取向（Sizer, 1964），而且，一般而言，19 世紀的各級各類學校都持續教導學生們，勤奮工作的美德及怠惰的危險，並以這些作為道德訓練的主旨；如此的作法反映了工作與學校的某種關係，不論這種關係是如何的未加明確界定。此外，當美國的工業化進入 19 世紀，即出現了特別為工程師而提供的專業教育，有如以歐洲模式為據而設置的倫斯勒多元技術學院（Rensselaer Polytechnic Institute），又如將工程技術融入課程的美國西點軍校（U. S. Military Academy at West Point）等。

111　　但是，就設立實用課程，特別是與就業能力緊密相聯的實用課程之動力而言，其一切的先兆，亦即作為美國課程中最強大力量的職業教育之興生，最直

接且最顯著的前驅乃是手工訓練。實際上，在很早以前，手工訓練即與工程師的訓練緊密相聯。在麻省理工學院（Massachusetts Institute of Technology）數學教授兼校長倫可（John O. Runkle, 1822-1902）及位於聖路易的華盛頓大學下設的歐法倫多元技術學院（O'Fallon Polytechnic Institute at Washington University in St. Louis）院長伍華德（Calvin M. Woodward, 1837-1914）的領導之下，手工訓練運動的發展可說是空前成功。倫可及伍華德在他們生涯進程的早年，都曾經致力於改革工程師的專業教育，特別是試圖把工具及基本力學等較為實用的知識融入訓練之中，這種作法與當時典型的作法不同。倫可及一些同事之所以採用這種作法是因為他們於1876年參加了在費城舉行的百年博覽會（Philadelphia Centennial Exposition），並且有機會參觀了俄羅斯的展示。聖彼得堡皇家技術學校（Imperial Technical School at St. Petersburg）的德拉佛斯（Victor Della Vos, 1829-1890）已經發展的一系列拾級而上之練習作業所教的技術，正是倫可認為美國工程師教育中缺乏的；這件事讓倫可印象非常深刻。換言之，實用的技巧可以安排成為一套有序的系列，而成為可以在學校進行教學的課程。倫可對於那項訓練的欣羨使得他迅速地把他以俄羅斯的制度為據所作成的建議，由工程師的專業訓練延伸到了公立教育。他所預見的新方案，是把可以適用於培養工程師的作法，也應用於培養未來的技師。

伍華德對新近受到注意之手工訓練的熱心推動，不落人後。1879年，伍華德在華盛頓大學開設手工訓練學校，收受十四至十八歲之間的男孩，施予三年的學程。依據伍華德的說法，該校的課程是為了：「促成大家對於合乎智慧要求的勞動之重要性與尊嚴，及明智的勞動人員之價值與可敬重性有高度理解」（Woodward, 1885: 623）而設計，而不是在作職業訓練。在學校中的努力漸見成果，且學校也獲得了全國的知名度之後，他所強調的重點，開始在兩個方面搖擺不定：一是相對狹窄的改進工程師專業訓練之目標，另一則是在較寬大的視野之下，將公立學校的課程加以重組，俾便就著在主要為文學的人文主義課程與作為現代生活標識的手工，這兩者之間所呈現的不平衡，加以矯正。　*112*
雖然他強烈地主張應該從「整個學術文化」（Woodward, 1887: 245）來看手工訓練，但是他也強調作為技師、工程師，或是製造業者等在工作時所獲有的

「榮耀與舒適」，跟那些「店員、簿記員、銷售員、可憐的律師、厲害的醫師、哀怨的傳教人、窮文人，或者冷酷的『辦學人員』等在物質缺乏的情況下勉強維持生活」，有明顯的反差（p. 172）。對於伍華德而言，手工訓練之所以重要，不只可以提供適宜的理智與道德教育，還可以恢復手工勞動的尊嚴，所以，它是青年走向一個受尊重且報酬豐厚職業的康莊大道，也是使得這個國家興盛的不二法門。質言之，手工訓練如其所廣告的，是那個時期所有的改革團體都很容易接受的一項作法。

　　如同一位新教育的政論家所指，伍華德一生卓絕超人，無人能與匹敵。不知是出自先天的自然本能，抑或後天的深思熟慮，他認識到了，在 19 世紀晚期，人文主義者的力量仍然十分強大，因而無法從正面加以攻擊。他在 1885 年時宣稱：「我們沒有必要在納入『新』教育時，不把『舊』教育也納入其中。我們不會把老廟的重要部分給拆卸下來」（p. 614）。他所提議的不同作法是，教育應該為知識的體系增加雙「翼」：一是自然科學，這是一向未充分受到人文主義者課程重視的部分；另一則當然是手工訓練，可藉由：「觸摸及觀察、手及眼」（p. 614）的引進，讓舊教育臻於完善。伍華德的建議與霍爾不同，舉例而言，他的改革作法代表了一些相對而言比較微小的調整，這麼做會以較無痛苦的方式把傳統教育帶向符合現代社會要求的方向（Woodward, 1890: 204）。他甚至可以用心智訓練論的語辭促成他有關革新作法的提議，而這麼說：「手工訓練在充實知識與經驗時，特別強而有力，它也對於人們形成對進行邏輯推理很重要的前提，發揮重要的作用」（p. 204）。這樣的論證能在相當程度上投合了像紐約教師訓練學院校長巴特勒這樣人士的想法。巴特勒曾說：「手工訓練是透過手及眼所進行的心智訓練，正如歷史的學習是透過記憶及其他能力所進行的心智訓練一樣」（Butler, 1888: 379）。

　　但是，因為對於手工訓練的範圍有著這樣的主張，所以，幾乎無可避免地會聽到一些反對的聲音。舉例而言，哈里斯即在對於全美教育協會的教學委員會（Committee on Pedagogics）的談話中指出，有必要「堅持手工訓練應該不可在學生十二歲之前實施，也不可在他們已經完成其理智部分的學習功課，亦即閱讀、寫作、算術、文法與歷史等學校教學之前實施」（Brown, Hoose, Parr

& Harris, 1889: 417）。哈里斯不是一個不經過一番爭論就輕易放棄他長期以來
堅持的「靈魂之窗」優先性的人。他聲稱，太早對於兒童施予手工訓練會使得
「他們的人性，包括生理、理智及道德等方面的人性發育遲滯，並且導致其停
止成長」（p. 418）。哈里斯已經作好準備接受科學學習的理智價值，但是，
他還不能一樣的看重手工訓練。「當學生學習作一些事情的方法時，他確實是
在動他的頭腦；當他致力於手工時，此一過程變成了習慣，那麼，他就不必用
到理智，除非有新的組合」（Harris, 1889: 95）。於是，他就這樣否定了手工
訓練支持者所聲稱的理智價值，然而，正是因為這樣，這位「偉大的保守人
士」的聲音卻日漸孤單，尤其是在這個主題上，更是如此。

　　當全國知名的手工訓練倡導者，諸如伍華德及巴特勒喜歡以理智發展作為
他們推動這項教育活動的理由之時，學校行政人員發現，手工訓練潛在地所具
有之實用的、特別是職業上的效益，更有吸引力。有一項較早有關手工訓練所
具有之實用價值的討論，是緊接著由聯邦政府下轄自由人保護局（Freedmen's
Bureau）[99] 的學務總監阿睦斯壯（Samuel Chapman Armstrong, 1839-1893）在
1867 年設立的一所專收黑人及印第安人的手工訓練學校之後開始的。像伍華
德一樣，阿睦斯壯這位夏威夷傳教士的兒子主張：「手工的訓練同時也是心智
與意志的訓練」（Peabody, 1918: xv）。他抬高了黑人勞工的地位，特別是那
些作為奴僕等卑下工作的勞工，男女皆然。阿睦斯壯在勞工的尊嚴及清教徒的
倫理觀之中，看到了將此一種族由貧窮及墮落中拯救出來的契機。阿睦斯壯的
門徒，瓦盛頓（Booker T. Washington）即在他於 1881 年在阿拉巴馬設立的塔
斯奇師範訓練所（Tuskegee Normal Institute）試著慢慢灌輸同樣的道德教訓
（Washington, 1905）。透過手工訓練「因為具有無知、懶惰與道德薄弱而受
到蹂躪的兒童，都將可轉變為謹慎、有先見之明、負責任，且又能在經濟上獨
立之有多方面能力的男人」（p. 7）。

　　針對卑下勞工施予訓練的實用價值並非一直都未受到挑戰。舉例而言，第
一位獲頒哈佛大學博士學位的杜布瓦（W. E. B. Du Bois, 1868-1963）即指出，

114

---

[99] 亦譯為「被解放黑奴事務管理局」。

在塔斯奇所倡行的那一類手工勞動，基本上是一項與近代工業社會潮流不相符合的作法；而且，就因為接受了這樣的訓練，使得黑人在 20 世紀經濟所需要的理智訓練及專業技能等方面的機會遭到否決，也因而排除了獲致真正平等的可能性。更有進者，早在 1902 年杜布瓦就指出，「職業」（calling）的範圍很大，即使職業學校辦理得再有效率，也無法達成它們所意圖達成的目的（Du Bois, 1902）。他指出：「在工場的制度下，時常發生一些新展開的分工……致使學徒們必須在工場裡學習。」他所列舉的第二個重要問題是：「各種職業工會對於黑人勞工所採取之強而有力的全面性反對，讓黑人只能在原本即已有良好基礎的職業力求精進，而難以擴大就業的機會。」除了這些與手工訓練之效用的問題以外，杜布瓦還提出了一些廣泛的哲學問題：

> 工業學校必須當心，他們是否過度地強調這些學習的「實用」性質。所有與頭腦或是雙手有關的真正學習，若是從把它們應用到生活這一層意義來看，都是實用的。但是，最好的學習應該比只是實用還要多一些，因為它不只可以應用於現在的生活之中，還能應用到較寬廣、較大範圍的生活，這些生活或許只是從理論上看來存在於今天，但是，若在受過教育且很好的人之協助下，這些生活就會成為事實……教育的理想，不論教導人們去教人或者耕作、紡織、或者寫作，都必須不能沉淪到貪婪的功利主義。教育必須要一直保有著寬闊的理想，而且，我們不能忘記，教育處理的是靈魂而非鈔票。

於是，在黑人教育的脈絡之下，與手工訓練相聯的實用與道德價值，都受到質疑，即使那種訓練已經普遍地延伸到公立學校了。

但是，無論伍華德等倡導者對於手工訓練提出了如何高明的論證，或者哈里斯及杜布瓦等反對者提出如何周延的駁斥，它在學校層次的實施主要是由職業訓練及當時的標準學術課程的組合。然而，某些學校系統曾經一度試著把這些因素加以組合，但是，像波士頓及密耳瓦基等一些重要的都市，其地方學校在就著引介手工訓練這項作法的方案而進行爭論時，其爭論的要點主要是考慮

到男孩或女孩接受了這些訓練時所獲致的經濟效益，還有對於整個市政當局的經濟發展帶來了哪些好處。雖然地方層次的爭論也融入了一些對於貧窮移民的關注，乃至現存課程對於留在學校的大量兒童並不適切等問題，但是，其所採取的作法都是透過職業訓練來達成這些課程融入的目的，而非如巴特勒比較樂見的「透過手工進行心智訓練」的理想。或許，巴特勒的理想可以在全美教育協會的各個委員會及一般的教育領導者面前說得通，但是，一般學校實務運作者卻並非以這樣的想法來看手工訓練這項教育措施。然而，這種描述的一項可能附帶效益是，這麼作可以避免讓課程差異化得太過劇烈，以致於將一些學術科目，例如外國語文、科學、高階數學等排除在一些較早施行的手工訓練方案之外。手工訓練運動的較早幾年裡，手工訓練及工業教育的方案，就像那些在麻州費奇堡（Fitchburg, Massachusetts）及威斯康辛州的密耳瓦基等地呈現了強而有力且高度發展的情況，是以後職業教育運動發展到頂峰時所鮮見者。舉例而言，於許多案例中，在設計那一些較早期的方案時，會考慮到升入大學的必修科目，因此，這些方案並未把學生的教育進路堵死。這些在手工訓練運動最早期所實施的課程，主要是把一些像是製圖或是力學等領域的教學嫁接到已經實施的一些課程之中，而非把整個課程加以改變，以便適應某些特定的學生人口（Kean, 1983; Ringel, 1980）。

iii 職業訓練

在 19 世紀，就一些教育領導者而言，他們即使勉強接受一個將手工訓練等同於職業訓練的定義，但是，一旦新的世紀開始，朝向專門的職業教育之運動即快速地前進。到了末了，具有較大訴求力的是這些職業技能所帶來的直接效益，而不是那些與藉由手工的教育完成博雅教育有所關聯之遙不可及的價值觀念。事實上，這一項訴求的吸引力之大，使得職業教育的主要動力由一些相對較為模糊的教育期刊以及其他的專業論壇，轉變成為較大的社會與政治之競爭場所。造成如此改變的一個轉捩點是全美製造商協會（National Association of Manufacturers, NAM）於 1896 年成立；該協會於成立伊始即把學校政策當

作它深思熟慮的中心。該協會一項最特別的考慮是要與德國就著世界市場保持美國的競爭優勢。有鑑於德國所設置之分立且專門的技術學校，其所擁有的高度受尊重之特性，全美製造商協會在設置一年之後的年會即通過一項決議，作了下列的宣示：因為技術教育在工業發展是如此的重要，所以其成員皆應支持「手工訓練或其他技術學校的設立」（"Resolutions," 1897: 92）。

佘奇（Theodore C. Search, 1841-1920）在全美製造商協會主席的就職講演中，再度強調德國在工業與製造業的成功，歸因於其技術學校的制度，並且引述英國也在依循德國的前例辦理類似技術學校的事實（Search, 1898）。他認為，在與外國進行貿易競爭時，美國的教育制度無法把「工商企業所明顯表達的需求」考慮進去，這一點是一項顯而易見的劣勢。該一劣勢可以藉由：「設立能為我們的工業及商業培養有著精良技藝的雙手及經過訓練的心靈之教育機構」加以矯正。到了 1905 年，也就是全美製造商協會所設置的工業教育委員會（NAM's Committee on Industrial Education）發表其報告書的前一年，即選取了美國學校的課程讓大多數的學校學生無法完成學業這個專題進行研究。該報告就中途輟學的情況引述了令人警惕的統計數字：

> 80%的公立學校學生在進入中學時中輟，97%的學生，由初小到中學，在中學畢業之前中輟。在全國 16,225,093 名入學就讀的學生中，僅有 165,000 名進入大學或中學，亦即只有百中之一的學生受惠於較高程度的訓練。（"Report," 1905: 142）

該報告書繼續指出，學徒制的衰退以及為了補足因為此一衰退而造成的工業技能之不足而辦理的手工訓練也不見得成功。所以，這項問題的解決方案再度指向了「在我們這片土地上，教導青年人某項職業的實用與技術知識的職業學校」之設立；該報告把這件事描述成：「今天美國人所面對之最重要的議題」（p. 143）。

全美製造商協會透過所設置的工業教育常務委員會（Standing Committee on Industrial Education）從未猶豫不決地持續努力，把美國教育導向於在德國受到如此重視的制度。舉例而言，全美製造商協會在 1907 年年會上，大力稱

讚費城學務委員會最先將職業學校視為公立學校體系中的一個部分；另外，並特別提及威斯康辛州是最早設立這樣一種職業學校制度的一州（"Industrial," 1907: 122）。該委員會的 1912 年報告反映了現在大家熟悉的主題，指責美國學校制度太偏重書本的知識，其結果所產生的課程指向了：「具有抽象心智及想像力的兒童，他們只會從一些印刷了的書頁中進行學習」（p. 156）。因而忽視了那一些沒有這種福氣的大多數兒童。

　　該協會再度以仿自德國的制度，支持為十六至十八歲不在學的青年人提供部分時間制的繼續學校。他們建議，對於這樣的學生至少施予每週五個小時的教學，並且要像威斯康辛州一樣要求雇主在學生接受繼續學校教學時，仍然依照一般的標準支付薪資。不用說，繼續學校應該把工業職業方面的工作活動融入課程之中，但是，公民素養的持續教育也不能忽略（"Industrial," 1912: 159-160）。一般而言，男孩子接受的課程包括了機械繪圖、金工車間、木工等，而女孩子則接受包括了女裝、女帽類製作及家政等課程。

　　就隸屬工會的工人（organized labor）這部分而言，它們對於公立學校中的職業技能訓練，以及對於全美製造商協會在這方面所給予之徹底的支持，所作的回應乃是曖昧不明的。這時正經歷著本世紀之交以後一段最巨大成長的全美勞工聯盟（American Federation of Labor, AFL），於 1903 年任命了一個教育委員會，但是，從這個委員會及全美勞工聯盟的本身，都沒有形成任何清楚而明確的立場，這反映了該聯盟在教育政策方面所持有不確定的與有所衝突的觀點。意見分歧呈現於工會應否經營自己的學校，還有學徒制的機構是否應該真正地加以放棄等問題上。對於現在已經成了大家公認之有組織勞工領袖的龔伯士（Samuel Gompers, 1850-1924）而言，解決的方策在於由工會自己創辦學校，這樣就有可能取代老舊學徒制的機構。然而，普通老百姓缺乏熱誠這件事確實造成了困擾。舉例而言，自從 1890 年，印刷業引進了行型活字鑄造機（Linotype），這代表著一個由勞工組織本身來保留工作者的機會，特別是在得到一家行型活字鑄造機廠商的合作之後，這件事變得更為可能。不過，紐約地方的工會決定自行設置一個委員會，就著這件事進行研究，而不是就著保留勞工者這件事來建立其自身的方案。即使當其他的地方型勞工組織發展了它們

118

自己的方案，再加上國際工會也於 1907 年建立了函授課程，由工人們這方面
自行設置此類機構的作法，就更無法獲致任何支持了（Fisher, 1967）。設置一
套工會贊助的制度是一項昂貴且具有危險性的舉動。結果，全美製造商協會所
宣示的職業教育之重要性這件事，就未曾遭受到來自於隸屬工會的工人所興生
之任何經過商定了的異議。

　　隸屬工會的工人最後在這件事上所採取的路線，可以由他們準備參與一個
後來成為職業教育方面主要遊說團體的全美推動工業教育協會（National So-
ciety for the Promotion of Industrial Education）。成立一個組織在全美推動工業
教育的想法興生於由兩位著名的教育者所召開的一次會議；一位是哥倫比亞大
學師範學院手工訓練主任韓內（James P. Haney），另一位是紐約公立學校系
統的藝術與手工訓練主任李察茲（Charles R. Richards）。在 1906 年於紐約工
程師會所（Engineer's Club in New York）舉行的這次會議，應邀參加的團體決
定要理解是否可以成立一個新的組織，俾便代表企業、勞工及專業教育者等各
方的利益。此項想法幾乎是立即在許多部門產生了回應。舉例而言，在 1907
年 5 月 24 日，老羅斯福（Theodore Roosevelt, 1858-1919）[100] 總統寫信予此一
新近成立的協會主席卜契特（Henry S. Pritchett, 1857-1939）說，美國的學校制
度「就正好缺乏工業訓練的這一方面……我們美國必須建立一套制度，在這套
制度下，每一個公民皆要接受訓練，成為一個像經濟單位一樣有效的個人，並
且能適應與他的同胞組成之團體，以便他和他們能夠以有效的方式共同組合在
一起完成工作」（Roosevelt, 1907: 6）。

　　雖然前景看來似乎令人興奮，但是，打從一開始，此一新設組織究竟應該
採取什麼方向，仍然不清楚。早先的爭論反映了職業教育應該採取的形式還不
確定。某些討論似乎顯示，有人希望把學徒制加以恢復，讓真實的工作場所變
成施予職業訓練的地方（Deems, 1908）。一個位在康乃迪克州的大型工廠總

---

[100] 老羅斯福（Theodore Roosevelt, 1858-1919）為第 26 任美國總統（1901-1909），
　　小羅斯福（Franklin Delano Roosevelt, 1882-1945）為第 32 任美國總統（1933-
　　1945）。老羅斯福為小羅斯福的遠房堂兄。

裁宣稱，他基本上支持工業教育，但是，他認為現場的訓練確有其必要。他宣
稱：「我們必須把男孩子們送進我們的工廠，並且教育他們能做我們特定的工
作，學校做不了這件事」（Bullard, 1909: 51）。另一方面，有一項針對製鞋工
業所進行的研究顯示，工人們不願意把時間浪費在教導學徒這件事上，而且，
在工人之間學習新工作的情形並不普遍，因為那經常意指，他們的勞動效率打
了折扣，因而他們的收入也會減少（Dean, 1908）。於是，德國的繼續學校即
代表了一種工廠與學校為本的教學二者之理想組合。

　　在全美推動工業教育協會成立之後的若干年，一項共識開始形成，其大意
是說，最為適切的課程應該是在公立學校裡進行直接的職業訓練。然而，杜威
的好友，芝加哥赫爾中心負責人艾丹姆提出了一些警示（Addams, 1907）。雖
然早先一年，她曾經把德國工業教育模式加以理想化，並且認為這種作法並非
設計用來增進「人類福祉」，而是以提升工業發展為目的。但是，現在則對於
強調直接職業訓練的作法有所保留。她主張，公立學校的工業教育應該教育青
年人「在工業社會中明智地生活」（Addams, 1908: 95），而非進行一些特定
職業技術的訓練。在指出當今工業的進展已經透過其高度的專門化，將工作的
性質加以轉變之同時，她宣稱：「若是現在有人說，工人們樂於過這樣一種生
活，那麼這種人將會是一個非常勇敢的人」（p. 96）。艾丹姆坦言，她有些
「糊塗了」，因為某些職業教育的支持者主張，當今的工業條件使得範圍廣大
的職業技術訓練變得過時了，但是，另外又有一些人認為應該恢復在工廠裡進
行學徒制的作法（pp. 40-42）。不過，到了現在，學校為本的職業技術訓練這
個方向的勢頭已經強大到難以排斥。有組織的工人團體也對於在工廠中進行那
種由製造商自行安排的技術訓練有所懷疑，因為，在這種情況之下，勞工們將
無法按照意願選擇自己想要接受的訓練。在公立學校進行職業技術訓練的作法
似乎是最能為大家所接受的作法。龔伯士個人即在 1910 年同意了這項政策。

　　另外一個必須解決的問題是職業教育在女性生涯中所扮演的角色。在全美
推動工業教育協會成立的一年之內，任命了一個與女性接受職業教育為主旨的
分組委員會（subcommittee），由艾丹姆及金伯莉（Susan Kingsbury）等人組
成。於 1907 年所發表的小組委員會報告書小心地指出，女人一直都在工作，

所以，不應該把就業的婦女視為：「當今這個時代一種特有的現象，彷彿是一位無執照營業者，卻又侵奪了一個不正好屬於她的位子」（Marshall, 1907: 6）。該報告書一項主要的訴求是要阻止有人試圖以家政事務來理解女性的職業教育。艾丹姆不斷提出的另一項議題是由勞務分工所帶來之工作性質改變的現象。該報告書說：「把每一項工作都細分了又再細分，使得女孩子會在很小的年紀時就去工作，同時只學到工作的某一細微的部分，卻沒有機會理解這個部分與任何其他部分之間的關聯，因此使得她們的進步受到阻滯，成長與發展因而成為不可能」（pp. 12-13）。就此而言，該項報告乃呼籲作更多的研究，以便在引介某項合適的訓練時，不只考慮到工業的效應，還能考慮到女性們自身的情況。

　　某些在女性職業教育方面進行的討論，帶有女權問題的色彩。全美女性職業工會聯盟（National Women's Trade Union League）一位代表於 1910 年所發表的一番講演指出，職業訓練剝奪了女性「謀生的能力」：

> 在我們東部有一個城市的農業學校宣稱，要教給女孩及男孩成為農業勞工、農場經營、園林工人、花匠，或者任何其他各種謀生能力。然而，實際的情況是，男孩有機會學習土壤化學，並且就那些事項的基本原理作進一步的學習，女孩則只是學習烹飪及裁縫的技術。我並不是說，烹飪及裁縫沒有必要，但是，我們欺騙一位女孩，說她應該可以獲得謀生能力，卻讓她學一些跟她想學的毫無關聯的東西，那麼，我們就犯了一項非常嚴重的錯誤。
> （Robins, 1910: 78）

她總結講演時，強調了「有必要教導女孩子，讓她們明白自己的勞動能力所具有之價值」（p. 81），也強調了改善女性勞動條件的必要性。在密耳瓦基舉行的這場會議另外一位講者，安大略省漢彌爾頓基督教女青年會（Young Women's Christian Association from Hamilton, Ontario）的會長，為家政課程尋求更有效之方案提出她的看法時指出，大家都過度重視烹飪這項工作了。她說：「我認 *121* 為，一項非常明顯的證據顯示，男人們對於教育組織管得太多了，因為他們讓

女孩們學了太多烹飪課程，卻學習太少其他方面的職業教育課程」（Hoodless, 1910: 181）。她在講演的結尾作了大聲的呼籲，希望能讓女性在形成教育方案的過程中全面參與（p. 184）。

iv 工業教育

到了本世紀的第二個十年，全美推動工業教育協會的主要問題不在於工業教育應該採取的形式，而是它應該如何加以管理。在 1910 年及 1911 年的那段期間，該會原初的作法是要與個別的一些州進行磋商，以便改進其等的職業訓練制度，但是，透過大量的聯邦介入措施，進而建立完整的政策，則很快成為一項不可抗拒的前景。到了 1911 年，維蒙特州選出的參議員裴基（Carroll S. Page, 1843-1925）提出了一項法案，要求聯邦政府撥款辦理工業教育；這項法案是可以溯自 1907 年戴維斯法案一系列作法中的一環。史奈登帶頭指出，在這個方面進行聯邦立法乃是有效的，當然，他認為各州及各地社群應該同樣有所貢獻（Snedden, 1912: 128）。他也堅持，若該一法案付諸實行時，全美推動工業教育協會應該能協助聯邦政府順利推動此一法案。事實上，就是作為麻薩諸塞州教育總長的史奈登及副總長卜羅社，再加上新任的秘書長等三人與裴基參議員緊密配合，共同參與此一法案的制定（Page, 1912: 118）。包含了農業教育在內的相似法案，亦即史密斯－勒佛法案（Smith-Lever Bill），乃是一個複雜的因素。這兩個法案都通過了，但是，後來卻因為一個聯合會議委員會無法將兩者加以調和而胎死腹中。不過，史密斯－勒佛法案在後來的時間裡又重新引進，並且於 1914 年簽署而成為一項正式的法案。

若欲透過國會成功地推動職業教育，就必須在作法上作更多的調整。從 19 世紀以來，在推動工業教育的同時，農業方面的教育改進也逐漸興生。雖然農業教育與工業教育的改進動因兩相反對——前者旨在保留農業生活的優勢，而後者則希望和新興的工業時代與時俱進，但是，這兩項運動的命運卻在最後相互交織在一起，而完成了 1917 年的史密斯－休斯法案（Smith-Hughes Act）。這就好像稍早之前另一項與高等教育有所關聯的聯邦立法，亦即 1862

122　年的摩里爾法案之立法過程一樣。將農業學習融入中小學最有效的諸多作法之一就是一位來自康乃爾大學農業學院（College of Agriculture at Cornell University）的教授貝萊（Liberty Hyde Bailey, 1858-1954）試著把自然研究（nature study）引進各個鄉間學校。就像初期的手工訓練運動一樣，貝萊所著重的不是為了謀求生計，而且，對他而言，即使引進科學的農事方法也不是他最優先關注的重點。相反地，他所諄諄勸誡的乃是對於土地及農事生活的崇敬，因為他看到了這種生活方式已經瀕臨危機。雖然，貝萊樂於把農業引進學校的課程，但是，他對於自然研究這項課程所可能為精神價值帶來的負面效應，仍然表示擔憂（Bailey, 1908）。

　　早在 1894 年，貝萊即能從紐約州的議會取得經費贊助，因而他的工作很快推廣到該州的各個鄉間學校。十年之間，大約 3,000 名教師收到了貝萊所編製的教材。在紐約羅契斯特（Rochester）一位種子經銷商以一分錢一袋的價錢促銷種子時，學童們在兩個星期之內就購買了 11,000 袋（Keppel, 1960: 67）。且不論貝萊的運動裡隱含著高度的浪漫色彩，但是他的訴求還是打動了那些認為新工業社會為農業生活帶來威脅的人們之心弦。在同一段時間內，同樣強調鄉間生活優勢，因而與貝萊的想法很像的人還有人稱「亨利大叔」的《**華萊士農人**》（*Wallace's Farmer*）雜誌的主編及《**霍爾德乳品商**》（*Hoard's Dairyman*）的主編霍爾德（William Dempster Hoard, 1836-1918）試圖召集農人團結在一起，把鄉間學校調整得更適合農業社區的需求。

　　全美推動工業教育協會看起來幾乎不在意這些在農業社區中進行的各項運動，但是國會卻不這麼樣。無論如何，一方面是對於公立學校的工業技能訓練之持續漸增的要求，另一方面則是鄉間領袖們對於保留他們生活方式的強力要求，這兩個方面必須保持平衡。再一次地，國會發現確實有必要把來自工業與農業兩個方面的需求都納入國家利益的全面保護之下。就農業而言，國家利益通常是以改善農事的方式表現出來，譬如 1882 年的哈奇法案（Hatch Act）就是在各地設置農業工作站，以便推廣農業實驗的成果。威爾森總統即在 1914

123　年任命了一個委員會，研究聯邦對於職業教育的經費補助，確認了將工業職業訓練與農人的利益合在一起考慮，幾乎成了一件政治上的必要作法。的確，在

委員會的報告中，兩項主要的建議都把對於這兩個團體的宣示放在一起處理。其中一項建議是呼籲聯邦政府支助職業與工業科目，還有農業及家政等科目，進行教師的學科專業訓練，另一項建議則是希望聯邦政府能支付薪酬予這些領域的教師。有了威爾遜總統的強力支持，這些建議事項都在美國進入第一次世界大戰之前，以不到兩個月的時間就通過了。

到了 1917 年，職業教育的主要方向——由聯邦政府大力支助，於公立學校進行工作技能訓練的作法已經得到了確認。現在改名為全美職業教育協會的全美推動工業教育協會，就著已經受到高度注意的這一項運動，成功地爭取到了聯邦政府的支持。在為了執行這項新法案而組成一個工作團隊時，自然就任命了卜羅社為主任，而該組織的其他成員就成了這個工作團隊的成員。有了經費、有力的遊說團體、精力充沛的高層領導，再加上同情這項運動的廣大群眾，職業教育就成了 20 世紀最成功的一項課程革新工程。雖然有一些必要的妥協，但是社會效率這個利益團體明顯地達到了最顛峰的時期。

V 杜威、史奈登

在史密斯－休斯法案真正通過的三年之前，針對新型職業教育所應採取的方向而爆發了一場嚴重的爭論。雖然這場爭論對於審理中的立法案件並未產生巨大的效應，但卻顯示了在主流的社會效率意識型態之下，還是存在著一股小的暗流。杜威在《新共和》（*New Republic*）這份刊物上，趁著國會任命全國職業教育補助委員會（Commission on National Aid to Vocational Education）的機會，針對支持該項立法的人士所提出的各項建議，以少見之嚴厲的文字加以指責（Dewey, 1914）。杜威這項顯然是針對由全美製造商協會所流露出的對於德國教育制度之不曾停歇的欣羨之情，有所感慨而發出的聲明，特別針對德國制度是否適合作為美國教育的模範，提出了質疑。他指出，德國的教育制度：「坦白而言，一向都是具有國家主義特色的。」杜威認為，這種制度對於 *124* 工人的福祉一向都是忽視的。統計數字顯示，德國技術熟練的工人與非技術熟練的工人所獲得的薪酬大略相等。他認為，在德國，「國家作為一個道德實體

的福祉才是最高的指導原則」，而且「振興商貿，與國際競爭者相抗衡，是強大國家的主要手段之一」。一直以來，德國教育制度的發展都是為了公開而直接達成「此一手段的手段」，因此，他把這種作法描述為：「非常不適合美國條件」的教育政策模式（p. 11）。

杜威對於諸如芝加哥、蓋瑞及辛辛那提等城市為了兒童留在學校更長時間而調整教學的努力表示贊同，但是，他堅持以為這項努力採取的形式，應該是「將他們的教學改變得更有意義」而非「用公眾的經費把學校變成預備的工廠（preliminary factories）」（p. 12）。在他整篇論文當中，杜威用了「工業教育」而非「職業教育」這個語詞。雖然人們經常替換著使用這些語辭，但是，杜威順理成章地用「工業教育」一詞，顯示了他認為，引進這種學習之目的應該比單純是職業訓練要寬廣許多。持有的觀點與艾丹姆早先看法一致的杜威指出，狹隘形式的技術甚至無法達成所預期的目的，因為「自動化的機器經常會侵犯到某些針對手及眼而施予的特別訓練」。杜威對於沒有任何教育人員受聘為委員會的成員感到很遺憾，因為他認為這個問題「主要是個教育問題，而非像在德國一樣的商業或技術問題」。他以印第安那州新近通過的一項法案為例，說明那是個「錯誤的作法」；該作法是，任何繼續學校，若是依據美國製造商協會所倡導的方案，設置「處理與白天工作的項目有所關聯的」教學，它們就可獲得州政府的經費補助，而且，這樣的措施甚至還擴大至一般的正規學校（Dewey, 1915b: 71）。他把這種對於工業教育所作的狹隘解釋，描述為「發瘋了的理論」（p. 72）。

作為與卜羅社同是職業訓練運動忠實盟友之一的史奈登，對於杜威的直接攻擊似乎真的很詫異，也很沮喪。史奈登說，他已經逐漸習慣於來自教育「反動分子」的攻擊，但是，來自杜威的批評還是讓他覺得「十分氣餒」（Snedden, 1915: 40）。他發現，杜威把職業教育看成「主要是裨益於雇主」的一件事乃是「不可思議的」想法，他辯稱，到了最後，勞工們會獲得「很具有效率的能力」（pp. 41-42）。他繼續說，職業教育是否應該成為各州一般教育的部分，抑或是像威斯康辛州那樣，作為一套分立的制度這個問題，「單純只是獲致最大效率的問題」（p. 42）。杜威對於史奈登的回應並未縮小他們兩

人想法的不同。

　　杜威把史奈登的立場描述為：「將教育等同於獲得某些管理機器的專門技能，卻犧牲了建立在科學及對於社會問題與條件的知識等基礎上的工業智慧。」（Dewey, 1915a: 42）他指稱，史奈登支持伊利諾州於 1913 年通過的一項以庫利為名的法案（Cooley Bill）。這項法案是由芝加哥前學務總監所起草，旨在為芝加哥提供[101]一種雙軌的教育制度，一為普通的，另一為職業的。在杜威看來，這樣的作法會導致兩種分立的結果：一群人所接受的是典型「書呆子」教育，另一群人則接受狹窄的職業訓練。杜威在這一篇回應性文章的總結中，強調他與史奈登的意見：「並不只是在教育方面有所不同，還在政治及社會等方面有所差異。」杜威繼續說道：「我所堅持的職業教育並非將工人『調整』到現有的工業制度之中，我不會因為鍾愛這項制度而支持這樣的作法。」（p. 42）在職業教育幾乎未受到來自各方的挑戰之時，甚至隸屬工會的工人們也沒有異議之時，杜威成了最強烈，甚至可以說是聲量最大的反對者。

　　杜威的《民主與教育》一書是於直接在學校進行職業訓練的運動正在最高勢頭的時候問世的。在指出其他各種站不住腳的二元對立論——理論與實際、身體與心靈、精神狀態與外在世界——的同時，杜威認為有關職業教育的許多混淆都是來自於勞動與閒暇之間分立這項沒有根據的說法。他相信，這麼做，會把人們生活中的某一個層面挑選出來，讓他們跟其他人有所區別，卻忽略了他們隨時與人共享的事實。在培養某些人學習維生的能力時，大家會很容易就忽視了這個最重要的事項。跟往常一樣，杜威試著就「工作的活動」（occupation）與「謀生的職業」（vocation）兩個語詞，以自己的意思重新加以界定：

　　　　為工作活動作準備，唯一適切的訓練就是透過工作活動來訓練。
　　　　教育過程……應該是教育自身的目的這項原則，還有面對未來各
　　　　種責任的最充分準備，就是最充分地利用當下的生活。這項原則　　*126*
　　　　也完全適用教育中謀生職業的方面。對於人類而言，任何時候占

101　原為錯字"have provide"。

　　　　主導地位的謀生職業就是生活──理智與道德的發展。由於在童
　　　　年與青年時期相對地沒有經濟壓力，這項事實就表露無遺。預先
　　　　為人們決定未來的謀生職業，並且要求教育為這項謀生職業做充
　　　　分的準備，這樣的作法會損害當下發展的可能性。（pp. 362-363）

杜威就是如此試著把他自己對於工作活動所持有的廣義概念：「具有某項目
的、且賦有持續性質的活動」添加在一般人使用的語詞之上，但是，這樣的作
法可能會導致別人對他主張的進一步誤解。不過，有一件他一直都很清楚的事
情就是，當今職業教育的趨勢很容易就會把它本身引導到這樣的一個方向，亦
即變成了「實現社會預定論的封建教條之工具」（p. 372）。在威爾遜總統簽
署史密斯－休斯法案的前夕，杜威在公眾教育協會（Public Education Associ-
ation）的講演上指出，該法案「並未解決什麼問題，而只是揭開了不可調和地
對立的教育理想和工業理想之間鬥爭的序幕」（Dewey, 1917: 335）。在他明
顯地論及原先有關手工訓練的主張時，杜威認為，把職業教育想成「已經應該
存在的博雅且寬廣的教育」之一部分，這樣的想法是一種「純粹的浪漫」（p.
332）。關鍵的問題在於：在引進這項作法時，所能照顧到的利益到底是誰的？
他慷慨激昂地問道，這項新進的職業教育，是要導向「提高工人們的工業智慧
及能力」，抑或是要勞動者使用自己的技能去「增加雇主的利益……透過避免
浪費從雇主的機器和材料中獲取更多勞動成果」，以便在最後可以分享那些
「作為附帶產品」的利益（p. 333）。無論杜威在他那個時代對於博雅教育所
抱持的理想是否已經破滅，他都不會支持社會效率論所意指的不同想法。

vi 綜論職業教育

　　1924 年林德二氏（Robert and Helen Lynd）在位居美國中心地帶的印第安
那州蒙西（Muncie, Indiana）進行他們那一項可謂為經典之作的研究時，他們
發現中學生所修習的十二門功課之中，有一門速記、一門簿記、一門應用電
學、一門機械繪圖、一門印刷、一門機器工坊、一門手工藝術，以及一門家事

等等（Lynd & Lynd, 1929: 192）。雖然英文仍然是前兩年的必修，但是已經替換成了商用英文，而且成了四年級的選修課。他們發現：「最顯著的變動似乎是離開了組成傳統所看重的教育概念，轉變而成為試圖訓練在工廠、辨公室及家庭裡所用到之某些具體的工具與技能性質的活動」（p. 194）。在缺少了長期受到尊崇之傳統學術科目的情況下，新設的職業科目「直率地採用了辨公室及機械工坊的規訓」（p. 194）。學務委員會領導人明白顯示了他自己的喜好，同時，他也為社會效率利益團體以略長於四分一個世紀之久的時間，盡心盡力推動的教育改革，提供了十分恰當的摘要。「長期以來，我們希望把所有的男孩都訓練成總統。後來，有一段時間，我們希望他們成為專業人士。現在我們把男孩子訓練成可以找到工作的人」（p. 194）。關於女孩子的課程，七年級的學生開始學習包括了食物研究、家務管理，還有食物與衣服之選用等內容的家事課。中學家事課則包括了製衣、製帽、衛生，還有家庭護理等的教學。在十人委員會推薦四種模式的「學程」（programmes）之後的將近三十年，這種各有其不同學術重點的課程，有了重大的改變：著眼於學生們未來職業角色而進行的直接訓練成了那些「可能目的」（probable destination）不在進入大學的學生所修習之課程中，若不是最占優勢的，也是主要的成分。

　　職業教育是 20 世紀最為成功的課程改革這樣的說法，是就著沒有其他任何一項課程改革所獲致那麼眾多支持這樣的觀點來看的，而且，其他課程改革在美國的學校裡付諸實施的程度皆未如職業教育那麼普及。雖然有相當大範圍的研究所引用的不具說服力的證據顯示，職業教育作為傳統課程的替代課程，並未為修習這些課程的學生帶來就業或薪資上的純淨收益，但是，就透過學校制度進行工作技能訓練的信念，卻始終未曾減退。值得注意的是，它對於美國各級各類學校課程整體的影響，比它對於某個課程整體的影響，更為重大。為某個特別的職業角色作準備，包括把進入大學也當作一種職業看待，幾乎充斥於所有的學校科目之中。這些緣由，回轉過來，又影響了學習材料的選取，以及組織教學的方式。

　　就某個層次而言，職業教育的成功可以歸因於一項事實，它扮演著某種類似魔鏡的作用，讓此一時期各個強而有力的利益團體可以看到它們自己，就著

128

看來日漸走調的課程進行改革，所映照出來的倒影。實際上，在面對這些後果時，就像是把職業教育看成對於培養理智與傳遞文化遺產的人文主義者哈里斯這樣的人士，才成為僅有的若干反對者之一。杜布瓦主張，學校所實施的職業訓練並不像一般人所認定的那麼有效，而且，它還會剝奪學校人口在理智方面接受的必要訓練，所以，他所執持的也是典型的人文主義者的調性及一般的取向。但是，他們可能只博得很少數同情他們觀點的受眾。在這段時期，人文主義者的影響很顯然地逐漸衰落，以致於連伊利特都至少暫時地，受到局勢所迫而與盛行的作法達成協議，也同意學校課程導引到學生未來的可能方向。杜威的反對雖然具有很重大的意義，但是他所關注的是工業教育所採取的特別方向，而且，他還反對此一改變可能做到的情況（以及事實上做到的情況）。如果有區別的話，那就是，杜威模糊而鬆散地把自己認定為一位這樣的教育改革者——亦即試圖把積極的工作活動（active occupations）融入於現有的、被動的，且近乎陳舊的課程之中——那麼，他這麼做可能正好把他自己與流行的心態相聯繫，而這正是他試著反對的立場。

職業教育成為顯學代表著社會效率力量的勝利，這乃是毋庸置疑的。推動史密斯－休斯法案的立法，以及同樣重要的，該一法案在日後順利付諸實施等工作的一些人士，所採取的都是與卜羅社及史奈登等人的觀點，而非艾丹姆或杜威的主張。職業教育也完美地適合於社會效率作為培養人們具體的社會與職業角色之教育理想，又，在這種意義上，就達成此一理想所必須採行的課程差異化政策方向而言，職業教育也是最為重要的一項步驟。但是，其他利益團體的存在及影響意指著，那並非一項完全的勝利。一般而言，職業教育並未以雙重管控的方式興生，亦即並未特別為一群預先框定了的學生人口建立一些教育機構，所以，與卜羅社及史奈登這樣的職業教育領袖之明確的偏好，乃至全美推動工業教育協會這樣的單位之顯見的取向，皆相違背。雖然，在美國各地都可見到一些分開設立的職業中學，但是，綜合中學縱然不是最完美的形式，但總還是以典型的美國教育機構之形式呈現，蓋其所施行的正式或非正式的課程分流（curricular tracking），恰足以照應到社會效率教育者們認為非常重要之差異化的功能（differentiating function）。雖然杜威所訴求的民主價值，並未

129

堵塞住直接職業訓練潮流的付諸實施，但是，此番理念對於形成一種妥協的作法，亦即至少在原則上，讓所有兒童共享其等接受教育的環境而言，還是有所助益的。且不說其他的事情，這項妥協保留了這麼一種可能性，亦即其所具有的共同課程成分有可能重行興生，或者，至少可以催化各個不同的課程分流之間的移動性。更有進者，早期施行的手工訓練課程，審慎地避免了一些在實施課程差異化時，經常會造成之過早決定教育方向所帶來的最具破壞力的效應，這意指著，在 20 世紀所推動的職業教育課程並非完全不可避免的。這當中還有其他的選擇。

　　毫無疑問地，職業教育發展所採取的特別路線，事實上是受到趨使這種動力達到最高點的那個時代所存在的社會條件所影響。我們發現，到了末了，不只有一股向上提升的工業主義，還有一股像學徒制一樣向下衰退的制度，而且，可以確認的是，在推動職業教育的過程中，乃至其所收受之壓倒性的歡迎，上述的各項因素都產生了一定程度的作用。但是，這些事件還經過某些特定意識型態的過濾，這些意識型態不只呈現了有關工作與學校教育之間關係的特定概念，還呈現了人們對於所希望預見到的有關社會秩序之願景。職業教育並未興生為一項非常成功的課程革新，這是因為社會變遷使然，但是，因為針對社會變遷所作成之某些特定的詮釋，使得職業教育融入公立學校課程之中的作法，似乎成為最合情理且在政治上最合權宜之舉動，但是，就著對於人們所察覺到的變遷而言，這不必然是最為有效之行止。

第六章

從家庭方案到經驗課程

i 家庭方案

從表面上看來，城市學校裡的工業訓練與鄉間學校裡的農業訓練原本即具有同樣的性質，兩者皆在為學校與工作世界之間搭建一座橋梁；前者為青年人提供工商業界所需要的技能，後者照顧到的技能則是經營具有生產力且成功的農場之所需。別的暫且不提，對於制定史密斯－休斯法規（Smith-Hughes legislation）的人士（他們把這兩者視為本質上相同的一件事）而言，此一聯結乃是在政治上的一項權宜措施。在國會成員的眼中看來，毫無疑問地，這兩者都與國家的利益有所關聯。技術精良與豐富充沛的勞動人力儲備，其價值似乎是不證而自明的，而且，學校可以透過農業訓練而成為傳布科學化農作方法的中心，正如哈奇法案（Hatch Act）中所設置的實驗站一樣。雖然兩者都可視為職業訓練的形式──而且，從某個觀點看來，也確實如此──但是到了後來，卻變成了農業訓練與工業訓練兩者的相異之處，比相同之處大了許多。雖然兩者都可理解為對於工業化與都市成長的反應，但是，其一純粹是為了要符應工業社會的需求，因而在學校之中訓練一批精良的勞動人力，而另一者則源自於鄉間生活在遭逢新社會所帶來的變局時，設法保存某些特定價值的努力。

即使它們在起源方面有所不同，如同後來真正演變的情況所示，這兩種職業教育的形式在教學的作法上卻顯露了深邃的差異。凡與製造緊密連結的職業教育學程（programs），其作法乃在為學生作好準備，以便迎接時空背景兩方面皆尚遙遠的未來。於這些學程之中，在教導學生學

習技能時，希望這些技能可以在未來的某些時候能讓他們在工作場合立於不敗之地。不像學徒制——這些學徒制是以學校為基地的工業訓練亟欲取代的作法——許多正在接受工業訓練的人不太可能在真實的製造世界之中獲得直接的經驗，而且，訓練基地設立之特別類型的工廠，也不太可能成為他們受僱工作的地方。兩相對照之下，農業訓練方案所服務的學生就不只有機會熟悉他們工作的地方，而且，幾乎在所有的情況之下，他們每天都實際接觸到這些地方。學校、工作，甚至家庭都既真實又貼切。從課程的觀點來看，這是個極具重要性的潛在因素。舉例而言，此一要素對於下列這個問題就有很大的影響：究應如社會效率論支持者所要求的，把課程視為未來生活的準備，抑或如發展論者所樂見的，應與學習者直接的興趣及價值等論題或問題相連結。

第一個知名的、由家庭與學校之間的重要關係而產生，且嵌入農業訓練的方案，是由麻州北安普頓的史密斯農業學校（Smith's Agricultural School in Northampton, Massachusetts）的教師史汀生（Rufus W. Stimson, 1868-1947）所設計。在 1908 至 1909 年間，他將他所稱的家庭方案計畫（home-project plan）付諸實施，以便協助「男孩們把學校所教的東西應用到他們的家庭農事工作」（Stimson, 1914: 16）。在史汀生的心目中，即使在職業教育的脈絡裡，也還是有「思想太多，行動不足」（p. 10）的問題。不只這個問題可以立即透過該家庭方案加以解決，另外，也可藉以直接引進經過改良的農事作業程序。舉例而言，因為在十分可能的情況下，「協助餵牛是男孩的責任」，所以，就可以在指定作業時，要求他們測量牛隻食用飼料的重量，並且計算這些飼料的成本；亦可以要求他們把牛奶的樣本帶到學校，以便檢驗細菌的含量。把較多成分的三葉草摻進餵食飼料中帶給牛隻的影響，也可加以觀察（p. 14）。在某些情況之下，學生還可因為參與了他們的家庭方案而實實在在地掙得一些金錢。到了 1911 年，因為史汀生計畫實施的成效斐然，以致於麻州的議會建請州政府提供額外的經費補助，俾便傳布此一想法。兩年之後，美國聯邦政府的教育總長克拉克斯頓（P. P. Claxton, 1862-1957）即要求史汀生準備一套政府的出版品，俾便描述該一農業家庭方案的優點。史汀生在他所寫的教育處公報（Bureau of Education Bulletin）中所稱的麻州家庭方案計畫，在很短的時間內

132

就吸引了全國的注意，以其為農業訓練的一種課程組織方式。

　　這一項有前景的教育革新作法，並未逃過這時已經是聯邦職業教育委員會執行人員的卜羅社之注意，他要求派駐美國農業部工作的一位農業教育專家何爾德（F. E. Heald），為該主題撰寫一份綜合式的專項報導。1917 年，何爾德發表了這篇文章，報導該一方案已經「在教育與科學的圈子裡獲得大家認可的地位」（p. 166）。在描述方案這項新作法時，他強調「從一開始的時候」，學生的興趣就很重要，而且，「多少有一些問題是新的」（p. 167）。事實上，他所說的這兩點，正是後來幾年，方案這項新作法讓某些特定的教育改革者感到具有吸引力之最重要特性。

　　一年後，何爾德在卜羅社的要求之下，寫了一篇內涵更加廣博的論文〈作為農業職業教育一個方面的家庭方案〉（Heald, 1918）。它包含了針對此一想法之發展所作的歷史記述，還有為了確認方案界說而形成的各種爭議。它也包括了成績應該如何記載等實務方面的建議，以及一項強烈的建議，要求在教師、學生及家長之間簽定一份合約，明載方案的一些細節與應該達到的成就水準。另外，針對學校的學習與家庭中的農事兩者進行協調，而頗見成效的一些例子，也包括在內。雖然他察覺到，財務所得有時是家庭方案的要素之一，但是何爾德認為，那並非「總是重要的因素」（p. 11），其實，「主要的因素」應該是「學生的個人興趣」，甚至「動機的直接性（immediacy）[102] 才是導致最後有所成效的重大影響因素」（p. 10）。

　　何爾德的這種主張，與卜羅社在此一公報前言之中所持的立場相左。卜羅社提醒讀者，史密斯－休斯法規的宗旨乃是：「為了要適合於農業僱用制度的需求」（Heald, 1918: 5）。正如大家所期望的，卜羅社要求「最後的經濟利益應該成為所有類似方案學習的確切目標」，又附帶加上「應該強調以經濟發展為最終目的」（p. 6）。在家庭方案的作法問世十年之內，我們看到大家開始從各自意識型態的立場，以十分不同的術語來理解它，這種情況乃是在意料之中的。從某個觀點來看，方案是一項有用的媒介，可用以協助青年人，讓他們

133

---

[102] 動機的直接性（immediacy）意即動機能直接獲致滿足。

在承擔社會的職業角色時，就著所需要的各種習慣與技能，作一番準備。從教學的觀點，或者，更具體而言，就是從發展論者的觀點來看，引進方案這項作法，顯示了一項更宏大的眼界，也就是要圍繞著學生們真實及直接的興趣，來進行課程的改造。

ii 史奈登的支持

似乎很弔詭地，竟然是課程改革運動中重要領導者之一的史奈登（Snedden, 1916）幾乎是在偶然的情況之下，最早注意到方案可以不只理解為某個學習進程的附件，還應該理解為可用以代替當前盛行的、以科目作為課程基本部件（basic building block）的一個新單位。他說，組成課程的教材再加以細分成為方便教學或學習的組件（packages），我們即稱之為科目，而且，「當然，我們進行這些劃分，並且再作更細的劃分，目的就是獲致某種形式的效率——行政組織運作、師生取得教材、學生精熟學習等方面的效率」（p. 419）。正如一般人都把「甜瓜」裝箱，把麥子裝袋，也把長篇演講包裝在特定的時間框架裡——所有的作法都是因為我們必須滿足某些特定的條件——因而，我們所教的東西也要就著各種不同的目的加以包裝。我們稱之為科目的，可以再細分為較小的單元、講演、練習，以及問題與答案等最小的組件（pp. 419-420）。他指出，在過去若干年裡，一個新的組件，即方案在農業訓練的領域中出現了。史奈登承認，「在一系列方案中可能較難發現一套邏輯的順序（logical sequence）」，但是他仍然指出，自從 1912 年以後，「方案作為一個用來組織教學的單位，卻在實用技藝及職業教育裡找到安身之處，雖然，大家並不總是歡迎它」（p. 422）。或許，因為引進了他所說的「修飾詞」（modifiers），用以描述各種不同類型的方案，它就會超越其原初的出處，即農業訓練，而變成一套有用的課程組織單位。

在史奈登發表了記載這些觀察的論文後的一個月，一份新近問世的期刊，《綜合科學季刊》（*General Science Quarterly*）即明示創刊宗旨係圍繞著方案，針對科學教學進行重新組織。該刊編者選取了杜威在三個月之前於全美教

育協會所發表的專題講演為其創刊號的第一篇論文。杜威（Dewey, 1916b）在該論文中指出其構想：「科學教學的目的乃是要讓我們理解，在最有效地運用我們的心靈（mind）或智慧（intelligence）時，到底是何所指？又，其要領如何？」（p. 3），因為若要達成這樣的一項目標必須由小學開始，所以這個階段中的自然研究（nature study）就不應該再像現在所強調的──一堆靜態的、雜七雜八的「大量貯藏的特定訊息」之積累，而是採取這樣的觀點：「激發其等發現各種原因、動態歷程、運作力量的興趣。」（p. 4），將科學教學重新加以定位。杜威甚至促請那些已經擁有精緻理解的人士，要忘記「過去對於科學所作的劃分」，並且要試著從「學生對於自然力量的觀點，以及這些自然力量在日常生活中的運用」（p. 5）這樣的觀點來理解科學。他對於「出現在物理學、化學等名銜的課本中，所確定之分立隔離的範圍、觀念及術語」頗有微詞，並且採取相反的觀點，促使教師們記得：「並沒有什麼物理的、化學的或是植物的教材存在，而是在某些特定的日常問題出現，且經過特定模式的探究之後，這些日常的教材才變成物理的、化學的或是植物的教材」（p. 7）。雖然杜威對於科學教學的觀點，與某些方案教學法有所關聯的原則相一致，但是，這並不代表杜威就同意以方案代替科目的主張。對於杜威而言，適切的科學課程組織不會圍繞著「高度成熟的科學中某些專門化了的、具有技術性質之事項」（p. 5）而編製，但是它畢竟還是一門科學。兒童由具體的經驗開始所產生之對於自然世界的好奇心，以及其所參與之日常的工作活動（daily occupations）等等，都只不過是一些更有保證的路徑，讓兒童能藉此獲得既精緻細密，又在理智上值得尊重的科學知識。杜威認為，且不說那些一般資質的學生，即使許多潛質優異且前途似錦的未來科學家，也都「對於抽象且生硬的科學命題所組成的未成熟餐點大有反感」（p. 8）。

　　《綜合科學季刊》於其出刊的頭幾年，一直都在推動以方案改進科學教學的作法。杜威一直持續表示意見的一項主題就是，各個學校在將科學的內容呈現給兒童時，所採取的方式皆未適切地配合兒童之發展與理解的層次。正如在農業訓練中進行的家庭方案之所以成功，是因為它原本即源自與農事工作有直接關聯的重要問題，所以，若是科學教學中的方案也能與其周圍世界中自然產

135　生的興趣有所關聯，那麼，它也會成功的。舉例而言，在康乃迪克州橋港（Bridgeport, Connecticut）的一位高級中學校長，即將公立學校的科學教學之失敗，歸因於這樣的事實：「教材及教法皆無法與個別學生的需求與興趣取得充分的聯結」（Moore, 1916: 15）。他認為，科學的方案應該由學生自發性提出的問題產生，例如：「為什麼茶壺內會形成水垢呢？」或者「為什麼鍋爐會爆炸呢？」（p. 15），這篇論文乃至《綜合科學季刊》其他眾多的論文及許多社論的要點，並不在於以實用技能代替課程中的科學。事實上，在杜威那篇專題講演論文之中，他甚至敦促中學生應該學習四年的科學課程。此一運動的核心要點是希望，透過方案的組織，中小學科學的教學不只能夠讓學生學起來更有趣且更生動，還要能夠讓科學成為在理智方面具有激勵性的科目。

iii 克伯屈的方案教學法洛陽紙貴

　　毫無疑問地，在透過方案進行課程改革的運動過程之中，最戲劇化的單一事件，當屬 1918 年 9 月號的《師範學院紀事》（*Teachers College Record*）上一篇從題目看來不怎麼顯眼的文章：〈方案教學法〉（The Project Method）（Kilpatrick, 1918b）。這篇由一位師範學院教師克伯屈（William Heard Kilpatrick, 1871-1965）所撰文章而引起的轟動，讓師範學院出版部不得不發行令人震驚的 60,000 份抽印本。到底為什麼這麼一篇文章會激起如此暴增的興趣，真正的原因在一開始時確實不清楚。方案的想法由農業訓練延伸到其他的領域，畢竟已經是行之有年的一回事，知名人士史奈登也在先前就這個方面發表了一些文章。這時，已經年近五十，在教授升等這件事有一些困難的克伯屈，恐怕怎麼也沒有想到會受到這樣熱烈的歡迎。

　　這個問題的答案有一部分，顯然是因為克伯屈一向都以適切巧妙的用辭行文，又總是以振奮人心的用語發言；而他更因為如此而終於成為師範學院歷史上最受歡迎的教授。但是，除了他寫作發言的雍容大度之外，克伯屈更能把發展論者已經熄滅了的希望——兒童乃是重新恢復生氣之課程中占有關鍵地位的人——重新燃起。發展論者的先驅霍爾，這位曾經集中體現此一立場，而且其

所領導的兒童研究運動也曾經激動人心，又似乎充滿著希望的學者，卻在新世紀開始的期間遭逢了急劇的逆轉（Ross, 1972: 341-367）。霍爾在研究兒童時 *136* 所採用的虛假科學方法（pseudoscientific approach）多多少少受到揭發，而且以他所相信之神秘的種族複演說，作為一套建立在自然法則之有組織的課程之基礎的主張，也不再受到大家的歡迎。詹姆斯於 1899 年針對心理學與學校實際作法的關係為主題所發表的系列講演，也碰巧幾乎是針對霍爾曾經大膽提出的，透過兒童的心理學研究來重新導引課程之主張，進行了一番直接的攻擊。詹姆斯（James, 1899）在看起來似乎是指涉霍爾的一次談話中指出：「今天的教師們似乎承受著某一種特定的神秘命運」（p. 6）。他甚至更進一步指出，以他「卑微的意見看來，以『新心理學』的名號稱之，真乃不值也」（p. 7）。在強調教學是一種藝術，而非一種科學時，詹姆斯對於霍爾樂觀地逕將心理學律則轉化而為教學處方的作法，顯得小心翼翼：「我更進一步說，如果你想就著作為心靈律則的科學心理學，從中化約而成為某些確定的教學計畫、架構及方法，以便立即可以用到學校課室裡，那麼你就犯了一項非常嚴重的錯誤」（p. 7）。

　　因為有像詹姆斯一樣的大器人物，加入諸如閔斯特伯格（Hugo Munsterberg, 1863-1916）（1899）等心理學主要批評者的陣容，霍爾在心理學家及兒童中心教育者中的顯著地位很快就削減了。於 20 世紀脫穎而出的美國主要教育心理學家桑代克，也公開地批評兒童研究運動的指導原則。桑代克（Thorndike, 1901）宣稱：「發展的實然，絕不會教導我們**應然是什麼。**」「若是要為『好的』這個字找一個同義字，那麼，或許沒有任何一個字比『自然的』這個字更差了」（p. 136）。曾經是很有希望的一項運動，現在需要一位新的領導者，以及一些新的觀念，就因為〈方案教學法〉這麼一篇文章，很快就把這一位哲學家，而非一位心理學家的克伯屈捧出名，並且承擔了此一角色。

　　在日漸增多的方案教學法領域的文獻之中，克伯屈（Kilpatrick, 1917）所貢獻的第一篇文章很自然的是在《綜合科學季刊》上發表的。事實上，那並不是一篇真正的論文，而是由不同的人士於聽取克伯屈講演後，在此一專題上所作的筆記匯編而成的一篇文章。因為缺乏某種連貫性，「方案教學」（Project

Teaching）聽起來似乎是用來激發一群教育改革者思考數十載的一些主題。首
137 先，在邏輯與心理的課程組織之間有著對比的反差。從某個意義來看，這是杜
威在一年之前同一份期刊上所發表的一篇論文的推演，他宣稱成人（邏輯的）
版本的科學，正不適切地強施予兒童（心理的）對於自然現象的理解之上。克
伯屈是這麼說的：「我們太常在兒童經驗的初始時期，就試著把最完整的成人
陳述教給他們」（p. 68）。這正是杜威（Dewey, 1897c）在至少二十年前曾經
討論過的主題。作為大家公認的杜威門人克伯屈，也把杜威在《**我們如何思
考**》（*How We Think*）（Dewey, 1910b）中對於思考的界定融入方案教學法之
中。思考基本上就是解決問題。克伯屈（Kilpatrick, 1917）說道：「思考的主
要目的就是要設法解決困難問題。」但是，他也承認，思考的「次要目的」可
能純粹只是要滿足好奇心（p. 69）。

在 1918 年 2 月 28 日，全美教育協會的時間經濟委員會（Committee on
Economy of Time）在該協會於大洋城（Atlantic City）舉行會議時，在就著許
多小學階段的科目，作出最少量學習要項（minimum essentials）的界定，這個
主題進行報告時，夾帶在這些眾多的報告之中，出現了一份克伯屈（Kilpatrick,
1918a）所撰寫的簡要報告。他描述這份報告是來自「一個附屬委員會，旨在
研究如何調整學校的作法，以便在讓兒童運用資源進行學習時，能比一般的作
法更為有效」（p. 528）。正如該委員會的名銜所示，時間經濟委員會根本就
完全是效率導向的；依照一位主要人物所說的，該委員會強調兩項重點：「在
課程編製時，完全接受社會效益（social utility）的觀點」及「在為學習的課程
進行實際的內容選擇時，能以科學方法取代過去只重意見的作法」（Horn,
1918: 526）。這兩項「重點」很容易就為社會效率運動在課程上的運用這件
事，做了適當且精簡的說明。最少量的學習要項可說是製造標準或是份額
（quotas）這些經濟效益用語的教育同義詞；它所講究的是固定的學習數量，
而這些學習要項大抵都是由所謂的科學方法，諸如問卷及兒童所犯學習錯誤的
計次結果等所決定。於是，這些學習要項就成了各個不同科目在事實及技能學
習方面的基本要求。或許，有一個例外，那就是克伯屈在他「附屬」委員會的
報告書中就未提及這兩項重點，而是轉彎抹角地間接提到了「學習律則」

（laws of learning）。克伯屈採取的替代作法是，詳細說明以兒童自己的目的作為組織課程之基礎這個論點，並且為這個論點提出了辯護。他提議，兒童自己所採取的「有目的之行動」，不只應該視為學校生活的一部分，更是一般所謂「有價值生活」的「典型單位」（p. 528）。

當〈方案教學法〉（Kilpatrick, 1918b）一文在幾個月之後發表時，該文與時間經濟委員會已經毫無任何名義上的關聯，若論及其間的區別，則克伯屈所提議的改革作法，顯然與社會效率這個利益團體所倡行的理想有所不同。他似乎在提議之中，打開了一個反對科學化課程編製者的深邃之泉源，這些科學化課程編製者都在效率，與以科學方式決定課程標準等方面採取強硬的路線，因而代表了在課程事務方面新興的主導理念。儘管克伯屈總是很小心地指出，方案教學法的課程組織與他持續不斷提及的「學習律則」乃是一致的，但是，他主要強調的還是：「我們應該把教育視為生活的本身，而不只是為了後來的生活作準備」（p. 323）。而這種主張與諸如巴比特及查特斯等科學化課程編製者的想法，基本上是南轅北轍的。克伯屈不主張先把課程分割為最細小的單位，然後再重新加以組合成最有效率的編排，反而大膽地提出「在社會環境之中進行的全心全意之有目的之活動」，或者，簡而言之，「熱切進行之有目的之活動」作為課程編製的基礎（p. 320）。更有進者，因為克伯屈所說的「有價值的生活」也包含了有目的之活動，所以學校的活動也就可以和有價值的生活取得一致。然而，有價值的生活並非某些你可以刻意準備而得的；它就是你現在正在做的一切。克伯屈肯定地說道：「多年來，我們美國人已經漸漸地習慣，把教育當作生活的本身，而不只是為了後來的生活作準備」（p. 323）。於是，他就這樣及時地利用了家庭方案所重視的，把教育與生活取得連結的作法，轉而用它作為所有課程的唯一模式。他至少隱含式地拒絕了這樣的觀念：事實與技能在呈現給學校中的兒童及青年時，應該期望它們在未來的歲月中具有實用的價值。

克伯屈（Kilpatrick, 1918b）設法把某些問題模糊化。他採取的作法是提及各種不同「類型」的方案，包括類型 4：「其目的是要獲得某些項目或知識或技能，諸如依照桑代克量表第 14 級的要求學習寫作，學習法文的不規則動詞」

（p. 333）。這種類型的方案將會使方案的組織變得跟任何其他的東西都不能區分。第 1 種類型方案：「其目的是以外在的形式將某個觀念或計畫具體化」（p. 332）。就是為了這種方案，他提出了「目的、計畫、執行，以及判斷」（p. 333）四項步驟，並且主張這四項步驟可以作為解決問題的程序。至於類型 4，他只說：「計畫也許最好由心理學家提出」（p. 334）。其後一路走下去，他承認：「強調目的這個字眼之有目的行動，就是我自己應用『方案』這個用語的意思」（p. 320）。

139

　　克伯屈所處的時間點顯然很是有利。在一段短暫的時間之內，對於那些把學校裡的傳統課程視為不合時代需求的教育改革者而言，方案教學法變成了科學化課程編製的主要替代選項。克伯屈的成就在於把農業訓練這個範圍有限的領域中一項成功的課程改革，加以重新改造而成為表面上講得通的一套作法，並且用以重新改造整個課程。更有進者，他在師範學院的職位，也讓他有機會把自己的想法傳布給更廣大的受眾，因為到了 20 世紀第二個十年，師範學院已經成了全國研究教育的中心。在羅索院長所聘任的眾多出色的教授群中，就整體的歡迎程度而言，克伯屈可以說是最為顯赫的一位。直到他師範學院教授生涯結束時，他大約一共教了 35,000 名學生，而這當中的許多人都成為教育界中知名的人物，並且散發了很大的影響力。方案教學法受歡迎之程度如此快速的竄起，讓查特斯（Charters, 1922）不得不發出一些警語。他指出一項事實：「美國的教育歷史就是一套由時興的風尚所積累而成之紀錄」（p. 245）。接著他針對方案教學法之限制提出了許多的警示。特別是，他感覺到方案教學法根本就不把一些公民們所必須知道的東西教給他們。雖然他並未建議把方案教學整個加以廢棄，但是，他建議至少「必須伴以系統化的科目學習、一些練習，還有一些作業」（p. 246）。

　　儘管有這些批評，方案教學法持續在教育世界吸引前所未見的忠誠。1921 年 3 月 1 日，在大西洋城召開的全國教育方法研討會（National Conference on Educational Method），明白地以透過方案教學法達到改革教育的目的為其宗旨。此一在某中學大會堂舉行的研討會，六百個位子座無虛席，甚至不得不將許多教育人員拒諸門外。這還不計克伯屈這位人氣巨星因為生病，而在研討會

當天無法前來的事實（"As reported," 1921: 37）。方案的觀念在 1918 年得以快速的成長，因為一份公開言明其發行宗旨，乃在致力傳布與發展此一觀念的期刊甫經問世，而得以更上層樓。〈方案教學法〉一文發表三年之後，克伯屈的一位忠實門徒何錫克（James Fleming Hosic, 1870-1959）（1921a）創立了《**教育方法期刊**》（*Journal of Educational Method*），其宗旨乃在把方案「可能為課程的重新組織，帶來深遠影響的一系列且前後一貫的觀點」（p. 2）加以介紹。在指出我們不必要因為把全付心力投入於方案教學法而道歉之後，他指出已經有一些對於方案真正的意義有所誤會的概念出現了，例如，就有人將方案當作只是一個新設的學習科目（a new subject of study）看待。何錫克主要把這份新的期刊指向目前負有學校視導之責的人們，希望因而把方案的運用當作是課程中一個新單位的想法，把目前只是各個不同改革團體領導者之間的爭辯，帶到全美各地中小學校的課堂裡去。在這份期刊發行之後的一個月，何錫克（Hosic, 1921b）指出，有某個大城市的每一所小學校長，乃至於「美國各州較知名的師範學校，有一半」訂定了該刊（p. 1）。

140

　　在其發行的第二年，《**教育方法期刊**》變成了克伯屈一項具有很大野心的作法之主要傳輸工具，希望因此而散發更大的影響力。克伯屈（Kilpatrick, 1922）作法的核心是要重新界定教材的意義。他不把教材界定為最少量的學習要項，或者某些擺在那兒要學習的東西，而把教材當作兒童豐富的經驗之重建，且這種經驗會使兒童「提高見識、志向與能力」（p. 96）。在論及傳統教材的概念形成只不過是「現行效率概念所強化的過程而已」（p. 231）時，克伯屈（Kilpatrick, 1923）試著為教材形成一個論點，認為教材發生作用於「人們的某個活動遭致堵塞、阻礙，或是挫敗之時，這時，就需要採用某種新的行事方法，以便使受阻礙的活動得以滿意地向前行去」（p. 368）。就此意義而言，他是在提出一項自我平衡的思考觀：教材在此一過程中發揮著讓有機體在其目的受阻時可以恢復的作用。克伯屈就是以此種方式試圖重新把教材統整於人的行動範圍裡去。在這些情況當中，教材就不僅僅是放在那兒要人們去學習的東西，而是要直接發揮作用，以便達成人類所執持的目的。克伯屈主張，就是在這樣的脈絡之下，教材才有出現在課程之中的必要。

iv 克伯屈及其追隨者持續闡揚方案教學法，並逐漸轉向經驗課程

141

　　幾乎在哈里斯把全國的焦點投注於課程之後，爭論的議題多半聚焦在課程內容之上。傳統的人文主義者與社會效率論教育者之間的對立，都是以什麼知識最適合放在課程之中這樣的說法提出。就此而言，社會效率論者主張，傳統的課程大多由枯枝朽木般沒有用的東西所組成，因而必須立即砍掉重練。他們提議，以有較多功利性質而較少學術性質的內容取而代之。克伯屈及其追隨者因而戲劇性地改變了該一爭論的用語。他們不只是說，某一種內容總是比另一種好些；其實，他們要說的是，內容的選擇充其量只是次重要的事情。知識不只是一些要人們精熟學習的東西而已；它們乃是達成人類意旨（human purposes）的工具。就此而言，兒童自身的目的應該為課程的發展提供基礎，而教材則是用以達成那些目的之工具。克伯屈則攻擊這種他喜歡稱之為「冷凍櫃」的知識觀觀點，指出有一種人主張把事實與技能儲藏起來以便留著未來之用，相反地，他提議另一種不強調知識獲得，而重視與有目的之活動同義的課程。如同克伯屈所重新界定的，方案不只是一種重新組織教學的方式，例如科學的教學；它還變成了科學一科的替代物，而這種主張恰與杜威的想法相反。

　　克伯屈（Kilpatrick, 1924）開始了他在這一主題重要的陳述，那是在學務總監事務部門（Department of Superintendence）所發表的專題講演，他宣稱：「課程的問題並不像它看起來的那麼單純」（p. 3）[103]。在指出教材與課程乃是「相互關聯的」後，他繼續反轉了眾所理解的、在教材與生活之間的一般關係。通常為課程安排適切的教材時，總是期望它為日後生活帶來某些有益的效應。克伯屈則提議，課程計畫應由生活（或者至少是逐漸有人稱之為生活的問題）開始，而教材則只有在對於此等生活問題產生影響時，才附隨地帶進來。他大膽地宣稱：「教材主要是工具，而非目的」（p. 3）。事實上，克伯屈是

103　應該是 the Department of Superintendence of the National Educational Association，為全美教育協會下的一個部門。

在重建我們一般所稱的課程之意義，而它所產生之一項有趣的副作用，就是方案教學方法變成了一項課程。克伯屈以他一貫激切的言辭敦促大家：「去看看柯林斯（Ellsworth Collings）所著的《以方案課程所作的實驗》（*An experiment with a Project Curriculum*）……閱讀之後就會明白了。它已經成功了。它確實可行」（p. 9）。

　　克伯屈在柯林斯（Collings, 1923）一書的導言，把這本書的描述為「先驅者的專著」（p. xvii）；該書對於密蘇里州的三所鄉間學校成功實施方案課程作了熱烈讚賞式的報導。事實上，這本書只是眾多於 1920 年代所寫的有關此一主題的專書之一。這些還不計克伯屈最具影響力的《教學方法原理》（*Foundations of Method*）（1925）一書，但是，日漸增多的門徒及有同樣想法的時人，諸如史多頓（James L. Stockton）的《教育中的方案學習》（*Project Work in Education*）（1920），梅利安（Junius L. Meriam）的《兒童生活與課程》（*Child Life and the Curriculum*）（1920），維爾絲（Margaret Wells）的《方案課程》（*A Project Curriculum*）（1921），史蒂文生（John A. Stevenson）的《方案教學方法》（*The Project Method of Teaching*）（1924），何曲克（E. A. Hotchkiss）的《課堂學習的方案教學法》（*The Project Method in Classroom Work*）（1924），何錫克（James F. Hosic）與蔡絲（Sara E. Chase）的《方案教學法的要領簡編》（*Brief Guide to the Project Method*）（1926），羅意絲（Mary H. Lewis）的《與兒童一同探險》（*An Adventure with Children*）（1928）等等。有了這等門徒，也難怪可以在學校的實務運作中感受得到方案課程的影響力，即使這些作法不一定總是以其最純淨的形式出現。

　　起初，正如大家所預期的，方案式的課程組織吸引了來自私立的以及與大學有關係的學校最大程度的熱心投入。舉例而言，師範學院的林肯學校即編輯了一本書冊，用以報導其在方案式課程組織的實驗成果（Columbia University, 1927）。不過，該校所實施的通常稱之為「興趣中心」（centers of interest）的單元，所涵蓋的乃是由反映出兒童們興趣的中心論題，所組織而成時間較長的活動。在二年級的「城市生活研究」單元中，兒童由城市的交通開始研究，有個男孩建造了中央車站的模型，另外一些小孩則作了火車、卡車、巴士、計

142

程車，以及船舶等的模型（p. 89）。接著，他們建造了房舍——大賣場超市、烘焙坊、郵局、消防隊、銀行等（pp. 89-90）。房舍中的房間出租了，而且，「房東及女房東與房客們為了房間與公寓的偏高價格，房租是否應該先行支付，房租應否包括水電及其他細項等事情，引起了許多抗議與爭辯」（pp. 90-91）。最後，這項方案導向了六個星期針對食物的研究，並且準備了各種不同的食材，又以市場的價格售賣。該報導稱：「這些大單元的學習變成了小學課程的核心」（p. 29）。克伯屈（Kilpatrick, 1928）自己對於這樣大單元的學習持有保留的看法，建議以柯林斯所實施之較小的單元比較好些，但是他認為這樣的作法「比那些分派作業－以便涵蓋－特定－教材（assignment-in-or-der-to-cover-specified-subject-matter）的作法，要優越太多了」（p. 87）。

143

　　到了 1930 年代，該運動中成長到這樣的比例，已經增加的太多，以致於逐漸失掉其原來與方案本身一致的特點，而且經過較盛大地宣揚一番之後，轉變而成為活動課程或經驗課程。正如其直系的祖先，亦即家庭方案一樣，經驗課程建立於重視兒童與青年興趣的基礎之上，並以他們的目的意識作為學習的導引，而且所進行的通常是具有公開性質的活動——進行這些活動的用意，是要取代那些學校課程，因為大部分的學校課程都有著令人吃驚的被動特性。依據負責編輯名為《活動運動》（The Activity Movement）[104]（Whipple, 1934）的全美教育研究學會（National Society for the Study of Education）[105] 第 33 期年刊（第二冊）的支持者之見，經驗課程進展最為顯著的應屬小學部分。舉例而言，紐澤西州蒙特克萊爾（Montclair, New Jersey）的兩位小學校長即報導：「改變得相當突然……是朝著活動－經驗的型態改變」（Hartman, 1934: 110）。在一個三年級班上，所進行的活動是郵局的單元，兒童在這個單元的活動中，寫信給郵局局長，請求同意前往參訪地方上的郵局。在一個四年級班

---

[104] 全美教育研究學會係由全美教育科學研究學會（National Society for the Scientific Study of Education）改名，請見本書 p. 35。

[105] 由譯注者於 https://psycnet.apa.org/record/1932-03387-000 上查得一書 C. Hissong 所著 The Activity Movement（1932, Oxford, England: Warwick & York）之摘要，應可確認"activity movement"所指即「活動課程運動」。

上，學生們所進行的活動是建造一座封建時代的堡壘，以便發現「有學習分數的必要」（p. 111），因而在最為枯燥的算術學習過程中表現了極大的興趣。於是，在學生們進行有目的活動之情況下，諸如寫作與算術等傳統知能的學習，就成功地融入課程的活動組織裡去了。

德州休士頓的學務總監報導了一項研究，其設計的主旨在於檢驗四、五年級學生在實施活動課程，和相配對的控制組兩者之間的差異。為了回應一般常見的批評，亦即實施活動課程會讓學生無法像一般小學那樣把基本知能學好，這位學務總監的報導指出，兩個實驗組在新的史丹佛成就測驗（Stanford Achievement Tests）上的進步得分平均為 13.3 個月，而控制組則為 12.3 個月。實施活動課程的教師們，分配在練習的時間明顯地較少，而分配較多時間在「創意的自我表達」（Oberholtzer, 1934: 138）。他報導，兩個實驗組的學生每年平均閱讀的書籍為 27.9 及 31.9 本，而控制組的平均只有 21.6 本（p. 140）。即使就教學的品質而言，在實施活動課程的實驗組中，教師也報導了他們在教學方面較有熱忱，而且，也較仔細地進行課前計畫的工作（p. 141）。活動或經驗課程之所以在小學的實施相對地比中學較為成功的原因之一，毫無疑問的是 *144* 小學有較大的組織彈性。不太容易變動的課時分配，加上教師都是按照科目領域進行師資培訓，使得中學的組織很難穿透。

把經驗課程帶入中學的最具野心的作法，是在 1935 年全美英語教師審議會（National Council of Teachers of English）的年會之中，由德博爾（John DeBoer）所提出的。德博爾為課程改革者長期所重視的一項議題發出召喚之聲響，他呼籲中學課程不應再由一些孤立的部分（compartments）所組成，而應該圍繞著英語、科學、社會及藝術等四個群組，採取統整的課程組織。他鼓勵英語教師把他們所教的科目當作核心，並且帶頭建立一套「讓學習者有機會在跟隨著他們而來的諸多事實之間，發現重大關聯」（p. 249）的課程。本質上，德博爾提議，將課程的方案組織統整式地融入構成一般中學課程的傳統式科目群組。大家熟悉的科目名稱仍然保留，但是，課程則圍繞著學習者的生活活動，而非傳統的科目而建立。事實上，全美英語教師審議會（National Council of Teachers of English）（1935）已經準備了一本名為《英語中的經驗課程》

（*An Experience Curriculum in English*）的專書，內中已包含了德博爾所倡導的一些改革作法。在《英語中的經驗課程》出版的那一年，全美教育協會的視導人員及教學主管部門（1936）即將其第九年的年刊定名為**《現代英語學程的發展》**（*The Development of a Modern Program in English*），而該書內容多半支持《英語中的經驗課程》一書所闡明的原理，當然也作了一些引申。自此以後的許多年間，《英語期刊》（*The English Journal*）持續出版了一些文章，記述中學教師就全美英語教師審議會的報告書所提出之各項建議，成功實施的情況。

V 裴格萊、波德及杜威的批評

　　就付諸實施的情況而言，家庭方案作為一項由農業訓練方面興起之有希望的教學方式，在短短幾年之間，就演變成為一項彌賽亞式（messianic curriculum movement）的課程運動，不只充滿著類似猶太教的祭司長（high priest）

145　一樣的人，還有辦理很成功的期刊可用以宣揚其觀念，一群忠誠的追隨者，再加上一組活力十足且特別熱心投入工作的門徒，甚至於還有某些衛星式的運動助長風氣。一開始時，最直接感受到其影響的是具有實驗性質的一些非公立小學，後來，則延伸到公立小學，甚至中等學校。然而，方案課程（或者，如後來於 1930 年代所稱的活動或經驗課程）在教育的世界中，絕對不是至高無上的。發展論者所組成的利益團體，曾經是一項植基於遺傳心理學的兒童研究運動，現在已經成了以克伯屈為首的、有較廣大基礎的兒童中心教育論者，與至少對於課程如何編製完竣這項工作有不同概念之其他強而有力的利益團體，同時併存著。舉例而言，克伯屈在師範學院的同事裴格萊（William C. Bagley, 1874-1946），即對於此一觀念一點也不熱中。裴格萊（Bagley, 1921）堅持主張，內存於方案課程的許多假定皆「尚未經過完整的試驗加以證實」（p. 289）。舉例而言，他對於方案課程的支持者所宣稱，實施這套課程之後，對於某個訊息的精熟能力，可以在非常具體的脈絡之下充分地加以保留，表示懷疑。他指出，內存於方案課程組織的「遷移效力」（transfer potency）並不如

支持者所宣稱的那麼大（p. 290）。在克伯屈有關教材的概念之中，擔負工具性角色的知識占有絕對優勢的想法，也值得斟酌：

> 於初等階段，在很大的程度上來說，中等階段也是一樣，教育的
> 主要功能應該在於讓兒童擁有精神遺產——技能、知識、標準及
> 理想等，代表人類種族努力的成果。這些遺產當中只有一小部分
> 擁有狹義理解下的工具性。（p. 292）

裴格萊也提醒他的讀者，很多的學習都是「沒有目的」（p. 296）的，而且，相對照於兒童的目的，我們不應該把成人的目的看作邪惡的事物。

　　裴格萊的說明是在一次以方案教學法為主題的論壇上發表，因此，他的批評幾乎是必然的反應（誠如我們已知他在這些事情上所持的立場）。然而，就整體而言，在課程事務方面持有各種不同立場的人士之間，進行公開辯論的情況，並不如預期之多，而且這種情況使得這段時間課程改革作法的複雜性變得模糊化。儘管有些值得注意的例外情況發生，但是，每一個利益團體基本上都是對著自己的支持者發言，因而我們可以說，社會效率教育者與兒童中心教育的支持者之間真正深邃的差異，在一般單純的社會大眾看來，似乎不是那麼清楚。因為這些相互競爭的團體之間所發生的交叉互動始終不多，所以，即使是後來的批評家們也都會持續把這些有廣泛歧異存在的課程改革運動，全部都看成一回事。

　　在這種對於新興的課程改革之批評不多的情況下，波德（Boyd H. Bode, 1873-1953）所撰作的《**當代教育理論**》（*Modern Educational Theories*）（1927）一書很可能是最犀利且最值得注意的例外。事實上，他這本書不只呈現他自己的教育理論，還就著在 1920 年代早期達到全盛時期，各種相互匹敵的改革作法不妥的地方，一一加以詳細記載，作成像目錄的一樣的便覽。像克伯屈一樣，波德也從杜威那兒獲取靈感，但是，他不自陷於火紅豔麗，也不失之於太過簡化。他的作法比較謹慎也力求合理，因而不至於在持續地注意到各種不同課程改革提議的社會涵義時，墜入矯揉造作的陷阱。波德從不會忽視在教育與經過重新建構了的社會願景兩者之間的關係，而且，對他而言，經過改

善的社會秩序，與效率或者甚至恪遵法律的公民之培養，並非同義詞。波德（Bode, 1927）在引述艾默生的一段文字後說：「好人必須不要太乖順地遵守法律」（p. 12），而且，他認為民主必須理解為「社會秩序的逐步人性化」（p. 14），而非只是把適應現有社會情況這項道理教給學生。

如同某些人相信的，波德主張「我們的國家安全奠基於我們公民的智力之上」（p. 15），此一主張強烈地令人聯想到先前由華德所提出的觀點，所以，波德應該會把他最尖銳的批評保留予社會效率論教育者，因為他們懷疑社會大眾是否有管理他們自己的能力，而且他們的社會觀念主要是導向社會穩定這項目的之達成。在這本專書之中，波德各以一整章的篇幅分別對於此項運動的三個主要領導者，亦即巴比特、查特斯及史奈登的思想，就著他們每一個人所持有的社會效率論的主要觀點，先作精要的分析，然後再作出細膩的批評。跟杜威不一樣，波德顯然對於社會效率論教育者的著作非常熟悉，也對於他們的學說在教育世界所發揮之影響，有十分敏銳的意識。

在他專門討論巴比特的一章之中，波德對於巴比特的註冊商標，也就是巴比特所持有之科學化課程編製的宣稱，表達了某些鋒利的保留。在提及「我們對於科學方法所顯現之不平衡的熱忱」（p. 78）時，波德指出了，那些巴比特毫無保留地支持之所謂「科學化的」方法，忽略了「漸進改變的社會秩序之理想」（p. 79）。不只波德自己相信，由事實之蒐集衍生理念的想法乃是一種幻想（p. 81），而且運用巴比特的科學方法決定課程目標，會導致「在客觀的、非個人化事實的決定之外觀下，偷偷地把個人的偏見及喜好帶了進來」（p. 85）之結果。波德主張「正如同以前一樣，教育目標變成了傳統與**現況**永存的藉口」（p. 85）。

波德在討論查特斯的一章，主要聚焦於工作或活動分析法，這是由工業世界中郇勒主義（Taylorism）借用而來的方法。他就當時教育界十分流行之砌磚類推的觀念作了批評，他說這種作法是把兩種不能相互比較的情況，卻因為看起來似乎合理，就隨意作了不合宜的類推。

且讓我們以「敏銳的判斷力」為例說明之。不管怎麼樣，理論上看來，我們都可以針對人們表現「敏銳的判斷力」時，到底是在什麼樣的情況，根據哪

些事實，因而表現出什麼樣的行為，作一番與砌磚行為分析一樣的分析。但是，這樣的類推不可能付諸實行。因為砌磚行為分析的目的，是要讓新手學習一些不斷重複的動作；但是，「敏銳的判斷力」卻完全不是同一回事，它不是要促成簡單動作的重複，而是要提高日後判斷的品質，以便在不同的情況之下，能作出更好的判斷。這兩者不能相提並論（pp. 103-104）。

　　除非我們的生活一直都遵循一種固定的型態，學校教育變成了只是針對一些在事前已經妥予預期的情境，作某些具體反應的不斷練習（當然這是許多社會效率論教育者所相信的），否則活動分析作為發現課程目標的方法，乃是無用甚且只會更糟的作為。

　　波德在攻擊史奈登的教育目標之社會學決定論的專章，更進一步申述他對巴比特與查特斯所作的一些評論之要義。他再度對於流行的作法，也就是以活動分析作為課程發展首要步驟的作法，嗤之以鼻。波德宣稱：「若是我們永遠墨守著活動分析法，彷彿『一隻病貓想要爬上一塊熾熱的磚頭』一樣，我們就哪兒也去不了，毫無前景可言」（p. 119）。波德呼籲，不要再採用一套以科學決定課程的機械化公式，而建議採用另外的觀點，把課程發展當作一種歷程；此一歷程應該包含「歷史觀點，除了要探討個人的心靈理論，也要分析社會機構的教育意義，以便獲得洞見」（p. 119）。最後，他總結道，史奈登試圖透過社會學的分析，決定課程目標的主張，這項永不熄滅的希望，到頭來只 *148*不過是一項宏大的幻想而已（p. 139）。

　　克伯屈的方案教學法也不能免於波德銳利的批評之眼。波德注意到了眾人對於方案的界說之多，可以說已經到了一人一義的地步，不但各有其擁護者，也都各有其訴求。波德（Bode, 1927）認為克伯屈的定義：「全心全意地進行之有目的的活動」，根本就與一般所說的興趣無異（p. 142）。雖然波德對於克伯屈及其追隨者就著傳統課程所提出的一些批評——特別是其中的兩項：把知識去人文化，以及在學校與生活活動之間形成了廣大的差距——表示同情，但是，他認為把學習限制於方案教學法，有著太過不連續、太過隨意與偶然，還有太注意其功能等缺陷（p. 150）。他寫道，若方案教學法只是「在社會的脈絡中，全心全意地進行之有目的的活動」，那麼，其確切的特性之所在，就

必然不是在「所學習東西的組織之中，而是在學習者進行學習活動時所持有的態度」（p. 157）。克伯屈喜歡把重點放在兒童自己建構他或她的課程，以及所進行之有目的的活動，卻不考慮所預示之後續的方向，這在波德看來，簡直就是「一種對於『內在發展』（inner development）的過程之神秘式的信仰，不需要任何來自環境的事務，而只要讓此一內在發展自行其是」。他提醒他的讀者們注意杜威的名言：「在心靈生活這方面，絕無所謂自然的萌芽這回事」（p. 163）。如果兒童無法從教師那兒得到導引，他或她就只會轉向其他人。這整件事情比較像有點盧梭的意味，而不像一種建設性的課程取向（p. 165）。因此，我們可以說，波德像杜威一樣，對於發展論者的基本假設——也就是認為教什麼這個問題的關鍵乃在於兒童內部的自然力量之展開——深表懷疑。

杜威（Dewey, 1931）在哈佛大學所發表的英格利思講演（Inglis Lecture），這種懷疑論可以說十分明顯，然而，他並未那麼直率地表達出來。他名為《走出教育困惑之道》（*The Way Out of Educational Confusion*）的專題講演，即在處理出現於課程組織作法的兩種主要方式，一為科目的組織方式，一為方案的組織方式。如同我們所預期的，他對於這兩者都不表贊同。他對於科目組織的批評與他於十五年前發表在《綜合科學季刊》的主張相似（Dewey, 1916b）。具體而言，他問道：「當今那些大家已經接受的一般性科目分類，149 其價值何在？」（p. 4）。他指出，舊的科目類別及名稱似乎因為學術發展的進步而細分，但是，舊的標籤還留在學校的課程之中。他認為，增加了用連字號連接的（hyphenated）新領域，諸如太空－物理學（astro-physics）及生物－化學（bio-chemistry）的出現，正好見證了「科目與科目之間的隔牆之崩塌」（p. 15），而此一隔牆崩塌的現象正好表示了知識之間的相互聯結與彼此依賴的事實。然而，舊的科目名稱仍然續用，又沒有任何透過課程將知識加以統整的想法，只是會讓學生對於他們所學習的東西，得到一些片斷的，以及經過人為的方式而孤立起來的知識。他說：「科目表面化地成長著，而且這種成長倍增的事實，讓人們的身心都受到折磨」（p. 16）。他把對於傳統科目組織的反對意見作了一番總結，並未完全否定之，而是指出，「在技能與藝術，乃至知識的內容都變得彼此糾結與相互依存的情況下」，課程仍持續「以許多孤立與

獨自存在的科目為基礎，一定會導致我們目前所面臨的困惑」（pp. 17-18）。杜威反對的是傳統與老舊的分類，以及它們之間的毫無關聯，他並不反對科目組織的本身，特別是在中學與大學層次的科目組織。

當杜威轉向「所謂的『方案』、『問題』，或『情境』的方法時」，他立即警告聽眾，他不認為此一方法是現在所形成的課程『困惑』之唯一替代選項（p. 30）。雖然杜威和波德一樣，承認此一方法「對於具有任何試圖求取改變的計畫而言，都有著重大的意義」（pp. 30-31），但是，他絕對不熱中於把方案當作一種課程組織的模式。首先，杜威認為，太常見的情況是，方案總是包含了太短的時間幅度，而且方案的形成也常出乎臨時或偶然。他說：「總之，它們太瑣碎了，因而不具有教育的價值」（p. 31）。依他之見，在這種脈絡之下所能得出的成果，將會「只是一些技術性的東西，而不會向前推進，在學理的知識方面取得真正的進展」（p. 35）。為了讓聽眾不致於不能掌握他所要強調的重點，杜威又直截了當地說了：「我並不鼓勵它（方案教學法）成為走出教育困惑的唯一之道，即使在小學階段也是如此」（p. 36）。

相反地，杜威所採取的立場是，即使在保留傳統科目名稱的情況之下，還是有可能將它們加以重新組織，因而知識之間的相互依賴，以及知識與人類意旨之間的關聯，仍然可以弄清楚。在指出由胡思禮（Julian Huxley, 1887-1975） *150* 及威爾斯（H. G. Wells, 1866-1946）所展開的研究時，他表明，就科學這個科目而言，針對過去該科所出現之專門化的次階分類（specialized sub-divisions），有可能採取抄近路的作法：「但是，不犧牲科學的正確性，卻能增加其理智的好奇心與理解，同時，又能揭露我們的世界，讓人們感受到世界是人們審美之樂的永恆泉源」（Dewey, 1931: 37）。如同他在十五年前所作的一樣，杜威所贊同的是科學這個科目，而非方案。杜威所要倡導的作法，應該與後來一般稱之為「廣域」（broad fields）的課程組織最為近似。這種作法是針對科目課程所作的修正，其目的在於把某些具有密切關係的科目聯繫在一起，以便避免學校科目與科目之間相互孤立的缺失。就此方式而言，科學這一個科目可以當作一個整體，其內部的相互關係可以透過課程而強化，而不會再重視那些絕緣的、專門化的次階分類。

　　或許杜威天真地指望著教育學院，在推動這件事情上能帶頭前進，但是，他也警告任何人若是試圖在修改現行作法時，「頂著『科學方法』這塊防衛盾牌，就可能會增加困惑」（pp. 39-40）。他對於教育學院所提出的期望，反而是：「應該針對科目之間的相互關係，以及其社會的意義及應用等，執行一連串的研究」（p. 40）。杜威的「走出教育困惑之道」有太多的要求，是針對傳統科目所進行的改造；而這樣的作法並不能投合人文主義者的心意。他並不缺乏浪漫的訴求，這種訴求旨在建立以助長兒童自然傾向為重點的課程，但是，此一訴求卻因為短少了針對科目所作戲劇化的否定而停滯不前；而激烈地排斥科目正是活動課程的支持者所作的提議。又，杜威的主張強調理智探究，以及各個層面的社會再生（social regeneration），還要各個部分的人群都能參與社會的再生，對於科學化課程編製者及社會效率教育者而言，這些想法若不是太危險，就是太過模糊、也太不夠精確。杜威的學術器量大度，國際聲譽隆崇，他的節操貞潔，但是，因為他在教育實務界並沒有足夠的真正輔從者，所以並未讓人感受到他所散發的影響。

第七章

大蕭條與社會改良論的全盛期

i 康茲

　　在 1928 年總統選舉的前夕，時年六十九歲且定期在左派的《新共 *151*
和》（*New Republic*）期刊發表文章的杜威，斷然地把他的支持投向紐約
州民主黨籍的史密斯（Alfred E. Smith, 1873-1944），不過，事後證明這
一企圖並未實現，因為共和黨籍候選人胡佛（Herbert Hoover, 1874-1964）
獲致了壓倒性的勝利。這位受過工程師專業訓練，且卓有高效率行政者
美譽的胡佛，在大部分美國人的心目中是一位新式的經理人，一位能超
越實際政治之喧囂的人士。雖然杜威（Dewey, 1928b）認可胡佛的高效率
美譽確為其所應得者，但是，他更做了如下的觀察：「可惜的是，我沒
有看到任何跡象表明他對為同胞的日常生活而設的政策——無論是國內
的，抑或是國際的——具有任何人道式的洞見，而這種洞見則應該是出
於社會需求之考慮的」（p. 321）。在我們對於「飛躍的二十年代」（ro-
aring twenties）的樂觀主義、繁榮，以及歡樂氣氛等持久不變之形象背
後，似乎有一股強烈不滿的暗流隨時準備好要浮出水面。舉例而言，杜
威即認為胡佛的「整個信條——自滿的資本主義式個人主義、獲得經濟
成功的權利與義務——讓他繼續著『繁榮』的虛偽宗教。而根據我的判
斷，這種繁榮是現存的、維持著我們的社會基調與社會傾向中不現實成
分的最大勢力」（p. 321）。杜威偕同當時相當大量的知識分子，對於他
們所察覺到的充滿著不符公義的社會制度，漸漸地發出了不平之鳴。當
不調和的暗流浮出水面，就影響到 20 世紀前五十年課程改革的路線，但 *152*
是在 1920 年代，課程改革的方向還不明確。

　　美國的課程需要果斷地加以檢修這樣的一般性想法，在 1926 年達到最頂點。這一年，美國教育研究學社（National Society for the Study of Education）於該社出版的第 26 期年刊兩冊中，專門探討課程的議題。[106] 名為《**課程編製：過去與現在**》的第一冊試圖把那時出現在課程領域的主要趨向加以分類，並且針對許多學校——幾乎都是私立或全美各地大學附設的學校——之各種課程實驗，作了範圍相當廣泛的概覽。名為《**課程編製的基礎**》之第二冊則主要包括了該領域的領袖們針對主要的課程議題所作的陳述。當然，這些人士就包括了兩位忠實推動科學化課程編製的巴比特及查特斯，以及另兩位積極倡行活動課程的克伯屈及彭瑟（Frederick W. Bonser）。所代表的觀點與科學化編製者或是兒童中心教育者都不同的則有芝加哥大學的康茲，以及經人們選任為這兩冊文集的編輯委員會主席的哥倫比亞大學師範學院的羅格。邀請康茲及羅格這兩位人士參與這兩冊文集的撰文，因而得與一干課程領域中的星號人物齊名，標記了另外一股課程改革力量的出現，這股力量反映了對於社會的關懷，開始在 1920 年代的後半段時間露出了頭角。

　　該年刊所宣示的宗旨是希望針對新課程的編製應該包含哪些項目，獲致共識。四分之一個世紀或更多年來，大家一直有著強而有力的動機，希望能取代那些既無法配合新工業時代，又無法符合大量進入中小學學生之需求的課程。但是，大家卻因為對於這種課程變革的性質並不清楚，所以，由羅格在 1924 年領導的年刊編輯委員會即是希望能夠共同合作，針對持續來自許多方面的改革意見所形成之這種混沌不明的狀況，下一番廓清的工夫，進而凝聚大家的共識。最後鍛造而成的「綜合聲明」（Composite Statement），並非對於 1890 年代以來興生的各種不同課程改革言詞進行重新建構或者重新闡述，而是就著各方課程應該採取的方向所提出之十分不同的主張，作一些評注。舉例而言，就

---

[106] 此一由「全美教育研究學社」在 1927 年出版的《第二十六期年刊》為美國課程史中最重要的文獻之一。該年刊分為《課程編製：過去與現在》及《課程編製之基礎》二冊。其重要性有四：(1)促成課程領域的專門化；(2)引導課程人員的專業化；(3)嘗試建立課程理念的共識；(4)初步擬定課程編製的步驟。請見拙文（單文經、鍾鴻銘，2005）〈《第二十六期年刊》在課程史上的意義〉。

著這樣的問題——科學課程編製者所主張的，是否應該透過活動分析的方法，　*153*
將課程導向成人生活的有效參與，或者，是否應該像經驗課程的倡導者所提議
的，課程應該由兒童目前的需求與興趣衍生而成——委員會聲明，教育應該包
括「社會生活的參與；這些是在視社會生活為一個整體的情況之下分析而得，
而其目標與活動又能與兒童目前的生活經驗相符合」（Whipple, 1926b: 14）。
又如同樣閃爍其詞的聲明可見於：「課程研究不只應該持續執行，還應該要完
整周延」（p. 24）及「委員會相信課程編製者應該試著運用每個可能的機會讓
學生形成對於世界之同情的、且廣泛的觀點」（p. 24）。

　　比起平淡無味的「綜合聲明」較為有趣的是在隨後由諸位課程領導者從各
自觀點所撰寫的文章。大多數作者都對於綜合聲明採取溫和且同意的姿態，但
是，接續的文字則是重申其自己的招牌主張。舉例而言，查特斯即在他所作最
短、幾乎只有半頁的補述，對於大家可能會一體地同意「課程應該完全建立在
對於學習者需求與興趣的研究之上」（Charters, 1926b: 71）的作法，表達了他
的擔心。明顯地，當他確認了自己所擔心的事情並未發生，因而在甚為滿意的
情形下，宣稱這是一項成功的會議。克伯屈的文字與委員會的意見「非常不
同」，宣稱他「可以公正地說，這些與目前的實際情況甚多相左之處的意見既
是一項光榮，亦有一些不光彩」（Kilpatrick, 1926: 119）。他在這一篇文長為
「綜合聲明」兩倍之多、闡述最為詳盡的補述當中，重申他到當時為止的一些
主張。眾家作者當中，最令人驚訝的補述當屬巴比特。他否定了自己早先為成
人生活作準備的核心主張，而作了完全不同的宣示：「教育的目的並非主要是
為了一些未來生活作準備，而是相反地，要特別重視當前的生活……生活是不
可能『準備的』，而只能好好地過」（Bobbitt, 1926: 43）。他作這樣的轉變，
讓人感到難以理解。我們可以這麼想，或許是克伯屈成功地且完全地感化了巴
比特。然而，我們可以這麼認為，該年刊原來明言的意圖，亦即為 20 世紀第
一個二十五年當中所興生的各種課程改革人士所組成的光譜建立一番共識，並
未完全達成。事實上，若是仔細閱讀這些當時最為知名的各家課程領導人士所
作的陳述，我們恰巧獲致完全相反的結論：呈現了三種看起來是無法調和的改　*154*
革推力。其一，來自成人生活的標準，亦即是巴比特長期以來堅持的，試圖把

課程重新導向到為兒童與青年踐行明確的成人角色妥為準備。其二，則是以兒童切近的生活為起始點，基本上完全把傳統的或是功利性質的教材都加以捨棄，而把課程視為兒童可以實現他或她自己目的之場域。其三，則是我們開始看到的，由羅格與康茲帶到課程舞臺的第三項課程運動，它的核心動力是來自於對美國經濟與社會制度的不滿而形成的潛伏情緒。這最後一項運動，是在1930 年代以社會重建論的旗幟出現，視課程為調整社會公義，並且矯正資本主義所製造的弊病之工具。

對於杜威所稱的美國「以繁榮為宗教信仰」（the religion of prosperity）之作法表示不滿的情緒，在一小撮的宏儒碩學之間形成一番氣候已經有一段時間了，並且在路易士（Sinclair Lewis, 1885-1951）的小說，以及辛克萊爾（Upton Sinclair, 1878-1968）搜集並揭發名人醜事的報導中表達了出來。對於資本主義所採取的作法有所不快的美國知識分子，早已經受到來自俄羅斯革命所散發之吸引力所影響。表達這樣不同意見的一些異議也開始呈現於較大的選舉之中，例如，1920 年，社會主義者德布斯（Eugene Victor Debs, 1855-1926）在他第五次總統的選舉運動中獲得了 919,000 張選票。這時他正因為發表一場反戰講演而於 1918 年以違犯「反間諜活動法」（Espionage Act）遭受逮捕且判定十年有期徒刑，所以他的得票總數值得特別注意〔當時的哈定（Warren G. Harding, 1865-1923）總統決定於 1921 年的聖誕節那天將他釋放，並且在白宮向他致敬〕。

康茲是教育領袖當中較早一位，對於當時那一股社會結構表示不安的暗流進行反思，並且將這一股潛伏的情緒導向對於美國中小學校作一批判性的檢視。他最早的主要論著中即點出美國教育的主旋律根本就是「為了經過特選的少數人服務，他們或為出身良好，或為天資優異」（Counts, 1922: 3）。他認為，雖然就稅務結構而言，要求每個國民都有支持學校的義務，但是，平心而論，美國的學校制度根本就是為一群範圍窄小、且享有特權的少數人而服務。康茲選擇了四個城市——華盛頓州的西雅圖、密蘇里州的聖路易、康乃迪克州的橋港，以及紐約州的維農山——取得一些數據。根據這四個城市的中學與小

學所呈現的社會階級狀況的分析，他作了這樣的總結：中學的學生人口不只在

其年齡方面與小學有所差異，更在社會階級方面所具有的選擇性，有明顯之差異。康茲的結論是：「幸與不幸都會一代一代的傳延下去」（p. 148）。他指出，雖然我們這個社會號稱民主，但是，就中等教育的入學情況而言，主要還是受到社會與經濟地位這個因素所左右（p. 149）。

　　四年之後，康茲於 1926 年出版了《高級中學課程》（*The Senior High School Curriculum*）旨在調查十五個美國城市中等學校課程情況的這本書。在1923 至 1924 學年資料蒐集的過程之中，他發現「中等教育在最近的過去一段時間有了快速的改變」，還有「嶄新的課程出現了快速成長的情況，而老舊的課程則逐漸消失」（Counts, 1926: 144）。對於康茲而言，這種改變的速度雖然讓他有一些滿意，但是，他對於「根本未見到有任何課程考慮到美國文明的需要」（p. 146）則大表失望。有趣的是，他發現有些學校是以「達成健康、家庭生活、工商企業、公民素養及娛樂等目的作為設置這些傳統科目的理由，但是卻未見學校將有關的教學材料引進課程」（p. 146）。此一情況或許反映了，許多學校參照全美教育協會中等教育原則委員會於 1918 年所建議的，把老舊的科目重新導向到七項教育目的上去。翌年，亦即 1927 年，康茲再度回到美國中小學校皆有反民主的趨向這個議題，這次他是以各地教育委員會的社會成分為研究的重點。康茲根據 1,654 個學務委員會的樣本，為美國的鄉村、城市以及各州的教育委員會作一番描繪。雖然，他發現了一些特別的狀況，例如在一些城市一般而言都是由六位委員組成的學務委員會中，有三位是工商企業或其他的專業人士，而另三位則為農人，但是，康茲總結他的研究發現：「一般而言，教育委員會主要是由經濟與社會階級較高的人士組成」（Counts, 1927: 82）。也因而反映了一項事實，亦即美國的教育政策之管理確實有階級偏見的成分。最後，他作了這樣的結論：「唯有在管制機構與作用贏得自由與創意形式的教育之支持，美國的學校才有可能對於個人的新生與社會的重建等理想，提供積極而正向的貢獻」（Counts, 1927: 82）。康茲在 1920 年代的各項論著喚起大家注意到，美國的學校制度並非朝向一個嶄新而更好的社會秩序，反而是把一個分層別級的社會持續地維繫下來。一旦大蕭條來襲，康茲即希望把各級各類的學校課程帶向他所認同的社會重建的理想。

156

ii 社會重建論獲致共鳴

　　儘管在 1920 年代，在《貝比德》（*Babbitt*）及《大街》（*Main Street*），或者是稍早的《屠場》（*The Jungle*）等小說所表達對於美國人的生活，所產生的不安情緒，甚至是異議教育家康茲對於美國教育路線所提出的各項證據，在在顯示人們對於當時美國各方面的情況有些擔心，但是，以胡佛總統（H. C. Hoover, 1874-1964）之前任柯立芝總統（Calvin Coolidge, 1872-1933）的話來說，美國人民仍然跟往常一樣，各人忙著各人的事業。雖然失業率於 1926 年即已顯著地攀升，而且某些特定的工業，如煤礦、紡織，還有農業等等，似乎已經陷入困境，但是，一般美國人仍然和以往一樣，對於未來前景抱持著樂觀的態度。公開與私人的借貸仍然快速成長，股市投資者依舊持續無節制地狂熱買進，他們通常都以四分之一的現金作為槓桿，買進股票與債券。1929 年 10 月 24 日，亦即「黑色星期四」像一股霹靂般的雷電來襲時，股價急劇下跌。到了隔週的星期二，股票出賣的動作太快，以致股票行市自動收錄機比實際買賣動作慢了兩個半小時之久。到了 10 月底，大約 150 億美元的紙上盈利由股票市場消失無蹤，到了 1929 年底，損失已經積累為 400 億美元。三年之內，損失已經高達 900 億美元，也就是整個股票交易市場上，有價證券全部價值的四分之三都不見蹤影。無止境的繁榮景象瞬間歸零。

　　胡佛總統試著以增加聯邦的支出作為回應，並促請各州及地方政府全力配合。他懇求各行各業的領袖，切勿削減工人們的薪資。大體上而言，各行各業的領袖注意到了這項訴求，但是，到了 1931 年 10 月，美國鋼鐵公司（United States Steel Corporation）削減了工人們的 10%薪資，隨後，通用汽車（General Motors）及美國橡膠（United States Rubber）等主要的製造公司也很快跟進削減薪資。胡佛總統於 1931 年懇求銀行業者將它們的資源加以組合，以便拯救日漸破產的銀行，但是，銀行業者並不理會此項請求。到了 1931 年，經濟蕭條的情況也重擊了歐洲，明顯地，整個世界逐漸都陷入了危機。到了 1932 年，全美中小學校教師們的薪資也遭致劇烈地削減，而芝加哥的教師們好幾個月都領不到薪資。全美製造業者協會把大量失業率的情況歸因於工人們的懶惰，但

是美國左翼的領袖如比爾德及泰格威爾（Rexford Tugwell, 1891-1979）則呼籲大家採取果斷的行動，包括較大規模的管制企業以及更多的政府計畫。

康茲所栽植的社會重建論種子早在 1920 年代中期及晚期已經開花。到了 1930 年代早期，他的觀點已經獲致全美各地教育領袖的共鳴。即使像一向擁護兒童中心運動的人士如克伯屈，也都全心全意地進入了這條新的軌道。無論如何，全美各地居高不下的失業率，再加上屢見在救濟貧民的汽車式流動食堂排隊的長龍，讓早先充斥各地的樂觀精神逐漸減少，不只對於資本主義的未來希望打了折扣，對於在學校情境中兒童的自然發展所持有之浪漫想法也遭致抑制。主張讓個人在現有的社會秩序之下適才適所的社會效率觀，以及強調兒童與青年自由與個性的發展觀，都讓步給這樣的想法，亦即學校應該面對持續變遷的社會與經濟問題，以便讓學校所培養的新世代國民，能批判性地因應社會制度的缺陷，並且作好準備就這些問題作些什麼貢獻。

康茲（Counts, 1930: 121）在一本明言獻給杜威的專書中，對於現代美國工業社會，凡事講求一致順從，陷入他所稱「生活標準化」的困境，深感慨嘆。然而，當個人亟欲脫離「小家庭或社區群體的強制性影響」（p. 123）之同時，工業的文明卻在個人身上施加嶄新的順從性壓力。他宣稱，這種「社會順從原則表現在美國教育上的情況，可以近年來所流行的課程編製的方法為最佳之例證」（p. 124）。康茲顯然是在指涉由諸如巴比特與查特斯等課程學界的主要領導人士所倡行的活動分析技術時，說道：「這種課程編製的興趣正好與運用科學方法在教育研究的運動緊密地關聯」（p. 124）。康茲呼應了波德（Bode, 1927）早先所作批評的要旨，不認為課程可以由人們目前所從事的活動分析而得，因為「由人們生活中的各項活動所進行的純粹客觀研究，並無法區別出是非、好壞，乃至於善惡等的不同」（Counts, 1930: 125）。對於康茲而言，所謂科學課程制定，其關鍵的要點在於選取由數據中作出推論的裁判員，而這些裁判員將會不可避免地反映了美國主流文化中的利益。在這種情況之下，必然會造成保持現狀的結果。正如康茲所說的：「不可避免的後果就是，學校將會變成現有社會秩序永續維持的工具，而非社會中的一股具有創意的力量」（p. 126）。

158

　　康茲也攻擊由社會效率運動興生出來的、用以測度成功與否的最高準則，亦即效率本身。在論及效率這個主流概念時，康茲稱之為：「沒有目的之效率，只是一堆機械動作的效率，何效率之有？」（p. 137）。他對於「各級各類學校都盲目崇拜效率」這件事毫不驚奇，因為舉國上下都受到「機械文化」所宰制，但是，他宣稱「管理的效率絕對不應該成為教育的理想」（p. 138）。他對於他的同事史奈登堅持要求的，以個別化的名義將學生們作隨意的分類，又把課程分析而成「細小單位的學習工作」表示不以為然。他在對於美國中小學校的批評之中，還包括了廣為大家歡迎的印第安納州蓋瑞市所實施的分組制度，認為這種制度只是一種增加效率的機械化作法。此外，即使是以效率之名而「針對學校教育成果進行準確的測量」（p. 146）這樣的作法，也不能免受康茲的批判。康茲承認「全美各地風行的測驗作法」確有某些科學的價值，但是，他指出：「如此毫無節制地且不經批判地熱中於以現有課程為基準、又以效率為名義所實施的各種測驗作法，將會把中小學校綁定在陳舊的教學方案以及針對學習本質所提出的一套錯誤理論之上」（pp. 147-148）。康茲主張，只要這些課程發展仍然居於主流，就只會產生放任自流的社會政策這一項後果。由此可以看出，康茲對於主張社會效率的利益團體以及該理論所代表的一切，持有始終不變的反對立場。明顯的是，前一個世代曾經進行的課程改革，在他看來，大部分都只是把美國社會組織中所見的各種缺點原封不動地維持下去。

iii 進步教育協會成立

　　自 1930 年代開始，左派的政治及社會領袖，與某些教育改革者之間，似乎形成了一些共鳴。前此，除了一小撮社會方面的進步派領袖，諸如杜威與波德之外，教育改革的主要傾向可大別為二，一為要求嚴格的效率進而維持既有的社會秩序，另一則為對於兒童天賦脾性的自然展開有著十分執著的信念。在社會重建論者與社會效率論者之間的異見固然很清楚，而且很明確；但是，社會改良論者與發展論者之間觀點的差別，亦不遑多讓。最後，決戰的場域落在進步教育協會（Progressive Education Association）這個團體。

159

　　我們或許可以說，進步教育協會是誕生於詹遜（Marietta Johnson, 1864-1938）的心裡；她在阿拉巴馬州費爾霍普設立的有機學校（Organic School in Fairhope, Alabama），代表嚴格依循發展論原則的學校教育模式。詹遜於這個在 1907 年即開始實施亨利喬治式單一稅制（Henry George single-tax）[107] 社區所設立的學校之中，袪除了依據年齡將兒童分組的作法，並且拒絕針對兒童的學習所實施之任何評鑑，以免造成任何製造兒童之間相互競爭的後果。該學校的各項教育活動皆是源自兒童們自發的興趣，因而特別強調幼兒說故事、歌唱及舞蹈等活動。如同霍爾一樣，詹遜非常重視童話及民間傳說，並且把實際的閱讀教學一直延後到八或九歲，因為她相信這個年齡階段才是實施這些訓練的自然時間（Johnson, 1926）。至於正式的學校科目則延遲到初級中學階段才予以施教。在全美教育研究學會出版的《第二十六期年刊》（Twenty-Sixth Yearbook）（第一冊）中所撰作論文的前面幾行，她宣示了她辦學的信條：「我們相信，教育方案應該以成長中兒童的需求為目的。我們相信，教育的重點在兒童時期本身，而不是為了成人生活作準備」（Johnson, 1926: 349）。

　　她帶著這些想法去找了柯博（Stanwood Cobb, 1881-1982），提議設立一個全國性的組織，以進行學校教育實驗的工作。柯博自己在馬利蘭州雪威切斯（Chevy Chase, Maryland）設立一所名為雪威切斯鄉間日校的實驗學校。在柯博終於同意之後，1919 年該組織以「實驗學校促進協會」（Association for the Advancement of Experimental Schools）為名成立，隨後即改名為「進步教育促進協會」（Association for the Advancement of Progressive Education），最後才定名為「進步教育協會」。該協會的第一任主席莫根（Arthur E. Morgan,

---

107 亨利喬治式單一稅制反對任何不同於土地稅的稅收，主張只對土地進行徵稅，強調土地漲價歸公。透過這樣的執行，政府能徵收充足的稅收以繼續運轉，社會各階層公民的負擔也能減輕。孫中山先生據此主張實行「土地單一稅制」，廢除一切租稅，僅單獨徵收地價稅；地租或地價的稅額，必須增加到恰夠廢除其他一切的賦稅為宜。但「土地單一稅」，並非取之於勞動收益，而是稅去地主依其土地所有權，所獲得的土地自然價值。

1878-1975）自己也是俄亥俄州戴頓一所名為莫南公園學校（Morraine Park School of Dayton, Ohio）的校長；不過，次年，他就轉而擔任安提可學院的院長（Antioch College）。（原作者文內注：哈佛大學退休校長，也是十人委員會的創制者伊利特受邀擔任該協會的首屆會長，但是，已屆八十五高齡的他拒絕了這項邀請，而以擔任榮譽會長代之。）除了像伊利特這樣的著名人物之外，該協會所吸引的主要是來自同一個小圈子的教師與行政人員，他們皆與私立的實驗學校有關，另外則是一些對於以發展論觀點進行學校教育改革有興趣的一般人士。

160

　　儘管進步教育協會成立之初規模並不大，但是會員人數成長卻很快，由 1919 年的 86 位到達 1930 年代 7,400 人的頂峰。帶頭為此一新的組織草擬政策宣言的人士是麻薩諸塞州切斯特納山丘的畢佛鄉間日校（Beaver Country Day School in Chestnut Hill, Massachusetts）的校長史秘斯（Eugene Randolph Smith, 1876-1968）。代表該協會組織信條的「七項進步教育原則」（The Seven Principles of Progressive Education）在 1920 年啟用。於 1920 年代，在協會的機關刊物《進步教育》（*Progressive Education*）中，連續五年都在每一期的封面內頁印有下列的序言：「『進步教育』的宗旨在立基於對個人生理、心理、靈性與社會的特性與需求，最自由地且最充分地促進個人的發展。」緊接著序言的是明顯傾向該組織亟欲推動之兒童中心取向的七項進步教育原則：I.自然地自由發展；II.興趣是所有學習的動因；III.教師是導遊，而非工頭；IV.科學地研究學童的發展；V.應特別注意到所有影響兒童生理發展的因素；VI.學校與家庭要密切合作以符合兒童生活的需求；VII.進步學校是教育運動的領導者。這應該是霍爾很容易就會寫成的政策宣言。

　　就是此一極端之發展論者的主張變成了進步教育協會在獲有全美知名度之後成為引發爭議的焦點。毫不意外地，杜威在他接受該會榮譽主席（承繼伊利特）時的專題講演之中，即對該協會所採取的方向，提出了若干質疑（1928a: 197）。他在講演的一開始，即簡單地問了一個問題：「什麼是『進步教育』？」並且試著「就進步運動與教育的藝術及哲學之間的關聯，提出智性的、學理上的問題」（p. 197）。一所學校之所以為進步的，只是因為它展現

了「某種非正式的氣氛」或者是因為它強調活動（p. 198）？雖然這些特點都
明顯地存在，但是，杜威認為這些都只是表面的。進步學校的教學方法及所獲
致的學習結果都與傳統學校有顯著的不同。他說：「傳統學校特別重視測驗與 *161*
計量」（p. 199）。運用智力測驗與測驗分數只是為了要使傳統學校更有效率。
然而，「無論如何，活動的**品質**及其結果……比任何數量化的成分都更為重
要」（p. 200）。杜威似乎很審慎地拒斥了社會效率教育者所引介的改革，他
們試圖以強調精確的測量作為改進學校教育的重點。在論及以活動分析決定課
程目標的作法時，杜威指出了他的立場：「只有在我們滿意目前社會的各項目
標及過程的前提之下，試圖以廣泛蒐集與正確測量的數據來決定課程目標與選
擇教材等作法」（p. 200）才是適切的。杜威因而建議此一成立九年的組織，
千萬不要把自己跟任何強調成就標準、精確測量，以及數據的蒐集有所聯結，
卻忽略了教育所造成的社會影響。

　　他也利用這個場合試著把該組織的立場，跟它自創始以來所強調的個性與
自然發展等基本理念，兩者加以分離。他指出，此一重點在袪除那些加在學校
兒童之傳統與人為的限制這一方面，確實達成了有用的目的，但是，他說：
「自由並非目的之本身」（p. 200）。他告訴會員們：「我懷疑，這些較早期
所提出之一些消極的進步教育想法，是否能夠完全付諸實施。」（p. 201）他
注意到進步學校雖然很重視個性，但是，個性的重視與井然有序的教材組織並
非完全不相容的。他甚至對於協會中，一些主張課程應該一律源自兒童個人衝
動與脾性的人士，大加撻伐。他說：「在這種情況下，教師有時必須花費許多
精力去思考，如何讓個別的兒童更好地發現某些有價值的活動，並且安排可以
將這些活動付諸實施的條件」（pp. 201-202）。許多兒童中心運動的人士主
張，課程應該不可以由成人自外部施加於兒童身上，而應該由兒童們自己充分
地參與課程的設計。但他指出，一連串無所關聯的活動不只無法以前後一貫的
形式呈現有組織的教材，還無法「為兒童提供一貫而統整的自我發展」（p.
202）。他總結這項批評道：「只讓兒童作一些活動，不論是多麼積極主動， *162*
還是不夠」（p. 202）。他提出了不同的看法，建議教師們「不只有權利，且
有責任安排系列的活動，進而顯示沒有必要對於成人應該作出的要求表示畏

縮」（p. 203）。因此，實際上，杜威對於 20 世紀前四分之一個世紀所盛行的
兩種改革作法都不表贊同。明顯地，他不看好效率論改革者的主張，特別是他
們暗中接受維持社會現況的作法。同時他也認為兒童研究運動拒絕把傳統與不
必要的限制強加在兒童身上，這樣的作法確實產生了積極正面的影響，但是，
該運動卻因為限縮成人由外部施加課程，而作了自我強加的限制，所以基本上
這也是死路一條。杜威清楚地指出，進步教育協會應該遠離其原本的發展論者
之根源。

iv 康茲的講演

　　若是在社會重建論者的運動中，要找一篇與克伯屈的〈設計教學法〉一樣
對教育界有極大影響的論文，就非康茲在 1932 年 2 月舉行的第十二屆進步教
育協會年會上所發表的講演莫屬。康茲在這篇名為〈進步教育敢於進步嗎？〉
（Dare Progressive Education Be Progressive?）的講演當中重申杜威在幾年之前
提到該組織缺乏方向的觀點，但是，他以更直率且更嚴厲的言辭作出了批評
（Counts, 1932a: 258）。他斷言：「進步教育協會的最大弱點在於它並未詳細
闡明一套社會福祉的理論，以致陷入無政府的混亂狀態，或者極端個人主義的
末流」（Counts, 1932a: 258）。當然，康茲所謂之「無政府的混亂狀態」並非
意指該協會的成員與政治上的無政府主義者有所關聯；他是在批評協會的大部
分成員長期以來一直相信，任何一種課程若非直接衍生於學習者自身的，就代
表兒童特有個性遭到不合理的侵犯。雖然他承認協會的會員們基本上都是寬大
為懷且又有著自由的心態，但是，他嚴厲批評他們這些人：

> 　　沒有深厚而持久不變的忠誠；未持有任何可以為它們而犧牲的一
> 些信念；若失去了慣常的物質享受就不知如何生活；未能敏察一
> 般人所承受的社會不公義；自滿於人類歷史的戲劇中扮演著旁觀
> 欣賞者的角色；拒絕就著一些較刺耳又令人討厭的外表探究其真
> 實的事象；到了末了接受嚴厲試煉的日子來臨時，只會依靠著社

會當中最有權力且最有名望的人帶領，卻又總是能為這麼行事找
到好的理由。（Counts, 1932a: 258）

在一個大蕭條的效應已經明顯可見的時日，如此這般的文字撻伐總是多多
少少地擊中了這些會眾們的要害。康茲訓斥會眾們：「在內心裡，自認為是超
越一般人的優異族類，不想讓自己的孩子跟來自貧窮家庭或是較不幸運族類的
孩子混在一起」（Counts, 1932a: 258-259）。這時，毫無疑問的，他所指涉的
就是在該協會中一些私立的，且通常是具有排他性質的學校中占有優勢的一群
人。

康茲要求該組織應該正面迎向今天的各項社會議題，不要害怕「所謂的**由
外部施加**（imposition）及**灌輸**（indoctrination）之批評」（Counts, 1932a:
259）。他主張要將「資本主義及其已經神格化的自私自利原則，對競爭力量
的過度依賴，把財產置諸人權之上，以及引以為傲的利得動機等」經濟制度作
根本的改變，代之以他所呼籲的、能導正現行制度缺失之「經過協調的、有計
畫的，乃至社會化的經濟制度」（Counts, 1932a: 261）。據一位當時在此一重
要場合參與活動的人士於若干年之後的報導指出，康茲的講演結束之後，會眾
回報的是令人震懾的肅靜：「遠比一陣熱烈掌聲更讓人感動」（Counts, 1932a:
188）。後來，當天的會議實際上等於是中斷了；協會的理事會成員皆認為有
必要召開一個特別會議，以便討論康茲對該協會所提出的挑戰。

從未公然表示自己是馬克思主義者的康茲相信，民主的傳統與對於日漸走
調的資本主義加以較強力之控制，這兩者乃是一致的。由他所傳達的信息可以
看出，他一直堅持之一項令人注意的觀點，亦即若要矯正大蕭條時代的美國所
造成之各項缺失，並不應該依靠革命手段，而是要藉由學校課程引領新的一
代，來改變那些為資本主義經濟提供雄厚基礎的根本價值觀念。因為康茲所提
出的戰鬥號令為社會大眾熱烈地接受，所以，在同一年的稍後時間，他又發表
了名為《**學校敢於建立一個新的社會秩序嗎？**》（*Dare the School Build a New
Social Order?*）（Counts, 1932b）此一更為基進的新宣言。他所持的觀點是，
學校可以作為其他社會機構的批判者，而且，可以在那些社會機構未成功地發

揮作用時，即執行新的任務。就此而言，他樂見課程範圍的擴充，以便超越傳

164　統學習科目的限制。更有進者，假若教師們可以把自己動員起來，成為鬥志昂
揚的戰鬥力量，那麼，他們就可以矯正由社會外加的一些缺失。康茲持續發
聲，主張當時美國學校教育中有關極端個人主義這項主流價值，必須代之以強
調社會正義與改革的教育學說。到了 1932 年，進步教育協會即變得跟以前完
全不一樣了。早期偏向兒童中心一邊的立場不再流行，康茲所提出之新的基進
社會政策則占了優勢。主要是來自哥倫比亞大學師範學院的知名教授們，開始
取代了那些創立該組織的私立學校校長及有興趣的外行人，並且賦予該組織嶄
新的特性。從某種意義來看，這是某一個利益團體奪取了另一個團體的控制
權。有一次，有人問進步教育協會的創始人柯博，他為什麼在 1930 年時辭去
該協會的職務，他回答說：「他們從我的手中取走了啊！」他解釋道，這裡所
指的「他們」就是指「哥倫比亞大學師範學院的那幫人」（Cremin, 1961: 250）。

　　康茲攪動的不只是進步教育協會會員的想像力，還影響了各地的教育領導
者，這種成就不可低估。正如小羅斯福（Franklin D. Roosevelt, 1882-1945）總
統的新政為美國人民大眾帶來希望一樣，康茲的信息也為氣餒的教育領導帶來
了莫大的鼓舞。出現於 1934 年的新期刊，《社會前沿》（*Social Frontier*）於
它在世的短短幾年之中成了有關社會重建論的討論平台，除了一般性質的社會
重建的論題之外，這份期刊也特別就學校應該承擔之建立新社會秩序這項責
任，進行議論。當然，這裡就成了一些「哥大師院幫」發表言論的地方；其中
較著名的有柴爾滋（John L. Childs, 1889-1985）、克伯屈、饒普（Bruce Raup,
1888-1976）、羅格（Harold Rugg, 1886-1960），以及沃森（Goodwin Watson,
1899-1976）等人。杜威也是於期刊發行時定期撰文的作者之一，他的文章經
常與他最得力的追隨者之一、來自俄亥俄州立大學的波德同一時間刊行。有項
一直出現在文章及社論的主題就是，放任的資本主義與猖獗的個人主義所造成
的禍害。雖然，《社會前沿》的同仁們，在諸如以階級鬥爭促成社會變遷，乃
至學校以灌輸作為手段等若干議題，會有「漸變論者」（gradualists）或「反
漸變論者」（anti-gradualists）之分，但是，基本上，該刊始終維繫著藉由介
入學校，俾便重建美國生活的一貫論調。不過，到了 1937 年，該刊開始變得

不穩定，到了 1939 年，該刊由進步教育協會接手，以便挽救其頹勢。後來，*165*
它更名為《民主前沿》，到了 1943 年，因為嚴重的財務問題，以及領導人物
之間的劍拔弩張，終告壽終正寢。

　　若是這些熱烈的爭論，以及來自名歷史學家比爾德（Charles A. Beard,
1874-1948）等美國學術界要角之支持，是對於康茲所提出的諸多呼籲與挑戰
之回應的具有決定性之要素，那麼，社會重建論作為一項運動確實獲致了完全
的勝利。舉例而言，比爾德乃是美國歷史學會下設的學校社會科委員會（Com-
mission on the Social Studies in the Schools of the American Historical Associ-
ation）負責撰寫總結報告的主要成員之一。該報告明確地擁抱了康茲（原作者
文內注：康茲自己也是該委員會成員之一）所倡議的社會重建論，毫不含糊地
宣示：「各項積累的證據顯示，在美國，像在其他國家一樣，以個人主義與放
任自流為主旨之經濟與政府的時代已經終了，而一個嶄新之集體主義的時代已
經興生」（American Historical Association, 1934: 16）。該報告要求教師們打
破他們傳統以來對於政治事務的沉默，並鼓勵他們要為了社會的利益大膽地出
擊；康茲一向都是這麼主張的。該委員會如此報導：「今天，因為整個教育專
業的膽小羞怯與優柔寡斷，再加上既得利益及優勢團體的施加壓力，教師們很
少敢於對學生們介紹美國社會的真相，也很少告訴學生有哪些驅動力可以帶動
社會前進」（pp. 75-76）。因為該報告充滿政治意味，所以引發了許多極具敵
意的評論。正如大家所預期的，巴比特即深表痛恨。他強而有力地指出，該委
員會對於所倡議的集體主義故意地保持模糊。他指責那些「整合者」試圖為
「大眾著想又擅為人們提出計畫」（Bobbitt, 1934: 205）。巴比特用了聽起來
像是一個不祥兆頭的說法，指責該委員會運用「民主的口號作為共產主義的保
護煙幕」（Bobbitt, 1934: 205）。巴比特指控，該報告「訴諸於所有牢牢抓住
集體化的國家中，所具有之革命性的歇斯底里型病態式興奮」，因而他「要求
美國歷史學會要不就將這些模糊的說法加以澄清，要不就直接拒斥這些說法」
（p. 208）。甚至一向同情社會重建論的波德也撰寫了一篇言辭激烈的社論，
在該社論一開始就宣稱：「有些人聲言，教學只不過是占了毫無辯解能力的兒
童之便宜的藝術；現在，這些憤世嫉俗的人會在最近之學校社會科委員會報告
166

書中發現，他們悲觀的看法受到確認」（Bode, 1934: 1）。波德多多少少反映了杜威在社會重建論這個問題的立場，指責該委員會似乎把一項事前已經決定了的社會理想施加於兒童，卻忽略了「思想自由這項非常重要的原理」。對於杜威與波德而言，朝向社會進步的道路前行，與學校教導獨立思考及分析與處理社會問題等能力，乃是緊密相連的，而不是硬行以有組織的作法，就著一些事前決定的社會缺失進行矯正。

康茲自己持續在課程世界顯露他崢嶸的頭角，他透過豐富的論著及各個專業組織的許多專題講演，大聲倡議課程應以矯正社會與經濟的弊病為導向。但是，來自各方的異議之見，亦未曾停歇。舉例而言，如眾所期待的，史奈登對於康茲依據社會重建論者的思想路線，所提出之重新改造課程的意圖，即絲毫不表熱衷。他表示，在社會重建論這個「具有浪漫色彩的荒謬念頭」之下，的確有一些真實問題必須面對，因為他承認：「我們這個時代實在有些混亂，美國實在是病了」（Snedden, 1935: 48）。但是，他對於整個國家數以百萬計的學校教師為著某些特定的社會或政治的方案，團結在一起的前景，深表懷疑。讓他感到比這一點還更為過分的是：「要求我們的學校教師直接地共同合作，將任何一些社會重建計畫付諸施行，不僅是無法實現的空想，更是對於合宜的公民教育之極大破壞」（p. 51）。相反地，他所主張的是一種奠基於健全的社會學原則之「真正能發揮作用的公民教育」。他對於學科專家們：「把那些已經感染了烏托邦式激進主義的內容納入課程」之作法，持續地提出嚴厲的責備（p. 53）。

然而，比起各個不同的利益團體，諸如社會效率論教育者偶爾對於社會改良所作明顯的抗拒，來得更為重要的是，從外表看來，各級各類學校自身對於康茲及其志同道合者所倡行的觀念，根本就是一付不接受的樣子。經常在《**新共和**》及《**社會前沿**》的刊物上高談闊論的「前沿思想家」，和那些在全國各地實際經營學校的教育行政人員，這兩者之間政治觀點的差異，似乎相當懸殊。舉例而言，一位記者在 1934 年於克利夫蘭舉行的學務總監部門（Department of Superintendence）會議時，觀察到：「在進步教育協會上場時，諸位學*167*務總監早已開始整理旅行包，並且對於採行該協會決議事項的學務總監們發出

輕蔑的訕笑，還大聲地說他們的『先進』可以上頭條新聞」（Boutwell, 1934:
297）。明顯地，雖然大家對東部人士所提出之這些教育的名堂還不至於置之
不理，但並非那麼的歡迎。一位在克利夫蘭作報導的記者承認，雖然整個學務
總監部門會議的調性「在表面上明顯是左傾的」，而且這次與會的學務總監似
乎也願意在學校實務方面進行某些變革，但是，他們仍然「不願意加入那些執
持著改革火炬，橫阻於路中的來自哥倫比亞的學者們一夥之中」（p. 297）。
一位同情社會重建論者、且曾在《進步教育》期刊撰文的學務總監在會後指
出，一般而言，在此一主題之上，有太多的專題講演，但是卻未提出足夠草根
性質的作法，可以讓教師們本身進行實務的工作。他就著康茲向全國教師提出
他明亮清澈的號角聲的四年之後，對整個社會重建運動的評估是悲觀的。他的
觀察是這樣的：「過去幾年，針對教師們應該重建新社會秩序的言論與書籍，
以排山倒海般的聲勢灌注在教師們的身上，看起來似乎像諺語所說的，彷彿是
倒在鴨子身上的水一樣，並未為教師帶來什麼改變」（Moseley, 1936: 337）。

V 羅格

　　若是說這段期間，社會重建論者在學校層面有重大的成就，那麼就應屬以
各個學區大規模採用的一套由康茲在哥倫比亞師範學院的同事羅格所編寫的一
系列社會科教科書。羅格是於 1920 年由芝加哥大學進入哥大師範學院視為教
育觀念測試實驗室的林肯學校任職。這所學校是在普通教育委員會（General
Education Board）[108] 的同意之下，配合洛克裴勒夫婦（Mr. and Mrs. John D.
Rockefeller）[109] 所提供的基金於稍早三年成立。我們幾乎可以這麼說，受到過

---

[108] 普通教育委員會是由洛克裴勒（John D. Rockefeller, 1839-1937）及蓋茲（Frede-
rick T. Gates, 1853-1927）捐助基金 1.8 億美元，創設於 1902 年，結束於 1964
年。該會旨在贊助美國的高等教育及醫學院，協助南方改進偏鄉白人及黑人地區
的中小學教育，並且協助改善南方的農耕措施。

[109] 洛克裴勒（John D. Rockefeller, 1839-1937）為美國的實業家及慈善家。因為創建
了現代化石油工業，並塑造了慈善事業形象而聞名。1870 年創立標準石油公司，

去所受專業訓練及其始終一貫志趣的影響，羅格一到林肯學校，立即針對這所學校的兒童進行一項測驗，俾便確認他們在各方面的能力；羅格之所以如此為之，明顯地是因為他認為這間以兒童中心原則所創立的學校，在「社會需求」這方面的表現似乎未受到足夠的關注（Rugg, 1941: 188）。[110]

　　但是，羅格的興趣很快就轉移到課程中社會科這個特別的領域。作為哥大師範學院的副教授，他所教的一門「中小學科目重組的科學方法」（The Scientific Method in the Reconstruction of Elementary and Secondary School Subjects）使得他就著傳統以來學校各個科目的組織方式，有了另類的考慮。在羅格就著社會科重組這個主題所撰寫的若干最早論文中，他似已就仔細考慮過這樣的觀點，亦即課程可以圍繞著「歷史、經濟、政治、工業、地理等的大原則或是通則」進行組織（Rugg, 1921b: 692）。在規畫這樣一門學科時，他主張把相沿成習的教材徹底清除，然後嚴格遵循「社會價值」的規準，發展嶄新的課程（p. 697）。對於羅格而言，過去的社會科是個受到不必要分割的破碎課程，而他所提議的則是將各個不同社會學門中最佳專業人員所闡明的法則與通則作為基礎之新課程：

168

在全盛時期壟斷了全美 90% 的石油市場，成為歷史上的第一位億萬富豪與全球首富。1914 年巔峰時，其財富總值達到美國 GDP 的 2.4%（9 億美元，美國 GDP 為 365 億美元），折合今日之 4,000 億美元以上，為眾人視為西方世界史上的首富。洛克斐勒在 1897 年結束對標準石油公司的直接管理，致力於推動教育和醫藥為主的慈善事業。他出資成立洛克斐勒研究所資助醫學研究，主要貢獻包括：成立約翰霍普金斯公共衛生學院、哈佛大學公共衛生學院、北京協和醫學院，根除北美鉤蟲和黃熱病，贊助野口英世的梅毒病原體研究，贊助亞弗萊明的青黴素研究。他也對黑人族群特別關照，斥巨資改善黑人教育。他並且創辦芝加哥大學與洛克斐勒大學這兩所頂尖大學。

110 依羅格的自傳《人們終會理解：一個長期呼籲休戰的美國人》（That Men May Understand: An American in the Long Armistice）所示，他在伊利諾大學（University of Illinois）讀研究所，1915 年在裴格萊的指導下獲得哲學博士學位，專攻教育心理學及社會學。他在芝大曾與心理學家賈德同事，後來受聘哥大師範學院任教並以教育心理學家的職稱在林肯學校服務。

> 與其讓教師們嘗試就著過去分開教授的歷史、地理、公民、經濟
> 與社會學等科目，進行不可能完成的「相關」（correlating），不
> 如讓教師們採取較有效的作法，亦即把原本就是相互依存的事實、
> 活動、條件、原則等，與社會、經濟及政治等等的「律則」，逐
> 課地編織在一起；唯有如此編織在一起，才可能充分加以理解。
> （Rugg, 1921a: 128）

羅格不只是以「社會價值」來看此一作法，還把它視為鼓勵學生獨立思考的途徑。羅格認為，從主動關注社會公義的立場來看，不只社會科這個科目，甚至整個學校教育的實施都顯得被動，所以他主張採取心理學的觀點，用圍繞著真實社會問題的課程作為改變被動處境之有力手段。

就某種程度而言，羅格的主張受到 20 世紀所有的課程改革運動之影響。他早先即對於藉科學改變學校教學內容之力量有十足的信心；舉例而言，在他出版的第一本書中即論及心智訓練在實驗舉證方面的問題（Rugg, 1916），後來又為教師們編寫了一本統計學教科書。在 1920 年代，他（與 Ann Shumaker, 1928 合作）出版了《兒童中心學校》（*The Child-Centered School*）一書；一般而言，人們把這本書視為對於依據克伯屈及其追隨者的活動原則而設立的學校之禮讚。但是，在整個 1920 年代，他還對於學校所應扮演的社會角色持續表達關注。的確，他成為進步教育協會中最早幾位以警示的觀點來看該組織 1930 年之前，持續不斷偏向兒童中心，且漠視社會危機之人士中的一位。羅格於 1947 年往回頭看這一段時期所發生的諸多事情時，憶起當時幾乎沒有人 *169* 把他的警示當一回事，甚至有一些人士把他持之以恆地呼籲進步教育協會應該在社會行動的舞臺上採取有組織的作為這件事，稱之為：「羅格的年度危機講演」（Rugg, 1947: 576）。一旦大蕭條來襲，羅格對於社會重建論者的忠誠度即顯得一點兒也不含糊。隨著時序遞移，他更把社會的革新看成一個遍及全球的問題。舉例而言，羅格在 1932 年戲劇性地宣稱：「我們這個世界著火了，所以，青年人應該作好與大火搏鬥的準備」（p. 11）。他看到一些國家，如英國、法國、德國、日本、中國，乃至菲律賓等地所發生的社會動盪，都可歸因

於「偏重學術教育」（academic education）或是「學術教育太過的現象」
（phenomena hyperintellectual education）（p. 12）所造成的危險社會效應。只
有透過教育體制的根本重建，方才有可能遏止漂向災難的潮流。論及實際的作
法時，羅格深信不疑地指出：「第一個步驟就是要從我們變遷中社會裡的各種
問題、爭論及特性中，構築一套全新的學習方案，並為它找到新的課程內容」
（p. 13）。

羅格在此真正表達的是，他對十年之前即著手的，試圖透過具有前衛性質
的社會科教科書，來重組社會科的課程這件事，寄予厚望。當然，他所著眼的
並非只是要引起大家注意到美國社會所面對的關鍵問題，更要讓這些教科書能
夠具體地展現出受人矚目的科學性質。很清楚地，社會效率論教育學者所提出
以活動分析這項所謂科學的課程發展方式根本不可能達成羅格所設定的要求，
因為在他的心目中，運用既有的活動作為課程的基礎，只能維繫社會現況。在
林肯學校中一群能力高強且又專心一志的研究人員之協助下，羅格於 1921 至
1922 年間開始重組學習進程的規畫，但並非著眼於正在進行的生計活動，而
是立基於美國社會所面臨的根本問題，再加上由權威的社會科學家們所提出的
各項通則。羅格為了將他的研究成果帶進一些學校，採取了一項果敢的行動，
亦即寫信給曾經在芝加哥大學及哥倫比亞大學師範學院受教於他的超過三百位
學校行政人員，邀請他們在「事前未看到現貨」（sight unseen）（Rugg, 1941:
207）的情況下預訂這套新近開發出來的社會科學小冊子，結果，到了 1922 年
6 月，十二本小冊子中的每一冊都收到了大約四千份的訂單。於是，實驗版的
《社會科學小冊子》（*Social Science Pamphlets*）就這樣子提前問世了。到了
170　1922 年的暑期，供七年級學生使用的、名為《美國及其移民》（*American and
Her Immigrants*）的第一本小冊子正式推出。前九個年頭的時間，銷售到各地
訂購實驗版小冊子的學校一共 75 萬本。

羅格的教科書系列之研究計畫十分龐大。其中一個重要的步驟就是，先由
研究團隊中的一位成員找出三千個美國社會所面臨的重要問題（後來縮減為三
百個），這些問題構成了這套社會科教科書專案研究的主幹（Hockett,
1927）。另外一位團隊成員則以三年級到十二年級的學生為研究對象，確認學

生們面對這些重要問題時，理解與探究其中各種概念的能力。這套系列教科書的發展過程中，還有另一個關鍵的步驟是羅格在哥倫比亞大學師範學院的博士生，畢寧思（Neal Billings）以各門社會科學為研究對象，發展出一套核心通則一覽表。這套通則一覽表是由羅格所指稱的前沿思想家們（frontier think-ers）在 1915 年與 1922 年之間寫成的各種專書加以抽繹而得。畢寧思有系統地爬梳了比爾德、布魯克斯（Van Wyck Brooks, 1886-1963）、杜威、拉斯基（Harold J. Laski, 1893-1950）、奧格朋（W. F. Ogburn, 1886-1959）、羅賓遜、韋布倫、韋布夫婦（Sidney and Beatrice Webb）[111] 及魏斯樂（Clark Wissler, 1870-1947）等人所著的六十一本專書之中，針對其中所發現的各種社會科學的通則，作仔細的編目與分類。末了，他匯集了 888 個通則（Billings, 1929: 99-209）。這些通則當中有許多都有著明顯的政治取向：「財富有時源自舞弊與貪污」（p. 146）；「女性的經濟與社會地位提高，不利於高出生率」（p. 151）；「軍國主義與民主主義相剋」（p. 161）；「工廠制度下的專業化行業將社會分立為資本家與勞動者」（p. 180）。若要把所有這些通則都納入羅格的系列教科書中，著實有困難，但是，必定有一些確實可以納入其中。即使是難度較高的一些材料，包括文字以及圖像，也都經過仔細地研究，然後再一一歸併到《社會科學小冊子》的最後定稿之中（Mathews, 1926; Shaffer, 1930）。

在幾年之內，這套系列教科書大量印製的可能性日漸明顯，於是，羅格在1926 這一年就與吉恩出版公司（Ginn and Company）簽訂合約，將該系列教科書以嶄新的叢書版式及書名《人們及其變遷中的社會》（*Man and His Changing Society*）正式在坊間出版與行銷。在股市崩盤的前三個月，亦即 1929 年的八月，這套叢書的第一冊問世。單單在這一年末，就已經銷售了 20,000 本。到了 1930 年，銷售數量已經到達近乎 60,000 本。在 1929 年和 1939 年之間，銷售量高達 1,317,960 本，同時還另外銷售了 2,687,000 本工作簿（Winters, 1968, p. 91）。若是我們特別地考慮到這段期間，各個學校的資源皆受到經濟蕭條的影響而趨於緊縮的情況之下，卻仍然有如此的銷售數量，確實驚人。然而，除

171

---

[111] Sidney Webb（1859-1947），Martha Beatrice Webb（1858-1943）。

了這一點之外，羅格的個人成就也代表了社會重建論者，配合其等的社會理念，而試圖改革學校課程的努力，獲得了無與倫比的絕大勝利。

在坊間銷售的這套叢書分為兩輯，「第一輯」（First Course）包含八冊，「第二輯」（Second Course）包含六冊。[112] 舉例而言，初中學生適用的「第二輯」中的第一冊，所處理的主要是與作為一個美國人的有關問題，其重點在強調美國是一個由移民所組成的國家，因而其內容包括了破除對於來自各個不同國家的移民所持有之刻板印象，並且強化各個不同移民群體的貢獻。另外，還包括了以奴隸身分帶進美國的「非洲移民」有關問題之探討。值得特別注意的是，在這個時候，羅格就能以異乎尋常的公正態度，針對奴隸交易這件事情，作出率直的描述（Rugg, 1938）。羅格在書中引用了奴隸運輸船上一位槍炮手莫雷（James Morley）所報導的見聞：

> 我看到他們連呼吸都有很大的困難。特別是女人，她們時常必須爬到船的橫梁上才可能呼吸，但是，她們卻總是因為爭著呼吸新鮮空氣，而被人擠到底下去。我看到有人把米飯往暈船的奴隸口中硬塞，一直到他們無法呼吸。我看到一些藥物被扔到奴隸人群中，有一半藥物根本都無法進到奴隸的口中。我還看到有些倒霉的人口中噴出血來，幾乎喪命，但是，無情的鞭撻還是不斷地落在他們的身上。（Rugg, 1938: 31）

在另外一冊當中，羅格強調貧富懸殊的問題。該冊有兩張攝自美國首都華盛頓的照片（Rugg, 1931: 53）。其中一張照片的說明是這樣的：「這是華盛頓最好的住宅區。請注意：寬廣、整潔的水泥鋪設之大道，兩旁大樹、灌木樹籬、石頭、草皮等疊成的隔墻，高大堅固且美觀的大宅，還有汽車。」另一照片的說明則是：「這是另一個華盛頓的住宅區。請注意：巷弄中破裂的路面，沒有任何樹木，老舊的公共住宅，還有幾輛二輪運貨的馬車。」婦女在社會中的變遷也包含在內。有一張照片顯示一位穿著白色實驗服的女性正在執行一項科學

---

112 第一輯適用於小學生，第二輯適用於初中學生。

實驗，照片下的說明則是：「許多婦女發現家務勞動無法滿足她們的生計需求，所以，她們只好入職於工商企業，或者其他的專業」（p. 132）。在對頁 *172* 的另一張照片則顯示一位男士與女士站在廚房洗碗臺前，一同洗碗盤。照片下的文字為：「這樣的情況在 1890 年很少見到，今天則到處可見」（p. 133）。這套系列教科書也呈現了另一個不比尋常的特色，那就是它們把羅格的主要興趣之一，也就是與各種藝術作品與展演有關的內容納入了其中。於是，建築師賴特（Frank Lloyd Wright, 1867-1959）、詩人桑德伯（Carl Sandburg, 1878-1967）、小說家路易士（Sinclair Lewis, 1885-1951）與德瑞社（Theodore Dreiser, 1871-1945），以及在戲劇與音樂等方面突出的人士都納入了教科書中。然而，這套系列教科書的核心論題，或許可以論述美國文化各種問題的這一冊最後一章最後一節的標題：「**美國現在正進入一個社會計畫的新時代**」（p. 596）為代表。正如康茲一樣，羅格並非號召革命，而是呼籲對自由企業制度進行更為強大的限制。

就是此一反對資本主義的核心論題，讓羅格的這套教科書遭致壽終正寢的命運。早在 1934 年，羅格的姓名即出現在狄琳（Elizabeth Dilling, 1894-1966）所設計，而以《**為愛國者而製作的激進主義人名錄及指南**》（Who's Who and Handbook of Radicalism for Patriots）為名的刊物中。但是，一直到 1940 年，對於這套系列教科書的真正有組織的異議才開始出現。其間的轉捩點乃是紐澤西州恩格烏市（Englewood, New Jersey）的學務委員會任用了赫斯特（Hearst）報系的專欄作家，也是《**富比世**》（*Forbes*）這分商業雜誌的老闆富比世（Bertie C. Forbes, 1880-1954）為學務委員。富比世利用他所經營的雜誌作為攻擊羅格的媒介，作了這樣的宣稱：「我計畫堅持到底，把這位反美教育者的教科書加以消滅」（Forbes, 1939: 8）。羅格終於接受恩格烏市親師協會（Parent-Teacher Association）與反對他的人辯論，但是，富比世並未出現在這次會議中。雖然富比世進一步在他的雜誌中攻擊羅格，但是因為市長並未再聘任富比世為學務委員，因而在這場爭戰中，富比世敗陣下來。

後來，類似針對羅格系列教科書所作具有顛覆與破壞性質的批評，陸續出現於紐約州的布朗維爾（Bronxville）、賓漢頓（Binghamton），喬治亞州的

亞特蘭大（Atlanta），賓州的費城（Philadelphia）等城市。在費城，有一個名為「殖民戰爭女兒」（Daughters of Colonial Wars）的愛國主義者團體的行政人員抨擊這套教科書，是因為它們：「不教給兒童真正的美國主義，卻要把沒有定見的論點教給兒童」（"Book burnings," 1940: 65）。不過這些來自地方的攻擊並不特別成功。就全國的層次而言，加入這項戰役的全美製造商協會（National Association of Manufacturers），透過擁有廣大讀者的赫斯特報系的專欄作家索克爾斯基（George Sokolsky, 1893-1962）的文章，使得該協會的反對聲

173 音受到社會大眾的注意。後來，因為作為長期反對羅格的阿穆斯壯（Orlen K. Armstrong）（1940）在美國退伍軍人協會（American Legion）的刊物上發表了名為〈教科書中的叛國罪〉（Treason in the Textbooks）一文，因而使得羅格這套系列教科書成了一件著名的訟案。阿穆斯壯在該文中指出，針對羅格這套系列教科書進行分析的結果，讓他總結這套書的真實目的有四（Armstrong, 1940: 51, 70）：

1. 提出一種新的歷史解釋，竭盡所能污衊我們的英雄人物，質疑他們的動機，愛國主義，以及他們對於人類的貢獻。

2. 中傷我們的憲法，以及我們的政府體制，並且塑造有利於社會主義管制的輿論。

3. 指責講求私有財產制與自由企業的制度，並且塑造有利於集體主義的輿論。

4. 塑造反對傳統宗教信仰與道德觀念的輿論，說它們已經不符合現代社會制度的需求。

針對羅格提出的辯護亦很快就組織起來。這包括了某些被羅格融入在教科書中的那些「前沿思想家」，還有他在《民主前沿》（*Frontiers of Democracy*）中的同事等。羅格自己所撰寫的《人們會理解》（*That Men May Understand*）（1941）一書主要是針對各項批評所作的強而有力的辯解。這些來自多方面的辯護，確實使批評羅格的人士撤回了一些最具傷害性的攻擊，然而，這套教科書就一直未再修訂，因此，在 1940 年之後，原有的銷售榮景快速萎縮。

　　康馬哲（Henry Steele Commager, 1902-1998）稱華德這位在 1880 及 1890
年代反對社會達爾文主義的社會學家為「福利國家的哲學建築師」（Comma-
ger, 1967: xxxviii）。的確，華德看到了 20 世紀所興生的問題不只是社會上實
質財富的分配不均，還有透過各級學校教育的實施而導致之文化資本的不公平
分配。他認為，這樣的分配失調可以透過明智的調整之方加以矯正，而不可以
放任原生的社會與經濟力量橫行無阻。多年來，一般人論及課程改革時，大多
未注意到這些觀念。然而，華德首次闡明這些道理之後大約半個世紀，諸如康
茲及羅格等教育領導者試著把這些觀念加以活化，先帶到一群主要由東部的知
識分子所組成的菁英團體中，後來，又藉由羅格所編寫的各種教科書，帶給無
數的學子。不過，我們要明白，這股重新再現的美國課程改革的伏流，乃是因
為這些觀念本身與有利於它們活存的社會與經濟條件交互作用的結果。一旦世 *174*
界的衝突出現，使得美國的社會氛圍轉變，以致原本時興的社會批評不再流
行，作為課程革新力量的社會改良論即因而讓位予那些與時代較能配合的課程
思想。時不我予，即此之謂也！當美國一步一步逼進第二次世界大戰之時，任
何對於美國社會的批評都不再流行，代之而起的則是由外在侵略威脅所帶來的
一波愛國主義思想。

　　誠如早先所指出者，課程的時興樣式直如寬大的鐘擺。雖然此一隱喻表達
了教育世界中時常發生的某些正在轉變中的立場之意義，但是，這種課程樣式
更迭的現象，最好視為一條溪中帶著許多水流。其中有一支水流比別的都強大
些；但是，沒有任何一支乾涸。一旦天氣與其他條件適合，微弱的或不顯眼的
水流就會承受較大的力量因而突顯出來，然而，若有利於這股新興力量的各項
條件不再占有優勢，它就會勢消力散逐漸減弱。

圖 1　約翰・杜威（John Dewey, 1859-1952）
大約攝於 1902 年。（南伊利諾大學卡本德爾
校區摩里斯圖書館）

圖 2　波德（Boyd H. Bode, 1873-1953）
大約攝於 1926 年。（俄亥俄州立大學照
片檔案館）

圖 3　芝加哥大學實驗學校的兒童，正專注於著名的會所建造方案，大約攝於 1900 年。
（南伊利諾大學卡本德爾校區摩里斯圖書館，所特藏之由 Lander MacClintock 提供的相片
檔案）113

113　據摩里斯圖書館檔案資料（https://archives.lib.siu.edu/?p=creators/creator&id=451）顯
　　示，Lander MacClintock 為當時實驗學校的學生，也是一位教師的孩子。

圖 4 及圖 5　「工作活動」成了杜威學校的一項課程焦點。上圖，兒童們正在準備食物。
下圖，一名男孩正在準備紡織羊毛，大約攝於 1900 年。（南伊利諾大學卡本德爾校區摩
里斯圖書館，所特藏之由 Lander MacClintock 提供的相片檔案）

圖 6 及圖 7　上圖，賓州哈里斯堡 Lower Paxton 高中一年級課堂。下圖，同一學校的木工
課堂。一般而言，當時引介家事、工藝及商業課程，增加了學校中性別的隔離現象，大約
攝於 1924 至 1925 年。（作者自藏）

圖 8　許多鄉間學校都是不分年級，且由一位教師負教導之全責，大約攝於 1895 年。（作者自藏）

圖 9　可移動的課桌椅是課堂規格化的一種作法，在城市學校這種作法較為多見；不過，儘管如此，課桌椅還多半是行列整齊地安排著，與固定課桌椅並沒有什麼不同。（作者自藏）

第八章

課程的混種

i 1930 年代課改頗夯

　　大約與社會重建論者在這場美國課程的競逐展開他們的攻擊之同時，另一股更為強大的力量開始影響著美國課程變革的路線。說起來，它並不算是一個新近興起的敵手，因為它一開始出現時，就呈現混合（blending）的狀態，把過去曾經是輪廓鮮明的意識型態立場，加以揉整而成為一個嶄新的合併（amalgams）式課程改革。對於現有的競逐者而言，與其說它是一項清楚而明確的另類課程改革，不如說它有時候讓人感覺到它的存在，有時候卻又隱晦不明，看來像是其他各個競逐者譜成的雜曲。

　　到了 1930 年代，課程改革變成了一件全國都注意的要務。變革顯然已經瀰漫了整個課程的氛圍，但是，變革的方向則還未確定。當全美教育協會的視導與教學主任部門（Department of Supervisors and Directors of Instruction）與課程研究學會（Society for Curriculum Study）（原作者文內注：該學會原本是一個委員會，是全美教育協會的視導與課程發展協會之前身）合組而成的共同委員會，發行了一本論及課程現狀的書籍，其開頭的句子即宣稱：「課程發展運動的增長既確定且顯著，而且對該項運動的興趣亦是全國性的」（Hand & French, 1937: 1）。作者接著指出，依據此一調查顯示，大約有 70% 的人口在二萬五千人或是人數更多的城市，正在進行課程發展的工作。這類課程發展工作不必然有其特定的課程理論，但是，課程的變革本身正形成一種普遍且分布廣泛的現象。由於此一現象，我們應該不會驚異，有一些，甚至可能是很多的學區都

在進行課程變革，它們並非出諸於什麼深邃的信念，認為課程應該依照怎麼樣的既定方向進行修改，而是要顯示自己的這一個學區，在此一全國性的主要趨勢之中，不會趕不上潮流。凡是已經完成，或是正在規畫某種類型課程修正的學校系統，就會獲致較高地位，甚至獲致全國性質的表揚。對於學校行政人員及學務委員會（school boards）而言，若是打定主意、絕不動搖，並非一件好事。在愈來愈多人的心裡，傳統的學術課程漸漸變得過時。於是，在 1930 年代，許多新近出現的課程改革，所代表的並不是某一個立場勝過另一個立場的結果，而是曾經顯著一時，因而容易識別出來的一些立場之混種（hybridation）的產物。

即使在 1930 年代到來之前，某些學區也已經就著一些大家認為是革新性質的課程計畫，進行了一些實驗。這些當中，應屬帕克赫斯特（Helen Parkhurst, 1887-1973）及賈克曼（E. D. Jackman）的道爾頓制（Dalton plan）、華盧朋（Carleton Washburne, 1889-1968）的文納特卡制（Winnetka plan），以及紐倫（Jesse Newlon, 1882-1941）與施瑞克爾德（A. L. Threlkeld）的丹佛方案（Denver project）最為人知。它們每一個都是由地方發動的課程實驗，試圖擺脫傳統課程實務的限制。然而，這些案例中的每一個課程實驗的方向都不清楚。到了最後，這些計畫都獲得很多的喝采，但是，這些課程的革新實驗都並未維繫太長久。道爾頓制與文納特卡制兩者似乎盡了最大的努力，以便遠離一般課堂之中最常用的講誦教學（recitation）。替代的作法（雖然並非截然如此）是一種契約式的計畫，學生在這種計畫之中，就著自己的情況，完成一定質量的學校功課（schoolwork）。在麻薩諸塞州道爾頓地區施行的道爾頓制之中，每一位學生都獲有一張以月份計算的個別學習卡，卡上記載著學生在一個月內必須完成的功課（assignments）。學生自己維繫著自己學習進步的紀錄，在完成指定的功課之後，就可以決定參加以這些功課為題材的考試。然而，這些教材本身與傳統的課程差距不大。最重要的是：「那些枯燥無味而又老套的講誦教學，完全遭致拋棄，因為這類教學既被動又不自然」（Jackman, 1920: 691）。作為大多數課堂中，大家熟悉的提問與回答的講誦教學，總是受到人們嫌棄，認為那是傳統教育的遺緒，因而讓大家相信，即使教學的題材並未有

太大的變動，放棄這種教學方式的改革還是有必要的。

　　伊利諾州的文納特卡制，更與後來大家所熟知的編序教學（programmed *177* instruction）較為接近。雖然有人強力認為，該一方法乃是一種個別化的教學（individualized instruction），但是，它之所以為個別化，是因為兒童乃自己一個人個別地（individually）學習派予他們的材料，而不是讓他們表達自己的個性（individuality）。如果有區別的話，文納特卡制的個別化，已經注入了社會效率的觀念。華虛朋學務總監曾經宣稱：「決定哪些知識與技能是大家共同需要的，這是一件比較簡單的事情」（Washburne, 1926: 219），這種說法已經反映了巴比特的立場。道爾頓制主要是讓學生個別地完成一大堆材料的學習，並且時常是以一份報告作為總結，相對於此，文納特卡制則集中於具體技能的習得，學習階段之晉升是以個別的教材學習成就為基礎，而不是以年級編排為基礎。我們可以理解，克伯屈對於道爾頓制與文納特卡制皆有所批評：「兩者皆假定，教育主要是學習某些為了考試的目的，而預先安排之某些特定的教材；他們還都認為，這麼做是適切的」（"Individualizing Instruction," 1925: 177）。他特別針對文納特卡制作了這樣的批評：「它把機械化了的學習弄得太過分了」（p. 177）。華虛朋（Washburne, 1928: 187）反轉過來，質疑方案教學的某些假設，聲稱它傾向於「給兒童一套隨意的、不符合科學的訓練，並且忽視了個別兒童之間的大幅度差異」。諸如個別化與個性等課程術語，運用時，不像以特別的方式重新組織教學之描述那麼精確，反而像是一種可以吸引人們忠心以對的口號，但是，這些術語的問題在於，對於不同團體而言，它們的意義就不一樣。對於某些 1920 年代的人而言，個性是指要把課程建立在個別兒童之自發性質的、具有創意表現的興趣之上；對於這個年代的另一些人而言，個性則是指教學的配速要適應個人學習能力的差異。到了 1930 年代，社會重建論者把個性轉換而成「強烈型個人主義」（rugged individualism），以其有害於合作精神的培養，亦不利於對自由企業制度施加限制。

　　科羅拉多州的丹佛方案是在 1922 年開始施行的，是由學務委員會以一筆 31,500 美元進行課程修正的產物。學務總監紐倫向學務委員會所提建議的主要考慮，似乎是要消除浪費。舉例而言，他指出就丹佛的學校預算規模而言，若

178 是「教師花費 10%的時間在課程中一些不重要的，以及不該出現在課程中的材料上」，這就代表「丹佛的納稅人一年就浪費了 31,500 美元」（Newlon & Threlkeld, 1926: 230）。在很大程度上，丹佛學務委員會所撥付的 31,500 美元，目的就是要讓學校能讓一些教師帶職帶薪，在課程領域著名領導者的指導下進行課程修正（這筆經費就是用來支付代課教師的薪資）。後來，諸如布利格斯（Thomas Briggs, 1877-1971）、查特斯（W. W. Charters, 1875-1952）及羅格（Harold Rugg, 1886-1960）等人，即受邀來到丹佛指導這些課程修正的工作。一樣的，這些工作還是沒有清楚的意識型態方向，不過，紐倫在早期所作的一些聲明有著十分強烈社會效率論的氣味（後來，作為哥倫比亞大學師範學院的教育行政學教授，紐倫轉變而與社會重建論的關聯較為密切）。丹佛方案流傳最為久遠，且最為後人稱頌的一項作法就是，讓教師積極地參與課程改革。事實上，後來在課程學界為人所熟知的「過程」，亦即強調學校人員應積極參與課程變革，以及與課程變革有所關聯的團體過程，就成了視導與課程發展協會最受重視的論題之一。原本為全美教育協會的一個支會，後來，於 1943年由課程研究學會與視導與教學主任部門合併而成的該協會，透過其機關期刊《**教育領導**》（*Educational Leadership*）及各年年刊，不斷地遊說，希望見到「民主式的」而非「威權式的」課程變革。

ii 八年研究

強調由地方啟動課程變革的作法，於 1930 年代持續維繫動能。由地方發起而促成課程改革的努力，最具野心的可能是由進步教育協會所推動的、一般人熟知的八年研究（Eight-Year Study）。多年以來，該協會對於各級學校，特別是在中等學校層次的課程變革速度太慢，頗有微詞。在大部分領導者的心目中，這個問題的根源乃在於大學所加諸的入學資格規定；他們相信，就是此一規定作梗，使得中等學校傳統學術科目的變革動彈不得。遠溯自十人委員會（National Education Association, 1893），就已經有一些關於大學主宰了高級中學課程的抱怨，到了 1930 年代早期，有關大學是課程改革主要障礙的想法

即堅定地植根於中等學校課程改革者的心目中。作為打開僵局的第一個步驟， *179*
進步教育學會在羅格的提議之下，任命了一個學校與大學關係委員會（Com-
mittee on the Relation of School and College）（不過，偶爾出現於官方文件的名
稱，各有一些不同），並由密蘇里州聖路易約翰布羅學校（John Burroughs
School of St. Louis, Missouri）的校長艾肯（Wilford M. Aikin）主其事。一般而
言，艾肯對於小學課程所作的革命性改變甚表樂觀，但是，他就大學主宰中等
學校所產生的情況，則作了這樣的表示：「雖然有許多人嘗試要創建進步的中
等學校，但是，大學的主宰使得人們看不到真正進步的中等學校」（Aikin,
1931b: 275）。

這項計畫開始於 1932 年，經費來自於卡內基基金會及普通教育委員會
（General Education Board）（最後各為 70,000 美元及 622,500 美元，在當時
可說極盡慷慨之能事），其目的主要是由若干大學收受來自一組經過特選之中
等學校的學生，但不計其等曾經修習過任何特定的科目，也不就這些科目施予
考試。其基本的理念是，讓參與實驗的各個學校不受大學宰制的束縛，然後確
認這些「不受束縛的學校」（unshackled schools）的畢業學生，與那些完成傳
統大學入學考試科目的學生，至少有著一樣的表現。檢測的關鍵在於，比較實
驗組學生與相匹配的那一組學生在大學的表現。到了實驗結束之後，所選取的
三十所高級中學（後來減為二十九所），包括在樣本上「相互對應的配對」之
學生共有大約 3,600 名。

委員會邀請了俄亥俄州立大學教育研究中心的泰勒（Ralph Tyler, 1902-
1994），作為此項大規模行動的研究計畫主持人。泰勒於 1934 年在芝加哥大
學接受賈德（Charles Hubbard Judd）的指導，取得博士學位；賈德是一位卓有
聲譽的教育心理學家，以其將科學方法帶進教育研究而知名。他先前在北卡羅
來納大學的推廣部即有一些經驗，而他在俄亥俄州立大學時，作為一位教育科
學研究者的聲譽即如鵲起，快速躍升。泰勒（Tyler, 1930）在其漫長生涯的早
期，即曾與一些活動分析的倡行者聯合，為查特斯及華波斯（Charters & Wa-
ples, 1929）以教師的實際表現為對象所完成之專案研究進行辯護；這項詳盡
的研究旨在衍生出一套教師訓練課程。特別是，他擁有教育成果評量的專長， *180*

這一點吸引了學校與大學關係委員會的注意。就另一方面而言，泰勒可能是最先如此表述的學者（Tyler, 1931: 327）：「改進教育成果評量效度的首要步驟是清楚界定我們嘗試要教學的行為類型。」這樣的說法為後來幾年大規模的行為目標運動，提供了一番先導的預示。

在研究進行的初期，也就是在實際選取那些「三十所不受束縛的學校」時，產生了一個問題。各個學校必須顯示它們參與實驗的意願，而且要開設適宜的課程，但是，這樣的要求使得選取樣本學校時，就會偏於那些有名的私立學校，而這些學校的校長原本就是進步教育協會的主要成員。在最後的二十九所樣本學校中，十五所是私立學校，它們之中有全美收生最嚴、收費最貴的學校。這些選定的學校之中，有賓州布來毛爾的鮑德溫學校（Baldwin School of Bryn Mawr, Pennsylvania）、麻州切斯特那山丘的畢佛鄉間日校（Beaver Country Day School of Chestnut Hill, Massachusetts）、紐約市的道爾頓學校及費爾德斯頓學校（Fieldston School），還有艾肯自己所辦理的密蘇里州聖路易約翰布羅學校。另外，還包括了四所大學的附設中學，例如哥大師範學院的林肯學校、俄亥俄州立大學的大學學校，以及威斯康辛州的威斯康辛中學。在剩下的十所中學之中，四所是在富有的市郊社區，例如紐約州布朗威爾的布朗威爾中學，伊利諾州文納特卡的新崔爾鎮中學。另外的學校則可說是一般典型的美國中學（Lancelot, 1943）。

實驗計畫對於各實驗學校採用何種課程類型，並無任何特別的要求。為了配合日漸受到重視的、由各地方自行啟動課程變革的趨勢，參與實驗的各個學校可以有完全的自由進行現有課程之變革。從 1932 到 1934 年，在課程顧問的協助之下，各校發展與施行了這些課程的變革。各校採取的作法，就試著脫離傳統課程型態這一點而言，其力道非常之大。艾肯（Aikin, 1942: 47）曾經帶有滿意的心情，引用了一份由伊利諾州文納特卡北岸鄉間日校（North Shore Country Day School of Winnetka, Illinois）提出的報告，顯示該校將拉丁文課程之中的「卡迪奈講演」（Catiline Orations）[114] 刪除，而代之以西塞羅（Cice-

---

[114] 卡迪奈講演為西塞羅創作的書籍。普林尼有古羅馬政治家及百科辭典編集者的

ro）的二十五封書信，以及選自普林尼的大約相同數量的書信。在鮑德溫學
校，一共五年的拉丁課經過修正之後，把第二年學習之凱撒（Caesar）部分的
分量減少，而在第五年介紹普勞圖斯（Plautus）、泰倫斯（Terence）、卡圖
盧斯（Catullus）及賀瑞斯（Horace）115 等人的作品（Spring, 1936）。新崔爾
鎮高級中學的報告則指出，在眾多革新的作法當中，該校在十二年級的英文科
中，引進八週的戲劇課，由近代戲劇開始，依年代順序，溯及莎士比亞，最後
到希臘的各個戲劇作家。喜劇與悲劇皆加以學習，先由近代悲劇歐尼爾（Eu-
gene O'Neill, 1888-1953）的《忠斯皇帝》（*Emperor Jones*），然後到莎士比亞
（William Shakespeare, 1564-1616）的《馬克白》（*Macbeth*），以此兩者總結
八週的學習（*Thirty Schools*, 1943: 514）。

　　另一方面，威斯康辛大學校園裡的中學，則大膽地刪除了該校的「各項束
縛」。賴恩校長（H. H. Ryan, 1933）一直都是重視完全生活功能性的課程
（functional curriculum）的倡行者。他曾經就著將課程中的「虛矯裝飾而無
用」之部分加以刪除的一貫呼籲，作了這樣的評論：「如果納稅人堅持要將課
程削減到只剩下一些重要的內容，那麼，教育者的工作就是要決定，哪些內容
是重要的」（p. 143）。哪些是虛矯裝飾而無用的課程呢？他慷慨激昂地問道：
「代數還是說話訓練？拉丁文還是家事？古代史還是音樂？」（p. 142）。因
為有了參與八年研究即不受大學宰制的自由作為理由，賴恩於 1933 年為威斯

老普林尼（Pliny "the Elder", Gaius Plinius Secundus, 23-79），另有著作家、政治
家及雄辯家的小普林尼（Pliny "the Younger", Gaius Plinius Caecilius Secundus,
62-113），究係哪一位，待查。

115 普勞圖斯（Titus Maccius Plautus，約西元前 254 年-前 184 年）為古羅馬劇作家，
他的喜劇是現在仍保存完好的拉丁語文學最早的作品，他也是音樂劇最早的先驅
者之一。泰倫斯（Terence）是古羅馬最偉大的兩位喜劇作家之一，另一即普勞
圖斯。卡圖盧斯（Gaius Valerius Catullus，約西元前 87 年-前 54 年）為古羅馬詩
人，在奧古斯都時期，卡圖盧斯享有盛名，然而後來慢慢被湮沒。弗拉庫斯
（Quintus Horatius Flaccus，前 65 年至前 8 年），奧古斯都時期著名詩人、批評
家、翻譯家，代表作有《詩藝》等。賀瑞斯（Horace）是古羅馬文學「黃金時
代」的代表人物之一。

康辛那一部分的中學學校人口，發展了一套特別的實驗課程。在指出自中等教育基本原則委員會（Cardinal Principles Committee）以下的一系列卓有聲譽的委員會（National Education Association, 1918）「宣稱學校的工作乃是協助男孩及女孩在某些特定的『生活領域』，諸如工作、休閒、公民素養、家庭成員、健康等等，能妥為導引與適應」（*Thirty Schools*, 1943: 780）時，賴恩辯稱，學校的課程應更直接地反映出這些具有社會性質的功能。以金士利在中等教育基本原則報告書中描述這些生活領域，並把它們當作課程的目標為借鑒，他主張逕行免除各個傳統的科目，而建議以踐行那些在生活上有用的目標（functional aims）為依據，將現有課程作一番重新的導向。到了 1930 年代，這種認為代表生活領域的目標應該成為科目之信念，在某些特定的教育者之間逐漸傳開。威斯康辛的實驗課程即是圍繞著四個這樣的定項（constants）：社區生活、健康、職業及休閒時間。賴恩（Ryan, 1935）稱，這些定項構成了學校一天活動當中的三分之二。正好，這種課程組織就逐漸變成了一般人所指稱的核心課程，或者，以更為明確的方式說，就是社會功能或生活功能的核心。

182 當賴恩（Ryan, 1937）把社會功能和生活適應這兩件事關聯在一起時，他似乎是在為未來作出一種預示。他聲稱：「以這項與適應有關的問題作為核心課程發展之指導原則，應該是符合邏輯的」（p. 15）。

在奧克拉荷馬州的土耳薩，學校要求一組特選的九年級與十年級「優等」（accelerated）生，選習每週兩小時「社會關係」（Social Relations）的功課，再加上一小時的體育或是「創意活動」，形成一個三小時的「大節」（block），也稱之為「核心課程」（*Thirty Schools*, 1943: 643-645）。有一份報告說：「土耳薩的教師相信」課程中的核心部分「應該以功能方面的需求，以及重要的生活問題為基礎」（Hanna, 1939: 350）。一如往常，這項作法所宣示的意圖乃是「要符合學生的需求與興趣」（p. 351），這意指減少傳統科目所占的分量，而增加諸如健康、安全駕駛、消費者經濟，以及個人財務等問題的分量。另一個強調的重點是師生的課程計畫，通常是安排一個固定的「共同商討的時間」（conference hour）（Hanna, 1940: 66）。舉例而言，在一個七年級的班級，課程的共同計畫導致一個為期一年的時間研究這麼一個問題：

「家庭可以如何運用他們的閒暇時間」（p. 66）。

　　丹佛中學作了一些很溫和的課程變革，例如將社會科與英文科關聯在一起成為相關課程。然而，在實驗四年之後，也發展了一套核心課程：「以便更有效地符應學童的需求與興趣……並且顧及所有中學生共同關心的事項」（*Thirty Schools*, 1943: 167）。該課程的中心是四個「生活領域」：「個人生活、切近之個人－社會的關係、社會－公民的關係，以及經濟的關係」（p. 169）。在這些領域中，所考慮的問題是：「學習如何讓大多數的我們在外貌、姿勢、社會、社交等方面都能夠適宜，因此要注意健康、整潔、乾淨、有序，且中規中矩」（p. 173）；「為婚姻、優生、繼承、離異的問題，以及兒童的照顧等作準備」（p. 174）；「為選取朋友設定規準」（p. 174）；還有「在社區及國家層次尋求就業的機會，並且就某一職業研究個人特別的能力與潛能」（p. 176）。一位丹佛的參與者將他的觀察，以很強烈的社會效率論的語氣表示：「核心課程的教材將會與社會期望學校要呈現給青年人的材料有關，我們不應試圖以一般所用的教材標題，來針對這些教材作分類」（Rice, 1938: 201-202）。在十年級，重點放在學校、家庭與公民事務的關係之上。在十一年級，則特別考慮「較大的社會、政治與經濟的關係」，而在十二年級現代生活的問題與論題是課程的重點，以便「注意到個人如何適應這些問題」（p. 202）。

　　雖然一些「不受束縛的學校」明顯地只是就著他們傳統的學術課程，進行各種溫和的變革，但是，其他的學校則開始落在核心課程的一般標幟之下，直接就著多用途的功能性的課程（functional courses）進行實驗；不過，它們雖然有著強大之社會效率論的言外之意，卻還能說得上是在兼顧各學校青年學生的需求與興趣的前提之下，進行這些實驗。在此，我們發現，社會所需求於青年的，以及社會對於青年的期望，逐漸與青年們自己的需求難分軒輊。於是，作為八年研究的最為持久不變之所謂的核心課程，就形成了兩種課程立場的混種：一是社會效率論者所關注的、學校應該直接且具體地為學生各項未來生活的責任，作好準備；另一則是活動課程所主要強調的、學校課程應以學習者的需求與興趣作為課程的基礎。

　　多年來，社會效率論教育者一直都致力於將傳統學術課程的朽木砍斷；他

們認為，把歷史、代數與外國語文教給一些從來都不會用到它們的人，簡直是無法辯解的浪費。此一運動，在很大程度上，包括了祛除浪費與無用的科目，並且代之以（對於大部分學生而言）與生活有直接關聯的科目，職業教育就是最好的例子。在八年研究的支持下，至少有某些學校能作到，不只在現有的各個課程中，引進多用途的功能性科目（functional subjects），例如個人發展及切近的社會－個人關係等，他們還盡很大的努力，把這些科目置於課程的核心。就部分而言，之所以可能接受這種在課程實務方面所發生的巨大變革，不只是因為來自效率與功能主義等老舊的口號，更因為它們將發展論者有關課程應該符合兒童與青年的共同與個人需求的宣稱，也順當地加以混合。於是，需求，或是需求課程，即為這兩個利益團體提供了一個方便的匯集之地。且不論在這些參與實驗的「不受束縛的」學校，以及相對應的傳統學校之間匹配成對的競賽之結果如何，核心課程的普及化作為一種有彈性的混種，確實變成了八年研究的長期成果之一。

184

　　八年研究強力促成的第二項發展，是把行為主義融入了課程的思維。報告的第三冊是有關評鑑的部分，這個部分直截了當地宣稱：「我們假定教育是一項過程，試圖改變人類的行為組型」（Smith & Tyler, 1942: 11）。從這項假設出發，只跨過一小步的距離，就把行為主義者的原則聯結了起來，進而把陳述目標當作課程發展之極為關鍵的第一個步驟，這正是泰勒已經倡導多年的主張。依據泰勒（在這本書中他所寫的部分）之見：「學校試圖為人類這些行為帶來的改變就是其教育目標」（p. 11）。換言之，目標不應以諸如知道、欣賞與理解等模糊的字眼來敘述，而應該以相反的作法，用精確的字眼描述學生在學習一段時間後會有什麼樣的行為表現。泰勒堅稱：「我們應就一項教育方案的各項目標真正付諸實現的程度，進行評估」（p. 12）。更有進者，「不受束縛的學校」應該以這些目標的陳述，作為其他課程發展活動的開端。他宣稱：「作為第一個步驟，每所學校的教師都必須就其教育的目標，做一番陳述」（p. 15）。泰勒說了一段文字，這段文字可以說是後來廣為人知的「泰勒原理」（Tyler Rationale）之先聲（Tyler, 1950），他提到目標代表了「一項妥協」，這項妥協立基於下列各項證據：「社會的需要、學生的特性、各個不同

的學習領域所可能作出的貢獻、學校或大學的社會與教育哲學，以及由學習心理學所獲知的各種不同類型目標之可以達到的可能性評估」（Smith & Tyler, 1942: 16）。也許八年研究的組織者除了提倡變革這件事的本身，拒絕另外具體地提倡任何一種特定的課程意識型態，所以，他們變成至少部分地支持所有的課程意識型態。然而，在認可了以行為用語陳述目標這項作法作為課程計畫過程的第一個步驟時，即已經為未來課程發展的路線帶來了持久且深遠的效應。就成為 20 世紀的美國課程而言，這是社會效率論躍升為其主要成分的一項指標。此中的關鍵在於，當人們進行課程發展時，總要先作清楚而明確的計畫，然後再據此藍圖衡量其課程實施是否成功，如此的作法乃是衍生自社會效率、產品製作的根喻（root metaphor）；就此一根喻而言，教育的產品是由學校－工廠（school-factory）依據現代工業社會所要求的細目，一項一項地製造而成。

　　早期的實驗結果開始點點滴滴地積累，一直到 1939 至 1940 學年，期末報告則是在 1942 年及 1943 年出版；那是在「美國教育的奇遇」（Adventure in American Education）這個標題之下一套五冊的系列叢書。真正的結果有點虎頭蛇尾。來自「三十所不受束縛的學校」中，按照事先同意的鬆散之入學要求進入大學的 1,475 名學生，經過選取而成最後研究的受試。既然實驗學校所呈現的是各種多樣而不同的課程，以致期末報告中顯示，有些樣本學校「與正統的課程很相近，但是它們之中有很多都幾乎是各異其趣」（Chamberlain, Chamberlain, Drought, & Scott, 1942: xx）。以一般大學成功的規準，諸如學業平均成績（grade-point average）來看，實驗學校的畢業生既不「非常成功」（p. xx），也不比來自接受傳統中等學校課程的畢業生較差。由實驗組的表現**略為超前**（a little ahead）（p. xxi）這一點讓人們感覺到有些值得安慰。從最好的方面來看，進步教育協會可以宣示，傳統以大學入學準備為主旨的課程，對於進入大學後是否一定會獲致成功，並不具有較多的保證。「傳統課程是唯一安全又健全的作法嗎？」他們問道。「答案是：絕不——而且沒有更多的『假如』及『但是』可言」（p. xxi）。若就學生在英文、人文學科、外國語文、社會科、自然科學、數學，以及其他科目的學業平均成績作為比較，看起

來似乎有一點點區別，也就是實驗組學生表現得略好一些（pp. 27-28）。換言之，實驗組的表現可以算是值得稱許，但也未到達引人注目的地步（creditably but not spectacularly）。一項二次分析（secondary analysis）[116] 結果顯示，最具實驗特色的六所學校，其畢業生進入大學後的表現，與傳統學校的畢業生進

186 入大學後的表現相比，相對於較不具實驗特色的六所學校，前者好得比較多。雖然有些進步教育協會的領導者，對於他們顯然是成功地打破了大學對主宰中等學校課程的現況，似乎感到歡欣鼓舞，但是，整體而言，教育界以及一般民眾的反映，卻似乎是無聲無息得令人覺得奇怪。在實驗組與控制組之間的連結並不應該為這項戲劇性事件負起全責，實驗變項並無特別的課程組型也可能要負起部分責任，但是，實驗的本身確實使得結果很難加以解釋。另外一項值得重視的事實是，該實驗的期末報告是在美國甫行捲入第二次世界大戰之時公布的；這時大眾對於課程改革的細節，似乎不會太注意。

iii 折衷作法舉隅

在整個 1930 年代，課程發展中的折衷主義，仍然持續作為一個與社會重建論並排的主要力量。雖然，在社會重建論這一方面，不時有教育界的一些明星發出頗為戲劇化的訊息，但是，強烈吸引著現場學校行政人員的，卻還是折衷主義者的主張。學校的一般教職員有其各式各樣的政治立場，不過，對於社會重建論者所提倡的新社會秩序觀，則只見一些零星的反應。另一方面，折衷主義在政治上就沒有那麼敏感，再加上社會大眾一直都對那些與兒童需求以及生活責任有直接關聯的訴求相當注重，這兩重因素使得學校行政人員深感那是可以依循的安全路線。事實上，美國人一直都對學校教育中的菁英主義有疑慮，因而一套用以替代他們心目中菁英主義的課程，既能讓學生藉由真實的生活活動直接學習各項功能，又能以其作為進入大學的憑據，這樣的作法似乎是

---

[116] 二次分析，又譯二次資料分析是指根據別人的數據資料，所進行的研究與發現的成果。

正確方向上的第一步。更有進者，雖然在討論課程事務時，「符應兒童與青年的需求與興趣」幾乎變成一句耳熟能詳的口頭禪，但是，長期以來，社會效率論所訴求的是一套與現代工業社會需求緊密相連的課程，以及一直都利落而有效率地適應於穩定社會秩序的一般大眾所以，似乎永遠都不會失去效力。

1930 年代出現的改革機制之一即是某些州政府所推動之課程修正的工作。在那段大約二十年的時間中，諸如克伯萊（Ellwood P. Cubberley, 1868-1941）、賈德、巴比特及史崔爾（George Strayer, 1876-1962）等教育界名人，皆受聘於不同的學校體系，執行後來大家所稱的學校調查，亦即針對某一特定學校體系的條件作一番評估，並且多半是依循社會效率論的思想路線作成改進的建議（Sears, 1925）。在某些案例中，諸如密西西比州，這樣的調查即是建立於遍及全州的基礎之上（O'Shea, 1927）。到了 1930 年代，受到有關課程修正應該由推動革新事項的參與者來執行的主張之影響，某些州乃以丹佛模式為依據，啟動了一些大規模的變革計畫。

到這時為止，這些課程修正的工作中，最為著名的是於 1931 年啟動的維吉尼亞課程計畫（Virginia Curriculum Program）。該州的學務總監何爾（Sidney B. Hall），把剛剛在佛羅里達州及阿拉巴馬州完成類似工作的卡斯威爾（Hollis P. Caswell, 1901-1988）由他服務的喬治畢保德大學（George Peabody University）的單位邀請過來，領導此一龐大的工作。就是卡斯威爾，才會這麼盡全力地指導有關人員，建立一套全新且完全不同之遍及全州的小學課程。一開始，全州 17,000 名教師受邀參與一項遍及全州的研究計畫，而根據學務總監何爾的說法，共有 15,000 名教師參加了 1931 至 1932 年組成的各個研究委員會。何爾（Hall, 1933: 341）宣稱：「絕不強迫，完全志願。」該計畫以一種系統的方式，依循後來成為大家所熟知之課程編製的一系列步驟，當然，它是由敘述目標開始的。

在第二年的計畫中，各個不同的委員會執行了過程中的第二個步驟，亦即準備材料以實現目標。然後，以試用的方式引進該計畫，並且在適度的修正之後，這套課程就完成了。實質上，它很像那時人們漸漸熟悉的核心課程。事實上，在卡斯威爾的指導之下，計畫團隊研發了名為「範圍與順序圖」（scope-

and-sequence chart）的課程工具，亦即一種由經過仔細設計的、雙線構成的圖表，讓人們可兼以兩種方式來組織課程。其中一種方式，是「社會生活的主要功能」之課程，這是由長期存在的社會效率觀念衍生而來，為課程提供了範圍，亦即實際學習的教材；第二種方式，興趣中心，則藉由照顧到學生由童稚到後來長成之間的各項興趣，為課程提供了活動的順序。於小學的課程之中，在範圍與順序圖的直列之上，包括的社會功能有如貨物及服務消費，貨物及人們的交通，還有娛樂。在該圖的水平層次上，則有依著年級層次的順序而排列的興趣中心。舉例而言，一年級的興趣中心為家庭及學校生活，二年級為社區生活，三年級為生活對於自然環境的適應。範圍與順序圖中，直列的社會功能與水平層次的興趣中心，兩者所形成的格子中，即由適切的教材充實之。於是，娛樂（社會功能）與家庭及學校生活（興趣中心）遇合，適切的教材將會是：「我們如何在家庭及學校生活享有愉悅的時間？」（Virginia State Board of Education, 1934: 16）。這樣的興趣中心，由六年級的「機器生產對我們生活的影響」，到七年級的「為了合作生活而製作的社會物質」，是否能真正代表克伯屈及活動課程支持者所意指之兒童的興趣中心，還是一個有待解答的問題，但是形成維吉尼亞課程範圍的社會功能，大體上確實與社會效率利益團體所認為的，應該用以替代傳統學術科目的生活領域十分近似。

188

　　在將課程延伸至中等學校層次時，雖然科目的名稱如英文、社會、科學及數學等仍舊維持著，但是，將所有科目領域加以統整，則為其企圖。中學層次的社會科所選取的主要社會生活功能有：生活、財產與自然資源的保護與保存；貨物製造與服務提供；產品利潤的分配；產品與服務的消費；貨物與人們的交通；溝通與傳播；探險；娛樂；教育；自由的延伸；藝術動機的表現；宗教動機的表現；以及個人的統整（Alexander, 1934: 76）。這四個年級的興趣中心為：第一年——透過自然、社會及機器的發現與發明改善我們的生活；第二年——工業主義及農業主義與它們為我們生活帶來的效應；第三年——改變中的文化與改變中的社會機構為我們生活帶來的效應；第四年級——持續不斷規畫的民主社會秩序為我們生活帶來的效應（p. 77）。

　　雖然，我們這麼想似乎有些牽強，但是，我們在看這些青年興趣中心的後

面兩項時，確實會想到它們已經把社會改良論，連同發展論與社會效率論帶進了維吉尼亞課程；舉例而言，貨物與服務的產製與分配作為一項社會功能，與改變的文化（第三年級）這個興趣中心交叉，其內容的中心論題（theme）就變成了：「我們可以如何改進製作，在製作與消費之間建立經濟上的平衡，並且為製作的利潤作一較為公平合理的分配呢？」（p. 79）。而自由的延伸作為一項社會功能，與持續不斷規畫的民主社會秩序為我們生活帶來的效應（第四年級）這個興趣中心交叉，其內容的中心課題（topic）就變成了：「一個計畫中的社會如何可以將政治、經濟、學術與社會的自由延伸到所有的人們呢？」（p. 79）。

189

　　在試圖評估維吉尼亞州課程計畫實施成功的程度時，我們必須對於教師參與的情況特別注意，因為，正如丹佛計畫一樣，其中一項令人感受到的結果是教師他們自己在課程發展過程中的廣泛參與。一項以 4,356 個回覆為根據而撰成的問卷調查報告顯示，85%的維吉尼亞州小學教師確實在使用此一課程。大約 55%的教師曾經協助過研發學習單元，而 49%的教師則增加了學習的課程（course of study）。僅有 6%的教師回報說他們只用教科書進行教學，9%的教師是「對於改變教學既無興趣，亦無意願」（Leonard, 1937: 69）。雖然，該計畫團隊並未蒐集有關兒童及兒童學習成就方面的任何數據，但是，由該課程為眾人廣泛接受，乃至教師廣為參與課程發展活動等事實，都是讓維吉尼亞州課程計畫倡行者感到滿意的緣由。因為它不只是在「過程」方面的一個理想個案，也是核心課程的最佳示例。因此，曾經在全國這個層次引發了十分廣泛的討論。正如同泰勒的八年研究一樣，卡斯威爾在維吉尼亞州所推動的課程工作，也促使他成為承繼較早一個世代的巴比特、查特斯及史奈登等人之後的第二代課程領導者之最前沿的人士。事實上，哥倫比亞大學師範學院的羅索（James Earl Russell）院長，即於 1937 年邀請卡斯威爾到該學院，指導一個學系結構的重組，結果在一年之後，他就成為第一個課程與教學（curriculum and teaching）學系的主任。

iv 進步？精粹？

早自賴思（Joseph Mayer Rice, 1857-1934）於 1890 年代，針對美國一些學校情況所發表的系列文章中，即將「進步」一詞應用在教育的有關事務之上。在大多數的情況下，人們在使用「進步」一詞時，都把它當作是與「現代的」（modern）及「新式的」（new）等同義的形容詞，表示與傳統作法不同的意思，在某些情況之下，它只是一個具有正面的語詞。但是，在 1930 年代，正當進步教育協會的規模變大、可見度亦逐漸提高之時，就有愈來愈多的人關注進步教育到底何所指這個問題。在好長的一段時間裡，發展論者一直在進步教育的範圍中占著有利的地位，並且以活動課程為其主要的代表作法，但是，當重建論者闖入進步教育的領域，竄升為眾人注目的焦點，並且吸引了紐倫及卡斯威爾等支持者之後，整個情況就變得很複雜了。凡是對於課程改革表示同情的人們，都非常奮力地將一些先前宣稱與進步主義有某些十分相近之處的各種學說——一些論文及專書中，似乎已經處理了進步教育是什麼這個問題——所形成的混雜情況，作某些緊密的結合。從這些努力所產生的，有時候是相互並排在一起的各種並不相容的作法之大雜燴，或者是試圖按照某些路線重組進步教育的概念。事實上，大家所知道的進步教育，變成了彷彿是一堆化學的混合體，其中的各種要素雖經勉強湊合，但是卻保留了它們自身的特性。把它們聚合在一起的細微共同緣由乃是，對於傳統的學習課程（course of study）之失望，甚至，在某些情況之下，則是徹底的敵對。然而，其反對的源頭卻各不相同。對於某些人而言，把傳統課程理解為對於兒童與青年的自然發展路線，還有他們的興趣及活動傾向等，都不予重視的一種課程；對其他人而言，傳統課程完全沒有功能（nonfunctional），它嚴重忽略了成人們在我們社會中所扮演的角色，讓社會遺憾失去那些受過訓練且能把事情做好的人。還有，對於一些其他的人而言，傳統課程明顯地缺乏社會的方向，特別與社會正義及社會更新等論題，完全不相干。

圍繞著人們所稱進步教育之各種混亂的現象，漸漸地使它很容易就成為批評的對象。烽火各地升起，警聲四處可聞，學者名流諸如芝加哥大學年輕的校

長赫欽斯（Robert Maynard Hutchins, 1899-1977），即試著至少在高等教育的層次，恢復人文主義的理想（Hutchins, 1936）。其他人文主義學者，諸如居於其哈佛大學高位的白璧德（Irving Babbitt, 1865-1933），一直都對於美國教育的持續受到腐朽，以致造成學術水準低落一事，深感惋惜。但是，除了對於來到這些聲譽卓著之大學園地的學生們，在學術方面所作的準備太弱不停地抱怨之外，這些學者名流在 1930 年代很少費心介入初等及中等學校的內部事務。

　　到了後來，在專業教育領域之中，逐漸形成了一項運動，針對在進步教育這個模糊的標題下所採行之課程作法，展開了各項批評。在很大程度上，這些攻擊皆指向活動課程，因為在許多批評者的心目中，都將活動課程等同於進步教育。這股反對力量的要角是哥倫比亞大學師範學院的裴格萊（William Chandler Bagley, 1874-1946）。從整體的角度來看，不容易將裴格萊（Bagley, 1905）的主張作一番描述。他是以社會效率為教育最重要理想的主張者之中較早的一位學者，而且，又對社會效率運動要角之一的馮尼（Ross L. Finney, 1875-1934）非常崇拜。早在《二十六期年刊》（*Twenty-sixth Yearbook*）中，裴格萊（Bagley, 1926: 31-32）即指出，以地方社區的需求為依據調整小學的課程，實乃「不智」；他主張在小學課程中某些特定的科目，應該保持「適度的一致性」（p. 33）。各家批評者最常見的控訴是，活動課程缺乏嚴謹的特性，結果讓美國的兒童根本就學不到他們應該知道的東西。例如，裴格萊（Bagley, 1929b: 146）對於他所稱的「自由－理論」有所批評，進而提醒他的聽眾：「十六年前，我告訴大家，我們不可能把我們的民主結構建立在像流沙一樣的軟式教育學（soft pedagogy）上。」相反地，他提出了他自己的箴言：「透過嚴格訓練得到自由」（Through discipline to freedom）。裴格萊（Bagley, 1929a: 573）像他之前的霍爾一樣，一直對於他所認為的，學校已經漸漸女性化，並且總是與衰弱的狀況相連結，因而希望有這麼一天，「能以剛強有力且少有捉摸不定的教育理論」替代那些柔弱嬌氣的理論，同時大力稱讚摩里遜（Henry C. Morrison, 1871-1945）所致力推動之具有「陽剛之氣」（rugged masculinity）的教育，特別是他所強調的「精熟」（mastery）概念。雖然裴格萊（Bagley, 1930: 224）對於活動課程的軟弱十分懊惱，但是，他對於社會重

191

建論所代表的多層意義也表示支持，誠如他所指出的，若是能適當地投資於教育，那麼，將會使得「社會的問題顯著地改善」，並且「減少公家機構的貪污腐化……還有縮小宗教與種族偏狹心態所造成的社會不安」。雖然在大蕭條過後的時期裡，幾乎每位教育領導者都不由自主地，至少會在就著教育應該對於社會問題有所回應這件事，表示一些簡短的意見，但是，就裴格萊的情況而言，提出藉由教育充分實現民主的承諾，似乎十分真誠。畢竟，他是少數教育領導者中，曾經就著第一次世界大戰之後橫掃全美的心理測量運動，指出其所具有之嚴重的反民主傾向的人士（Bagley, 1925）。裴格萊抱怨的原因，與其說是那些政治上的進步主義人士把教育當作強而有力的社會革新手段，不如說是柔弱嬌氣的方案課程將會把美國兒童身上的共同文化遺產掠奪一空。

192

到了 1933 年，一位由俄羅斯移居美國的青年學者德米亞西克夫（Michael John Demiashkevich, 1891-1938）加入了裴格萊的批評者行列；德氏幫助裴格萊就著兒童中心學校，作了更加銳利地的攻擊。德氏在位於聖彼得堡的皇家歷史語文考古學研究院（Imperial Historico-Philological Archaeological Institute in Petrograd）接受古典的教育之後，進入哥大師範學院攻讀博士，於 1926 年取得學位。在反對衍生自兒童天然衝動的方案教學時，他提出了一個很像哈里斯的觀點：「應該讓兒童在指導與監督之下精熟各種有系統的、連貫的，且前後接續的課程」（Demiashkevich, 1933: 170）。就是在德米亞西克夫的專書《**教育哲學導論**》（*An Introduction to the Philosophy of Education*）（1935）中，「精粹主義」（essentialism）一詞第一次用來指稱與進步教育相反的意思。他說：「教育這個名詞意指有系統的，亦即前後有序的課程（適切地涵蓋了應有的科目），以及確定且有清楚明白的程序，或者學習的方法」（p. 5）。也就是德米亞西克夫，在底特律鄉間日校（Detroit Country Day School）的校長蕭福瑞（Fred Alden Shaw）之協助下，首先提出建立一個以精粹主義的理念為中心的全國性組織之構想，以便與進步教育為名的學說思想相互抗衡。然後，到了後來，裴格萊反而成了此一團體中最顯眼的成員，並且躍升而成眾人認可的領導者。

他們的宣言是於 1938 年 2 月 26 日，在紐澤西州大西洋城（Atlantic City,

New Jersey）舉行的美國學校行政人員協會（American Association of School Administrators）上公布的。幾乎打從一開始，裴格萊（Bagley, 1938a: 241）即表示，美國的教育已經「衰弱與無效到令人毛骨悚然的地步」，特別是學生的成就表現與其他各個國家相比較時，更是如此。對於美國的新教育最直接的攻擊出現於宣言的第二節：「**原因B：教育理論根本已經到了衰弱無力的地步**」（pp. 244-250），而且，這樣的攻擊幾乎是完全對著活動課程而發。裴格萊指稱，教育的歷史可以歸納為一些相互對立的概念：自由與紀律、興趣與努力、個人與社會、遊戲與工作，還有最近出現的，切近的需求與遙遠的目的，還有心理的組織與論理的組織（這些正好是杜威終其一生致力消除的二元對立）。裴格萊指出，受到大眾教育的壓力，就出現「標準的鬆散……〔以及〕強調興趣、自由、切近需求、個人經驗、心理組織及兒童主導……等的理論就自然而然成為強而有力的訴求」（p. 245）。這時，人們放棄了對於嚴謹學業成就的注意，系統與有組織的學習亦遭致疑惑，其結果就是活動課程為內涵的運動大為流行。

　　裴格萊宣稱，許多這樣的科目所要求之嚴格的研讀與學習，就幾乎遭致完全放棄，因為在一些心理學實驗（諸如 Thorndike & Woodworth, 1901）的影響之下，心智訓練的理念不再受到重視；然而，他認為，這些實驗所獲致的證據，根本就做了過度的類推。另一件附帶而來、卻傷害到數學以及其他嚴謹科目的學習之舉，就是社會科的出現；他說，這件「極少受到拒斥的錯誤之舉」，本質上就是一項「教育幼稚化（an educational pablum）的行動」（Bagley, 1938a: 248）。依裴格萊之見，很不幸的是，在此一國內外情勢皆甚為嚴峻的關頭，竟然發生這種情事。他指稱，民主理想「乃是精粹主義者政策宣言的重中之重」（p. 250）。然而，際此民主正遭受試煉之時，若欲不落於各個極權國家之後，就必須將形成「能強化與鞏固民主宗旨與理想的民主紀律」（p. 251）視為最重要的事情。他堅持主張：「有效力的民主必須有一套符合民主理想的文化」（p. 252），並且強調，若要讓民主能持續存活下去，就必須在課程當中建立一套共同的核心，俾便讓我們所在的這一個共同體能長久維繫。舉例而言，他於 1933 年時，在哥倫比亞大學師範學院的課程圖書館，發

現了超過 30,000 個學習課程（courses of study），他為此而感到非常困惑。對於裴格萊而言，此一共同文化的要素，也就是課程中的精粹，不言而喻，就是：讀書、算術，還有「至少能熟識人類的過去」、藝術、「健康指導與健康實作的教學」，再加上自然科學的基本教學（p. 253）。他以一個他最喜歡談論的主題作總結，亦即美國的教育事業需要之理論是「剛強有力的、有男子氣概的，而絕對不是軟弱無力、矯柔，又模糊的」，並且宣稱，過去一直主宰著美國教育的各種理論，顯然很清楚地「都是屬於後者的類型」（p. 256）。

194　　精粹主義者提升美國教育委員會（Essentialist Committee for the Advancement of American Education）打從一開始就是一個孤立的團體，除了他自己，再加上德米亞西克夫、康德爾（Isaac Kandel, 1881-1965），還有一或兩個其他人，卻從未引起教育界主要人物的注意。裴格萊愈來愈成了一個孤獨的聲音。那位非常有前途的青年學者德米亞西克夫則在 1938 年 4 月得了嚴重的病症，無法在畢保德學院繼續其春季的教學工作，結果在 8 月即以得年四十七歲而辭世。裴格萊（Bagley, 1938b）在其孤獨的世界中發現了某些值得慰藉的事情。有一次，在回憶他批評智力測驗的決定論（determinism of the IQ tests）時，他基本上是孤軍奮鬥，但是，他自道：「雖然那時我沒有任何夥伴，不過，那並不是新的經驗。就我反對決定論的立場而言，我現在彷彿看到我正夥同一些真正高明的好友們前行著……我認為，做對的事，比做體面的事，更有意義」（Bagley, 1938b: 565）。

　　一般人有時候把精粹主義理解為天真浪漫的活動課程之另類選項，但是，就其自身的主張而言，他並不像早期的人文主義者，那麼堅持理智為其學說的關鍵要項。在更多的情況下，精粹主義所採取的作法是，堅持有某些特定的事情是作為未來公民需要知道的，因而這些要素就應該成為課程的核心。舉例而言，有一位精粹主義的辯護者即指出：「真正的精粹主義者相信，我們所教給下一代的東西，應該是那些非常重要的事情。」而且，他們採取的立場是，公共的經費應該花費在一些「可就其所具有的精粹性質已經證明過的」課程上（Tonne, 1941: 312）。此一主張與社會效率論一致的程度，比其與人文主義一致的程度，還高了許多。裴格萊自己則認為，大眾教育與優質教育不能相提並

論。他認為，教育的向上擴充，並「非針對民主中致命的錯誤來辦理教育」，以致於把水準愈降愈低，因而無法提高其品質（Bagley, 1939a: 248）。不像諸如伊利特那樣的人文主義者，裴格萊（Bagley, 1939b）把這種標準的下降當作不可避免的事情。他說：「就像這樣，人們逐漸把嚴格的要求加以放鬆，到現在已經超過三十年了，就是這麼一步一步地放鬆」（p. 330）。裴格萊宣稱，那些教育學者的所作所為，彷彿他們真是歡迎並且支持這些把美國課程加以軟化的作法。但是，我們不能把硬底子的、「男性化的」嚴謹教育，看成與古典的博雅教育，或是一種以理智的方式掌握現代世界教育之作法。它只是意指，應該把人們需要在他們社會中發生作用的一些日常事務含括到課程當中去，並且還要徹底地確認每個兒童都能精熟之。在這裡我們看到精粹主義者所說的共同文化遺產之重要性，同時，我們也很容易就看出其所包含的社會效率論的要項。1930 年代是先前各種輪廓鮮明的意識型態之間的區別逐漸混淆的那麼一個時代，而精粹主義可能就是這樣的一個例子：其所建立的路線變得很難用傳統的人文主義與社會效率這兩種學說加以描述。

195

V 波德與杜威的評論

在精粹主義者提升美國教育委員會發表宣言的同一年，兩本短小的專書問世了，都是由進步教育方面令人尊敬的領導者所撰寫而成。波德的《在十字路口的進步教育》（*Progressive Education at the Crossroads*）（Bode, 1938）及杜威最後一本教育專著《經驗與教育》（*Experience and Education*）（Dewey, 1938）兩書，都試圖為一些鬆散組合的改革觀念——這些觀念正面臨著漂流不定的內部分歧，以及來自外部的威脅——作一些界定與指引。雖然這兩本書都作了同情式的批評，但是，卻都在那時教育改革的狀況搽上了令人擔憂的顏色，並且就著與進步教育有所關聯的各種改革混合而成的事物之存活，發出了不祥的聲音。

波德（Bode, 1938）再度強調，打從進步教育始創，就一直因為缺乏社會導向而困擾。他指出當時世界舞臺上「一些令人討厭的事件」（p. 4），並直

言，因為該一運動缺乏一個可以指引方向的社會哲學，所以就一直都面臨著一項主要的危機。正如杜威總是由民主作為一種生活方式這個論點展開其論述，波德也認為進步教育若要能存活下去，就必須演進而成一種生活方式，而非只是充滿熱情地關注兒童們。他說：「長久以來，人類一直有著一些基本信念與態度，這些信念與態度已經主宰了與人類利益有關的每個重要領域；進步教育要不就得為所有這些基本信念與態度而奮戰，要不就只好一路撤退，把自己變成了照顧幼童的托兒所」（p. 5）。他特別指出一項事實，亦即有些所謂的進步學校，根本沒有任何確定的特色。當然，我們可以在這些學校裡看到比傳統學校更多的自由氣氛，或許兒童們有較多積極參與的機會，但是，這些進步學校的各項作法卻充滿了矛盾，以致於不可能將它做精確的界定。我們固然要自由，但是也需輔導與指引。我們固然強調個人主義，但是，現代社會的競爭性質總是受到人們的批評。進步教育運動支持者總是把大學看成「敵人的大本營」，但是，構成該一運動重要部分的諸多私立學校，也正是「在社會中發展得較為順遂的這個部分」，是以為兒童與青年做好充分的準備，以便把他們送進大學為其「主要的工作」（p. 10）。波德催促進步教育界的朋友們，與其繼續從事這類游移不定的工作，不如變成為「堅定的民主支持者」（p. 26）；他並且指出，若要民主真正普及，就一定要有其自己具有特色的教育體制。

　　就波德的語詞而言，所謂的敵人就是絕對主義。他把這一類的貴族式教育歸因於赫欽思；依波德之見，赫欽思把教育制度建基於「一些基本原則之上；而這些基本原則，在任何時候、任何地點，對於每一個種類與條件的人都有效」（p. 31）。波德反對這樣的想法並且指出，當今科學的理念乃是：「我們所作的檢驗與所依據的標準，都不是由其他地方衍生而來，而是我們一路前進時建構而成的」（p. 35）。波德相信，一套民主的教育系統就是建立在對於絕對主義的拒斥之基礎上。然而，問題在於，進步主義的危機就產生於它把自己變成了一種絕對主義，盧梭的學說即是最為明顯的一個例子。波德說，盧梭「在反對人們把社會秩序當作一種絕對之前提下，卻把人之本性放在絕對的位置之上」（p. 38）。此中的謬誤乃是，過去曾經把所謂之不可改變的真理當作指引的教育，現在則轉而由兒童發展這項不可改變的律則掌控住了。於是，波

德宣稱：「絕對主義又再一次地重新來過了」（p. 39）。

　　波德的批評是試著將進步教育協會一直以來所倚賴的兒童中心思想根源，還有，在進步教育協會成立之前，由發展論者提出的，課程應該由兒童興趣自發地產生的觀念，一併加以消除的最後一項努力。波德認為，兒童的切近興趣固然有其重要的地位，但是，它們必須考慮到更大的社會利益，以及試著實現這些利益的持續作法。「把興趣的學說解釋成，所有活動皆必須藉由切近與自發的興趣來促動，實在是一種誤解」（p. 53）。波德所提出的建議是，教育制度的中心並非在於對權威的服從，而是智慧的陶養。波德堅持，民主是一套建立在智慧之上的制度，因為在各方興趣或利益有所牴觸時，解決之方不在訴求於某些最後的真理，而在於以社會的調整達成某些共同的目的。

　　波德也特別就著這個問題，重新闡述他稍早提出的懷疑論，這種論點對於以科學力量決定課程的作法表示懷疑。他不認為課程可以衍生自客觀地研究各種需求，特別是對於後來有人所稱的、要以「人們感受到的需求」作為課程目標之確定表述的作法頗有微辭，因為「所謂的需求可能是一種根本無法感受的真實需求」（pp. 65-66）。然而，在他看來，找出決定真假需求的關鍵這個問題之關鍵，應該與要找出好的與壞的欲求之不同這樣的問題一樣，都是不容易做到的事情，必須慎重為之。波德並不反對研究兒童與青年發展的需求，但是，他說：「稱它們為需求的研究乃是誤導，因為在調查完成之後，需求仍留待人們作決定」（p. 67）。試著藉由科學的調查來發現需求，這並非科學，而根本是「學術上的私酒偷賣之舉」（academic bootlegging）（p. 67）。他認為，就這項開創課程時都會面臨的兩難而言，解決之方「不在於運用任何教育方面的顯微鏡，試圖揭露之」（p. 68）。波德甚至宣稱，大量地把注意力投放在兒童與青年的「需求」，「已經造成了一種反智的精神」，而且「因為採行了學生計畫（pupil planning）的荒謬作法，因而對於『科目』造成了嚴重的傷害，致使整個教育課程產生了缺乏持續性的問題」（p. 70）。

　　作為進步教育的主要擁護者之一的波德，就這樣拒斥了與進步教育有所關聯的重要理念之中，最為人們熟知的兩種成分。為了使教育能直接成為生活功能準備的不二法門，一些改革者夢寐以求地透過科學方法找到一套人類活動，

197

進而以其為課程編製的依據。為了確保兒童的自由，並且按照兒童的天性來編製課程，另外一些改革者轉而注重兒童成長與發展的律則。這兩種作法，都以各自不同的方式拒斥了教材的邏輯組織，並且以某些在科學方法上更為有效的東西取而代之。但是，波德（Bode, 1938）指出：「假如我們認為教學的目的是要啟發學生的智慧，那麼，我們就似乎有必要進入『邏輯的組織』，並且還要超越之」（p. 94）。他甚至增加了一項大約四分之一個世紀之後才會時興的格言：「學生必須獲致如同專家一樣進行思考的能力」（p. 94）。波德繼續說道，「我們若是忽略了」傳統的科目，「我們將會咎由自取」（p. 96）。有組織的教材之問題不在於其有組織，而是某些經過組織的教材變得太過瑣碎。他指出：「只是在實驗室中窮搗鼓，卻說是在訓練科學態度，正好比把鬼畫符似地塗塗抹抹，或是在作文時盡寫些空話，卻說成是在進行創意的自我表達」（p. 97）。波德總結道，如果進步主義者想要真正獲致一直在追尋的自由，那麼，就應該要透過智慧的運用，而絕非反其道而行。總之，對於波德而言，進步教育的本質，乃在於要將兒童的智慧作完全的釋放，並以其作為實現民主的途徑之一，而非在於由那些就著兒童的興趣而調整之科學化的課程或是學習進程（a course of study）所帶來的希望。

　　當杜威的《經驗與教育》（Dewey, 1938）於同一年問世時，許多人認為，那是對他於世紀之初以來所持有的各項主張所作的批判。然而，事實上，該書可以說是更確實地描述為，對他一貫之道所作的簡單總結。如同波德一樣，杜威對於新教育明顯地拒斥有組織的教材這樣的說法，感到驚訝。正因為「我們摒棄了外在的權威，並不意味著我們應該摒棄所有的權威，相對地，我們有必要去找尋權威的更有效根源」（p. 8）。杜威說，我們不應該認為「成年人的知識和技能對於年輕人毫無指導的價值」（p. 8）。杜威對於他所稱的「許多較新的學校」經常出現的主要問題之一即是，他們「很少、甚至不讓學生學習有組織的教材」（p. 9）。我們所需要的並不是拒斥有組織的教材，而是要將它重新加以組織。

　　《經驗與教育》的第七章為杜威自從辦理實驗學校的那段日子以來，一直詳為說明的課程理論，賦予了一個名稱：〈教材的漸進組織〉（Progressive Organization of Subject-Matter）（p. 86）。他早在《兒童與課程》（*The Child and the Curriculum*）（1902a）一書中即闡明的一項重要原則：各種知識所組成的學科，不論其現在的地位多麼崇高，原本的根源其實都來自於人類的基本活動。杜威說：「任何事物，凡是能稱為科目（study）[117]的，不論是算術、歷史、地理，或者任何一種自然科學，在最初的時候，必然都是從那些由生活經驗中產生的材料，逐步發展而成」（Dewey, 1938: 86-87）。傳統教育的問題在於，忽視了這些人類經驗的基本來源，因而不分青紅皂白地把知識當作硬塞給那些不樂意接受、也無興趣學習之兒童身上的一堆東西。杜威所提出的「工作活動」（occupations）這個概念，是他希望可用以針對有組織的知識，恢復其人類根源的一種表示方式。但是，他說：「從經驗中尋找學習材料，只是第一個步驟」（p. 87）。這是許多較新學校已經完成的步驟。「下一個步驟，是漸進地將所經驗的材料發展得更完整和更豐富，而且要以更有組織的形式呈現出來，這種材料將會與提供技術精良的成年人所學習的教材形式逐步地接近」（p. 87）。如同波德的說法，課程應該採取的方向是讓學習者在其中，能逐步接近成熟學者所展示的智性思考過程。杜威說道：「然而，若是持續進行著的進步主義教育運動始終無法認識到教材選擇與組織的問題，對於教學和學習而言乃是基本的，那麼，這一項批評就會變成正確無誤的」（pp. 95-96）。更有進者，若教材以有組織與合邏輯形式呈現時，就無法以草率的方式隨興地以撿拾的方式習得。雖然以邏輯形式組織而成的教材無法為課程提供起點，但是，它必然是課程應該依循之經過審慎思慮而得的方向。

199

　　就課程乃至於整個世界而言，1930 年代可以說是結束於一團亂局。精粹主義者針對 1890 年代以來美國教育的發展趨向，發動了一場可見度甚高，但是，卻有某種程度之混淆不清的攻擊。進步教育協會已經變得奄奄一息。後來

---

117 或譯為學習、學業，在杜威的〈走出教育困惑之道〉（1931, LW6: 79）即提及"a study"與"study"的不同：前者為名詞，意指所學習的功課、學業、教材或科目；後者為動詞，指學習的行為。與此類似者，尚有"learning"一詞，其亦可作為名詞或動詞；當作名詞時，指學習的東西，而當作動詞時，則指學習的行為。

一般人所稱的進步運動之忠實成員之一的波德，以及作為該運動之活生生的象徵（living symbol）之杜威都以毫不含糊的語詞，就著許多人認為是新教育的重要部分，作了批判與拒斥。毫無疑問地，課程修正的工作正流行著，但是各地方的學區，還有，在某些情況之中，是整個州的教育體系都採用了不確定的學說作為根據與指引。即使課程改革者曾經用來對付他們的老敵人，亦即學術科目與教材的共同陣線，也出現了一些裂紋。在半個世紀以來的競逐之下，針對美國課程應如何重新加以編製這個問題，到如今仍然是個未予解決的開放性問題。

第九章

科目課程的挑戰日增

i 戰時與戰後復員的教育

　　當美國於 1941 年 12 月 8 日正式成為第二次世界大戰中活躍的交戰 *200*
國時，與其說美國中小學課程於前半個世紀所採取的路線有著明顯地改
變，還不如說它一直在加速地進展著。正如大家所期待的，教育界的領
袖們堅決主張，中小學的教育在此一緊要關頭，絕不會坐視陷於危急的
國家而無所作為。後來的發展雖然是美國的內地並未成為戰場，因而免
除了像其他國家那樣橫遭炮擊的肆虐，但是，美國的中小學仍然在大後
方善盡其本分。1941 年 12 月 17 日在伊利諾大學校園所舉辦、由來自伊
利諾州各中小學與師範學院的學者專家參與、以討論戰爭問題與責任為
主旨的研討會（Conference on War Problems and Responsibilities），即就
著各級學校在目前戰爭中所應扮演的角色，作出了一套綜合性的概要說
明。首先就是學校應承擔「協助開創與維繫民主道德」（Smith, 1942:
113）的角色。要讓學生清楚民主的生活方式及我們與極權主義敵人之間
的對比。青年人應該接受急救的訓練，還必須參與金屬廢料及廢紙回收
以及紅十字會的工作。學校也必須盡可能地做到，將有關戰時宣傳所指
向的對於德國、義大利及日本等後裔可能帶來的傷害加以抵消，並且強
調不同族群與文化團體對國家社會的貢獻，皆應受到重視。此外，為了
因應戰時物質短少的情況，學校必須加強消費者教育。職業訓練及物理
與數學等課程的教材內容應該重新調整，以便「較多強調航空力學、航
空學、汽車維修、航海與航空技術、槍炮操作與射擊法，以及現代軍事 *201*
行為的各個層面」（p. 115）。生物學及家政學等科目，應該重新加以導

217

向，以便進行護理及急救等訓練。除了宣講要對美國的敵國後裔表示容忍這項崇高道理，是一個例外，其餘各項都是任何國家在進入一場重大戰爭時，學校所應該採取的作法。後來發表的各式論著也作了相似的建議事項（Educational Policies Commission, 1943; National Education Association, 1943）。

後來採行的各種課程，大致都是依循這些建議事項而實施。許多學科都特別注意到飛行與航海方面的知識與技能，而社會科則強調戰爭的目標。工藝課程皆經修正，以便將軍隊武裝力量的需求列入考慮。消費者經濟學及家庭管理亦受到倍增的注意，以協助市民依據戰時情況作適當的生活調整（Kliebard, 1999: 200-209）。歷史學者米瑞爾（Jeffrey Mirel, 1948-2018）（1993: 156-157）報導了底特律學校的課程經過一番重組，試著在課程當中強調對於軍隊可能提供的服務，乃至日後受僱於與戰事有關的工業，以便為戰爭事務作出最大的貢獻。全國各地，有些看來與戰爭事務無關的科目，其教師也會將這些科目的教學加以轉變，使它們較具切近實用的價值。教育者引以為傲的一項事情，就是關於完成八年級學校教育的武裝部隊人員，對比於第一次世界大戰只有 20%的情況，第二次世界大戰時有 70%。

隨著戰事步入尾聲，更多的注意力放在學校應該如何因應戰後的改變之上，而較少放在學校應如何對戰爭事務作出貢獻之上。在戰爭時期，對於美國社會結構提出的評論，好比社會重建論者所一向倡言的，皆可能遭人指責為不愛國之舉，而兒童中心教育的主張亦屢屢招致軟化教育及缺乏社會承諾之譏，所以，社會效率論者再一次地走到舞臺中央。歸根結底，就是這一套課程學說，為學校教育帶來最為直接的回報，而且，在美國這個國家為了民主而戰的情況之下，為了照應大部分學生而將課程作出重新的排序，就等於是將課程帶向了民主的道路之上。像這樣，若是將課程觀點加以混合（mixing）的趨勢依然持續存在，那麼，曾經形塑美國課程長達半世紀之久的各個利益團體之意識型態，就變得愈是難以辨識，至少就其純粹的形式而言，確實是如此。

202

然而，毫無疑問地，社會效率是戰時及戰後時期計畫的課程中最強而有力的成分。一旦考慮到如何讓數以百萬計退役的男女軍人重新融入經濟體系——甚至對於他們適應和平時期各項情況有某些顧慮——這時，就是社會效率論有

希望提供最具體的作法，讓他們適應此一巨大的經濟變革，進而讓一個為不確定與不平安所苦的社會能夠維繫一定程度的穩定。當然，社會效率論作為一種課程理念的起始，必須回溯到世紀之交的一些領導者，諸如史奈登（David Snedden, 1868-1951）、彼得斯（Charles C. Peters, 1881-1973）及馮尼（Ross Finney, 1875-1934）等人開始倡行，但是在1940年代重新以強而有力的姿態再現時，即有更多直接的緣由。在學校教育領導者看來，或許戰事所帶來最為明顯的副產品就應該是中學在學人數的急遽減少。由1940至1941學年的670萬人之多的在學人數，下降至1943至1944學年的550萬人。對於半個世紀以來，一直以驚人速度成長的學校人口，如此之急遽下降的情況，為專業教育者敲響了警鐘。中學在學人數下降的某些原因，毫無疑問的是因為大蕭條時期出生率的下降，但是，軍隊所實施的徵兵制度讓許多青年人不得不離開學校，乃至國防工業所釋放而出的有利可圖之工作機會所帶來的誘惑，也吸引了不少青年人離開學校；這些都與中學在學人數急遽減少有關。逐漸地，中學的支撐力就成了學校教育領導者所關心的一項起著主導作用的議題。在很大程度上，對於在學人數下降的指責，往往並不在於其人口因素，也不在於戰爭條件，卻在於中等學校的課程仍然持續太過重視學術性的科目，而這一點隨著時間的推移卻愈來愈使得課程改革者更堅定地呼籲，將中學的課程計畫作一完整的重新安排，以便讓學生所學習的功課能更具功能性，且更有工作導向的味道。

　　對於此種課程計畫重新安排的急迫性有一項預兆，是由全美教育審議會的全美青年委員會（American Council on Education's American Youth Commission）於1940年完成的一項中等學校課程特別委員會（Special Committee on the Secondary School Curriculum）報告：《中學應該教的東西》（*What High Schools Ought to Teach*）。賓夕法尼亞州的匹茲堡學務總監葛瑞翰（Ben G. Graham）為該一特別委員會的主席，五位委員中，三位為哥大師範學院教授，包括了中等教育領域的布利格斯（Thomas Briggs）、胡仁奇（Will French）及教育行政領域的史崔爾（George D. Strayer）──以及二十三年之前推動史密斯－休斯法案（Smith-Hughes Act）的主力卜羅社（Charles A. Prosser），再加上曾經擔任「八年研究」計畫的主持人、時為芝加哥大學教育學系主任的泰勒

（Ralph W. Tyler, 1902-1994）。《中學應該教的東西》一開始，先對美國中學的發展，作了一番歷史性的解說，就著這一套（依該特別委員會之說）參照歐洲菁英學校而建立的學校體制，追溯了一些實用科目出現的根源。就此而言，該特別委員會說到了道格拉斯委員會報告書（Douglas Commission Report），以及它如何導致麻薩諸塞州設立了一些職業學校（trade schools），然後又說到 1917 年由國會設置的職業教育委員會（Board for Vocational Education）。他們承認，這是一項重要的進展，但是，職業教育趨向於「培養高度專門的技能」，而且，它在許多方面都「無法符合學生的需求，因為它跟傳統為專業作準備的一些課程一樣，都十分的專門化」。（從這個觀點來看，學術性科目也可視為職業性科目，因為它們的目的在為進入專業作準備。）在特別委員會的眼中看來也是很不幸的，因為許多職業教育所包含的內容，實際上是「在為所謂的『白領』工作作準備」，而且，就他們所理解的美國經濟情況而言，許多學生「當然會失望」（p. 10）。還有，儘管白領工作已經一直猛然增加，但是，在 20 世紀第一個部分所啟動的職業課程之中，最為成功的就是主要在因應女學生的需求而提供的商業與企業課程，而非多年來一直倡行職業教育的大部分人士所支持的，為工業生產的工作進行準備的職業教育課程。依據該委員會的說法，「為專業作準備」的一些課程適合於一小部分學校人口，而職業教育課程則適合另一部分，但是，大多數學生所接受之剩下來那些部分的課程，就「為青年人將來在成人社會中接替成人位置作準備」（p. 10）而言，顯然是不足夠的。依據該特別委員會的說法，這個問題的解決之方並不應該是這裡開一門新課程，那裡又開另一門新課程。他們宣稱：「整套課程應該描述為不適切，因為其所強調的項目與大部分學生的能力，以及他們對於未來的看法，都不相符」（p. 11）。

　　幾乎是不可避免的，有一項建議是閱讀教學必須改進，但是，該報告更為一貫的主題乃是強調學校在工作世界中所扮演的角色。該報告以確定的語辭作了這樣的宣示：「勞動是男人的指望，在設置教育機構時，應該有這樣的認識，但是似乎大家並未認清這一點」（p. 15）。對比起來，閱讀比較容易執行，可以在課堂中進行教學。另一方面，「具有生產力的手工作業（manual work）」就不那麼容易在課堂中施行，也正是因為如此，使得美國的學校一向都忽略人生當中的這個重要層面。該報告以惋惜的方式指出：「現在，手工作業已經不再是一大部分人們教育的一個部分」（p. 16）。1930年代，或許在小羅斯福總統（Franklin D. Roosevelt）新政（New Deal）中某些計畫的鼓勵之下，對於工作的強烈重視，例如，當時，即成立了全國青年局（National Youth Administration）及平民保護環境隊（Civilian Conservation Corps）等單位，希望藉此能在全國處於經濟危機之時，為青年人提供合宜的就業機會。這些就業計畫確實及時地將教育的成分融入。因為這些聯邦政府所推動之各項訓練青年人的計畫，過去都是由學校所執行的任務，所以對於許多教育領導人士而言，就成了一項重要的顧慮，而且，這些聯邦所採取的介入作法，也讓許多學校教育的行政人員懸掛在心頭（Kliebard, 1999: 175-209）。 該報告特別提及聯邦的工作計畫，蘊含著學校在聯邦機構所發揮作用的各個方面，也可以有較好的表現。職業教育已經倡行多年，且為大家接受，以其為學校教育的功能之一，而且，由聯邦政府提供經費補助予職業教育的努力，也確實在吸引聯邦政府的支持這方面顯得格外地成功，雖然如此，但是學校在培養良好工作習慣還有職業技能這方面所扮演的角色，卻似乎很少受到特別的重視。在所謂的「傳統科目」（conventional subject）（American Council on Education, p. 27）這個方面，也受到了一些批評，這主要是因為從一般人的觀點看來，設立學校施教的主要目的，亦即就學生未來長大成人後所承擔的社會及職業角色而言，這些傳統科目究竟發揮了什麼作用，一直都很不明確。

　　既然該報告有部分內容是在強調學術性教材的不當，所以它就挑出「九年級教材最有缺陷的部分」予以特別的譴責，尤其，這部分教材把這一大串沒有用的東西教給那些並非具有「學術心向」的學生（p. 31）。該特別委員會以攤牌的語氣宣示：「九年級是終止所有一般性學習（studies）的階段」（p. 31）。若是在初級中學的階段，作好了「試探性」（exploratory）的學習，那麼九年級就應該為具體的訓練作好準備。該報告作了一項綜合性的總結，建議學校應該像製造業的公司對待其「產出」一樣地對待它們的成果（p. 32）。為了做到這一點，學校需要：「以完全明確的語詞知道青年人所能做到的事

205

情」，然後作好準備，務期讓這些潛能可以充分實現。通篇報告所意指的十分清楚，只要論及中學的課程，學術性的科目就只適合一小部分的學校人口，而且，這些科目的價值主要就在於為這些學生作好進入大學的準備。

在 1944 及 1945 年，有兩個重要的報告公布，試圖描寫美國未來教育的路線——這兩個報告指向不同的方向。第一個報告公布的單位是由全美教育協會於 1935 年成立的一個常設機構教育政策委員會（Educational Policies Commission），可算是一個非官方性質的學務委員會。該委員會定期發布一些有關美國教育狀況的聲明，對於一些大家認為重要的事務作出建議。眾多的報告之中，《為全美青年而設的教育》（*Education for ALL American Youth*）（Educational Policies Commission, 1944）這份報告直接處理正激烈進行著的課程衝突。該委員會試圖達到文學上的新穎，而以不著邊際的且牽強附會的作法，以戰後美國的兩個烏托邦式概念下的美國教育概念——一為名之為農村（Farmville）的鄉間學校體制，另一為「美國城市」的都市學校體制——與「在歷史上應該不會發生的事」（p. 2）作對比。在「在歷史上應該不會發生的事」中，出現了一個驚人畫面，亦即一個名為全國青年服務局（National Bureau of Youth Service）的單位，為未來十年施行了各項聯邦實驗課程方案。該委員會警告讀者，到了 1954 年，就會有全國一致規定了的中等學校、初級學院（junior colleges），以及成人教育的課程（p. 9）。依據此一虛構歷史的說法，這些激進的作法乃是肇因於教育者再一次的短視，因為他們無法符合全國各地青年人普遍性與個別性的需求。到了最後，少數僅存的地方性中學就只好回轉到「它們原初為一小撮經過精挑細選而得的青年人所進行之嚴格的文化追求」（p. 9）。若是學校能顯示它們能做到，配合學生真正且急迫的需求，重新調整其課程，那麼，聯邦政府控制教育體制，以及由學術科目主宰課程的夢魘就應該可以避免。

206 　　依照該委員會的說法，在戰後時期的理想學校之中，首先應該以職業準備來符應青年的需求。在十年級，典型的學生學習計畫中，有六分之一是職業類的內容，但是，到了十一及十二年級，就會達到全部的三分之一。共同的核心科目，不再由傳統的學術科目組成，而是設計用來：「協助學生增進其作為社

區及國家公民的能力；理解經濟歷程與他們作為生產者與消費者的角色；在家庭、學校與社區中的合作生活；欣賞文學與藝術；還有英國語文的運用」（p. 244）。但是，在共同學習領域之外，則將特別注意到存在於學校人口中的條件與能力之差異，務必做到「自十年級至十四年級課程的差異化，以便適合個人的需求」（p. 36）。該委員會列出了十項青年們必然會有的教育需求，以便作為系統陳述課程的基礎，其中第一項需求就是「培養各種能為人所用的能力」（pp. 225-226），進而就著每一位學生的能力，設計一套能與那些需求有所關聯的學習課程。如同在《高級中學應該教的東西》及《為全美青年而設的教育》的案例中，該委員會把學術科目描述成，只為滿足某些經過選定的少數學生需求而存在的一些中學課程。到了 1940 年代中葉，這些即已成為眾多專業教育者，特別是那些與課程設計有關的人士心目中既定的立場。

　　如所預期的，哈佛大學教師所組成的委員會提出一份《自由社會中的普通教育》（*General Education in a Free Society*）（Committee on the Objectives of General Education in a Free Society, 1945），一般稱之為紅書（Redbook）的報告書，對於學術性質的教材即頗為寬大。然而，該委員會確實不怕麻煩，採取了中庸的調性。美國社會的確自 19 世紀末葉，因為中等學校人口的性質有所改變，因而致使該委員會最後決定為差異化課程背書。但是，該委員會甚至為那些「對於抽象觀念較不易理解的」學生，提供了一套包括有關「世界，人類的社會生活，想像及理想等領域」（p. 95）的普通教育。他們小心翼翼地不排除當時大家一致關注的，學校在培養學生職業技能方面所扮演之角色這方面的考慮，而且，他們試著以普通教育在學校中所扮演的角色，伴隨職業方面的考慮並存之。該委員會宣稱：「教育的目標應該是為個人作準備，以便其能在某些特別的職業或技藝方面成為專家，同時，在作為自由人與公民的一般技藝這方面，也能成為專家」（p. 54）。在課程的專門教育（special education）部分係在處理前者的事項，而普通教育則係在處理後者的事項。而且，清楚地看來，該委員會的成員是站在課程的普通教育這一邊。他們所推薦的課程核心，若以一年期的課程單位來看，是：「三門英文、三門科學與數學，以及兩門社會科」，這包括了高級中學課程的一半，這樣的一個部分是他們所認為之「最

低的限度」（p. 100）。雖然此一哈佛委員會報告書在學術科目方面所作的建議，與哈佛大學大名鼎鼎的前任校長伊利特（National Education Association, 1893）的那份報告書相比，可以說是差得很遠，但是，它確實代表了傳統人文主義者理念的一個既謹慎又近乎膽小的重新陳述。

裴格萊（William Bagley）（1945）認為這份哈佛報告書是：「近年來最為重要的教育文件之一」（p. 69），並且把它詮釋成對於伊利特當時所提倡之選修制度的批判，直指伊利特乃是「現今大家所知悉的、在大學機構中推動『進步』教育理論的先鋒」（p. 70）。裴格萊長期倡行的觀念是，在建構課程時，要清楚地把文化傳承中的重要成分找出來，並且把它們全部教給學生，所以，就哈佛報告書這件事而言，他顯然認為哈佛委員會是站在道義的一方。

另一方面，巴比特（Bobbitt, 1946）則受到這些建議事項的驚駭。他婉轉地指出，哈佛報告書在普通與專門教育之間作了明顯的區別，並且說道：「在訓練專家這方面特別予以強調，並沒有什麼錯。正相反，這項報告因為特別重視文化素養，因而可以說是教育機構所做最對的一件事」（p. 327）。但是，他對於哈佛的教師們界定普通教育之作法表示特別不滿意。他說，課程的普通部分，事實上是由所有「構成一般人日常生活的十個領域」中特別具體的技能所組成（p. 327）。這十個領域「要求人們必須擁有許多不同系列之具體的能力」（p. 328）。換言之，普通教育與專門教育一樣都是十分具體的教育事項。他不以哈佛委員會所建議的一套學術科目來界定普通教育，而認為他自己早在1918 年即已確認的十個生活領域，都是曾經以科學方式研究而得到的精確成分，所以應該可以有效率地把他們教給學生。他從一般情況來看，認為哈佛報告書明顯地是建立在過時的學術基礎之上，而這些都是：「我曾經一清二楚地、且都已經證明是不健全的」（p. 332）。很顯然，伊利特及哈里斯等人所提倡的人文主義者傳統，如今又捲土重來，讓他深為不安。依照巴比特之見，美國教育所需要的課程應該「不是由中古時代的錯誤概念所主導，而應該是由**教育**科學所主導」（p. 332）。作為當今課程世界資深元老的巴比特，對於應該以功能式的教育（functional education）為主的課程，顯然受到了學術的要求可能必須加強這件事所驚動，特別是論及普通課程這部分時，更讓他感到不

安。就是在這層意義上，學校科目的性質與功能成了人們就著美國課程發展究竟應依循什麼路線，進行日漸尖刻爭辯的焦點。1944 年的教育政策委員會報告書，以及由哈佛教師們所製成的紅書，就成為課程應採行什麼樣的進程這個議題，不斷擴大的分裂之標記。

ii 對科目組織的批評

到了 1930 年代晚期，逐漸增強於 1940 年代，再持續進入 1950 年代，課程的爭議皆聚焦於特別的學校科目所擔負之角色，以及一般的科目組織等問題。在小學的層次，爭議的問題仍多半可由兩個方面的對立來加以理解：一方面是如發展論者長期以來所倡言的，兒童的興趣應該是課程之所本，而另一方面則如人文主義者利益團體所提出的，有組織的教材才是課程之所賴。在大多數的情況下，社會效率教育者也會質疑傳統科目的價值，但是他們並不強調兒童的興趣作為課程建構的基礎，而是提倡各種功能性的範疇（functional categories），例如，工作準備、家庭生活，以及明智地運用休閒時間等，這些範疇目的皆在保障能讓學生有效率地過成人生活。像發展論者一樣，社會效率教育者也對於傳統科目在課程當中持續存在這件事表示深層的保留態度，但是，這些科目無法適切地為未來的生活做好準備，才是他們關心的主要事項，兒童的興趣並非他們關注的焦點。另一方面，社會改良論者，雖然有時也對於傳統科目在課程組織當中持續存在這件事表示不耐，但是，他們對於發展論者及社會效率論者的論點，都相當謹慎。因為承諾要投入社會改革，所以社會改良論者特別批判了發展論者所堅決主張的，在決定應該教什麼時要避免成人的強迫，因為兒童在決定有關社會議題方面的學習時，成人的指導仍是有必要的。當然，兒童的興趣必須尊重，但是諸如羅格及康茲等社會改良論者所稱，因為兒童中心教育者不願意認真對待社會所面臨的問題，而一直感到挫折。同時，他們對於社會效率論也有所批評，因為該學說雖未直接、但卻是隱晦地提倡保持社會的現狀。

雖然以另外的學習單元代替傳統學術科目，並非新穎的作法，但是，對於

209

以**需求**作為這時稱之為核心課程的基礎之注意力的迅速增加，就使得將科目所擔負的角色縮減之努力，甚至是取而代之的作法，獲得了新的動力。在一個需求為本的課程之中，不一樣的各種立場似乎已經開始為朝向課程混種（hybridation）的趨勢，找到一個共同的基礎。不過，從一開始，核心課程的支持者即面臨了定義的問題，這主要是因為課程的實務經常會使用核心課程的術語。大體上，中等學校比較會注意到核心課程這方面的事務，因為，在這些支持者的心裡，比起小學來，中學排斥變革的情況嚴重得多。舉例而言，在 1930 年代晚期，稀稀落落地出現了一些在中等學校進行核心概念實驗的報告書，但是，大體上而言，這些學習方案（programs of study）多半是在科目的架構之中，而且它們清楚地是由兩科或更多科的整合，而非打掉重練；其他的，數量很少的例子，則是真正宣示與傳統科目劃清界限，而獨立於其課程的組織之外，並且重新建立一套自己的組織。就前者而言，有一個例子是在密西西比坎東初級中學（the Canton, Mississippi Junior High School）於 1935 至 1936 年間所施行的，試圖將社會、英文及數學等圍繞在「衣索匹亞，她的朋友與敵人」（那時衣索匹亞正遭受義大利軍隊的攻擊）的主題。在社會科的部分，凡是與衣索匹亞有所關聯的報紙及雜誌上的文章、新聞紀錄片，以及電影，就構成了課堂討論的依據。在英文的課堂中，口頭專題報告及書信寫作練習，都扣緊衣索匹亞的課題。在算術課堂中，衣索匹亞進出口狀況的圖示，距離的計算，還有幣值換算的問題等都出現了（Lawler, 1937: 310-312）。然而，坎東的學習規畫中，社會科依然是社會科，英文科仍舊是英文科，而算術科也可以清楚看出來還是算術科。我們看到有那麼一個共同的專題將這些科目整合在一起，但是，各個科目仍保持不變。另一方面，在同一期的《**課程期刊**》（*Curriculum Journal*）則刊登一則「新聞報導」（news note）指出，芝加哥的卡爾美地中學（Calumet High School）「已經開始一項課程實驗，是把所有的科目區分都完全放棄」，而且在這兒，「學校的一天分成了各個不同的興趣時段，而非科目的時段」（"Curriculum Experiment in a Chicago High School," 1937: 287），這樣才是課程領域領導者們所欣賞的核心概念。雖然持續有人以各種不同的方式使用**核心**這個語詞，但是，情況逐漸變成了一種拒斥傳統科目型態的課程組

織，並且試著運用兒童與青年的需求作為可行的課程選項。

到了 1940 年代，批評課程的科目組織之聲勢日漸增大。雖然在第二次世界大戰期間，對於核心課程的興趣衰退了許多，等到接近 20 世紀中葉時，它在與課程研究有所關聯的專業教育者中的普及度，又攀上了高峰。事實上，出現於 1940 年代晚期及 1950 年代早期的大多數課程專書，都會在某一種或另一種情況之下與核心這個語詞扯上關係。這些專書之中最典型且最為知名的當屬房司（Ronald C. Faunce）及波新（Nelson L. Bossing, 1893-1972）（1958）的《發展核心課程》（*Developing the Core Curriculum*）。誠如這兩位作者所指出的，核心這個語詞原初是用來指涉必修的科目，俾便與選修科目（今天仍是如此）有所區別，但是，他們所強調之核心課程的明確特性乃是：「**免受科目型態所限**……在核心課程之中，學生**運用**教材的多種方式之一是要解決他們團體生活中的共同問題，而不是由已經組織妥當的教材中衍生出問題」（pp. 6-7，強調的重點是原本就有的）。在這種作法之下，知識與運用兩者之間的關係，就倒反過來了。核心課程的作法不是從一套有組織的知識體系，例如數學開始，然後再顯示其運用，而是由問題的情境開始，例如該情境可能包含了怎麼樣作一位明智的消費者，然後，才把數學的技能以工具的方式帶入其中，因為數學的技能會對於這項學習帶來幫助。在這種情況下，人們不把數學當作一種邏輯上有組織的學問，而是完成既定學習任務的工具。

關於可以形成通常稱之為「資源單元」（resource units）的這類問題，房　*211*
司及波新舉了一個例子，亦即由五十八位密西根州教師在 1945 年，為九年級及十年級學生所設計的一個表單：

1. 進入新學校。
2. 理解與尊重我們社會中的其他成員。
3. 保護自然資源。
4. 選取職業。
5. 與人好好相處。（p. 242）

大抵而言，這些問題可以作為課程的直接焦點，而且可以在解決這些問題的情況下，學習到應有的知識與技能。像這樣在課堂重點作了如此劇烈的改

變，其目的乃在於以有用的形式來呈現知識，因而不只能顧及學生的興趣，還能將學校所學習到的東西與學生的生活之間，建立緊密的連結。

就中等學校層次而言，支持核心課程的著作當中，最為人知的應屬亞伯堤（Harold Alberty, 1890-1971）（1953）所著的《重新組織中學課程》（*Reorganizing the High-School Curriculum*），先於 1947 年出版，後又於 1953 年修訂再版。如該書書名所示，亞伯堤撰寫該書，並不是要就著現有的學習科目（subjects of study）作一番修補，而是將中等學校課程作一重新組織。他的想法與當時一些課程領導者頗為一致，所以，他認真地且熱切地把該書的重點指向核心課程。他指出，無論學校人口在「智商水準、社會經濟地位、種族、國籍，或信念有任何不同」，學校的職責都在「符合他們的需求，解決他們的問題，並且擴展他們的興趣，藉以增進他們作為我們民主社會中負責的公民之最為充分的個人發展」（p. 45）。亞伯堤（Alberty, 1953）還提供了一個例子，那是由俄亥俄州立大學學校所認可的七、八及九年級的學習領域（areas of study）表單。它比房司及波新的表單範圍更為廣泛，但是，在調性上很相似：

1.了解我的身體

2.信念與迷信

3.嗜好

212　4.管理我個人的事務

5.運動與休閒

6.大學學校的生活

7.家裡的生活

8.鄰里的生活

9.人格與外貌

10. 謀生

11. 居家

12. 自然資源

13. 社區機構與服務

　　娛樂

保安

政府

教育

福利

14. 交通

15. 哥倫布市的生活

16. 俄亥俄州的生活

17. 另一個國家或其他各國的生活

雖然亞伯堤並未建議，上述這些課程都必須在那三個年級教完，但是該一表單確實涵蓋了學校在非學術性方面應該擔負的龐大責任。

核心課程的支持者所面臨之最大困難並不只是在實施方面出了問題。不止在圍繞著各個科目建立課程的這項傳統牢不可破，與這些科目有關的學校結構也有著難以滲透的特性，尤其在中等學校層次更為嚴重；這些早有論著提出諸多批評。分科別目所設有的不同部門（departments），各班各級所排定的不同課表，各科目及各班級的不同教學評量，皆是建立在教師們長期以來對於各自科目之認同的基礎之上。此外，師資培育，即使是在小學階段，也大多是建基於諸如閱讀、社會及科學等教學科目的基礎之上。將課程的建置放在兒童或青年的需求而非科目之上，不只把整個課程的事例變成了概念化（或者，其實是歷史化）的問題，而且，還涉及了一個更極端的問題，就是試圖把多年來行之已久的學校教育及師資培育都重新加以形塑。

關於是否要把課程建立在需求的基礎之上這項爭論，還會偶爾發生一種讓人擔心的事項。批評者會宣稱，在直接以兒童或青年的需求為基礎組織課程時，也可能會產生對於理智發展有所影響的問題。例如，波德（Bode, 1940: 536）曾經在對於一本 1940 年出版之以需求為題的專書所作長篇評論之中說道：「若我們由需求開始，並且堅持依循這些需求行事，那麼青年就絕對不會把整個事情的重點弄清楚，因此，這麼做，就等於是剝奪了他們與生俱來的權利。」無疑地，波德的意思是，若是試圖滿足青年所具有的各項需求（且讓我們假定這些需求都可以指認出來，並且把它們都做好歸類），那麼，到了末

213

了，學校將會變得無法嚴肅地對待其在認知發展這方面所應扮演的角色，這當中包括了帶領兒童與青年學習文化中各種有組織的理智資源，並且還會忽略各項有關的重要學習任務，因而剝奪下一代分享他們所承繼之傳統資產的機會。雖然在實施時，碰到巨大的困難，以及來自各處的批評者及一些謹慎的民眾之反對，但是，核心課程的支持者在一些學校推動他們的各項方案（programs），也逐漸獲致了一些成功的經驗。

iii 核心課程

在試著評估核心課程所造成的真正影響之諸多令人煩惱的問題之中，有一項事實即是人們在使用**核心**一詞，依然是各有不同的方式，以致使得檢視其由倡議者的主張轉譯成為實務作法這件事，變得複雜而又混淆。如同先前已經指出的，我們並不可順理成章地將所有的版本，都視為對於課程的科目組織之拒斥。舉例而言，房司及波新（Faunce & Bossing, 1951: 6）即指稱，我們把「比傳統課堂時段長很多的一段時間」，正名為「核心課程」，而亞伯堤（Alberty, 1953: 174）則說：「第四類核心」可以界定為「兩個或更多必修科目的融合」。換言之，一些帶頭的核心課程領導者以許多不同的方式運用他們的招牌術語。於是，運用核心一語或許會，也或許不會代表他們反對科目組織。在許多的情況下，這些改革當中，可以說幾乎一大部分的作法，都是像密西西比州的坎東學校把英文、社會與數學以衣索匹亞為共通主題加以統整一樣，把兩個或更多個學校科目整合在一起。雖然在某些情況之下，若要推動這些改革，需要費盡相當大的心力，及相當多的機智靈敏，方能臻其功，但是，它們主要是希望透過一些實驗，以便克服傳統科目課程之中系統方面的問題——亦即科目之間相互孤立的情況。在此一時期，中學生通常都是 50 分鐘一節，一節一節地上著課，而未注意到某個科目總是會在一些情況之下，與另一個科目有著某種形式的關聯。把兩個或更多個科目連結在一起，其目的是要以共同的主題來處理這方面的問題，而其所採取的形式多半是把原有的上課時間結合成為一個較長的時段。在這種最為原始的層次，此一形式的**核心**乃是以某一個主題為橋

214

梁，將某個科目與另一個科目之間的隔閡加以彌合。因著這種形式的改革之成功施行，此種作法就因為在將某個科目與另一科目之間建立了關係（雖然有時候只是表面性的關係），而強化了課程的科目組織。〔其實，這種情形，與其說是**核心**，不如說它們是**相關**課程（correlated curriculum）或融合課程（fused curriculum）──實際上，這些術語也不時用來描述這種實驗。從概念上看來，它們實際上是科目課程的變種（variants）。〕

　　就是此種概念下的**核心**似乎實施起來最為成功。一項由萊特（Grace S. Wright）（1949）所完成的調查顯示，在交回調查表的 11,069 所公立學校之中，有 11.3%的學校報導，他們正在實施核心課程（core program）。然而，只要能從調查資料中看出來它們實施情況的，所有這些學校幾乎都是將現有學校科目加以組合；例如，在 1,019 所報導實施核心課程的學校之中，有 813 所是將英文與社會兩科加以組合（p. 13）。在相當大多數的情況中，**核心**用來指謂，撥出這麼一個比傳統一節課長的時段。於是，我們在各處都可見到類似以需求為本的核心，諸如馬利蘭州葛瑞郡（Garrett County, Maryland）就有十年級所設的學習名之為文化間的關係、在同一個世界生活、休閒與娛樂，以及溝通觀念等（p. 20）。

　　這時，美國聯邦教育署（U. S. Office of Education）[118] 十分熱心地推動核心課程這件事，而且萊特（Wright, 1952）發表了第二次調查結果；這次的範圍比較小，但是，其所調查核心課程的種類則比較特別。依據所呈現的證據顯示，就專業教育者而言，由課程的科目組織之強調轉變到反映出核心概念的某種作法，到處都可以看到豐碩的成果，但是，一般而言，它們還都是建立在科目的基礎之上。萊特指出：「在八年研究那段期間的前面幾年之中，打破科目界限的作法只包括了兩個科目的關聯」，但在那之後，「某些學校就更進一步，試著把教材的各種界限都加以消除」（pp. 4-5）。萊特以亞伯堤所作的核

215

---

[118] 美國聯邦政府於 1953 至 1979 年間設兼掌衛生、教育及福利事務的衛生教育福利部，下轄公共衛生署（Public Health Service）、社會安全署（Social Security Administration）及教育署三個平行單位（謝文全，2000）。

心課程（core programs）之分類，把那些將若干科目組合在一起的作法，稱之為「核心的類型──但非真正的核心」而不予考慮，然後，他專就那些處理「所有青年人的生活中一直都存在的某些問題，且讓學生自由地選取這些問題作為學習重點」之真正的核心課程，作了單獨的報導（p. 7）。在這些較為極端的核心課程類型中，42.8%（545 所學校中的 222 所）報導，他們至少設置了一種。大約 14%的校長報導，他們曾經在 1949 年實施某種形式的核心課程，但是，在 1952 年時卻報導他們已經不再設置任何的核心課程；這意指著，他們曾經試過，但是因為某種或其他原因，這種課程不再持續下去了。舉例而言，丹佛及明尼那波利斯學校系統即發現，他們有必要把核心課程全部都加以中止，或者把它們都放在選修的部分，「因為有嚴重的公共關係問題存在」（pp. 10-11）。整體而言，萊特所發表的兩次調查研究結果顯示，雖然就實施與採用的情況而言，核心課程確實有著一小部分的成功，但是，在實驗這種作法的中等學校之數目，還有以這些課程替代那些作為課程中普通教育部分之學術科目的情況，都遠遠比倡導者所希望見到的粗陋了許多。就那些採用核心課程的學校而言，它們多是伴隨著現行由各個科目所組成的課程而存在之有限制的一些方案（program）。雖然，需求為本課程的倡導者明顯地贏得了專業教育世界中的言辭戰爭，但是，絕大多數中等學校仍然持續抗拒著核心課程的誘惑。

iv 學校實況

雖然美國聯邦教育署的數據，就著核心課程及有關的作法在中等學校層次施行的情況，提供了重要的線索，但是，在小學課程這方面的數據太少，以致很難理解小學課堂，採用這套 20 世紀改革作法的情形。關於都市小學在世紀之交時的圖像，最佳的資料是賴思（Joseph Mayer Rice）針對小學課堂所作的一系列觀察（請見第一章）。就對於 19 世紀的學校，特別是鄉間學校情況的

216 理解而言，馮克兒斯坦（Barbara Finkelstein, 1937- ）所著《管治稚子：19 世紀美國知名小學的教師行為》（*Governing the Young: Teacher Behavior in Popular*

Primary Schools in Nineteenth-Century United States）（1989）一書是根據以前的教師及一些其他人士所作的回憶錄及其他性質的報導，所撰成一本非常有價值之概述性質的專書。就 20 世紀而言，有兩項專注於中小學狀況的研究：齊佛斯密（Arthur Zilversmit, 1932-2005）的《**改變學校：1930-1960 年間進步教育的理論與實際**》（*Changing Schools: Progressive Education Theory and Practice, 1930-1960*）及庫本（Larry Cuban, 1934- ）的《**教師怎麼教：1880-1990 年間美國課堂中的變與不變**》（*How Teachers Taught: Constancy and Change in American Classrooms, 1880-1990*）（1993）最受矚目。

　　齊佛斯密的研究旨在評估「杜威哲學影響個別學校的各種情況」（p. 11），不過，他所聚焦的學校實踐傾向於各項一般性的改革，而且其所本的思想，是發展論者的主張，而非杜威所特別倡導的思想。齊佛斯密的研究場域是伊利諾州四個市郊或類似市郊的學校系統：文納特卡（Winnetka）、湖森（Lake Forest）、沃可耕（Waukegan）及孟德林（Mundelein）。聲譽卓著的文納特卡作為一所革新的學校系統，應當回溯自知名的學務總監華虛朋（Carleton Washburne）（請見第八章）那個時代的作法，其課程係在主要學習領域（areas of study）中設置個別的學習方案（programs of study），讓每位兒童可以完成其各自的具體目的。一旦事先決定的目的成功地實現了，兒童就可以得到同意，進入下一套學習任務（tasks）。齊佛斯密機靈地指出，就此種作法而言，這項高度個別化的作法「恰與杜威把進步課堂當作一個共同體的主張正好相反」，而且此種聚焦於所謂的精粹（essentials）之作法「正是與效率運動恰相契合者」（pp. 41-42）。不過，該系統每個上學日的半天所施行之所謂的「團體與創意活動」，特別是 1920 年代後期及 1930 年代在伊利諾州斯科奇（Skokie, Illinois）所實驗的學生自治活動，則至少有部分是學生自行主導的學習。到了 1940 及 1950 年代，伊利諾州文納特卡的烏鴉島學校（Crow Island School）的兒童，在課堂之中所從事的建造北美印第安人的圓錐形帳篷，並且建造一個「拓荒者房間」，以便重現早期美國拓荒者生活。這種拓荒者房間的想法確實與杜威學校所引進的作法相互呼應，但是，我們根據現有的一些記述，很難確認此一作法與杜威式的課程所想作到的事情，是否相似。在此一案

例中，關鍵在於重現拓荒者生活的作法裡，是否將兒童帶往這樣的一個方向，亦即讓兒童對於拓荒者們在經濟、審美、社會、科學及道德等各個層面的生

217 活，有較深層的理解。齊佛斯密總結了他對於這些學校系統的研究指出，儘管到處都有一些革新作法的證據，但是，「若以進步教育這個崇高的理想作為衡量的尺度來看，美國的學校其實是失敗的」（p. 168）。不過，進步主義是一個鬆散、雜亂且滑溜的概念，所以很難據以準確測定齊佛斯密所發現的各項缺失到底是何所指。若是齊佛斯密的意思是指，杜威的主張對於伊利諾州或者其他地方的小學課程，只有少許的影響，那麼，他的說法就很實在。即使量度課程改革成功與否的規準，能說明這些學校在組織課程時注意到學生的興趣，或者克服了許多傳統課堂中學生被動學習的特性，齊佛斯密的研究結果也會讓發展論者取向之改革者失望的。

　　庫本（Cuban, 1993）的這項研究主要聚焦於一個世紀以來，美國中小學課堂由教師中心轉變為學生中心的情況。但是，此一主題與探討學校是否具有「進步主義」的特色相比之下，就立即成為一個範圍有所限制且又較容易處理的焦點。例如，庫本指出，新聞記者德理瑪（Agnes DeLima）依據其在紐約所作的觀察，稱它們是進步主義的學校，但是她所報導的卻是一些模糊的結果。就此而言，庫本的意思是，若是提出有關某些課堂作法是否為「進步主義的」，要不就根本不可能回答，要不就很難回答。庫本說：「隱藏在『進步主義』這個字眼裡的一些觀念，所指涉的乃是包括了第一次世界大戰在內的那幾十年當中不相近似的改革者，所施行的既多樣又模糊之各種不同的改革作法」（p. 49）。庫本由1920至1940年間各種紀錄及其他有關紐約市的各種資料作了總結，大約四分之一的紐約市小學教師採行了某種形式的學生中心教學，但是，絕對不是全部的教師都這麼做。

　　庫本發現，在同一時段，深受八年研究影響的丹佛市，因為學務總監紐倫（Jesse Newlon, 1882-1941）非常投入於推動類似的改革，因而有較大的實施成效。然而，將教師中心教學的數量，與學生中心教學的數量這兩項規準相對比時，就會看出一種混合型態興生的趨勢，而且，一旦比較教師與小學生在課堂說話的多寡，就會發現由這兩種教學方式組合而成的混合型態占了最大的比

例。在同樣的二十年當中，華盛頓特區的教師教學方式，比較接近紐約市的情況，而不像丹佛市，這意指著，像紐倫這樣位居關鍵的行政人員，其作為確實會影響改革的結果。一般而言，將教師中心教學的作法，轉變為學生中心教學的作法，在小學階段遠比在中學階段要成功得多（pp. 86-87）。

　　就建立較為兒童中心課堂的作法而言，現存的證據似乎顯示，雖然到處都看得到某些轉變，但是，其結果仍無疑是混合的（mixed）。庫本估計，整體而言，不到四分之一的教師採行某種形式之學生中心的作法，應該是最好的情況了（p. 273）。可能最值得注意的是，證據顯示一組改革者一心一意投入的結果，最後還是會產生一種混種的後續效應。雖然領頭的改革者對於他們所倡導的作法，都存有純正不雜的想法，但是，在學校生活及公眾期望等各項嚴酷要求之下，到了最後，最佳的結局卻往往是使某些課堂作法的組合（composite）成為現實。

V 科目課程常在

　　在步入 20 世紀的七年之前，十人委員會毫不猶豫地，以學術科目來框定中等學校課程，以之作為課程修訂的願景。在二十年之間，各種類別的改革者一直以各項作法挑戰此一基本的假定。方案、如休閒與居家生活等功能性的範疇、社會問題，當然還有需求等，都曾經有人提議，用以取代常規性質的科目，或者更常見的是做為其等的補充。支持類此改變的各個利益團體之代表人物，或者可以指出四處可見的成果，但是，整體而言，廢黜學校科目這件事，到了後來愈變愈難以應付，遠遠超出了這項改變的諸多支持者之想像。然而，他們無法把作為課程基本單位的科目逐出，並不代表他們的努力完全沒有任何成果。某些學校採行核心課程的作法，同時保留了標準的科目標識，而且，我們可以理解的是，某些科目比起其他科目而言，更容易受到核心作法的影響。然而，課程改革者所倡行的改變，既有限又細微這項事實，卻使得它們的成功更加難以評估（某些科目採行核心或需求的術語與作法，卻仍保留科目標識的各種方式，將在第十章討論）。

219　　　在中等學校的層次，有關拒斥學校科目，而以圍繞在需求的核心課程這樣的呼籲，之所以能得到支持，很大的程度上是因為諸如代數、歷史及自然科學等科目的持續存在，乃是大學為中等學校所帶來懷有惡意的影響。畢竟，大學對於中等學校課程的宰制，曾經是回溯自 1930 年代八年研究的戰鬥口號，而且那一套大規模計畫的執行，乃是試圖顯示，即使以學生在大學學習是否成功作為準據，那些所謂的大學預備科目還是不怎麼特別成功。因為學術科目的學習，即便在這一點上，都無法獲得正當的理由，所以批評依然持續，那麼，它究竟是怎麼個好法呢？

　　　對於此一現象提出批評的，時常引述錯誤的信念，亦即在 1900 年前後，多至三分之二的中學學生正向著大學路之邁進（請見 American Association of School Administrators, 1968: 156, 166）。美國聯邦教育署初級與中等學校組（Division of Elementary and Secondary Schools of the U.S. Office of Education）主任縱斯（Galen Jones）（1949），在他針對一般人普遍持有大學預備優先性的信念，於 1949 年所做的宣示指出：「當中等教育的主要目的是為大學作預備時，高等教育機構很大程度上決定了預備學校的內容、形式及標準。」縱斯繼續辯稱：「當試圖尋求中學教育的青年人數增加，中等學校即發現有必要為那些不想符合大學入學要求的學生提供課程，因為大多數的學生並不想進入大學」（p. iii）。一般而言，這樣的主張是說，雖然在一個大部分中學生都在做大學入學預備的時代，所謂的大學預備課程確實有一些意義，但是，面對一些嶄新且不同的中等學校人口，也確實需要針對過時的學習課程（course of study）作劇烈的重新排序。此一說法的論點是，課程的科目組織只是一種過去世代的遺跡。

　　　不過，依據一個早先的估計，在 1889 至 1890 學年，預備入讀大學的公立中學學生只有 14.4%，到了 1908 至 1909 學年，在中學入學已經開始急速成長時，該百分比卻落至低於 7%（Kelsey, 1911: pp. 4-5）。在仔細檢視 20 世紀之交為大學入學作準備的學生人口有關數據時，歷史學家柯若格（Edward A. Krug, 1911-1979）（1962）所作的推估相當適中。他總結道，世紀之交時，超過三分之一的公立中等學校的畢業生確實入讀大學。更有進者，柯若格（Krug,

1964）也指出，那段時間入讀大學主要是以各所大學自行舉辦的入學考試為依
據，而非要求必須在中學修習某些科目的學分；而且準備入學考試主要是透過
個人私下的研讀。有些時候，這樣的準備是由大學本身所提供的。[119]

20 世紀早期，中學畢業生入讀大學的數據與柯若格（Krug, 1962）的推估
一致。在 1921 年，31.4 %的中等學校畢業生入讀大學，1933 年為 21.3%，而
1937 年則為 24.0%（Latimer, 1958: 162）。1933 及 1937 這兩年的下降，可能
是經濟大蕭條的效應。即使是一般視為最典型的「大學入學」科目，其選習人
數在 20 世紀之初仍居高不下（約一半的中等學校人口選習該科），這並不是
因為大學入學要求的規定，而只是因為拉丁文代表了一個有學問人士的行當，
而且許多有意入讀大學的中學生都有此種想法。畢竟在那段時間，一般大眾經
常把中學看成「人民群眾的大學」（people's college）。無論如何，始自 1900
年左右，漸漸有較多的大學把拉丁文不再視為入學的必要條件。就拉丁文在當
時一直存活下來成為中學的一門科目而言，大家仍然多半認可選習它的學生都
是具有學術潛能的。

甚至有一種主張認為，中學之所以建立，其目的是為了進入大學作準備，
這種說法也很少或根本沒有任何歷史紀錄為據。舉例而言，在利思（William
J. Reese, 1995）所撰以美國中學歷史為主題的權威專著之中，即指涉此一「有
關早期大學主宰中學的迷思」（the myth of the early college-dominated high
school）時，作了這樣的總結：「從中學始設於 1820 年代之時，它就強調實
際的生活層面，這可由英文的學習為代表，而且，從理論與實踐這兩方面來
看，它已經由舊時代的拉丁文法學校的傳統脫離了出來」（p. 260）。不論是
什麼原因使得學術科目一直在中學課程維持著主要的特色，但是，這絕對不是
因為中學在人們所想像之某一個遙遠的時間點，它主要是大學的預備機構。然
而，在 20 世紀的中葉，此種假定就有了更多的可信度。雖然在 1939 年，中學
畢業生保持著學校人口三分之一的比率，但是，到了 1960 年代，此一數目就

---

[119] 一些美國的私立大學附設有預備學校，讓中學畢業生入讀，俾便為進入該大學
　　作準備。

221　變成了一半，也就是 1,225,000 人。此外，到了那時，許多大學的確特別具體地指明某些特定的學術要求，作為入學許可的條件。這就增強了一些課程改革者長期以來一直擁有的一項想法，亦即學習學術科目的主要目的就是要取得入讀大學的門票。到了今天，諸如代數、化學及外國語文總是遭人指涉為大學入學科目，彷彿它們就是為準備入讀大學的學生而設置之科目似的。到了本世紀中葉，不論這些科目在學生的理智發展中扮演什麼樣的角色，或者它們只是單純地對於學生們作為像樣的人所接受的教育，這些問題大多都不再有人聞問。

　　中學是學術學習的大本營，這一種浪漫式的想法也很少有任何歷史紀錄為據。雖然，很清楚地，它們的課程是圍繞著傳統學校科目而設置的，但是，大致而言，早期的中學並非嚴謹的學術活動及學術成就之崇高理想的避難所。19 世紀的中學所專注的重點，是要留心學生是否「嚴守時間規定、表示恭敬謙遜，且凡事遵從順良」，而非滋養他們「探究的心靈」（inquiring minds）（Reese, 1995: 261）。不管怎樣，有關早期的學術科目之所以存在，主要是因為要讓那些準備入讀大學的人們可以進入其學術生涯，就歷史而言，這樣的想法並不正確。同樣地，這樣的想法也是不正確的，亦即認為曾經有那麼一個至福極樂的時代，其公立學校是這樣的一些地方：培養人們的理智、獲致使用語文的能力與巧藝、進行科學探究、敏於感受音樂與藝術的美好，或者有效率地處理社會與人類的各種問題。當然，科目課程有其提升學術理念的潛能，但是，在 20 世紀的前半葉，這種考慮並非處於主導的地位。

第十章

二十世紀中葉的學校科目

i 中學成為課程戰場

雖然，就贊同採行核心課程的支持者而言，學校各個科目距離完全 *222*
消失的境地還遠得很，這是很明顯的事實，但是，由學校各個科目選習
人數的數據，以及一些主要科目領域的內部變化可以看出，於 20 世紀前
半葉的這段期間，各個科目的發展確實受到巨量的學校人口入讀中學的
影響。毫無疑問地，一些學校改革者堅定地致力於打破傳統科目控制中
等學校課程的作法，在此一過程中也扮演著重要的角色。在大學入學考
試的資格要求控制著中學課程這種說法的表面之下，是廣為許多學校改
革者相信的，對於新近入學的學生而言，傳統學術科目不只無趣、無用，
更非其能力所及。即使多年來持續呈現於官方紀錄的一些科目，至少在
某些情況之下，也都已經有了相當大的轉變。在中等教育基本原則報告
書（National Education Association, 1918）公布之後，有一項心照不宣的
共識已經建立，凡經確認將入讀大學的學生會持續選習各個學術科目，
但是，其餘的學生則會有各種其他的選擇，要不是將標準的科目形式加
以修改，要不就是依據其等未來會從事的工作，或是依據其等個人發展
及生活需要而開設一些新的科目。這些都將成為那些可能不再進行學術
研究，或者說，不具有此種性向者可能採取的選擇。

雖然許多中等學校，特別是一些較大的中等學校，接受了一些妥協 *223*
的作法，引進了各種形式的分流（tracking）作法，但是，核心課程的支
持者仍然持續地致力於設置一套圍繞著兒童與青年需求的課程，試圖打
破中學由學術科目主宰的情況。幾乎是從一開始，美國教育署就發表了

中等學校學生選習各科目的數據，所以，在 20 世紀前半葉這段期間，這些學校科目的命運即可由檢視這些主要科目領域的數據而查知。整體而言，它們當然顯示了某些穩定性，但是，中等學校學生選習功課的型態也有一些極端改變的情況，甚至某些科目有了在內部轉變的跡象顯示出來。不幸的是，可用以與小學選習功課情況比較的資料付諸闕如。世紀中段前後的課程改革者，對於小學的改革速度，並不那麼稱意，但是，中等學校則漸漸成為新的戰場。小學採行改革措施的不良紀錄固然是改革者關心的項目，但是，特別是社會效率教育者們把中等學校當作一個培養學校人口成為社會中有用的成人之較佳場所，因而，更關心其辦理的情況。

在很大程度上，教育署的報告顯示，在 20 世紀前半葉的這段期間，若是把九至十二年級的總人數作為基礎，那麼，選習學術科目人數確實有所減少。毫無疑問地，這些數據是受到由 1890 年開始之後，即較快速發展的中學入學人口的增加所影響；所以，在某一些個案中，實際上，隨著 20 世紀的進展，在選習某一個科目如代數的學生人數大量地增加了，但是，就百分比而言，則仍然是減少的。不過，還是有一些值得注意的例外，所以，若是我們針對中等學校的各個主要科目作一簡略的概覽，在 20 世紀前半葉的這段期間，各個學校科目命運之整體的圖像就會逐漸顯現。

ii 古文

晚近的改革者經常引述稱，在進入 20 世紀時，各種古典語文皆因得以進入大學的中等學校人口增加而受惠。不過，在中等學校之中，古希臘文則從未有較多學生選習的情形；在 1890 年，也就是在十人委員會報告書提出之前，選習古希臘文的中等學校學生，占全部中學人口的 3.1%。到了 1922 年，選習希臘文的比率就掉落到 1%；在那之後，選習的比率就掉落得更多，連提都不必提了。在進入 20 世紀時，拉丁文可以說是一門非常叫座的科目，卻也遭致同樣的命運。在 1890 年時，大約三分之一的中學人口，也就是一共 100,144 名學生選習拉丁文。在 1900 及 1910 年的報告之中，選習拉丁文的學生占總人

數 50%；也就是在 1910 年，一共 362,548 名公立中學生（147,598 名男生與 214,950 名女生）選習拉丁文；然而，到了 1922 年，選習拉丁文的學生已經急遽地下降到 27.5%。教育署在 1938 年公布的一份 1933 至 1934 學年之間選習人數的調查指出：「選習〔拉丁文〕的人數下降的比率在第二及第三年這兩個年級之間特別明顯」，這種情況一直持續到第四個年級，但是，這時，也就是 1934 年，九至十二年級的全部學生中，還有大約 16%的學生選習拉丁文，而全美仍然有 63%的中學開設拉丁文課（U.S. Department of the Interior, 1938: 10）。然而，到了 1949 年，選習拉丁文的學生人數掉落到了 7.8%（Latimer, 1958: 26）。

　　到底是什麼原因讓百分比掉落，可能永遠也無法確定，但是，所顯示的數據則確實與社會效率改革者所公開發表的訊息頗為一致，特別是在 1920 年代，諸如古典語文——以及沒有那麼大的程度來看，像是現代外國語文——都遭人指稱，它們對於成人生活而言，幾乎可以說是沒有什麼用處。巴比特及史奈登都要求人們弄清楚，當學生長大成人，除了其他因素之外，是否全部的語文學習都可能實實在在地反映在學生的生活當中。一旦設定了這項規準，古典語文的支持者就很難再行辯解了。到了 1940 年代，以至 1950 年代早期及中期這段時間，如果有所區別的話，就是一些新一輩的課程領導者以更強大的力量傳遞了這樣的訊息。毫無疑問地，由工業革命所促動之大規模的社會變革，也牽連於拉丁文的普及性這個問題上了。更有進者，若要所作的解釋讓更多人接受，就不能只是考慮到中等學校人口的數字多寡，還要考慮到學生興趣、意願，以及性向，因為，毫無疑問地，這些因素也在學生作出科目選習的決定時，產生很大的作用。

　　很有趣的是，近代外文並未因為希臘文由中學課程裡實質上的消失，乃至拉丁文選習人數急轉直下的減少而受惠。例如，德文於 1910 年，九至十二年級選習的學生人數到達 23.7%的巔峰。到了 1934 年，卻只有十五分之一的中學開設德文，到了 1949 年，選習人數再落到 7.8%。法文也好不到哪裡去，最高點是在 1922 年的 15.5%。大約 35%的中學開設，到了 1934 年則只有 11%。西班牙文實際上在 20 世紀的頭三個十年並不存在。晚至 1934 年，只有六分之

225

一的中學開設西班牙文，而只有 2.5%的中學生選習，不過到了 1949 年，則攀升到 8.2%。整體而言，在 1934 年，大約一半多一點的中學生於九年級時會選習某一種外文，到了十年級則變成一半少一點，到了十一年級則只有少於八分之一的中學生選習某一種外文。事實上，在選習外文的學生之中，有的是從十一年級才開始選習，所以，上述的數字，不能解釋成他們已經第三年修習外文了（U. S. Department of the Interior, 1938: 11）。總括而言，最高百分比的學生修習包括古典與近代在內的外文，是在 1922 年的 84.1%。

iii 數學

自從古希臘以來，數學就可說是學術研究的基石，在世紀之交那段期間一直保持其崇高的地位，但是，後來漸漸失勢。當然，數學仍然持續保持其作為課程之中流砥柱的地位，不過，諸如代數與幾何等科目則有走下坡的趨勢。在 1890 年時，203,000 名公立中等學校的學生之中，有 45.4%的學生選習代數。當中等學校的學生人數，於 1900 年攀升到 519,000 人時，選習代數的學生人數實際上是顯著地**增加**而達到 56.3%，甚至在 1910 年，當公立中學生人數到達 739,000 人時，選習代數的百分比並未減少。選習代數的學生當中，女生略微超過一半（幾何也是一樣），但是，從此以後，這個比率開始下滑（Latimer, 1958: 145）。一個相當可能的原因是，商業性質的課程開始在美國的中等學校中突然受到重視，女學生們成群結隊地選習這些課程，以便能如願從事辦公室的工作，因此，在她們的眼裡，數學一科對於她們的生涯抉擇並無助益（Kliebard, 1999: 221-223）。

226　　開始於 1922 年，中學生總人數到達 2,155,000 人時，選習代數的學生數下降，跌至 40.2%。十二年後，當九至十二年級學生總人數再次倍增為 4,437,000 人時，選習代數的學生數再度下降至 30.4%，然後，1949 年又下降至 26.8%（Latimer, 1958: 23）。幾何選習人數也依循相似模式。在這段期間，選習三角的學生人數總是不起眼。綜合數學一直到 1934 年才出現在官方的報告之中，選習人數為 3.0%，到了 1949 年，升至 13.1%。安格斯與米瑞爾（Angus &

Mirel, 2003: 451）在整理了有關數學選習人數的各項報告之後指出，雖然數學選習人數的整體，在 20 世紀的前半，呈現穩定增加的情況，但是，這主要是因為九至十二年級的學生總人數增加所造成的表面現象。然而，換算成為百分比，選習數學的全部中學生的百分比，卻由 1914 年的 76.9% 之高，下降至 1948 年的 55%。雖然代數與幾何的選習人數，在 1921 年與 1933 年之間，下降的相當厲害，但是，此種人數陡然減少的現象，不一定正好是因為新增之一些非學術性的科目開始出現在官方報告中的緣故。雖然這些有關科目選習的數據顯得參差不一，但是，依據安格斯及米瑞爾（Angus & Mirel, 2003: 454）的估計，甚至將算術與商用算術合在一起計算，這段期間，九至十二年級的選習人數，實際上還是由 12% 下降至 9%。對於許多學生而言，與其說他們擁抱了這些與學術數學不同的數學科目，不如說他們乾脆選擇了把數學全部都略去不學了。

　　在 20 世紀中葉時，一般中學生畢業的要求，在數學科是一個卡內基學分（亦即要選習一個學年）。依據一項調查的資料顯示，為了要符合這項要求，大約 60% 的學生選習代數，其他 40% 的學生選習綜合數學。在那段期間，九年級以下，很少教代數。大約 80% 的七、八年級學生選習算術，另外 20% 的學生選習綜合數學（Cummings, 1949）。其他中學的數學功課就沒有那麼盛行。一項在 1952 至 1953 年間完成的調查顯示，只有三分之一的十年級學生選習幾何，大約四分之一的十一年級學生選習中級代數。到了十二年級，只有十分之一的學生選習數學（Brown, 1953）。

　　學術數學的學習所接受的、來自許多課程改革者的批評，跟外國語文所接受的批評，乃是同一類的。實用數學是一回事，但是，較高層次的數學就完全是另一回事。舉例而言，在進步教育協會出版的《普通教育中的數學》（*Mathematics in General Education*）（Progressive Education Association, 1940）一書甫行問世時，它所反映的比 20 世紀早期，一些針對一般學生而設置的學術科目，所引起的有關疑慮更為廣大。可以理解的是，該書強調了中學生人口大幅度增加——由 1900 年大約 700,000 人，擴增到 1939 年的 6,500,000 人——所以，為新增加的學生重新開設課程之需求，即甚為急切。正如大家所期望的，該書作者們對於這些新增的學生人口，是否有能力應付學術數學所帶

來的艱難學習，甚表悲觀。他們說：「全部課程都可說是不適切的，因為其所強調的重點與大多數未來學生的能力或是見解，並不符合」（p. 11）。就像進步教育協會其他有關普通教育的系列文集一樣，改革的建議聚焦於人們所稱的四類需求，然而，這些需求與 1918 年公布之中等教育基本原則報告書的各項目標所反映出來的人類活動非常相似，也與後來一些直接圍繞在一些生活有關的活動這個範疇來組織課程之努力甚為接近。舉例而言，這四項主要的需求範疇——個人生活、切近的個人－社會關係、社會－公民關係，以及經濟關係——與核心課程倡導者一直推動的，至少在在某種程度上，希望能作為科目課程的替代課程，在概念上乃是非常近似的（p. 20）。在此一案例中，最主要的不同在於，這些有關提議之中，作為課程基礎的「需求」，是呈現在數學這個科目上。《普通教育中的數學》的作者們在這一點上，想法完全一致：「委員會主張，在計畫課程時，要以所遭遇到的具體問題為依據，以便符應這四個領域中的教育需求，而非以一般人熟悉的邏輯次序為依據，也不應以分立的科目如代數、平面幾何、立體幾何等為依據」（p. 72）。

　　美國正式進入第二次世界大戰，也帶來了有關數學教學應予加強的呼籲，因為數學教學與軍事國防等事業所必備的專門知能有密切的關聯（Kliebard & Franklin, 2003: 430-433），但是，讓人驚奇的是，類此對於加強數學識讀能力*228*（mathematics literacy）的嶄新呼籲，卻有著長期以來一直強調直接效用的社會效率論之氣味。在很大程度上，數學學習的增加並非因為它是重要的文化與學術資源，也不像稍早時期，人們把數學學習當作培養推理能力的一種方法。倡導者把它當作達成一項確定且緊急的任務之工具。在緊接著戰爭結束之後的幾年當中，同情社會效率論的課程改革者加倍努力，倡行以成人生活所需要的具體任務為基礎之數學課程，諸如如何使用支票簿，如何準確計算所得稅等。葛瑞德（Alan W. Garrett）及戴維斯（O. L. Davis Jr.）兩人（2003）在論及戰後時期這個問題時指出：「此一時期的課程計畫受限於社會效率的概念，以及其侷限了的方案，只讓學生學習那些日後生活中可能直接應用的知識。對於大部分學生而言，到了最後就意指數學在課程中所扮演的角色受到了減縮」（p. 503）。換言之，到了 1940 年代末期，在諸多不同課程改革主張並舉的情況

下，社會效率論又重新占有了主宰的地位，不只在數學如此，一般的課程亦乎如此。

iv 科學

　　雖然高級中學數學的傳統科目順序——初級代數、平面幾何、中級代數及三角、高級代數——在 20 世紀前半葉的過程中並未有所變動，但是，各級學校的科學一科則經歷了很大的改變，不只在科目的順序，乃至教材內容都有異動。不過，因為這些重組是發生在人們所熟悉的科目架構之中，所以，這些變動常常受到忽視。這些變革之中，應該是生物作為學校中的一個科目，所經歷的更動最為戲劇化，且時間也拉得最為長久。在 20 世紀之初，選習人數最多的科學科目為生理學的 27.4%，地質學的 23.4%，還有物理學的 19.0%（Latimer, 1958: 28）。一般人以為生理學會為人們帶來最為直接的健康效益，也由於此一原因，許多醫生，《大眾科學月刊》（*Popular Science Monthly*）的主編尤滿思（William J. Youmans），以及基督教婦女禁酒聯合會（Woman's Christian Temperance Union）等團體或個人都表示支持生理學作為學校中的一個科目（Pauly, 1991: 662-668）。在自然科學方面，於 1890 年，中學生選習物理學的為 22.8%，10.1%選習化學。於 1890 年與 1915 年之間，選習物理學的學生人數為化學的兩倍。其後，這些科目的選習學生人數顯示穩定減少的趨勢，於 1934 年，物理學減至 6.67%，化學則為 7.56%（U. S. Department of the Interior, 1938: 29）。生物學一直到 1910 年才出現在美國教育署公布的數據報告之中，當時，一共 2,155,000 名公立中等學校學生之中，只有 1.1%選習該科。到了 1922 年，百分比仍然低下，只有 8.8%，但是，自此以後，選習該科的學生人數開始明顯增多。數據似乎顯示，各個不同個別設立的科目，在變成為人們所知的「生命科學」（life sciences），並且成功地融合而成單獨的生物科之後，使得原本普受歡迎的專門科學處於劣勢。例如，在 20 世紀中葉，生理學及植物學實際上已經消失了。依據一項調查（Brown, 1956），75.5%的十年級學生選習生物學，對比於 34.6%的十一年級學生選習化學，24.3%的十二

年級學生選習物理學（p. 9）。同樣一項調查顯示，18.2%的美國中學未開設物理學與化學，而只有 9.7%未開設生物學（p. 6）。

雖然，生物作為學校中一個科目的地位，之所以有著值得注意的提升現象，只是對於科學課程加以重組的全國性努力之成果，所形成的一個意外的情況，不過，有關生物作為學校中一個科目的諸多論文則早在 20 世紀之初，即開始出現（請見 Linville, 1907; Gallaway, Caldwell & Norris, 1909）。對於促成學校將生物納入中等學校課程的最大動力，可能是勞埃德（Francis Lloyd）與畢格羅（Maurice A. Bigelow）（1904）所編著的《中等學校生物教學》（*The Teaching of Biology in Secondary Schools*），還有杭特（George W. Hunter）（1907）所編著的《生物學大要》（*Elements of Biology*）等生物教科書的出版。有關發展與推動生物作為學校中一個科目的許多工作，是位於紐約市神鬼名廚（Hell's Kitchen）這個地方──這是美國最惡名昭彰的貧民區之一──的德威特克林頓中學（DeWitt Clinton High School）完成的。兩位生物教師，一位是杜威的親近盟友、也是該校生物部門主席林威爾（Harry R. Linville），另一位是杭特，再加上《美國教師》（*American Teacher*）期刊的主編葛倫伯格（Benjamin C. Gruenberg）等人（Pauly, 1991: 667-673），對於這項工作的完成，卓有貢獻。他們所推動成功之校本課程改革的工作，受到校外科學學界人士的增強；因為這些人士對於將諸多自然科學關聯在一起這項工作的興趣日漸增加。有所關聯的現象還有一些將科學科目組合成新的科目，例如太空物理學及生物化學等。

230　　　另外一個新的科學科目，是在 1920 年代出現的綜合科學（general science），這是朝著整合科學的方向前行之一項更為不凡的努力成果。如同生物學一樣，綜合科學似乎是像愛因斯坦（Albert Einstein, 1879-1955）的一些帶頭的科學家試著將科學加以整合的共同努力之一項副產品，不過，就綜合科學成為學校中一個科目的案例而言，它也是將它置入學校課程的一項規畫周詳之全國性驅動力之下的產物。名為《綜合科學季刊》（*General Science Quarterly*）的期刊是在 1915 年創刊的，而綜合科學首次出現在教育署的報告中，則是在1922 年；這時，有 18.3%九至十二年級的學生已經選習了該科（Latimer, 1958:

28）。然而，從概念的層次來看，綜合科學所採取的整合行動比生物學更為不尋常。像解剖學、植物學、生理學及動物學等各科科目，應該名正言順地在生命科學這個大傘之下融合在一起，但是，將全部（或者近乎全部）的自然科學科目加以融合的努力並未完全成功。直到今天，綜合科學固然有高的選習比率，但是，就大多的實際情況而言，採取的作法是，某個科學進行若干週的教學，再接著另一科科學進行若干週的教學。以化學術語作為類推來看，組成生物的各個科目，大致說來，是融入一個合成的科目（compound），一個明顯可以看出的實體，而組成綜合科學的各個成分，則是仍然保留其等原初特性的混合科目（mixture）。

在作為學校中一個科目的演進過程中，另外一個值得注意但仍有爭議的現象，也與將各個科學科目整合在一起的夢想有所關聯，那就是對於所謂之科學方法的逐漸重視。在相當大的程度上，特別強調科學方法的想法，也與學校中突起的實驗科學這件事緊密關聯，而這正是十人委員會（National Education Association, 1893）所強力支持的。在此四年之前，一位哈佛的年輕物理學家，侯爾（Edwin H. Hall）研發了一系列四十個物理實驗的練習，後來在 1886 年出版，然後又在 1889 年以小冊子的形式印行。在供應商開始製作侯爾物理實驗練習所需的配備，以便供各校使用時，它們把侯爾所設計的學校實驗稱之為「全國性的物理學課程」（National Course in Physics），因此而讓它獲得了特別顯著的知名度（Rudolph, 2005a）[120]。

我們不應該感到奇怪，杜威也受到此種對於透過實驗進行科學學習的新重點所吸引，因為他一直都相信，就對於科學課程太過偏重科學研究發現的訊息傳授，而較少或根本就不注意到獲得這些科學研究結果的探究過程。於一篇發表於《科學》（*Science*）期刊上的文章中，杜威（Dewey, 1910a）指出：「科學教學之所以遭受重創，是因為大家經常把過多的現成知識加以呈現，大家總

231

---

[120] 原書出版時，這筆文獻尚未出版，因而原作者依成規以 in press 表示出版年代。譯注者試依原書 References 中所示的兩筆 Rudolph（in press）的訊息查明後補上，特此說明！

是把科學視為關於事實與公理的題材，而不把科學當作是針對任何題材以有效的方法所作之探究」（p. 124）。論及科學探究時，杜威說：「我們學習這樣的知識時，不能把它當作單獨的東西看待，而應該把它們當作一種智慧的實踐方式，一種心靈之習慣性的傾向。只有透過知識製成過程的參與，把猜測與意見轉變成經過探究所認定的信念，人們才可能得到關於求知方法的知識」（p. 125）。換言之，對於杜威而言，實驗室的學習並非代表要為未來科學家就其生涯作準備的機會，而是要讓兒童與青年能夠學習到有理有據的知識是如何創生而成的緣由。

　　在1910年，他又出版了他最重要著作之一的專書《我們如何思考》（*How We Think*）（Dewey, 1910b），該書指明是為教師們而寫。或許，最為人所熟知的是該書對於思維過程的敘述。他摘述了完整的思考行動之要點為：「(i)一個感受到的困難問題；(ii)確認其所在，並且界定之；(iii)可能解決方案的建議；(iv)將建議作方方面面的推理，並作進一步的發展；(v)進一步的觀察與實驗，導致接受或拒絕的結果」（p. 78）。雖然杜威只是就思維如何發生的一般情況，提出了一種說法，但是，他所作的簡潔陳述，到末了卻轉變而成一套五個多少有點不變的步驟，進而形成了一套供中學生運用的科學方法。魯道夫（John L. Rudolph）（2005b）把這種誤解歸因於教育者，因為他們藉此試圖引發學生的興趣，還有，順應著漸漸朝向功利主義的趨勢，也是可能的原因。121 他說：「杜威的方法呈現了一種多方面可運用的手段，讓人們可以採用科學的觀點，就著任何情境進行研究，而不必費心採用一些心理學方面的正式規則；針對這樣的方法所作的敘述，當然會與大家所注意的社會效用，乃至大家所關心的學生興趣這樣的風潮相互調和」（pp. 23-24）。在二十多年後出版的《我們如何思考》修訂版之中，杜威（Dewey, 1933）所作的變動包括了：將新版本的副題加上了「重新申明」（a restatement），還有把「步驟」（steps）這個用語換成「層面」（phases），另外，還加上了名為「五個層面
232　的順序並非固定的」一個新節。然而，他就著反省思維所作的重新建構，並且

---

121 請見前一腳注的說明。

澄清一些混淆，這種種的努力卻仍然受到漠視；總體而言，這似乎就是他的命運。一般人所存有之具有爭議性質的信念，亦即科學方法是由一系列的步驟所組成，一直到現在都還是人們對於科學教學特色的認識。

v 英文

　　英文這個科目在 20 世紀的發展，從某些特定的方面看來，似乎跟科學，特別是生物學，有著相近的樣態：曾經是一些分立的科目，逐漸融合在一起，但是這種融合的樣態並不完美。舉例而言，修辭學在 1900 年有 38.5%的學生選習，到了 1910 年則到達 57.1%，算是很不錯的。但是，從那時以後，教育署的報告就只是把那些選習情況組合在一起而成英文。同樣地，在世紀之交時，選習英國文學的中學生為 42.1%，到了 1910 年則為 57.1%（Latimer, 1958: 33），但是，到了 20 世紀中葉，修辭及英國文學的課程地位，與科學中生理學及植物學的地位一樣。新設的專門科目，諸如公開演說、新聞寫作，以及戲劇活動等即出現在 1933 至 1934 年的報告之中，但是，卻沒有值得一提的選習人數。不過，正如綜合科學一樣，英文的各種不同成分，諸如文學、英文用法（English usage）、書面表達，以及文法等，是否真正整合在一起，並不清楚。在很大程度上，它們仍然以分立且性質不同的學習（studies），鬆散地組合在一個科目名稱之下。

　　不像科學（其實還有數學），英文教材內容之間的界限比較鬆散，致使英文這個科目容易受到時代流行的一些教育趨勢影響，特別是課程必須妥為因應兒童與青年的需求這一點，對於英文這個科目的影響，就十分明顯。大約在八年研究開始之時，英文即逐漸與社會科取得關聯（correlated），然而，在實際的作法上，社會科往往主導此種關聯課程的安排方式。不過，支持核心課程的領導者時常視那些組合只是就著科目課程做一些修補而已。在全美英文教師審議會（National Council of Teachers of English, 1935）出版《英文中的經驗課程》之後，「經驗」一詞就變成了特別盛行的用語。該委員會並未為英文提供某一種特定的課程形式，而是組織了他們以所稱的「經驗單元」（experience units）為核心提出的一些建議，讓各個學區據以自行編製其課程內容。在文學

233 中，則呈現一套「經驗線串」（experience strands），其中有「主要目標」（Primary Objective）及「行動目標」（Enabling Objectives），還有與上兩類目標相符應的「代表性的材料」（Typical Materials）等。舉例而言，「主要目標」有如：「請觀察人類的工業擴張」；「行動目標」有如：「請比較我們工業時代之前與之後的工業」及「並且替換式地參與曾經與你共事的男人與女人們之工作，還有那些正在良好條件與不良條件下工作的人們之工作」。而「代表性的材料」則有如《織工馬南傳》（*Silas Marner*）[122] 及《塊肉餘生記》（*David Copperfield*）[123]（p. 49）。現今已經建立的成規，亦即除了一些例外的情況，都是在每個學習單元的前面，針對目標所作的一些陳述；若是以這一點來看，這項作法其實是相當傳統的。

由八年研究中所源起的一些早期報告，充滿了不少將英文與社會兩科加以關聯的例子。全美英文教師審議會（National Council of Teachers of English）（1935）即發動了一項明顯的作法，試著公開鼓勵類似的實驗；該會因而發布

---

[122] 《織工馬南傳》為英國艾略特（George Eliot）所著，著者原名為艾凡絲（Mary Ann Evans, 1819-1880），為 19 世紀英語文學最有影響力的小說家之一。《織工馬南傳》描述 19 世紀初，英國一位老實善良的紡織工人馬南帶著遭受誣陷的不堪過往，離鄉背井到至偏僻鄉村的石屋裡住了十五年，勤奮織布所積攢的錢幣，遭人盜走，萬念俱灰，終日呆坐。某聖誕夜，收養石屋外一個不足兩歲的棄嬰，取名艾比；生活因而有了起色。再十六年後，曾狠心拋棄艾比母女的地主、艾比的親生父親喬治，中年無嗣，有意將艾比領回家中，然而艾比決定與慈愛的養父生活在一起。

[123] 《塊肉餘生記》是 19 世紀英國批判現實主義作家狄更斯（Charles Dickens, 1812-1870）的第八部重要作品，全名是《布倫德斯通貧民窟的考伯菲之個人歷史、歷險、經歷和觀察》（*The Personal History, Adventures, Experience and Observation of David Copperfield the Younger of Blunderstone Rookery*）。自幼失怙的考伯菲，因受繼父家暴而被逐至寄宿學校；於混亂的校園中，他了解到人情世故，也學會如何適應環境。母逝，繼父逼其至工廠當童工，自力更生，不甘於此，投靠其姨婆，於姨婆栽培下持續工讀，終於成為名作家。

了一份名為《相關聯的課程》（*A Correlated Curriculum*）的新報告書。該報告書提出了這麼一個論點：「若無法將各種不同的教學科目加以關聯，則會使學生無法理解生活的方方面面中各個部分之間的相互聯結。」該報告書說道，若要把「大圖像中的各個細小的片斷」加以拼合，這樣的重擔「不應該讓學生在毫無協助的情形之下接受」（p. 1）。學校科目之間聯結的作法，應該可以用一種讓學生們看見的方式連接在一起加以呈現。然而，此種溫和的作法，對於這時已經是課程天空中明日之星的何普欽思（L. Thomas Hopkins, 1889-1982）（1937）而言，真是太過索然無味了。他作了這樣的觀察：「整冊報告之中，只見以英文的教材為起點，要學生進行關聯的學習，其目的在把這樣的教材當作學習英文科目的輔助手段。」他以顯然很厭惡的語氣補充說：「這樣的英文教學計畫全都是由教師作成的決定」（p. 418）。如眾人所預期的，巴比特（Bobbitt, 1937）的批評甚至更為嚴苛一些，不過，他所關注的重點不在學生「經驗到的」課程，而在於以更為激進的方式把科目課程的主導形式加以破壞。他強調：「英文必須重視一些比關聯更為基本的事務，這樣才會為一些更基本的事物準備得更充分，而不只是作一些十分生動的敘述而已」（p. 420）。對於許多有著不同取向的課程改革者，如何普欽思及巴比特而言，兩個或更多科目之關聯這樣的作法，對於內存於科目課程的問題之處理，可以說是太過縮手縮腳了。這些課程改革者對如此作法的批評，等於對科目本身作為課程基本單位之主張作了一番直接的攻擊。同樣真切的是，自從本世紀以來，眾多的課程改革者總是互相譴責對方，彷彿他們都是相互為敵的。

234

　　在 1933 至 1934 學年，每所中學都開設英文，而且，幾乎從七至十二年級的每個學生都選習英文，唯一的例外是有些十二年級學生可以選修作為替代。這些選修科目之中，公共演說最為顯眼，拼寫（spelling）、戲劇藝術及新聞寫作也有人選習（U.S. Department of the Interior, 1938: 9-10）。因為各個學校廣泛地將英文指定為必修科目，所以，選習英文的學生人數與中學校數成長的情況一樣，亦即在 1900 年與 1949 年之間，選習英文的學生人數呈現倍數的成

長（Applebee, ???: 280）。[124] 舉例而言，不像拉丁文，英文的選習人數在數字上並未稍減；就英文而言，選習人數之所以陡增，是因為科目之內發生了重大變動。

　　到了 1940 年代，英文逐漸實現其具有明確性格的潛能，或者說它的性格已經漸趨明顯了（Roody, 1947）。一位教師在 1943 年出版的一本以英文課堂活動而編成的書籍中提到，他不再：「像是哈姆雷特或小伊娃一樣，站在課堂前說話，彷彿他們在倫敦的環球劇場相遇。這意指著，我們在課堂上討論真實的經驗，獲致真實的建議、同情與理解」（Murphy, 1943: 193-94）。這與該書主編所表達之英文的目的相一致：「語文的最重要目的就是協助所有的人成長與發展，以便他們能為自己與他們的同胞，不分種族、國籍、經濟地位，以及政治和宗教信仰，都能生活得更好、更自由、更充實、更幸福，而且更有效率」（Roberts, Kaulfers, & Grayson, 1943: 17）。從某些層面來看，英文這一科已經開始像一個需求為本的核心課程，同時，還能保留其傳統的科目名稱。

　　中學英文科課堂中，可供選擇之閱讀材料逐漸增加的情況，反映了究竟是哪些材料才真正能滿足青年的需求，或是他們確定了的興趣。在某些例子中，1950 年代出版之具有真正文學特性的書籍，就變成了英文課程的主要成分，例如，《安妮日記》（*Diary of Anne Frank*）[125] 及《麥田捕手》（*Catcher in the Rye*）[126]，但是，其他書籍就只是就青年可能面臨的問題，做一些公式化的描述。全美英文教師審議會於 1945 年設立的英文課程委員會（Commission on

---

[124] 原文未列年代出版年代，原書末的 References 亦未見此一文獻。

[125] 《安妮日記》發行版的內容摘錄自安妮在納粹占領荷蘭的時期所寫的日記內容，並於戰後由她倖存的父親加以整理出版。該書荷蘭文版名《密室：1942 年 6 月 12 日至 1944 年 8 月 1 日的日記》，在 1947 年於阿姆斯特丹發行；英文版本名《安妮法蘭克：一位少女的日記》（*Anne Frank: The Diary of a Young Girl*），在 1952 年於英美發行。

[126] 《麥田捕手》（*The catcher in the rye*），又譯為《麥田裏的守望者》，為美國作家 J. D. Salinger（1919-2010）於 1951 年發表的長篇小說。這部原本是面向成年讀者的作品，但因其青春期焦慮和隔絕的主題而迅速在青年讀者中流行。

the English Curriculum）發布了許多反映了以需求的新重點為主旨的報告書。　*235*
在史蜜斯（Dora V. Smith）的指導之下，這些報告書中的第一冊出版於 1952
年。該報告書並不就進行語言與文學的教學內容與方法作某些特定的強調，而
是著重各地方學區與各課程委員會可以自行作成決定的過程。舉例而言，該委
員會為英文課程內容的決定，列出了一系列的步驟，由「請描述在制度中每個
層次青年人的特性」及「請決定每一個團體所需要的經驗」（National Council
of Teachers of English, 1952: 59）開始。然後，再依據經過界定了的學生特性與
需求，研發各個年級層次可供採納的活動建議。在這個方面，該委員依循了
20 世紀中葉課程工作強調**過程**的主要趨勢，亦即著重課程成型的方式，而不
是逕自提出一套特定的學習活動。與其處理像「我們應該教什麼？」這樣的問
題，新作法要處理的問題毋寧是「我們應如何決定教什麼？」這樣的問題。

　　由委員會所發行的第二冊書籍，繼續強調一套能配合各個不同年級層次的
學生，且經過界定了的特性與需求而設計之課程。例如，十二至十五歲學生的
第一項特性是這樣描述的：「經過一個快速成長與發展的時期，因而需要作許
多新的調適（在生理與心理兩方面，許多女生比男生早一年成熟）。」與此一
發展階段相關聯的語言特性是這樣描述的：「希望能過得快樂，這項事實顯現
在與運動、娛樂及幽默的情況等語言表達上；透過社團及團隊工作增加興趣的
成熟度；顯示與動物、冒險、神秘、收集物品及探索等有所關聯的語言活動，
但是排斥那些需要長時間投入的工作；女生會顯示在感情與浪漫等方面的興
趣」（National Council of Teachers of English, 1956: 16）。

　　在促使大家注意到兒童與青年的特性，並以此作為課程的依據，卻不計其
他關聯的因素，這時，該委員會所採用的是發展論者之立場；該一立場是 20
世紀之初即提出的，特別是由其等最受尊敬的領導者霍爾（G. Stanley Hall）
所提出的。遺憾的是，後來的版本也產生了相同情況。舉例而言，不論「希望
能過得快樂」這樣一項青年早期的特性，只不過是該一團體中的三十幾，或者　*236*
七十幾個百分比的人所顯示之特性，其實都未受到科學（如霍爾所宣稱的）或
是日常經驗所支持。在就著英文課程應如何發展這個問題，為地方的課程團體
提供建議之時，同一份報告書提醒他們：「全國各地的語文教師接受以個人的

社會與職業能力作為教育目的之提議。」接著，該委員會就著可以運用的語文經驗，作了標題如下的一組建議：「陶冶整全的個人生活觀」、「培養社會敏感力及有效參與團體生活的能力」及「提升職業效率必備的能力」等（pp. 44-45）。

到了 1950 年代晚期，全美科目協會（American Studies Association）、大學英文協會（College English Association）、現代語言協會（Modern Language Association）及全美英文教師審議會（National Council of Teachers of English）等四個專業團體舉辦了一系列以英文作為一個學校科目為主題的研討會議。它們將會議的發現摘要而成一本名為《英語教學的基本議題》（*Basic Issues in the Teaching of English*）（1958）的專書，列出了 35 項他們認為最重要的問題。第一個且是最基本的問題是：「何謂英文？」他們問道：「英文這一科是否已經由一些**特定的**訓練，例如，如何寫一封信、如何發表一個廣播演說（radio speech）、儀態、約會、打電話、職業輔導等取而代之了嗎？」（p. 7）。顯然地，人們並非未注意到，將近半個世紀以來，英文這個科目的內部所發生的一些根本變革。

vi 歷史

比起英文科，歷史科與社會科更一直是文化戰爭的場所。一些充滿情緒的議題，諸如民主的意義、公民的道德，乃至國家的認同等，都藉著社會科課程加以界定，也因而使該科成為爭議頻見的場域。自從 20 世紀的早期開始，就有一些問題出現：是否單靠歷史科本身就能夠完成上述的各項任務，或者，必須靠社會科這樣範疇較為寬廣的科目，才可能踐行這些重要的目的。所以，就某種意義而言，這些問題可以溯及歷史科的衛護者，和範圍較寬廣、內容較實用的社會科支持者之間所引發的內部競逐。其間的競逐，並非只是一些語詞之爭而已，而是十分嚴重的衝突。

237　　就近代美國各級學校各個科目的發展而言，一般都以其始自十人委員會（Committee of Ten）的報告書（National Education Association, 1893），歷史

科亦不例外。如同其他主要科目，該委員會也為該一科目設置了一個分組委員會（subcommittee）。名為歷史、公民與政治經濟會議（Conference on History, Civil Government, and Political Economy）是一個很著名的分組委員會。該分組委員會由威斯康辛大學校長查爾斯・肯德爾・亞當斯（Charles Kendall Adams, 1835-1902）擔任主席，成員包括了後來出版具有影響力的《形成中的心靈》（*Mind in the Making*）（1921）的羅賓遜（James Harvey Robinson, 1863-1936）；這本書把批判思考視為近代文明發展的礎石。另外一位有名的分組成員是普林斯頓大學一位教授法學與政治經濟學的年輕教師威爾森（Woodrow Wilson, 1856-1924）。該分組對於學習歷史，以及諸如政治經濟等相關聯的學問，其價值乃在「擴大視野，陶冶心靈」，俾便削弱其「褊狹鄙俗的習氣」。該科目並希望能「啟發學生卓越超群的理智，培養學生向學樂學的態度」，當然，也要能「對於國家的事務發揮積極的影響」（National Education Association, 1893: 166-167）。「啟發學生卓越超群的理智」這一項每個科目都必須達成的目的，很快就遭受了不合時宜之批評的命運，因而不復見於 20 世紀有關學校教育價值方面的各個文件之中。到末了，該分組會議建議一系列的課程之中，七年級以至十二年級，每年都要修習歷史：七年級修習美國歷史與公民政府基礎，八年級修習希臘羅馬歷史，九年級修習法國史，十年級修習英國史，十一年級再修習美國史，到了最後一個年級則是「以密集的方式學習某一特別時期的歷史」。

因為十人委員會建議，預備進入大學的中學畢業生，和不預備進入大學的中學畢業生，兩者都應該修習一樣的課程，所以，大學入學要求這個問題就成了熱烈爭論的一個議題。為了處理此一即將沸揚的爭論，全美教育協會任命了一個新的委員會，要求該委員會剋期向全美歷史學會提出一項報告。一般將此一新的委員會稱之為七人委員會（Committee of Seven）（1899），其完成的報告書內容超出預料地好。名為《學校歷史學習》（*The Study of History in Schools*）對於入讀大學的資格這個議題，一點也不含糊地表示：「在形塑中等學校課程時，只顧及大學的需求，當然是不對的。絕大多數的學校課程必須為了一般男孩及女孩們長成為男人與女人，而不只是達到要他們符合大學入學資

238

格的目的，也不只是拼命地塞一些資訊給他們，而這些只是某些大學教師們認為大學預科生所應該掌握的資訊」（p. 120）。就歷史科所具有的特別價值而言，七人委員會認為，除了有關「螞蟻及蜜蜂等的習性」、「花朵生長的律則」等自然世界，以及化學反應之外，「還更應該帶領學生理解人類種族發展的步驟」（pp. 16-17）。歷史科對於理智發展的特別貢獻在於其「培養判斷的能力，以便讓學生理解因果關係，也就是顯現於人類事務的前因與後果」（p. 21）。七人委員會的實際建議是，在某種程度上縮短了中學歷史科的學習內容，將它限定於九年級的古代史，十年級的中古以至近代的歐洲史，十一年級的英國歷史，以及十二年級的美國歷史與公民政府。赫茲貝（Hazel Whitman Hertzberg, 1918-1988）（1981）稱七人委員會的報告書「可能是社會科歷史上，最具影響力的一份課程文件，如果影響力的測度是以採用學校多寡為準據的話」（p. 16）。例如，崔恩（Rolla M. Tryon）（1935）引用了一份 1914 至 1915 年所作 7,197 所高中的調查發現，大約 85%的學校開設古代史，80%的學校開設中古與近代史，64%的學校開設英國史，86%的學校開設美國史（p. 26）。至少有一段時間，歷史科在美國學校課程之中的地位十分穩固。

　　在歷史與社會科競逐的過程中，象徵性的轉捩點就是為研擬中等教育基本原則報告書而於 1916 年設立的一個社會科委員會（National Education Association, Committee on the Social Studies）。若從後來幾年社會科委員會報告書的內容對於該科之形塑所產生的實際效應來看，人們可能過分強調了此一社會科委員會的重要性。不過，雖然如此，就像戴維斯（O. L. Davis, Jr.）（1981）所說的，該報告書仍然是「一個很有用的指標」，標示著兩方面人士之間衝突的加劇：一方面是歷史科的支持者，另一方面則是在社會科旗幟之下所組織的一批試圖設置一個較具社會取向，且又涵蓋各個不同學門的改革者。雖然新委員會再度聘請了羅賓森為委員，但是《社區與公民》（*The Community and the Citizen*）的作者董恩（Arthur W. Dunn, 1868-1927）（1907）結合了一些公民教育的領頭人，已經預先為該小組委員會報告書定了調。與七人委員會報告書截然不同的是，1916 年的委員會，至少在隱涵的意義上，不只為社會科教育，事實上也為學校課程中的所有科目，都預先訂定了一項不同的目的。中等教育

基本原則的主報告書中宣稱：「作為現代教育主調的『社會效率』，所有科目的教學都應該對此一目的有所貢獻」（National Education Association, 1918: 9）。

然而，事實上，《中等教育基本原則報告書》與七人委員會對於社會科的建議，確實有很大的不同。六年的學習課程分成了兩個「週期」（cycles），第一個週期跨越七至九年級，第二個週期則跨越十至十二年級，其中包含了一些不同科目的選擇。第一個週期的社會科包括了歐洲史、美國史與公民，而第二個週期則包括了歐洲史（重出）、美國史（重出），以及一個有趣的新科目，十二年級修習之美國的民主問題。然而，受到董恩自己所具有的專業偏好之影響，我們看到社區公民所扮演的公民資格訓練之重要角色，在該報告受到特別的注意。特別是：「依照學生的切近需求加以組織，充滿了歷史、社會、經濟與政治等各方面的關係，並且為日後的社會科提供了在論理及心理兩方面都健全的方式」（p. 34）。不過，若把該報告書看成一個整體，它其實是一個折衷的產物。羅賓森對於「新史學」之投入得到很多的關注，而且，到了末了，就歷史而言，主要的受害者是古代史。中等教育基本原則社會科小組委員會的報告書可以說是翻轉之初始的信號，而非真正的開始。其與七人委員會報告書的差異，後來就成了調性的顯示，而非實質的變動。

然而，不久之後，信號開始變成嚴重的挑戰。的確，針對歷史這門中等學校課程發難最早的人士之一就是史奈登（Snedden, 1917）。史奈登舉出大學入學考試委員會（College Entrance Examination Board）歷史科的試題為例〔如：雅各賓派（Jacobin Party）在法國大革命中的政策為何？[127] 其成員為品格高尚的愛國者，抑或凶惡的暴徒？請回答並申述其理由。〕指出，這樣的考題：「顯示了今天，掌控歷史教學的具體目標……是把一些幾乎是百科全書式的、經過高度濃縮的事實與通則，通通給記憶下來，而不計其範圍之廣大、內容之 *240*

---

[127] 雅各賓派（Jacobin Party）原為憲法之友協會（The Society of the Friends of the Constitution），在 1792 年之後改名為雅各賓派，是法國大革命發展期間在政治上最有名且最有影響力的社團。最初是由來自布列塔尼的反保皇黨代表創立，該社團成長為一個全國性的共和運動，估計有五十萬以上的會員。

多樣」（pp. 272-273）。對於史奈登而言，這些歷史的事實與通則，與學生們未來的生活實用，有何干係，實在難以想像。

　　史奈登對於此種事態的解決之方乃是宣稱，作為不可或缺的第一項步驟是，目標應該要清楚，而且這些目標必須是不證自明的：「對於任何研究教育理論的學者而言，應該由社會與個人的需求來決定這些目標，這層道理再清楚不過了」（p. 276）。換言之，歷史科的價值不在於學科本身，也不在於學習歷史所帶來之理智方面的滿意感，而在於多大程度上踐行了預定的目標——這些目標是成人們針對這些知識將會在社會中發揮多少作用而做成的估計。史奈登概述了形成這些目標的作法之簡單的計畫。他說他會隨機選取年屆三十至四十之間的一百位男士，然後請若干「能勝任其職的裁判」逐一評審這一百位都是有教養且優質的公民，並且加以等級排列。一旦將這一百位男士做了歸類，前 20 名在 A 組，次 30 名在 B 組，再次 30 名在 C 組，其餘 20 名在 D 組，就會進行一項完整的調查，以便「涵括我們社會中各個階層的〔男性〕成人」。那麼，以這項調查為根據，決定歷史科教育目標的基礎就形成了。

241　　到了 1920 年代，歷史學家們可能發現他們的學門受到了巨大的威脅，開始有了直面處理的動作。一向都對於中小學事務積極以對的美國歷史學會（American Historical Association, AHA）展開了一項重大的努力，就歷史與社會這兩個科目在學校應該怎麼教這件事，特別是這件事與公民素養之間的關聯，重新加以確認。明顯地，他們接受了社會科作為該一科目的適切名稱，而且，受邀參與研擬此一專題計畫，以及為美國歷史學會撰寫專書的許多學者，除了來自歷史學界，亦有政治學者、地理學者及教育學者。由美國歷史學會任命、主持此一社會科學委員會（Commission on the Social Studies）的克瑞（A. C. Krey, 1887-1961），是來自明尼蘇達大學的一位知名歷史學者，其在中小學社會科教學這方面顯示十分濃厚的興趣。卡內基委員會（Carnegie Commission）給予了一筆 50,000 美元的經費贊助。美國歷史學會為了回應此一慷慨支持，請出了比爾德（Charles Beard）、柯瑞文（Avery O. Craven, 1885-1980）及柯帝（Merle Curti, 1897-1996），但是教育學者方面，則邀請羅格（Harold Rugg）、波德（Boyd Bode）、巴比特（Franklin Bobbitt）、洪恩（Earnest

Horn）、紐倫（Jesse Newlon）及康茲（George Counts）等重頭人物，不過，
因為有了如此的陣容，卻註定會帶來不協調的結果。

在美國歷史學會所出版的專書之一《學校中社會科學的章程》（*A Charter
for the Social Sciences in the Schools*）（Beard, 1932）中的宣言，就是造成這種
不協調結果的信號：「公民教學最崇高的宗旨是培養豐富而多面貌的人格」
（p. 93）。柯若格（Edward A. Krug）（1972）適切地指出了此一有關宗旨的
陳述，已經「預示了日後生活適應教育的一些說辭」（p. 243）。從現在看來，
《章程》出版時，史奈登（Snedden, 1932）會有怎麼樣的反應，我們可想而
知。雖然他對於《章程》把公民教育當作社會科的「最崇高宗旨」這項作法表
示讚賞，但是，他對於「大家仍然是把社會科……視為目的自身」而不是直接
將它的目的定為「培養人們所接受的公民行為」（p. 358），卻深表不屑。美
國歷史學會在這方面已經作了一些讓步，但是，對於史奈登而言，他們做得還
是很不夠。不過，他並不是只挑出歷史作為指責的對象。作為一位最為完美的
社會效率教育者，史奈登下定決心要把他所發現的教育浪費連根除掉。他問
道：「任何認真的觀察者都會懷疑，在上一個世紀中，我們各級學校裡所教授
的文法與地理、代數與古代史、拉丁文與物理學、法文與古典英國文學等等所
產生的『浪費』，是不是都比我們在紡棉或煉鋼時所製造的浪費，還要多上好
多倍？」（p. 359）。

一旦來自各面的努力匯集而成該系列專書的最後一冊：《結論與建議》 *242*
（*Conclusions and Recommendations*）（American Historical Association,
1934），整件事就陷入了政治爭議的泥淖。由此產生的辯論聚焦於該冊專書中
明顯可見的、對於集體主義的頌揚與許諾，也因此使得任何有關歷史教學，或
者任何有關社會科課程的事務，都變成了次要（請見第七章）。結果，美國歷
史學會這一番大規模的動作所傳延下來之最為不朽的遺產竟然是由柯帝於 1935
年所出版、後來成為教育史經典的《美國教育家的社會觀念》（*Social Ideas of
American Educators*）一書。

在歷史科本身，與一個較具包容性的社會科，兩者之間的內部衝突從未正
式地排解。**社會科**（social studies）這個語詞壓倒性地成為該一科目較讓人願

意使用的名稱，但是，實際上，真正的內容則仍主要是具有歷史性質的。中小學校現場的歷史教學，就像英文教學的案例一樣，多半依教師個人的偏好，還有當時流行的教學方法而定。實際上，在 1890 年和 1910 年之間，學生修習歷史科的百分比，呈現倍數的增加（U. S. Department of the Interior, 1938: 5），但是，到了 1949 年，中學生修習美國歷史科的就停止在中學生總數的三分之一（Latimer, 1958: 30）。到了 1956 年，二學分的社會科仍然持續為中學畢業的門檻。之所以如此，主要是據稱修習該科對於公民素養的增進有所貢獻。但是，該科列為必修的真實原因，仍不確定，因為實際上經常開設的功課（courses）至少有三十二門，而不常開設的則有六十六門（Hovet, 1956: 79-80）。

除了社會科應如何界定的內在爭議之外，還有一個更大的衝突是，到底是誰的（whose）社會科才應該受到重視。不論好壞，歷史教科書都成了文化戰爭的主要單場。曾經獲得有關學術獎項的費滋華（Frances FitzGerald）（1979）是這樣解釋的：[128]

> 中小學的歷史教科書與其他各種歷史論著，在性質上大不相同。它們有著不同的作用，而且它們有著自身特別的傳統，一直獨立於學術的歷史論著之外，互不關聯。首先，它們本質上是一種國族式的歷史寫作……其次，它們是為教學而非探究的目的而撰寫——其目的是告訴孩子們，要他們明白，長輩們要孩子們知道的，有關他們國家歷史方面的知識有哪些。這樣的資訊不必然是任何人都認為是事情的真相。就像時間膠囊一樣，教科書內容所涵蓋的真相是特地為後代子孫作了一番選擇而成的。

---

[128] Frances FitzGerald（1940-）是美國的新聞工作者，也是一位史學家，以記述越戰情事為主旨的《湖中火：越南人與美國人在越南》（*Fire in the Lake: The Vietnamese and the Americans in Vietnam*, 1972）一書獲普立茲獎（Pulitzer Prize）史學界最高榮譽的班克羅夫特（Bancroft Prize）及美國國家圖書獎（National Book Award）。她與小說家 Francis Scott Key Fitzgerald（1896-1940）並非同一人。

令人詫異的是，這些特地為後代子孫所撰作的歷史真相，變化得如何之快，又如何之徹底。（p. 47）

在這些情況之下，凡是以歷史科或社會科教科書採用的形式，受到半官方的承認者，就應該具有很大的象徵意義。凡是納入教科書中的價值觀念，就註定會受到頌揚，否則就會受到蔑視；而且，或許更重要的是，誰的價值觀念納入教科書中，就代表誰的認同（identity）受到尊崇，又，誰的不受敬重。

在教科書出版史上，穆哲（David Saville Muzzey, 1870-1965）所編寫的《美國歷史》（*An American History*）（1911）這本教科書之令人震驚的成功，是一件再真不過的事實。從 1911 年問世之後，該教科書即一直不斷地印刷發行，前後不下六十五年之久。同樣值得注意的是，以今天的標準來看，穆哲可謂是一位有話直說，絕不繞圈子的人。他所寫的歷史教科書絕不會讓人讀來嘮嘮叨叨，但是，有的時候，由他所描述的歷史、分享的態度，及公開的聲明等等，在今天看來，可能無法通過檢驗，然而，說實在的，在那個時代，他針對美國傳承所作的詮釋，還真可算是十分開明而且又進步的。畢竟，穆哲是哥倫比亞大學羅賓森教授的學生，而且他顯然已經汲取了導師在「新史學」所傳達的教示。羅賓森在穆哲《美國歷史》的第一版所作介紹中稱許該書代表了「歷史寫作中的新趨勢」，同時，他還讚揚穆哲的敘事技巧（p. iii）。雖然，穆哲的某些關於美國原住民之敘寫，仍不脫一般人所持有的刻板印象，但是，他卻作了這樣的總結：「的確是白人殘忍與背信等行為所造成的過錯，以致使紅人友善的好奇心時常轉變而成惡質的恨意，而不再是堅定的盟友。」（p. 25）即使是那些令人尊敬的開國元勳們，穆哲對於他們蓄奴的問題，也毫不保留地作出應有的批判。「我們殖民時期的先民可能會對於他們自己的權利與自由，以及禮拜神明的適宜形式等事，竭盡心力地謹慎保衛，但是，他們還是免不了把一些活生生的人們視為奴役；如此行止，在我們看來，似甚為矛盾。」（p. 305）他對於殘忍的奴隸貿易的描述，特別是針對「在運送奴隸過程的諸多恐怖行徑」之敘寫，十分逼真，而且，在某些段落的文字，也真是令人讀來動容。

穆哲該書的最後一章〈進入 20 世紀〉（Entering the Twentieth Century），正如章名所蘊涵的，是一種對於美國大眾而言，即將發生某些事情這樣的預言，做了某種想像。他指出：「我們無法以一段文字清楚解說什麼是社會主義」，但是，他試圖把它與無政府主義及共產主義等語辭做一區分，又說：「若說個人主義是 19 世紀的口號；那麼，合作即將會是 20 世紀的箴言」（pp. 617-618）。這麼做時，他預見了一項多年之後在羅格的社會科教科書中才處處可見的論題。關於種族這個問題，穆哲在教科書中反映了那個時代的共同論點，雖然「黑人……有了相當大的進步……但是，他們仍是落後於白人文明也許好多個世紀的一個種族」，但是，他是這樣作總結的：「種族仇恨的拖長只會為人類帶來傷害與悔恨」（pp. 619-620）。毫無疑問的，就一些流行的態度而言，穆哲並未超越他那個時代。例如，女性議題在他的美國歷史視界當中，就付諸闕如，他在婦女選舉權運動這個問題上沒有任何討論，即為明證；事實上，就在他這本教科書第一版問世時，婦女選舉權運動在全國各地已經獲致相當顯著的成果。不過，穆哲可以自由地表達他對於社會的觀點，明顯地他不必擔心教科書會遭人抵制而淪入束諸高閣的境地，因而可以盡情地說一些能與後代相互媲美的事情。誠如拉薇芝（Diane Ravitch, 1935- ）很有說服力地論辯道（2003），許多出現於近代的教科書及諸如測驗等有關的行動，與其說是來自政府的管制，才使得一些主事者趨於謹慎，不如說是來自各個利益團體的緊密警戒，還有出版商們自我審查所產生之毫不留情的清滌作用，有以致之。

到了 1920 年代，歷史科與社會科教科書已經逐漸變成了政治上的引燃點。甚至穆哲編寫的歷史科教科書後來的版本，在這個時候也遭致攻擊的炮火殃及。在 1920 年代，有一本名為《近代歷史》（Modern History）的教科書受到人稱「大塊頭比爾」的芝加哥市長湯普森（"Big Bill" Thompson, 1869-1944）攻擊，說它有所謂的重英國歷史的偏見（pro-English bias）。除此之外，還有一些著名的例子，在這些例子中，非裔的美國人及猶太裔的發言人（Jewish spokespersons）遭致批評，因為他們的族群認同在教科書中的代表性不足；天主教徒，特別是哥倫布騎士會（Knights of Columbus）這個團體，也開始對於教科書描述他們的方式，有所埋怨。同時，其他的批評者也要求教科書必須要

有百分之百的美國味道（Zimmerman, 2002: 17-25）。羅格編寫的教科書所引發的強大戰爭（請見第七章）絕非單獨的案例。在 1930 年代，知名的歷史學家貝克（Carl L. Becker, 1873-1945）編寫的教科書也遭致批評，說他偏向社會主義者的風格，而且隨著新政（New Deal）的施行，如齊伯門（Zimmerman）所指出的：「『美國主義』變成較少依其族群來界定，而是依其經濟制度：即資本主義來界定」（p. 60）。到了 1949 年，甚至由馬格魯德（Frank Abbott Magruder）（1917）編寫的一本出版年代悠久，且為各界尊稱最好的一本公民科的教科書《美國政府》（*American Government*），也遭人以其支持福利國家的主張而受到批評（Zimmerman, 2002, pp. 83-84）。女性以及各種不同的宗教、族群及種族團體是否確實在社會科的教科書中代表性較低，又這樣的教科書在多大程度上呈現了美國政治與社會認同的一項有效的歷史解釋，這些都值得進行嚴肅與持續的討論。這樣的事務也針對歷史這門學問提出一些了嚴肅的問題；但是，一旦我們對於社會科教科書真正應該包括哪些內容這件事，設定了固定不動的規準，那麼其結果就並非都是有益的。

毫無疑問地，在 20 世紀的前半，歷史科與社會科在一些孤立的攻擊之下，都存活了下來。但是，脫困而出的則是一個包含了很少或是根本一點都沒有趣味的、貧乏無聊的一些結果，既缺乏情節緊張的戲劇、引人注目的政治衝突，也不見作為一個學校科目的社會科應該涵蓋的針對社會問題進行嚴謹探究之事實。於是，純粹只是一堆事實的排比，還有行禮如儀之統括式的報導，已經逐漸成了社會科課程以及教科書的要角。結果，「對於歷史所知不多」反而成了一項讓人感到榮耀的原因，而不是對於無知的一種不幸之承認。

vii 科目與學校結構

關於某一特定科目，或是任何一個科目，是否應該留在課程的基本部件（fundamental building block）之中，已經成了一個超出個別科目命運的問題。無論我們舉出怎麼樣的理由，用以說明目前的科目組織之長久存續的性質，又，盡管許多課程改革者千方百計地致力於去除這種科目組織，我們都不能逕

自把它持久不變的現象，純粹歸咎於大學主宰了中學課程這項原因。我們還可以提出各種更具有說服力的理由。且不說別的，學校教育的組織結構在形塑科目規畫這項作法上，所扮演之角色就具有非常關鍵的影響力。換言之，乍一看來，學校教育的管理層面對於學校中真正教導的東西，似乎只具有周邊的影響作用，但是，實際上，卻是管控著課堂情境的重要因素。學校的組織方式、兒童如何分班編組，乃至分配給這個還是那個科目的教學時間段落如何安排等等看來瑣碎的事務，最後都會深深地影響到教學進行的情況。

　　從這些方面看來，就有關取消科目分類這項改革的作法而言，中等學校的結構就比小學來得難有成效。長期以來，中等學校教師是以分科的方式設置各個部門（departments），教師證照固是以科目為單位而取得的，學生畢業的要求也是以科目為單位作為計算的規準。堤亞克（David Tyack）及庫本（Larry Cuban）即以譬喻的方式，將類此的基本結構稱之為「學校教育的文法結構」（the grammar of schooling）。他們並且將上一個世紀中等學校改革者所提出的，許多試圖重塑學校教學狀況的努力，始終功敗垂成的情況，一一詳為記載。他們指出，即使這些學校改革者信心滿滿、作法確定，且決心堅強，但是，仍然不易穿透學校這種難以撼動的文法結構之歷史經驗（Tyack & Cuban, 1995: 85-109）。

　　就一個適當的例子而言，堤亞克與庫本（Tyack & Cuban, 1995: 91-94）舉出了 1906 年前後開始新創的、現在為大家所熟悉的卡內基學分（Carnegie unit）制度；該制度原本是為大學的退休教師計算其年金所得之基礎。此一想法是因為要找出一個作法，用以區分大學教師與大學以下的各級學校教師年金所得的不同〔許多中等學校也自稱為大學（colleges）〕。為了要讓此一區別清楚明確，卡內基基金會（Carnegie Foundation）的董事們用了一套標準，凡是在中等學校階段，修習至少十四個學分的學生，才具有入學大學的資格；凡收受這種學生的學校才可以稱之為大學。於是，就有卡內基學分的想法產生，而且，在歷經多年的施行之後，它不只變成了是用以測度大學入學的學分，也變成了高級中學學生畢業以及各個不同科目領域計算教學與學習成果的學分。如有些人宣稱的，就一般科目皆需在每週進行五個節次（periods）的教學，才

246

能算是符合規定的安排，這種說法並不真確，因為卡內基基金會原本發表的報告，也允許學分的計算可以由少於一週五天上課的各個科目，將其時數加總起來計算，並未呆板地規定要每週進行五個節次的教學才計一學分（Pritchett, 1906: 38-39）。不過，經過多年的施行，各種不同種類的資格要求，皆須以科目學分的訂定為條件，就形成了一整套「學校教育的文法結構」。

我們之所以請大家注意上述一些結構的因素，是要提醒諸多的改革者，只是在言辭的戰役中勝利了，有時候，真正獲得的勝利可能還不到一半。因為，真正的成功應該要以實際施行的程度計算之外，還要考慮其施行的時間之久暫。本此，諸多的改革者必須與那些橫亙於成功的課程改革之路途當中的、相當難以穿透的學校教育結構，做長期的鬥爭。諸如方案教學（project method）等的改革，若以廣泛推行及長久維繫等規準視之，可謂幾無成功的可能。舉例而言，事實上，舉凡用以衡量學生學習、教師教學與行政人員辦學等成功與否的規準，都未經妥予調整，以致讓不利於方案教學施行的諸多因素保持未變，毋怪乎諸如此類的改革作法，在一般所界定與施行的成功規準之下，毫無成功的機會可言。

課程中的科目組織是由上述的各種結構所支撐，這種現象在中等學校特別明顯。但是，這項事實並不能充分解釋，在面臨一些試圖將它消除的各種改革作法之中，仍舊保持著很大韌性的現象。還有一項也遭致長期埋沒之概念性質的論述，必須在此提出。事實上，科目課程有關論題的例子，可以在杜威所著的《兒童與課程》（*The Child and the Curriculum*）（Dewey, 1902a）書中，以及《民主與教育》（*Democracy and Education*）（Dewey, 1916a）書中若干章節的文字，還有波德（Boyd Bode）（1927）的《當代教育理論》（*Modern Educational Theories*）等處發現。到了杜威《經驗與教育》（*Experience and Education*）（Dewey, 1938）一書出版時，他自己在這方面的立場，照理應該更為清楚才對，但是，如同先前一樣，還是一團迷糊，帶來了許多普遍可見的誤解。

於 1950 年前後，在專業教育的世界中，似開始對於科目課程所具有的一些長處，有了一些緩和性質的認可，因為這時人們漸漸感到，許多用在激發核

心課程的改革作法之有創意的努力，似有浪費之虞。類此趨向的信號，似可自費德司通（William B. Featherstone）（1950）所著《適合青年的多用途課程》（*A Functional Curriculum for Youth*）一書看出端倪。這本書主要是針對一項直接關照青年人口的需求而設計的課程之概要。不過，當費德司通以他所用的方法來檢視課程的科目組織，並未受到指摘。他就著一般對於科目組織所提出的反對說法，一一加以檢視，然後，他又就著那些反對說法，一一加以反思，看看能不能不要完全放棄科目組織。舉例而言，他指出其中一項反對的說法：「科目是指一套範圍限定了的知識，依著一套只對於學者們才具有意義之本有的與內在的邏輯——此一邏輯對學習者或生手而言絕無意義。」但是，他繼續論述道：「人們總是一直在編製科目，然後又針對所編製的科目，重新編製」（p. 5）。因而，有關科目的反對說法指出其本質上是：「對於青年人而言，既抽象又無意義……的問題，可以透過對於發展教材的過程中所運用之具體材料，給與適切的關注，即可以妥予處理」（p. 97）。費德司通也提到，他所最常聽到的科目反對說法是，這些科目組織在本質上乃是精煉過的，且是經過裂解過的一些抽象概念，因而與人類生活的整體性質不相符合。不過，他就著近來看到的一些針對學校科目所作成之有關整合或統整的努力，作了下列的論辯：「沒有明顯的理由證明為什麼某一個科目不能藉由學習的邏輯而進行統合，並因而使之有意義化」（p. 102）。

對於某一個懷有專業信諾的人而言，費德司通可以說是投入了很多的注意力，致力於把較重大的統整意義帶入科目課程之中，這一點可說是非比尋常的。其實，從後來的角度來看，他這麼做就是對於所謂的「**廣域**」（broad fields）課程，作了一番交代。至少是從 1930 年代的八年研究（Eight-Year Study）開始，就有人把傳統上是單獨進行教學的科目加以關聯起來（correlate），但是，這些作法當中，例如把社會科、英文和數學圍繞著衣索比亞（Ethiopia）作一些課程的關聯，就顯得勉強而且十分不自然（Lawler, 1937）。同時，在某些特定之科目領域的發展，已經朝著把若干個科目的專門知識加以整合，而成為較為廣泛且更具凝聚性的整體，作為一個新興科目的生物就是一個最好的例證。一個相近型態的科目可以社會科為例證。費德司通

（Featherstone, 1950）這麼說：「將近一打之多的不同傳統科目，各有其所要處理之社會環境中的不同面向，這就使得社會科這個新興科目應運而生」（p. 114）。雖然，他對於圍繞在藝術或是語文等學習，進而開創一個廣域的課程，並且進而變成為一個多用途的課程組織，這樣作法的可能性存有某些悲觀的看法，但是，費德司通仍然視廣域課程的作法具有緩和：「由太多領域而太少時間所造成的僵局」（p. 128）之作用。

　　針對科目組織內蘊的價值所作更為強而有力且又毫不含糊的表示，反映於由白樂客（Arno A. Bellack）在視導與課程發展協會 1956 年年刊上發表的論文。打從一開始，白樂客（Bellack, 1956）即把改革的傳統視為「針對學校教育應將主要的重點置於『必須學習那些經過邏輯化組織了的教材』之概念，作大幅度的翻轉」（pp. 97-98）。他以杜威的哲學思想為依據，針對此一改革的傳統進行分析，指出了該一傳統乃是試圖把課程的選擇與組織建立在「青年所需求之有用的生活能力之基礎上」（p. 106）。白樂客認為這種作法確實有某些特定的優點，但是，他也同時指出了一些十分值得注意的困難。末了，他指出，認真將事的教育學者如康南（James B. Conant）（1948）及哲學家布勞迪（Harry Broudy）(1954) 皆試圖以有限的範疇為據，將人們對於現代知識的理解加以組織，這顯示了他們主張以廣域的方式進行課程組織。白樂客指出，康南與布勞迪：「喚醒大家注意一項事實，那就是有系統之科目領域代表了文化的各個重要層面，而學校就是我們希望它能妥予經營，以便以有意義的方式把這些層面介紹青年人……我們的社會之中，沒有任何一個單位或是機構，有著這樣的人力，還有其他重要的資源，可以成功地執行此項功能」（p. 11）。

　　雖然具有學術性質的各個學科（scholarly disciplines）可能並無法直接處理兒童與青年的需求，但是，白樂客說：「每一個主要的領域都為人們面對現代生活中的各種不同問題時，提供一套獨特的工具，為人們解決這些生活問題提供難以估計的協助」（p. 114）。當然，關鍵在於，這些以邏輯方式排序的知識，不只是為組織課程提供了方便的作法；這類結構還增加了將課程付諸實施的潛能。然而，白樂客為中等學校課程應以有結構的知識為根基進行辯護之舉，在當時講究統整或關聯的風潮之中，仍然遭致許多的批評，指稱其為荒唐

249 到極點的旁門左道。

到了 1940 及 1950 年代，杜威長期以來，試圖在兒童之切近的與個人的知識，與作為具有學術性學科特性之符合邏輯組織的知識，這兩者之間進行協調的作法，不僅在學校實務方面，也在一些領頭的課程改革者所提出的建議中，都受到忽視。無可否認地，在許多例子之中，主張放棄科目課程，進而贊成以某些更直接有用的東西之說法，似乎較具有說服力。科目的教學經常會導致機械式的教學、被動的學習，還有這樣的一種感覺，那就是，會把知識當成一種人們所擁有的事物，而非人們對於自己周圍世界獲致有序的理解之一種工具；因此在這種情形之下，會讓人們有著無法掌握自己命運的感覺。不過，我們似乎又看到，在許多年之前，由伊利特及哈里斯等人所闡明之由來已久的改革傳統，還是在 1950 年代的早期到中期這段期間，重新受到有限度的注意。

然而，問題仍舊存在，究竟與科目有所關聯的困難問題是否為內蘊的，或者，若是能以獨出心裁與全心投入而設計出新穎巧妙的課程，這些困難問題是否可以克服，或者至少可以減少；同時，因為如此的費心盡力，是否可以保留這些由各該領域第一流學者所掌握的知識精髓。畢竟，這是杜威自從他創辦實驗學校以來，一直都在試著為兒童與青年的教育所引領之方向。當他後來以「教材的漸進組織」（progressive organization of subject matter）一語指涉他的課程理論時，他所說的"progressive"一詞與意思為進步教育的"progressive education"一詞絕無關聯，而是指兒童的學習進程，應該由他們在工作活動（occupations）中產生的興趣，依循逐步漸進的階段，拾級而上，終於在科目的學習中，獲致合乎邏輯的理解（Dewey, 1938: 86-112）。杜威知道，人們若不能掌握經過安排且系統組織的知識，將會很難在現代的世界中成功地過生活。當然，知識可以不加區別地、以整包的方式「撿拾」（pick up）起來，但是將這些知識轉譯成為行動的潛能，則有賴於將類此的知識加以排序的能力，方才有機會提升到可觀的層次。這就是真才實學的知識與「某些童蒙把戲或雕蟲小技的訣竅」（tricks of the trade）之區分所在。就此而言，波德（Bode, 1927）跟往常一樣地掌握住了問題的核心，鄭重其事地說道：「即使身分最為低下的拾荒者，也都會組織他所獲得的知識」（p. 49）。

第十一章

生活適應教育與時代的終結

i 緣起

　　當許多人協力一致，以設置核心課程來縮減學術科目的重要性之時，還有一項性質相近的運動正在進行著。這項存活時間短促且命運乖舛的生活適應教育運動，與核心課程背後的基本假設，有許多共通之處，不過，它以更明顯的社會信息現身於世。這一項嶄新的生活適應教育運動之問世，雖然有其特別宜於戰後情況而生的條件，但是，其根源卻可以清楚地溯自 20 世紀早期，諸如史奈登及巴比特等社會效率教育者所提倡的一些信念。當然，它所傳播的社會訊息是，每個新的世代都需要把社會的現狀加以內化，而且，學校的職責就是要達成此一目的，不是只透過社會化歷程這樣的非正式管道就足夠了，更要以明確且堅定的作法落實這些想法。在 20 世紀中葉，這樣的想法受到了來自社會大眾前所未有的關注，甚至美國聯邦政府教育署還正式批准此事。

　　事實上，生活適應教育運動有一個半官方的生日：1945 年 6 月 1 日。該運動的醞釀期始於 1944 年 1 月，美國聯邦政府教育署委託了一項名為《**未來幾年的職業教育**》（*Vocational Education in the Years Ahead*）的研究。即使有 150 人執行該項專題研究，該研究報告仍花費了大約一年半的時間完成。最後，研究成果在 1945 年 5 月 31 日至 6 月 1 日，於華盛頓特區舉辦的一項會議上發表。中學並未充分地為全國青年提供應有的服務，大家對這一點已經形成共識，但是，應該採取什麼改革的方向，則不甚清楚。最後，與會者轉向明尼蘇達州明尼阿波羅里斯的當無敵研究所（Dunwoody Institute of Minneapolis, Minnesota）主任，也是為史密

斯－休斯法案立法戰爭奮鬥多年的資深專家卜羅社（Charles A. Prosser），請他將會議的活動紀錄作一番總結。為了回應此一挑戰，卜羅社交出了一份後來為人所知的卜羅社決議，這可以說是為生活適應教育所發動的初始猛烈攻勢：

> 本次會議的信念是，配合本項報告的最後形式之輔助，一般社區的職業學校最好能夠為 20%中等學校學齡的青年提供入學機會，以便為他們進入各種令人滿意的專門職業作準備，同時，中學則仍將繼續為 20%未來入讀大學的學生提供服務。我們不相信，剩餘下來的 60%中等學校學齡的青年將會接受他們所需要的生活適應訓練，以便成為名副其實的美國公民——除非公共教育的行政人員能在職業教育領導者的協助之下，為這一群青年建立一套類似的學程（program），而且，也只有到這個時候，我們才算盡到了責任。

> 所以，我們請求美國聯邦政府的教育總長，以及職業教育方面的助理總長，盡早擇期召開一項會議，或者一系列的區域會議，邀集相等數目的普通教育與職業教育兩個方面的代表，就此問題詳加研討，並且採取必要的啟始步驟，以便找出適當的解決方案。
>（U. S. Office of Education, 1951: 29）

在無異議的情況之下，該項會議的顧問委員會採行了此一決議。更有甚者，美國聯邦政府教育署透過其機關刊物《學校生活》（*School Life*）表示了對於此一生活適應教育觀念的決議熱誠之支持。

依據計畫，系列的區域會議於 1946 年 4 月 11 日及 12 日開始在紐約市舉行（Broder, 1977: 12）。[129] 這位總是在現場，且既有說服力又有高效率的卜羅社宣稱：

---

[129] 原文漏掉 1977，經查閱書后參考文獻後補上。

社會與經濟的事實顯示，我們整個教育體系在為美國年輕人，提
供能符應他們所真正需要之一種有效率的生活適應訓練，可以說
是失敗的。我國在職業教育方面的力量，在為全國中學提供讓青
年獲致良好適應能力這方面的服務，具備了強大的潛能。有一項
……令人感傷的說法，那就是數以百萬計的美國公民在社會與經
濟方面的適應不良，就是教育力量應該提供的服務失敗之充分證
據。這些情況也毫無錯誤地指出了，這是由普通中學本身所造成
的失敗。所以，此一令人感傷的說法，可以說是針對這兩種服務
所構成之綜合性的控訴。所有的證據皆顯示，我們在這兩方面，
都是可憐的罪人。（p. 13）

252

卜羅社於紐約市這次會議之後舉行的四次區域性會議之中，都一樣地宣揚著相
同的信息。傳統的人文主義者課程在中等教育中，已經讓 60%的學生無法獲致
他們應享有的教育，因此我們所需要的是一種能依據真實的生活功能而作出調
整的課程，以便能為他們的成年時期預作準備，這些都是他在原初決議中所提
出的要點。事實上，這個時候，卜羅社早先所描述的百分比（亦即 20%入讀大
學，20%進入職業教育，60%接受生活適應教育）造成了一種窘迫的狀況，因
為它們意指現有的課程必須單單為了這一大部分的學校人口而重整。於是，生
活適應教育就配合了其最切近的先祖，社會效率教育，應用到整個學校課程之
中。

　　幾乎從一開始，生活適應教育即面臨了定義的問題。雖然，打從一開始，
來自一大部分專業教育社群的支持者即非常熱烈，但是，有關它試圖達成的目
的究竟是什麼，仍然有一些問題。康德爾（Kandel, 1947）即感覺到有一些地
方必須證成：「它蘊涵著人們在面對他們的生活時，所有可能偶然發生的事
件，都必須事先加以預期，且在教育上作出適應。這些偶發事件包括了約會、
婚姻、求偶、養兒育女、工作經驗、職業，以及所有構成報紙頭條新聞的社會
議題」（p. 372）。作為生活適應教育堅定支持者之一的陶各拉斯（Harl R. Do-
uglass, 1949），把生活適應教育與民主社會當中的教育加以關聯後指出，全美

40%的中輟比率顯示了，美國學校無法為這相當大一部分的學校人口提供服務。他認為他所指涉的，在生活適應教育之前的各種理論，諸如「裝飾的」理論、「學科的」理論及「大學預備」的理論等等，都是不適合民主社會秩序的理論（pp. 110-111）。就像巴比特對於哈佛報告書所作的批評一樣，陶各拉斯不把普通教育等同於一些基本學科所組合而成的核心，而是由針對各種不同範疇的生活作適切準備的活動組合而成。他說：「若是以最簡單的語詞把生活適應教育加以化約，則它代表的是一種適切的中等教育學程，**其旨在為所有領域**

253　**的生活準備作適應，這些生活包括了家庭生活、職業生活、公民生活、休閒生活，以及生理與心理健康**」（p. 114）。與兼由其貶低者和支持者對於生活適應教育所下的定義相一致的是，其實施的指引是由伊利諾州中等學校課程方案（Illinois Secondary School Curriculum Program）根據一組青年的需求所編輯而成：「溝通的工具；強壯的身體及對此所持有的態度；滿意的社會關係；家庭生活改善的能力與認識；民主歷程的知識、實務與熱誠參與；對於團體行動重要性保持靈敏的狀態；作一名有效能的消費者；能適應職業的要求；以及把握生活的意義」（Houston, Sanford & Trump, 1948: 23）。這些與組成青年人普通教育的數學、歷史、英文、科學等等有所不同的教育項目，顯然受惠於早先《中等教育基本原則》（*Cardinal Principles of Secondary Education*）（National Education Association, 1918）的見解。在生活適應教育存在的早一些年間，它獲得了前所未有的政治支持。美國聯邦政府教育總長史杜貝克（John W. Studebaker, 1887-1989）即是一位熱衷的倡導者，他並且很快地藉由兩個旨在廣布其信息的全國性會議，讓它動起來。

　　第一次全國生活適應會議在 1947 年舉行，由紐約州洋客（Yonkers, New York）學區的學務總監魏利斯（Benjamin Willis, 1902-1988）擔任主席。雖然沒有新的戲劇性宣告公布，但是該會議依然維繫了卜羅社決議的動能。舉例而言，該次會議確實建議了：「應設置一個全國青年生活適應教育委員會（National Commission on Life Adjustment Education for Youth）」，由各個不同的全國教育組織的會員為成員（Basler, 1947）。卜羅社以他慣常高度戲劇化的作法，用戰鬥號召總結此次會議：

從來沒有任何像這樣的一次會議，人們如此認真地對待他們的信念，以致於這是作出一件大事的黃金機會，這件大事就是要讓全美國的青年人能獲得他們長期以來未能接受的教育傳承。各位所作的規畫，正是值得大家為它而戰的──甚至值得大家為它而死的。（United States Office of Education, 1948: 20）

像這樣所表現出對於此一方案如此高度的熱誠，讓史杜貝克的接替者美國教育總長馬克格瑞斯（Earl James McGrath, 1902-1993）受到感動，而作了以下的宣示：「某些特定的教育方案會招致像『蠢話』這樣會有毀滅作用的言辭，但是，我有信心，沒有任何罵人的話同樣會讓生活適應教育招致危險，因為它已經做了很好的準備，而且已經獲致大眾的信任」（"Life Adjustment," 1949: 40）。不過，到了 1951 年，第二次全美委員會再度集會時，一些原有熱切消失了，而且許多會議進程都因為討論到經費問題而止步不前（Broder, 1977）。

　　支持生活適應教育的可靠堡壘之一是全美中等學校校長協會（National Association of Secondary School Principals）。在 20 世紀的過程中，學校行政人員的自我知覺已經由教育者演化而成為精明的企業管理人員（Callahan, 1962），而且，將教育向著真實生活的事業調整，而不再只注意到學術課程遙不可及的價值，必然有其巨大的吸引力。另外，對於聯邦政府干涉學校世界的威脅，一直都是大家所關心的事項之一，而其答案似乎就在於學校行政人員顯示了他們已經做好準備，將中等學校轉變成為美國社會與經濟生活的強大力量，而不再只是大學的預備機構而已。該協會贊助許多個在生活適應教育方面的「討論群組」，而其《公報》（Bulletin）則時常發表頌揚其優點的文章。在這些討論群組之一，伊利諾州掌理全州公共教學事務的學務總監將生活適應教育等同於學校對「真實生活問題」的關注。本此，他為各個學校闡明了一項可用以檢驗的指標：「如果我們的學校最後能培養出健康而愛國的公民，他們都成為我們的好丈夫、好妻子、好父親、好母親、好鄰居、好工人、好雇主、聰明的消費者、對身心有益的休閒時間使用者等等，那麼我們就知道我們的學校是好樣的」（Nickell, 1949: 154）。

生活適應教育的一項主要特色即是它強調課程範圍的無限擴充。此一見解在一年之後的協會會議上得到了回響。一位來自康乃迪克州教育廳的發言人也強調「真實問題」，並且在報告中就真實問題到底是什麼，提出了相似的概念。他是這麼說的：「為中等以後的教育作準備，為工作作準備，在學校有效地進行學習，與其他男生與女生好好相處，理解父母親，駕駛機動車輛，使用英語，參與娛樂活動等等，可說是青年們所面對之各個真實問題一些具有代表性的活動」（Collier: 125）。就是這些「真實問題」吸引了學校行政人員，尤其他們帶了一些希望，亦即依照這樣的作法，應該會產生縮減學生中途離校的比率。

在許多區域的生活適應會議之中，天主教的教育者也涵蓋進來，而這項新的運動也讓這部分的教育人士有所感觸。一位天主教的教育者認為生活適應教育是阻止「純粹的學術標準規律地且災禍式地下降──這是讓大學教育成為笑柄的一件事」（Townsend, 1948: 363）之一項機會。[130] 他把卜羅社決議詮釋成一種提議，這項提議可以建立「一個由終點站式的中學（terminal high schools）所組成之巨大網絡」（p. 364）。他的想法是，因為很少天主教的中學可以證成其「預備學校」的地位，所以，卜羅社決議很明顯的啟示就在於，天主教教育可以採行類似的型態。密耳瓦基市的阿奇迪奧塞（Archdiocese of Milwaukee）的學務總監即特別同情這種為生活作準備的想法，而對於傳統教育有意見。他認為，透過「生活情境，我們可以在課程與生活經驗之間建立親近的關係，也可以在基督生活與課程中『世俗的』材料之間建立緊密的連結」（Goebel, 1948: 377）。生活適應教育運動中最強而有力的支持者之一的珍娜修女（Sister Mary Janet）（1952）把這項運動理解成對於「家庭及家庭生活」的正向關注，而且也是對於一些商業課程（shop courses）及職業教育的健康態度（p. 344）。一般而言，生活適應教育的說辭與人們對於當時中等教育無法服務的大多數學生所給予之似乎真誠的關注，兩者已經融合在一起了，而這給了它一種人道主義的吸引力，並且讓這樣的吸引力進入了各種不同的教育領域。

---

[130] 原書缺 1948，經查書後 References 後補正之。

255

ii 生活適應教育頗受歡迎

　　雖然生活適應在專業教育的期刊及一些地位很高的官員等方面，接受了前所未有的支持，但是，它所倡行的以「生活領域」課程取代圍繞著科目而組成的傳統課程之想法，卻很難落實。早在 1947 年 12 月，《時代雜誌》（*Time*）報導了四十八個州之中三十五個州，試著推動至少一個生活適應教育層面的課程（"Get Adjusted," p. 64），但是，我們很容易想像到，有一些州的教育廳卻不情願作任何報導，亦即它們並未朝著這項知名改革方向採取行動。在《時代雜誌》文章出現的同一天，《新聞周刊》（*Newsweek*）也為在美國許多地區的中輟率作了一項報導〔紐澤西州的帕薩克（Passaic, New Jersey），45%；紐約，42%；明尼蘇達州的明尼那波利斯，31%〕，並且因而以贊許的態度指出，美國聯邦政府教育署試圖推動卜羅社決議以為因應。《新聞周刊》報導，教育總長史杜貝克認為，在改革之後「像彌爾頓《沉思頌》（Milton's 'Il Penseroso'）及艾略特的《織工馬南傳》這些作品中所見到的孤獨客們，都將會在學校之中消失」（"High school overhaul," p. 86）。

　　在將生活適應教育付諸實行的真實嘗試之中，伊利諾州中等學校課程方案（Illinois Secondary School Curriculum Program）及密西根戰溝的戰溝中學（Battle Creek High School of Battle Creek, Michigan）（Broder, 1977）兩者最為著名。伊利諾州明顯地是生活適應教育的溫床，不但得到來自該州公共教學學務總監尼克爾（Vernon L. Nickell, 1891-1969）的強力支持，伊利諾大學教育學院大部分知名教師，如韓德（Harold Hand）及山佛（Charles W. Sanford）等人也都給予支持。與紐倫在丹佛所設定的型態一致，還有來自視導與課程發展協會（Association for Supervision and Curriculum Development）所給予的支持，教師參與課程發展成了伊利諾方案的核心。坎東中學的方案是圍繞在包括了人格、禮儀、居家生活及職業等項在內的共通學習核心而建立的（p. 184）。裴俄里亞（Peoria）的一所中學發展了一套供十二年級能力較強學生選習的方案，其中有一個課程名為「十二年級生的問題」（senior problems）（p. 185）。另一些生活適應教育方案則可見於伊利諾州水晶湖（Crystal Lake）、

256

笛卡托（Decatur）及吉時派（Gillespie）等地的中學。

　　密西根州戰溝中學所發展的生活適應課程，是圍繞在「基本生活」（basic living）（"Cooperative Research," p. 408）這個主題組織而成，堪稱這一類課程的典範。該一方案是緣起於 1944 年一項有關中輟學生的研究，當時就建立了與哥大師範學院的曼恩－林肯中心（Horace Mann-Lincoln Institute of Teachers College），以及師範學院的教師如艾凡士（Hubert Evans）、柯瑞（Stephen M. Corey, 1904-1984）及哲西爾德（Arthur Jersild, 1902-1994）等的聯結。為了與當時廣為大家接受的觀念取得一致，該一方案請教師們組成若干委員會參與課程計畫，處理基本生活這個主題各個層面有關的課程。舉例而言，健康委員會即調查了學校有「骯髒的板擦兒」及「肥皂沒有了」（p. 413）等對健康有所危害的情事。進一步的調查則顯示十年級學生中途離校的情況，有了不相對稱比率的現象，而且，這是造成大部分紀律問題的原因。於是，健康委員會就圍繞著「我們食用的食物」及「理解我們自己，並且與別人好好相處」等單元，組織了一套為期一年的課程（p. 416）。基本生活課程的核心名之為「問題中心群組」（p. 438）。這些問題多為與所謂個人—社會有關的問題，例如，「基本的衝動、想望及需求，再加上與朋友交往並且維繫友誼」（p. 443）。如同其他生活適應方案（programs）一樣，戰溝中學所發展的基本生活課程，應該視為包括了新普通教育成分在內的一種課程。當然，其意圖是要免除哈佛委員會（Harvard Committee, 1945）所界定的普通教育中一些傳統科目的學習，而代之以與青年需求有直接相關的各個生活領域之學習。

　　在區域及全國性的各種會議上所闡明之生活適應教育原則，以及日漸增多的專業文獻就此一專題所作的報導，如何落實施行於各地的學校，很大程度上有賴於地方的學校行政人員們所投入之心力。因此，有些地方施行的生活適應教育，與戰溝中學所發展的基本生活課程模式，有著很大的不同。舉例而言，在蒙他那州畢林斯（Billings, Montana）的畢林斯中學，保留了四年的英文、一年的美國史、半年的公民，以及另外半年其他一門社會科學等科目作為最低限度的要求（*Life Adjustment Curriculum*, 1949: 2）。然而，學校預期學生能為社區做些有益的事情，這些學習活動由一套「活動積點」（pp. 3-12）的系統

來檢視，每位學生預期要累計至少 200 個積點。若有反社會行為，包括違反學校各項規定，就必須扣分。可以獲取積點的學習項目，有如「學校與生活規畫」及「生長與成熟」（p. 5）是必修的，而其他諸如「學習如何工作」（pp. 6-7）、「男女孩關係」（p. 10）及「婚姻準備」（p. 10）等則為選修。「參與高二的入級儀式」（p. 11）可以獲得 2 至 10 個積點。若不參與這套生活適應課程的，可以選習「畢業獎學金方案」，不過該項課程要求學生必須有 97% 的出席率。在學生手冊中有關該獎學金方案的書頁上有很一個很嚴肅的警告訊息：

> 「獎學金方案」是個不適當的名稱，它可以名之為反對生活適應
> 課程的學生而設具有保護性質的方案：
> 凡是不接受生活適應方案的學生及家長可以選習我們舊有的方案，
> 不過，我們會嚴格要求，以便防止無法完成學習的缺失，並且培
> 養良好的習慣。我們的推論是這樣的：如果學生及家長認為，中
> 學的唯一價值是學習各個科目的內容，那麼，學校會堅持他們要
> 超越最低的標準。我們的諮商工作一定是輔導所有學生都以生活
> 適應的方法畢業。（n.p.）

258

明顯地，在畢林斯高級中學已經漸漸地把卜羅社原初所設定的百分比分配給忽視了。

　　檢視生活適應教育方案是否成功，不可以只由正式採用與否來判定。類似戰溝及畢林斯這個學校系統留下紀錄的情況相當少見。不過，正像一些學校設置核心課程的作法一樣，許多的成就可以用部分實施這項規準來衡量，因為有些學校的確以生活適應教育的主要精神為準據，進行部分的課程調整。雖然核心課程的支持者在取代學術科目這項作法，距離成功確實很遙遠，但是，就由內部改變科目的性質這項規準來看，他們則確實有某些程度的成功。在第二次世界大戰之後時期的英文科，就與 20 世紀早期的英文科，在性質上不完全一樣。就此而言，生活適應教育可以說是有某種限度的成功。

　　這些成功的情況，或許可以一些為學校使用而製作的、名之為心理衛生影

片的普受歡迎，看出端倪。單單是在 1946 至 1950 年之間，就有諸如以《你受歡迎嗎？》（*Are You Popular?*）、《與你家人約會》（*A Date with Your Family*）、《約會守則》（*Dating Do's and Don'ts*）、《十一年級的舞會》（*Junior Prom*）、《害羞的男孩》（*Shy Guy*）及《你與你家》（*You and Your Family*）為名的影片製成。在 1951 年與 1955 年之間，繼續為學校使用而製作的類似影片，其片名有如《習慣的類型》（*Habit Patterns*）、《如何說不》（*How to Say No*）、《莫莉長大了》（*Molly Grows Up*）、《凱依有更多約會》（*More Dates for Kay*）、《溜冰者學一堂課》（*Skipper Learns a Lesson*）等（Smith, 1999: 26）。單單 1953 年，有一大批電影公司發行了大約有 5,000 部 16 釐米的影片，其中有 10%影片是專門探討「心理衛生」有關主題（p. 25）。（駕駛安全也是一個非常受歡迎的主題。）這些影片之所以普受歡迎，是因為大家擔心，如果缺乏適當的輔導，青年的叛逆性最終會危害到社會的根基，而大家把學校看成可以讓這些危害減少到最低程度的機構。奧瑞岡州波特蘭教育局（Portland, Oregon, Public Schools）[131] 的研究部主任於 1947 年的一段話，曾為人所引述：「所有的教育都是灌輸，問題的關鍵在於灌輸將會受限於只關注過去的慣例及禁忌，而教育則在把學生導向解決未來的問題。遲早，*259* 家長們會理解，未來的希望就在於我們今天所開設的新課程」（quoted in Smith, p. 25）。[132]

　　這些影片的題材與它們的片名所示乃是一致的。可能是第一部有關社交方面輔導的影片，亦即在 1947 年製作的《你受歡迎嗎？》之中，說到兩個女孩的情況：一位是受歡迎的愛慕思（Caroline Ames），說她是「你想要知道的那種女孩」；而且她「沒有醜聞讓人議論」；另一個是吉妮，說她是「一個長得很酷，又愛作假的女孩」。為了要讓所傳達的訊息清楚起見，旁白員警示觀眾：「正在停車的那些女孩並不是真正受歡迎的人。」當然，強森（Wally

---

[131] 美國有些學區的行政機構是以"Public Schools"為名，奧瑞岡州波特蘭的教育局即名"Portland, Oregon, Public Schools"。請見 https://www.pps.net/。

[132] 應該是 K. Smith, 1999.

Johnson）會選擇與愛慕思約會（p. 118）。在 1953 年，有部名為《別人在看我們時》（*As Others See Us*）的影片聚焦在避免「做錯事的尷尬」。與人見面、餐廳用飯，以及參加舞會等的行為規則都非常清楚（p. 120）。關注美國青年人「心理健康」的影片到底有多少，我們不能確認，但是史密斯估計大約有 3,000 部左右（p. 31）。至於真正在學校放映這些影片的數字，雖然無法取得，但是，單單從影片的數量就已經可以理解，這類影片的製作與發行應該是有利可圖的生意。

當然，這些影片達到受歡迎程度的高峰，落在生活適應教育時期，這項事實並非偶然。人們可能把它描述為課程的附件，或者是非正式課程一部分，而非從任何正式角度來看的**課程**，但是，這並不表示人們就未感受到它們的影響。它們精確地傳達了生活適應教育運動倡導者認為最重要的訊息。對於生活適應教育運動的支持者而言，非常重要的一件事是，青年們與學校及學校的課程有著疏遠的現象，藉著直接處理他們所知覺到的青年真正興趣，他們希望能改善此一問題。不過，在此同時，他們可說是以倡行一套以符合常規的方式適應現有的社會慣例之作法。不論生活適應教育在學術的學習方面有什麼缺陷，因為它所訴求的是要把青年人教導得能夠符應現有的社會秩序，單單這一點就可以說是其之所以備受歡迎的主要緣由。

生活適應教育的支持者，一而再、再而三地表達了他們在兩方面的關心，一方面是就特別的情況而言，他們非常關注高居不下的中輟率，另一方面則是就一般的情況而言，他們也關注青年人在學校疏離的狀況。這些問題的根源很清楚地就是，他們看到了一套植基於與絕大多數學校人口的興趣遙不可及的、且也已經為大家所不相信的學術理想。至少從道格拉斯委員會報告書（Douglas Commission Report）（1906）以來，這種說法即一直有人提出，但是，到了 1950 年代，它不再是個孤立的問題；它變成了教育世界中一項普遍的看法。 *260*
在較早的時期，為那些少數不適合學術進路的學生，提供一些諸如職業教育這樣的特別方案，就可以解決問題，但是，一旦改變的勢頭加快，不適合學術進路的學校人口似乎增加得就愈來愈快。事實上，適合修習傳統課程那一組學生的人數早已經減少到只剩下在學校裡一種名為「大學預備」的分支了。名為生

活適應教育的這一分支，其所形成的一套作法，如果有任何一項可算是經過大家確認的特性，那就是跟核心課程這個相稱的名堂一樣，他們都想藉著普通教育，把 20 世紀之前由哈里斯等人支持的、代表著文化遺產共同要素的科目，替換而成功能性質的生活領域。然而，一般而言，各個科目經過時代的考驗，證明了它們具有人們未曾想到的韌性，而各個生活領域更可能融入了某些特定的科目之中，而非取代了它們；雖然如此，無可否認地，《織工馬南傳》及《如何交朋友並且維繫友誼》（*How to Make Friends and Keep Them*）兩者必然是很奇怪的同床者（bedfellows）。

iii 生活適應教育備受批評

到了後來，生活適應教育變成了一項刺激，催醒了一個熟睡著的巨人。自從傳統的人文主義派的要角伊利特及哈里斯隱退之後，大約半個世紀，學術世界的領導者，只偶爾見到一些人注意到中小學裡教什麼東西。赫欽斯（Robert Maynard Hutchins）（1936）或許是最著名的一個例外，但是，他那些看起來是菁英論的提議，還有似乎是牽強附會的巨著方案（great books program）所吸引的只是一小撮的追隨者。馬瑞坦（Jacques Maritain, 1882-1973）（1943）也提出了相似的見解，但是跟赫欽斯一樣，追隨他的人，整體而言，只侷限於高等教育機構中一小撮菁英分子。當生活適應教育的支持者持續漸增地推動諸如基本生活的方案，不只是把它們當作傳統課程的附件，而是企圖取而代之，這就挑動了這些學術界菁英的憤怒了。在一段時間的忽略與幾乎相當於是輕蔑的舉動之後，在各個不同學科領域的學界領導者開始對於中小學校課程的情況，產生了強烈的興趣。

261　　在 20 世紀中葉，一些對於美國學校教育情況提出攻擊，主要集中在公立學校中的撒旦（Satan）[133] 及政治上的極端主義等為對象，而這些戰役確實獲致某些成功。舉例而言，加州巴沙迪那（Pasadena, California）的學務總監郭

---

133 麻塞諸塞殖民地在 1647 年所通過的「老惡魔撒旦法」（Old Deluder Satan

斯林（Willard Goslin, 1899-1969）即因為受到周爾（Allen A. Zoll, 1895-1969）
的美國教育審議會（National Council for American Education）這個壓力團體所
迫，而辭去他的職務（Hulburd, 1951）。受到圍攻的教育者有時候在還無法分
清楚的情況之下，已經面臨另一類挑戰，而它很快就形成這兩種情況之中較為
強而有力的一類；這一類挑戰是為了美國公共教育所具有的學術尊嚴而施予之
正面攻擊。1949 年問世的兩本書，是隨之而來的這一波批評的先兆。培爾
（Bernard Iddings Bell）所著的《**教育危機**》（*Crisis in Education*）（1949）
詳細論述了各級學校無神論與倫理相對論，而史彌斯（Mortimer Smith）所著
的《**學校教學雜亂無章**》（*And Madly Teach*）（1949）則就著美國教育界充斥
著反學術的傾向，提出了他的質疑。史彌斯對於課程所涵蓋的內容提出質疑，
說它們自甘墮落，盡是一些瑣細的雜項；他並且認為，當今的教育者對於美國
青年掌握高水準學術精要的能力，都持有十分悲觀的想法。

　　但是，更為尖酸刻薄的批評還在後頭。伊利諾大學植物學教授，也是 Phi
Beta Kappa 地方支會的退休會長胡樂（Harry J. Fuller, 1907-1973），在該支會
年度餐會上發表的一篇講演，不只尖刻地批評了美國的教育現況，更進而嚴辭
撻伐教育領域的教授們。胡樂（Fuller, 1951）就著「敵人及其戰術」宣示四項
基本論題：

> I. 教育領域的教授們持有虛妄的基本假設，他們通常據此進
> 　　行反智的活動。
> II. 讓學生接受惡質化的訓練，特別是在中學裡。
> III. 以「具有社會重要性」的科目取代人文、藝術與科學等健
> 　　全的教育。

Law），此一法律的名稱本身就含有非常明確的宗教氣息。該法律指出，「撒旦
這個惡魔有一個重要的陰謀，那就是讓人們無法閱讀聖經，從而使先輩的知識有
被埋葬的危險」。因此該殖民地的議會立法要求各地方必須設立學校，並且由公
共稅收來支付經費，以便對失學兒童提供基礎教育。請見https://sites.google.com/
site/educationsystemcompareing/educationsystemcomparing/history/america

IV. 許多教育領域教授們的思想（或許我用這個字是不可原諒
　　地厚道）、發言，以及活動充斥著混淆與矛盾。（p. 33）

　　他還引用一些「敵人」在近期所作的陳述，然後說它們都是「垃圾……而
且是密實濃稠且巨大的垃圾」（p. 34）。胡樂以英文使用的惡質化，還有中學
畢業生「連芝加哥市旁大湖的名字都無法叫出」（p. 36）之奇聞軼事點綴在他
的講演之中，這絲毫也不足為奇。最驚人的是他的言詞當中緩慢滲出之凶猛、
野蠻與殘暴。顯然，這樣的憤慨與怨恨已經在學術世界的地表之下沸騰與激昂
了許久。後來，《科學月刊》（Scientific Monthly）刊載了胡樂這篇講詞，並
且收到了 248 個回應，其中有 226 個是持有贊成意見的。

　　幾乎在沒有任何警示的情況之下，1950 年代變成了一個對於美國教育批
判的時代，就整個美國的歷史而言，也應該是前所未有、無與倫比的事例。雖
然一些批評是威斯康辛州參議員麥卡錫（Joseph McCarthy, 1908-1957）所發起
的，就著範圍相當廣泛的一些具有影響力的人物，鏟除其中共產黨人及顛覆分
子這項運動的衍生物，但是，真正持久的攻擊則是學界人士在大學校園內的講
壇所發動的。也許最為持久且產生最大效力的評論者應屬來自伊利諾大學的歷
史學教授貝斯特（Arthur E. Bestor, Jr., 1908-1994）。像胡樂一樣，貝斯特
（Bestor, 1952b）認為教育領域的教授應該為這一團混亂負責，但是，他的攻
擊當中最具滲透力的論點是，學校已經偏離了他們的主要功能，亦即理智的發
展。貝斯特針對包含在《為全美青年而設的教育》（Education for ALL Ameri-
can Youth）報告書中，且又成為全美中等學校校長協會（National Association
of Secondary-School Principals）半官方教條的十項所謂無上命令式的青年教育
需求，作了十分尖刻的譏諷。他反對任何試圖以青年需求來界定教育之「模糊
的包容性」（vague inclusiveness）。他堅持主張「迎合青年共同的及特別之
個人的需求，並非學校的職責」（p. 415）。相反地，他認為學校乃是一個必
須實現特殊功能的專設機構。它不是像許多專業教育者所宣稱的，它是將其他
社會機構未能成功執行的功能全面地接收過來的一個單位。他指出：「像『家
庭與居家生活』這樣許多應時的教育口號，簡直是一些幌子，讓今天的學校不

得不取代家庭應該踐行卻無法踐行的職責」（p. 416）。生活適應教育支持者的各項陳述之中所缺乏的是，學校的中心角色應該是公平無私地為「大眾」提供理智的訓練。貝斯特（Bestor, 1953a）舉出卜羅社決議中的 60%這個數字，進而指出此一決議乃是極端反民主的作法，因為它假定了一大部分人「無法受惠於理智的訓練」（p. 12）。貝斯特明白地為伊利特（Eliot, 1905）的《十人委員會報告書》進行辯解時指出，這樣的一種將學校人口加以分立的作法，乃是「再一次地尊崇古人所說的，大部分人都是命中註定要做劈柴挑水的苦活，只有少數經過挑選出來而具有超卓適應力的人，才可以占據社會中的特權位置」（pp. 12-13）。作為第一流善辯者的貝斯特，不但獲得愈來愈大部分學術社群的注意，也爭取到大眾媒體的一些注意。

　　貝斯特（Bestor, 1953b）把他在期刊中所發表的各篇攻擊性的文章集成專書，冠上《教育荒地》（*Educational Wastelands*）的書名，闡明了他自己與生活適應教育支持者的教育理念之間顯著不同。貝斯特不情願地把生活適應教育跟進步教育之間取得連結，因為進步教育是如此的一個「含糊不清且模棱兩可的」語詞，因而人們總是把它給應用在一大堆的方案之上，他對於許多情況都「深表由衷的同情」（p. 44）。他說：「我認為自己很不幸，於 1922 至 1926年之間，在這個國家最進步的學校之一，哥倫比亞大學師範學院的林肯學校接受中學的訓練」（p. 45）[134]。貝斯特似乎察覺了其他批評者未察覺到的——

---

[134] 哥大師院林肯學校洛克由菲勒出資設立於 1917 年，該校設立的主旨在研發與試驗以進步主義教育思想為本的課程與教學，並作為作為哥大師資生的實習學校。首任校長由哥大師院科學教育教授卡德維爾（Otis W. Caldwell, 1869-1947）兼任，他與數學出身卻獻身社會科教育的羅格（Harold Rugg, 1886-1960）等教授，將林肯學校辦成一所施行「經驗課程」（experience curriculum）——亦即以教師帶領學生由實作經驗展開各個學習領域的教學——的知名學校。但是，該校也因為所具進步教育研發與試驗的性質太重，在進步教育思潮漸受質疑之時，於 1940 年停辦，並併入較不具此一性格的哥大曼恩學校（Horace Mann School）。然而，依 Urban（2015：63）之說：貝斯特一方面指出林肯學校是美國最具進步主義性格的學校，但也在其 1955 年所著的《學習的恢復》（*The restoration of learning*）

生活適應教育並非杜威曾經支持過的各項改革的派生物。事實上，他引用了杜威《經驗與教育》（*Experience and Education*）（1938）書中的文字作為例證，說明「我已經闡釋的觀點」（p. 51）。身為生活適應教育運動有關文獻的研究者，他能為他所知覺到的該一運動所具有的反學術主義，舉出各項重要的例證。以下出現在全美中等學校校長協會《公報》（*Bulletin*）的文字，或許是他最喜愛的一個例子，也是他在許多場合都引述的一段聲明：

> 當我們逐漸察覺，並不是每個兒童都必須會閱讀、數數、寫字與拼綴……他們之中許多人都不會，未來也將不會掌理這些瑣事……那麼，我們就可以開始進行初級中學課程改進這項工作了。
>
> 在這一天與那一天之間，有許多銷售的事情即將展開。不過，它就是這麼回事。我們必須接受這樣的想法，正像我們假定每個人都必須會拉小提琴，乃是不合邏輯的一樣，假定每個男孩都必須會閱讀，也是不合邏輯的；要求每個女孩都應該會拼綴得很好，比要求每個人都會做一片很好的櫻桃派，還不合理。
>
> 當成人們最後理解了這樣的事實，每個人都會比較快樂……而且學校會變成一個更好生活的地方。（Lauchner, 1951: 299）

264　作為一位專家型神槍手的貝斯特當然能擊中這個非常大的靶子。

　　貝斯特也像其他批評美國教育的學界人士一樣，患有過度誇張的毛病，而且，他對這個問題的激情有時候反而礙了他的事。不過，他能夠把自從生活適應教育運動，還有，在那之前的社會效率教育論受到某些特定教育改革者青睞以後，一個一直不斷在惡化的問題給點了出來。這些改革者試著努力地向一群新的學生人口伸出援手，並且直接地將課程加以調整而成許多活動，而這些正是兒童及青年需要藉以表現其作為社會成員的活動。在這種情況下，這些教

書中第 140-141 頁中的文字指稱，其在林肯學校受教於一些老師時，這些才氣煥發的（brilliant）老師們是以現代的教學方法把基本學科教到最為完美的情況。

育改革者的作法，就是把學校所擔負的理智發展角色貶黜到較低下的地位，或者，像在許多案例所顯示的，把這項理智發展的責任僅僅保留給一小部分準備入讀大學的中學生。

　　不知是經過有意的設計，抑或是無意的巧合，伊利諾大學的一位教育領域的教授韓德（Harold C. Hand）變成了生活適應教育運動中的俠客。在爭論開始的初期，他及伊利諾大學教育學院的副院長山佛德（Harold W. Sanford）（還與全美中等學校校長協會的執行委員會、該組織的課程規畫與發展委員會、伊利諾課程方案，以及全美青年生活適應教育委員會等單位合作），針對貝斯特早先所作的攻擊執行一個冗長的分析（Hand & Sanford, 1953）。其中一個回應是，貝斯特明知公共教育已經擴充，但是他卻未能將學校新進人口的學習能力所呈現之顯著差異加以考慮，而且，在這種情況下，學生在這一個世紀以來在學業成就表現低下的主要原因，可以歸咎於這些人口變遷所造成的差異，而不是因為實施了以生活適應教育為名的新措施，才造成這種後果。他們堅持主張，「學生內在智慧的水準是他們能獲得多少理智訓練的非常真實的決定因素」，而這跟「家庭因素」（p. 464）是一樣的。韓德與山佛德經常引述哈佛委員會（Harvard Committee, 1945）的報告書作為支持；他們指出，該報告書的建議恰是為把學校人口三分的卜羅社決議作背書的最佳來源。他們兩人的論證正好把貝斯特所提出的傾向說加以反轉，因為他在引用一些文字時，有斷章取義之嫌。例如，貝斯特曾經引用《學校與國家安全》（*The Schools and National Security*）一書作為生活適應教育的主要例證（Sanford, Hand, & Spalding, 1951）。特別是，貝斯特引用了該書之中一個有關約會類型的一項研究資料。韓德與山佛德小心謹慎地檢視了這項引用的整個文脈後指出，這筆資料只是該書中六十六個有關課堂實務建議中的一個而已，因而不必然顯示整本書都是像貝斯特所說的那樣。韓德作為一個發言人，算是有活力甚至也算能鼓舞人心，但是，不知道什麼緣故，他似乎顯得太過謹慎，以致往往依賴一些小細節來翻盤，卻也因為如此而無法發動一番力量夠大的攻擊，給敵人一番痛擊。就是因為如此，生活適應教育很快就開始失去其可信度，先是學術社群，到了最後，連一般大眾對該一運動也喪失了信心。

265

　　檢討起來，首先值得一提的是，生活適應教育的願景真是太過浮誇。過去，社會效率改革者就是這麼做的，他們不是就著普通教育重組現行課程，而是試圖全面替換之。生活適應教育的倡行者不滿足於職業教育所獲得的重視，也不滿足於科目重新編製以便對於實用的結果給予較大的注意力，這些人試圖在最後的時候，能在美國課程競逐的場域之中，打敗其他匹敵的利益團體，俾便奪得頭籌。生活適應教育倡行者懷有一項戲劇化的且又高度公開化的企圖，他們試著以揭露傳統科目的一無是處，來顯示中等教育所具有之直截了當的社會價值。這樣的努力經過證明乃是不合時宜之舉。單單就他們所提議的改變事項，牽涉的層面就太廣太大，以致於擾動了學術社群，大家群起而針對學術科目進行激烈的防衛。當生活適應教育的倡行者試圖指出學術界的偏見，將會造成對於大部分學童的不利後果，學界人士則堅決地主張作為學校教育基本功能的理智發展，將會因為設置這一套新的且完全講究功能的普通教育而破壞殆盡。

　　令人驚異的是，來自學術社群的反擊竟然深獲一般大眾的同情。知識分子的地位，在小羅斯福（Franklin D. Roosevelt, 1882-1945）總統所設的專家顧問團（brain trust）時代即有所提升。雖然後來，有些走回頭路，但是，稍後的科學家們在研製原子彈，還有與蘇聯之間所進行的科技競賽，皆為知識分子受到重視的明證。1952 年及 1956 年，一位人稱「書呆子」（egghead）的總統候選人史蒂文森（Adlai Stevenson, 1900-1965），前後兩次競選總統皆以失敗告終。他雖然敗於艾森豪（Dwight Eisenhower, 1890-1969）這位美國英雄，但是，舉國上下對於知識分子尊崇的新氣象，已經漸漸形成。這使得針對生活適應教育提出批評的舉動，建立在肥沃的土地之上，因而使得這群教育改革者所提出的美國一般大眾無法接受學術性質課程的說法，遭致貶抑。看起來，走上繁榮之路、社會改革，甚至國家安全等是無涉於現有狀況的適應，而是與明智的行動相連結。

266

iv Sputnik 與生活適應教育

　　當蘇聯於 1957 年 10 月 5 日發射全世界第一顆圍繞地球軌道轉動的人造衛星史瀠尼克號（Sputnik）之時，生活適應教育已經勢微了。幾天之內，美國的大眾傳播媒體已經為蘇聯科技的成功找到了一項理由。正如大家公認普魯士的學校教育是該國於 1866 年的哥尼格拉茲戰役（Battle of Königgrätz）擊敗奧地利的主因，令人難以置信的蘇聯科技成功事蹟也是因為該國教育體制優於美國所造成的。很快地，大家就都相信，美國施行生活適應教育這件事，正是蘇聯強而有力的教育體制，勝過美國「軟弱無力」教育體制的主要原因。這樣的解釋並指出，當美國的學童們還在學習怎麼跟人和樂相處，或者怎麼製作櫻桃派之時，蘇聯的學童已經在為贏得科技競賽而埋頭於硬裡子的科學與數學的學習。而且，美國大眾深知，科技競賽已經成為冷戰的主軸。

　　這種蘇聯科技成功的詮釋之某些種子，早經海軍中將李克佛（Vice Admiral Hyman G. Rickover, 1900-1986）（1959）在 1956 年開始所作一系列講演時，就已經播種；這些講演後來輯成一本文集出版。這位以帶頭發展原子潛艦而知名的李克佛中將，早已受到大家尊崇為一個優秀的知識分子，並且對於許多國會成員有著相當可觀的影響力。在對於美國教育的批評中，他一貫地喚起國人對於蘇聯科技進步的注意，強調「一個國家可能造成的最大錯誤即是低估了潛在的敵人。蘇聯的工程與科學的發展構成了對於我國國防嚴重的威脅」（p. 50）。他特別挑出了蘇聯教育體制相對於美國所形成的優勢，乃是此一問題的核心。正如我們所預期的，生活適應教育成了一個他所喜愛的靶子，然而，他也指出，杜威乃是將美國教育體制帶向軟弱無力的罪魁禍首。李克佛不只喜歡將美國課程與蘇聯比較，也喜歡將它們與歐洲國家的課程相較，進而綜合地總結道，一般美國人對於平等所持有的錯誤概念，使得美國的各級學校都向下沉淪。

　　李克佛的主要論點之一是，作為整體提升教育國力重要部分的資賦優異學生，在美國各級學校中受到了不當的忽視。他指出，在發展原子彈的科學家當中，有 60% 至 70% 是在外國出生與接受教育的（Rickover, 1959: 153）。在針

對 1955 年之前，物理與化學方面諾貝爾獎得主的人數，作了一番確認之後，李克佛總結道，德國、英國、法國及丹麥等國的「科學工作者」（brain power）之組合是「我國在這些科學領域中的 11 倍之多」（pp. 152-153）。在針對一些學界人士的批評進行反思之後，李克佛指出他們的立場乃是「學校應該集中全力關注學生的理智發展」（p. 154）。不過，李克佛的想法不止於此。其實，像其他人一樣，他是一個文理科教育的擁護者，但是，他把對於理智發展的興趣，與他試圖在科學與技術方面超越蘇聯的想法，兩者結合在一起，大力譴責許多人「只注意到一些枝微末節，卻妄想將我們的學校辦理得更強而有力」，他認為這些作法並不足以「讓我們的教育體制走在前頭——至少要超越蘇聯」（p. 154）。所以，說來也奇怪，李克佛的批評當中，竟然有著一項清楚的社會效率論成分。與其說，理智發展的本身可以讓個人有能力掌握當今的世界，不如說它更是在冷戰中直接獲取勝利的重要途徑。於是，原本是一個標準的人文主義者主張，卻因為對於大眾具有強大的訴求力，而將一個在學術界人士與專業教育人士之間對於課程掌握權的競逐，轉變而成為舉國上下關注的一個急迫問題。

在史潑尼克號事件之後的一年之內，國會對於全美各地鼎沸的輿論，以 1958 年 9 月 2 日通過的「國防教育法案」（National Defense Education Act）回應之。在該法案的第一段文字，清楚說明了該法案的立法主旨：

> 國會茲特確定宣示，我們必須充分發展青年男女的心理資源及專門技能，俾便維繫國家安全。目前的緊急狀況要求為這些青年男女，提供額外的與更為充分的教育機會。我國的國防胥賴他們熟練由複雜的科學原理發展而來的現代專門技術之掌握。（National Defense Education Act of 1958）

該一法案的主體關注數學、科學與外國語文等的課程修正（curriculum revision）；另外也加強輔導服務，這是為了辨認日受重視的資賦優異學生而自然產生的一項服務。正如同 1917 年的史密斯－休斯法案（Smith-Hughes Act）一樣，國會感受到通過一項特別的作法，以便符應國家緊急的需要。然而，與

史密斯－休斯法案不同的是，行政方面掌控的大量經費並不直接撥予專業教育　*268*
人員。因為生活適應教育的不當作法而受損害的可信度，使得專業教育人員不
再於課程事務上享有完全的自由。國會明確地接受了學術界所批評的，教育者
在過去一直將軟弱無力且在理智上不成熟的課程強加於美國的中小學之結論。

　　大多數用以進行課程修正的經費皆透過美國國家科學基金會（National Sci-
ence Foundation）匯集，該會是於 1950 年成立，主旨在支持科學發展的一個
政府單位。國會慷慨撥款的受惠者是一些在 1958 年法案通過之前即已開始進
行的科學與數學課程方案。舉例而言，由麻省理工學院（Massachusetts Institute
of Technology）的物理學教授柴嘉禮（Jerrold R. Zacharias, 1905-1986）領導的
物理科委員會，早在 1956 年就開始試著重構物理科的教學，即於法案通過後
獲致強大的支持。在它存在的第一個五年之間，該委員會花費了大約 600 萬美
元，進行了一個包括教學材料製作在內的專題計畫，另外還有 600 萬美元則是
要重新訓練使用這些教學材料的教師。伊利諾大學的學校數學委員會早自 1952
年起即開始研發新數學課程。另外，則有一些是在「國防教育法案」通過之後
才開始執行的，例如學校數學研究群組（School Mathematics Study Group）、
化學教育材料研究（Chemical Education Material Study），以及生物課程研究
（Biological Sciences Curriculum Study）等。不像史密斯－休斯法案是以技術
熟練的工人為繁榮與安全的關鍵，現在的基調則轉變而為知識分子，特別是科
學家、數學家及工程師才是讓美國成為聳立於世界頂尖的秘訣。

v 科目仍在

　　這些課程專題計畫從許多方面代表著一個時代的結束。第一，幾乎毫無例
外的，這些主要的計畫主持人都來自若干間主要大學的各個學術學系。換言
之，課程改變由專業教育社群轉而由學術學門的專家掌有控制權。第二，正如
所預期的，溯及於半個世紀之前，將學術科目作為課程基本部件的作法，取而
代之的企圖，猝然遭到中止。從此不再有人積極地以各種方案或是生活領域取　*269*
代科目。第三，長期以來，強調由地方主導課程改變的作法，已為由中央管控

課程修正的趨勢取而代之。雖然由美國國家科學基金會所主導的課程修正計畫及有關的方案，並不具有要求地方學校體制遵行其所建議的改變之法律權力，但是，它們確實已經將課程改變的過程轉換成為這樣的一項作法：由專家在一個以課程改變為主旨而設立的中心發展課程，然後，由地方學校系統以消費者的身分將它們當作外來的倡議付諸施行。然而，這些高度重要的改變將會在其所由出的社會與政治氣氛之中存活多久，又，它們解決課程問題的功效多大，這些方面都還有待確定。

在聯邦政府以大規模的方式介入美國中小學課程，戲劇性地改變了各個不同利益團體的相對力量。因為有了大量經費可用來改變學校科目教學的方式，所以，幾乎在一夜之間，人文主義立即變成了最強而有力的主張。一切努力都不是導向將學術科目加以取代，或者是將它們加以重組，而是把它們帶到一些尚待開發的學術領域。雖然，到處仍有人感覺，學術知識的寶庫應該只為一些經過篩選的少數人供應，但是，總體而言，我們確實看到整個提升所有學生的學術水準——最後還會延伸到各個社會科學與人文學科，乃至自然科學與數學等領域。然而，其他的利益團體並未完全遭致征服的命運。不論好壞，這一波聯邦政府介入課程事務的新舉並不會塗消過去六十五年來課程改革留下的痕跡。發展論者部分成功地引起大家注意到兒童的生活乃是課程思考中的關鍵要素之一。社會效率教育者則增強了美國人所相信的，教育應該與實質的報償相連結。社會改良論者把學校教育與社會進步的關聯帶到顯著的地位；學校而非其他社會機構變成了美國公民權利競逐的焦點，就是一個例證。

學校科目經過證明確實是難以攻破的堅固堡壘。作為課程基本單位的科目，成功地抗拒了各種想要將它取而代之的作法；這些作法有如各個生活功能性的領域（functional areas of living），還有由學生興趣而產生的方案（projects）等等較具雄心的手段。如果過去這六十五年來，只是單純地以英文、數學、歷史、地理及諸如此類的科目，能在來自各方的攻擊中存活下來的程度，來評估其課程改革的努力成果，那麼，我們可以說，這項努力是以失敗收場。但是，若是單只從科目的名稱來看這件事，就會受到誤導。由各個不同利益團體所倡導的某些改革，是在課程之科目組織的整個脈絡下所完成的，就這些科

目而言，在各種不同的程度上，實際上已經把某些改革作法融入其中了。毫無疑問地，並非所有的改變都可視為進步的象徵，但是有些組成課程的科目已經透過一番重組、整合，乃至現代化，如此，則可以說，已經達到了適度的成功。各個科目還是都存在著，然而，它們卻是以改變了的形式存活著。

　　在競逐仍持續下去之時，若是頂著科目的名稱，再往下看實際教學的情況，我們就會發現，所有各種不同利益團體的努力就變得明顯了。舉例而言，英文科就受到經驗課程運動的影響，社會科吸納了社會效率論及社會重建論的重要成分。在那種意義上，美國中小學課程競逐的結果，就成了一種未說明、且無意識的低盪狀態（detente）。在同時，20 世紀的課程也就讓我們對於文化中的學術資源，一方面引以為傲，充滿信心，另一方面又多方反對，不時排斥；一方面視課程為心靈解放之所依，另一方面又視其為桎梏人心之錮鎖；一方面以課程為謀求兒童與青年福祉之不可或缺者，另一方面又以其實乃迫使渠等反叛與疏離之罪魁禍首；一方面讚譽課程代表了社會與政治改革之最佳媒介，另一方面又譴責其延續了現有階級結構且再製了社會的不平。

後記

探究進步教育的意義——
地位政治脈絡中的課程衝突

i 各家研究評析

我們暫且把各種改革運動兜攏起來，稱之為進步教育。這些年來，
總是有一些人針對這些兜攏而成的進步教育，做一番描述；單單是他們
所做的這些描述，本身就已經逐漸發展而成一套某種樣式的歷史。那也
就是說，除了這些改革運動的歷史本身之外，歷史學家們界定進步教育
的做法，也已經形成了一套自己的故事。旨在再現 1893 年與 1958 年之
間各種改革做法的《美國中小學課程競逐史》一書之得以問世，尤應特
別感謝一些學者，在 1960 年代對於教育史應如何書寫這個問題上，所爆
發的激烈爭論。在很大的程度上，這一項爭論所採取的形式，是針對教
育歷史書寫的既定作法提出挑戰。這種既定的教育史學
（historiography），通稱為頌揚式的歷史（celebratory history），或者
是「家戶式的歷史」（house history）（Tyack, 1974: 8-9），或者，有時
候，稱之為輝格歷史（Whig history）。採取這種觀點所書寫而成的教育
史，把人們在教育方面所推動的新措施，都視為進步的證據；教育改革
者都是英雄，而對於變革表示各種不同反對意見的人，則都是惡人。過
去，教育史所再現的都是向前進步之歷史。例如，進步教育是一項針對
19 世紀及更早之前主導學校教育的一些蒙昧無知的作法，提出挑戰，因
而在 20 世紀中葉某一段時間的前後，終於獲致成功。依據那些教育史所
做的大部分記述，這是因為民主與啟蒙的力量，戰勝了菁英主義與墨守
成規的傳統之結果。

許多年以來，這種教育史的取向對隸屬於教育學院的歷史學者而言，特別
272　具有吸引力，這是因為他們自視其任務乃在運用歷史，把一種榮耀的意識慢慢
灌輸給未來的教師及其他各類教育專業人員。學習教育史這件事，在過去一直
都是教師專業社會化的一部分，在很大程度上，現在仍然是這樣。教育界人士
總是把歷史視為一種工具，藉以把榮耀意識灌輸給即將成為高尚專業的成員，
這與一般人總是把歷史用來激發愛國心，或者提升公民素養的想法，可以相互
比擬。這種主張也與另一種想法有所關聯，也就是歷史可以為現今的問題提供
直接的解決方案；至少，歷史可以讓我們不致於重蹈覆轍。未來的教師們學習
教育史，還有比這更好的理由嗎？

貝林（Bernard Bailyn, 1922-）於其所著《形塑中美國社會的教育》（*Edu-cation in the Forming of American Society*）（1960）一書的導論，針對上述的那
種歷史書寫方式提出重大的挑戰；又，若以該書出版的時間來標示教育歷史書
寫的轉振點，應該是再恰當不過了。貝林以帶有某些同情的心態指出了，以教
育史作為教師們正式加入教育專業過程的一個部分，這樣的想法可以理解，但
是，他認為教育歷史書寫的許多問題，卻也率皆出於該一動機。由所謂的「教
育傳道者」（educational missionaries）所撰成之歷史，無可避免地反映了善
意，但卻都是出乎外在引導的意圖，以致有失去歷史本身應具有的特性之虞。
舉例而言，教育歷史的社會與文化脈絡完全不見了，馴至有將學校描述為抽離
社會文化而存在的「自給自足的實體」（self-contained entities）之虞。更為重
要的是，這種充滿了試圖把專業榮耀灌輸給初學者這樣的專業偏見，深深地影
響著詮釋教育史的做法。貝林總結道：「對於這些寫手而言，過去只是現在的
縮影（writ small）」（p. 9）。換言之，這種教育史只作到了，解釋現在的制
度安排與實務作法是怎麼走向這一步的，然而，在效果上卻只作到了證明這些
安排與作法的存在。

正當貝林對於頌揚式歷史作出求全的責備之時，克雷明（Lawrence A. Cre-min, 1925-1990）也出版了《學校的變革：美國教育中的進步主義》一書
（*Transformation of the School: Progressivism in American Education,
1867-1957*）（1961）。就現在的情況而言，若說克雷明這本書的問世是個里

程碑，幾乎可謂老生常談。事實上，克雷明比任何歷史學者都超出很多，他成功地把教育史置於整個社會與文化史之中的主要部分，而且，在他這本書問世之前，從未有人以如此方式書寫教育史。由他這本書副題的用字之小心翼翼，即可看出他有意嘗試作一些新的突破。他清楚地指出，他意圖使這本書不要畫地自限，只是狹隘而專門地論述進步教育，而是放大開來，較大範圍地探討社會與政治的進步主義，究竟**如何影響著教育**。如同克雷明自己在該書序言中所表示的，進步教育乃是：「把美國進步主義當作一個整體時，其所顯現的教育層面」（p. viii）。 *273*

　　既已說明了核心論點，克雷明隨即以三項確切的語詞詮釋進步教育的特性：(1)學校教育的功能擴大，除了理智的發展之外，還包括了諸如健康與職業能力等領域；(2)將科學研究應用到教育的實務上去；(3)「就在學的學生經過多種方式而指認之不同類型的學生『進行量身定製的教學』（tailoring instruction）」（p. xiii-ix）。他也論及進步主義改革者的想法，並且把這項想法當作一項全面遵行的信條：將理智的文化加以民主化，讓所有的人都有機會接受這種文化。儘管克雷明已經明確指認了這些一般的特性，但是，他在該書序言的結尾，仍然作了一番免責聲明：「若讀者試圖在本書搜尋任何對於進步教育所作的簡要定義，必定徒勞無功。根本沒有這樣的定義存在，也永遠不會有；因為就進步教育的歷史而言，它對於不同人就意指不同的事情，而且，因為美國教育的歧異性太大，使得這些不同的狀況變得更加複雜。」（p. x）就一般成規的用法而言，克雷明可能確實未提供一個簡要定義，但是「把美國進步主義當作一個整體時，其所顯現的教育層面」這樣的說法，配合他所敘述的三個特性，雖不近亦不遠矣。

　　在克雷明提出其詮釋的三年後，柯若格《美國高級中學的形塑》（*Shaping of the American High School*）（1964）一書的第一冊問世。柯若格的文風精妙纖巧，細微敏銳，卻往往因而把他針對進步教育所作詮釋的激進性質，弄得模糊了。[135]

---

[135] 原注 1：卡茲（Michael Katz）（1975）撰有：「在中學課程發展方面不可缺少的資料」稱讚柯若格的這本書。

　　從某個觀點來看，柯若格對於一般所稱的進步時期當中所發生之教育運動的路線，不像克雷明那麼樂觀。毫無疑問地，克雷明及柯若格對於此一運動所作的評論，都並不嚴苛。兩位多多少少都讓他們所作的敘事，自然而然地呈現出他們所作的詮釋。但是，克雷明清楚地表現出他總是力求面面顧到（on balance）（原作者內文注：此地僅引述他最喜歡的用語之一），所採取的觀點也可謂積極正向，而且，他對於此一運動的消逝，所表示的遺憾之情，也是十分明顯。他說，雖然進步主義改革者可能並未充分地實現其抱負，但是，他們所專注推行的運動，確實是一項有著高遠心志，且有著民主理想激勵的事業。

　　相比之下，柯若格的評論就很是混雜，這段期間其他許多學者提到的改革，柯若格都不予認可，無論如何，最起碼他是默默地加以拒斥。舉例以明之，與學校人口中各個特定部分有所關聯的課程差異化這件事，對於柯若格而言跟對於克雷明而言，即是大不相同的一回事。對於克雷明（Cremin, 1961）而言，看起來似乎是為了符合不同學生組成分子的需求而施行之「量身定製的教學」（p. ix），在柯若格（Krug, 1964）的理解，卻是一種難以改變的作法，這種作法不可能「鬆動現行的階級教育政策」（p. 203）。更有進者，雖然，柯若格以一般的術語說明，這個時期基本上是「一個針對既有秩序進行批判的時代」（p. xiii），但是，他並未像克雷明那樣試圖把這個時期的特有屬性逐一列舉之。事實上，對於柯若格而言，進步教育作為一個可加以指認的實體，根本就不存在。舉例而言，在他那本書的索引之中，只有一個條目提到了《**進步教育**》（*Progressive Education*）這份刊物，有幾個條目提到了進步教育協會（Progressive Education Association），卻沒有任何一個條目提到進步教育這個詞的本身，而克雷明那本書的索引之中，有關進步教育這個詞的條目即列舉了滿滿的兩個欄目。

　　柯若格的主要貢獻之一，就是把社會效率的概念重新加以引進，作為進步時期在教育方面的一個理想。雖然，就這個時期的本身而言，社會效率這個術語廣為各方所用，而且許多人公開宣稱自己是支持者，但是，這個曾經為教育史學家描述為此一時期一個普及的意識型態，不曉得是什麼緣故，已經不那麼受到關注。克雷明（Cremin, 1961）提到，有那麼一個「於二十年代出現的一

條課程改革支流，其在反對形式主義的表現很是激進，但其最後為社會帶來的影響，卻較保守」（p. 198）；不過，他幾乎只是以附帶的方式提到這一點。他在這個節骨眼上，也簡要地對於巴比特的科學主義作了一番批判，但就他所作的詮釋之整體而言，這只是相當不顯眼的一個部分。相對照來看，社會效率作為一個強而有力的意識型態，包括其所強調的社會控制在內，是柯若格這本書的核心觀點。事實上，在某個地方，他強調地宣稱：「到了最後，社會效率征服了所有的人」（p. 276）。在他堅持社會效率是此一時期重要意識型態的口頭禪時，柯若格不只是認可了克雷明（Cremin, 1961）所指的進步教育具有之「多元的、經常都是相互衝突的性格」（p. x）；他還賦予了這整個運動更多的負面觀察。

最後，柯若格在他的歷史記述之中，把學校課程置於中心的位置，這一點克雷明就未能做到。柯若格對於這段期間課程改革的努力，有著非常強烈的興趣，他對於那些試圖取代或者激烈地重組傳統的學校科目之改革，實際帶來的效應，尤其關注。事實上，柯若格在他這套專書第一冊的結論中，即就著這些試圖轉變學校科目的改革，對於學校科目所帶來的影響之程度，作了一番檢視。相比之下，克雷明則是在《轉變》一書的結論中呈現七點說明，俾便解釋進步教育運動之所以如此突然地崩解的原因。克雷明這本書的索引，未見到任何課程，或是學習進程的字眼。[136] 他的焦點置於影響進步教育運動的社會力量；柯若格的焦點則置於大約同段期間，各方所提出的改革建議在學校實際作法的社會意涵。 *275*

新教育史的一項重要而比較早出現的跡象，可以從卡茲（Michael Katz, 1939-2014）（1968）出版的《早期學校改革的反諷》（*The Irony of Early School Reform*）一書看出。雖然，這本書比較像一個歷史的個案研究，而不像一個規模較大的歷史研究，而且它所覆蓋的時期也先於絕大多數史家所認為的進步時期，但是，卡茲這本書預示了修正主義者史家們未來將處理的主題，以

---

[136] 原注 2：赫布斯特（Jurgen Herbst）（1991）在一篇評論中稱，克雷明以《美國教育》為主題的三巨冊極具權威的專書之中，皆未見其索引裡有課程這個字眼出現。

及所採用的詮釋。他挑起了把當時在公共教育方面所盛行的「迷思」加以消除這件任務的大樑。卡茲指出：「在很大程度上，史家一直都在協助把這樣一個本質上很是高尚的故事，持續地流傳下去，此一故事描述了一群理性的、經過啟蒙了的工人階級，由具有理想主義色彩及人文主義味道的知識分子，成功地從一群自私自利的、富裕優雅的菁英分子及頑固執拗的正統宗教支持者等人的手中，把公共教育奪取回來」（p. 1）。然而，卡茲卻針對這個發生在 19 世紀中葉麻薩諸塞州比佛利地區學校的故事，做了完全不同的敘說，以便取代這項迷思。卡茲所說的故事，是兩股人士慫恿當地菁英人士推動某些符合自己利益的教育改革。這兩股人士中，一股是心中只考慮到己身地位而自私自利的中產階級家長，另一股則是新近產生的一些專業教育人士。

　　到了 1970 年代，由較年輕的歷史學者組合而成的一個新群組，開始表達對於進步教育的批評，他們受惠於柯若格先前的研究成果，卻在調性上及實質上都比柯若格曾經想像到的任何事情，都要來得更為嚴苛。這些批評與社會階級的考慮之聯結較為緊密。這些後來人們稱之為激進修正主義者（radical revisionists）的教育史學者，實際上把頌揚式的歷史整個翻轉過來了。曾經為人們描述成推動民主普及教育的動因之各種改革運動及不同的改革者，現在卻讓大家理解為具有壓抑性質的事件與人士，他們主要是為了一群享有支配權力的菁英分子之利益而服務。史普林（Joel Spring, 1948-）所著、言明要獻給柯若格的那本專書《**教育與公司型國家的興起**》（*Education and the Rise of the Corporate State*）[137]（1972），就是一個很好的例子。史普林在這本書的一開始，就說明了他的論點：「20 世紀公立學校的組織，是為了要迎合公司型國家的需求，因而最後保護了統治者菁英以及科技集團的利益」（pp. 1-2）。接著，史普林對於與進步世紀有所關聯的任何改革都予以毀滅性的攻擊。他毫不留情地指向一項一項的革新作法，批評它們都是為了服務他所謂的公司型國家。即使克伯屈的方案教學法也不能倖免。史普林把它詮釋為一種堅持達成「社會一

276

---

[137] 本人係依蘇起、胡立台譯，將書名譯為《*教育與公司型國家的興起*》。蓋該書將"corporate state"譯解為「公司型國家」（1972：53，81-119）。

致性」的作法，其目的在於「使個人受到制約，因而無時無刻不對團體的要求作出回應」（pp. 59-60）。到了最後，史普林指出，不能寄任何希望於制度的改革，因為學校教育的組織特性不可避免地阻礙了自由與個性，卻只要求人們要適應社會的需索。他總結道：「任何關於改變社會化目的之說法，若是不考慮到這些因素，就都是無意義的。唯一可能的解決辦法就是把學校的權力加以中止」（p. 172）。[138]

激進修正主義者對於頌揚式歷史學者所稱的進步教育，確實發動了明顯可見且大致說來相當成功的攻擊。他們把這一項廣泛的運動看作是許多人都稱讚的改革，然後加以重新詮釋而成社會與政治菁英的工具；但是，兩方人馬爭論不已的這個稱之為進步教育的實體，到底是什麼呢？人們無論對於這件事採取哪一個立場，總是有那麼一個進步教育的東西在那兒，等著人們界定與詮釋它。

第二個處理進步教育定義這個問題的辦法，就是把進步教育這個術語應該包含的現象之範圍加以窄化。堤亞克（David Tyack, 1930-2016）（1974）所著的《**最佳制度：美國都市教育史**》（*The One Best System: A History of American Urban Education*）可說是這方面最值得注意且最成功的研究成果。堤亞克將「發生於美國教育以**組織**為對象的革命」[139]（p. 3）當作該書的主題。他這本書所敘說的是一群改革者菁英〔「行政方面的進步主義者」（**administrative**

---

[138] 原注3：伊利其（Ivan Illich）曾為史普林的這本書作序，而伊利其所提出的「去學校化」（deschooling）的主張正好與史普林這書的結論一致。史普林的詮釋與韋思坦（James Weinstein）（1968）所著《**自由國度中的公司理念**》（*The corporate ideal in the liberal state*）一書的詮釋相互平行。針對這段期間的教育改革進行一樣嚴厲批評的其他激進修正主義者包括了卡瑞爾（Clarence Karier）、魏辣斯（Paul Vio-las）、葛瑞爾（Colin Greer）及福來堡（Walter Freiberg）。

[139] 原注4：特亞克與韓索（Elizabeth Hansot）（1982）合著的《**德行的管理者：美國公立學校的領導，1820-1980**》（*Managers of Virtues: Public School Leadership in America, 1820-1980*）一書，對於某些與學校組織有關的論題，有更進一步的申論。特亞克與韓索在這本書中，對於所謂的進步教育之歧異性質，有更給力的強調。他們說：「諸如杜威這樣的思想家所主張的教育哲學，與行政方面的進步主義者的主張，相當不同」（p. 114）。

progressives）〕執行一項改革計畫的「成功故事」（pp. 182-198）。這個計畫旨在依循公司董事會的模式（model of corporate boards of directors）把學校的管理加以集中化，並且把某些特定的責任託付予經過專業訓練之學務總監及「專家」組成的工作團隊。另外的進步主義者，也就是「教學方面的進步主義者」（pedagogical progressives），則又細分為「自由至上論者及激進主義者」（libertarians and radicals）（pp. 196-197）；然而，這個部分幾乎只是簡單地交代一下，未加深入討論。堤亞克這本書的索引，僅有「行政方面的進步主義者」，而未見「教學方面的進步主義者」。

堤亞克的作法有某些優點。其一，他所強調的都市教育，還有更重要的行政及組織的改革，讓他可以把進步教育，與海斯（Samuel P. Hays, 1921-2017）（1964）所研究的那一類置於政治的進步主義脈絡中的都會改革，看成一樣的作法。在此一行政改革的架構中，克雷明先前把進步主義看成和政治的進步主義一樣的作法，就有其道理。其二，堤亞克可以不只從容地把進步教育當作一項運動來談論，並且賦予它一套合理且一貫的意識型態，他還可因而宣稱進步教育確實有著相當明顯可見的成功。對於堤亞克而言，進步教育是「由某些大家可以指認出來的主角們，以及他們所組成的聯盟，在都市教育方面取得實質權力的一項運動」（p. 128）。只要把進步教育看成一種很特別的組織改革，我們就沒有強而有力的理由不同意堤亞克把進步教育描述為一項運動。[140]

然而，若是把許多歷史學者將這段期間看成教學改革的因素考慮進去，那麼，進步教育是什麼這個問題就仍然是一個很大的迷團；而且，若再把巴比特、查特斯及史奈登等人所提具有退步性質的課程改革建議也考慮進去，就變得更有問題。畢竟，這剛好是激進修正主義者多方批評之所在。毫無疑問地，這些人以及在各種針對這段期間而撰成之歷史記述所指認的另外一些進步教育者，都自認其等所關注的是學校教育組織結構的問題。人們也把他們跟主張某些特定教育措施──諸如活動分析作為建構課程的一種科學方法──的學者看成是非常接近的一群人；人們認為他們主張學校應該將不同種類的知識供給不

277

---

[140] 強調之處為原作者所注記。

同的社會群體。舉例而言，20 世紀早期美國教育中職業主義的勝利，只是可以歸因於組織變革的一小部分史實而已。

最近，齊佛斯密（Arthur Zilversmit, 1932-2005）出版的《改變學校：1930-1960 年間進步教育的理論與實際》（*Changing Schools: Progressive Education Theory and Practice, 1930-1960*）一書，是以所研究的現象之範圍狹窄化這樣的作法來界定進步教育的另一個例子。齊佛斯密（Zilversmit, 1993）所作詮釋的核心是，他相信「進步教育只是當時好些個教育改革運動中的一個，這是一件很重要的事」（p. 2）。換言之，他堅持有一些進步教育改革者行事獨立（多多少少是這樣），因而與或許可稱之為非進步教育改革者的人士有所區隔。他舉了一個非進步教育改革者的例子說，他們「主要關心的是以近代企業為範例，把效率、集中化，以及科層體制的作決定等原則應用於學校事務的處理」（p. 2）。齊佛斯密因而在他的進步教育定義中，把堤亞克（Tyack, 1974）這本書焦點所在之「行政方面的進步主義者」加以排除。（職業教育以及將移民美國化的驅動力，也排除了。）但是，正如堤亞克一樣，齊佛斯密絕對有權力這麼作，而且，他窄化了的進步教育定義確實讓他有效地處理一組範圍有所限定的改革史實。對他而言，進步教育與杜威、帕克及克伯屈等的論著有所關聯，他認為這些改革者主要關心的是透過一個「具有培育作用的環境」（nurturing environment）（p. 3），來「滿足個別兒童的需求」（p. 2）。[141] 然而，必須注意的是，此一經過限縮的焦點非常像一個自行創用的定義（stipulative definition）。事實上，齊佛斯密要求他的讀者注意，就他的這本書而言，**進步教育**這個術語所指稱的只有某些特定的事情，而不是另外的事情。當他這麼做的時候，他至少排除了某些教育史學家所認為的，在那段期間最為人知的且由來已久的改革措施，而且，他這麼做也會把一些頗受敬重的對進步時期有所研

278

---

141 原注 5：如同某些節略版的杜威哲學常見的情形一樣，齊佛斯密的說法多少有些　　誤導。講究平衡的杜威教育哲學，其實較多偏向於社會而較少偏向於個人，而　　且，所謂「具有培育作用的環境」（nurturing environment），與其說是要達成　　符合許多的「需求」，不如說是要促進理智的精熟。

究的一般歷史學者，諸如哈伯（Samuel Haber, 1928- ）（1964）及魏伯（Robert Wiebe, 1930-2000）（1967）等所認為是主要的改革措施，也排除在外。

　　將可以算作為進步教育改革作法的範圍加以限定，確實有利於撰寫一套較為乾淨俐落的故事，但是因為要自行創用這麼一個定義，以致於在運用進步一詞時，既未像一般辭典型的定義那樣反映出慣常的用法，又未能澄清下列這個問題：為什麼有許多不一致的甚至相互矛盾的改革作法，卻總是設法要取得這樣一個稱號？杜威是個進步主義者嗎？堤亞克在他書中唯一提及杜威的地方是，他（十分正確地）把杜威排除在行政方面的進步主義者在外（Tyack, 1974, pp. 197-198）；然而，另一方面，齊佛斯密則幾乎把進步教育完全等同於杜威及和他有同樣想法的時人之工作。再試舉另外一個例子，桑代克可能是克雷明（Cremin, 1961）所指稱的最有影響力的進步主義者，而且，他所強調的教育科學建立這件事，變成了克雷明所認為的進步教育之一項關鍵的層面。在齊佛斯密（Zilversmit, 1993）的記述中，確實曾經認可桑代克對於這個時期教育的影響，但是，他並不算是位進步主義者，這多半是因為相信（十分正確地）他與杜威的政治哲學有很鮮明的差異（pp. 9-11）。對於齊佛斯密而言，杜威的教育哲學成了一具測量桿子，任何有關進步主義的宣稱，皆須以這具量桿精確估計。

279　　　第三個探討進步教育定義這個問題的辦法，就是針對進步教育這個問題的陳述方式，提出挑戰。[142] 明顯地，這個問題有如所述，似乎假定了事實上有某些事情可以描述為一項改革運動，因而歷史學者的任務就是要發現一套合理的描述與詮釋它的方式，即使幾乎如每個人都同意的，在這項改革運動之中，有某些特定之無可辯駁的不一致性，甚至有著相互矛盾衝突的事象。此一問題絕不是限定於，**進步主義**這個字眼是否可以合理地應用到問題當中所指涉的那段時間裡去。不過，這個字眼本身的確進入了這樣的問題之核心：我們所指稱的進步教育，是否如克雷明所說，為一個較大範圍之社會與政治的進步主義之支脈。事實上，正是**進步主義**這個字眼，以一種很奇特的方式，成為激進修正

---

[142] 原注6：就其最基本的形式而言，此一問題或可敘述為，到底進步教育是什麼？

主義者的論著之焦點。[143] 他們所作的說明似乎（這確實是他們的功勞）是：限制了教育的機會，壓抑了社會的流動，以及維持了不平等且不公正的政治權力分配；而且，這種情況到處可見，且成了十分普遍的現象。換言之，他們的說法會讓我們有這樣的感覺：我們過去在進步時代的所作所為，從社會及政治的角度，甚至是教學的角度來看，都是退步的。

　　但是，於進步教育是否在社會及政治的意義上，真的有所進步這個問題之外，還有更為基本的問題：是否有任何事物可以描述為具有進步的性質，或者，具有其他的性質。在爭辯進步教育是否真的有所進步這個問題，仍然假定了有某項事物可以描述與詮釋。然而，足夠有趣的是，早在 1960 年代，就有教育以外的學者針對美國的進步主義是否為一項社會及政治的運動〔也就是說，「從大處著眼」（writ large）[144]〕這個問題開始提出挑戰。舉例而言，在 1964 年，勒文（Daniel Levine）即總結說，這個術語根本就成了一個空無的概念（an empty concept）。他認為：「『進步的』這個字為大家頻繁地使用，以致於失去其所具有的清晰意義，而只剩下作為指稱某個特定時期的用語，或者某個特定政黨的名稱。我發現它既無價值又會造成誤導」（p. xi）。

　　在費林（Peter G. Filene, 1940- ）（1970）發表〈進步運動的訃告〉（An Obituary for the "Progressive Movement"）一文之後，這場爭辯認真地展開了。費林由小心地概覽此一世代的歷史學者所提出之各項詮釋展開分析，以便能以某些程度的準確性來描述該項運動。首先，他檢視了人們是採取什麼作法，針對某一種運動作合理的界定。依據他的觀察，很明顯的，某項運動作為一種大眾行為的形式，都可能在某些特定的層面進行散播，但是，如他所述，一項運動會比一時流行的風尚，要來得持久一些，其所涵蓋的範圍也比一次驚恐慌張或是騷亂嘈鬧要大一些，又比信仰禮拜要寬廣一些。一項運動也在某種程度上

280

---

[143] 原注 7：早在 1970 年，史普林即曾針對克雷明（Cremin, 1961）所作的詮釋，發動了直接的攻擊。

[144] 一般辭典將"writ large"解為"easily or clearly recognizable"，中譯為「顯而易見」或「容易識別」。譯注者因而以為亦可解為「從大處著眼」，蓋「從大處著眼」，事物「顯而易見」或「容易識別」的機會較大。

是自我覺識的，而非可以應用在只是共同擁有一項或更多項共通特性的一群人之上。費林指出：「一項社會運動的成員是以深思熟慮之自我覺識的方式組合，進而採取共同的行動，與一群非集體式（noncollective）或是『聚合式』（aggregative）的群體（如黃金髮色的人，或是低收入的家庭），這些在社會科學家或其他觀察者的想法裡，而不是在成員自己心靈中共有的身分認同（common identity）」（p. 21）。換言之，凡是認同於某項運動的人，會把**他們自己理解成擁有共同計畫或信念的人**。

一旦以這種方式來理解運動，我們即可繼續下去，決定**進步**一詞是否可以合理地應用在這樣一個集體（collective）上，但是，我們仍然完全不清楚，是否有這麼個集體存在。費林發現，以意識型態的堅定信念及改革計畫（例如，女性的投票權）界定進步主義（「從大處著眼」）的努力，似乎是擱淺在由「不一致」所構成的礁石上，甚至在地理上的差異（例如，來自南方的進步主義者）這項因素也考慮進來，還是如此。舉例而言，若不一致這項特質可以藉由地域的差異加以解釋，那麼，縱令有經過清楚界定了的例外，此一名稱的某些意識型態之基礎仍可維持下去。然而，似乎不是這麼回事。同樣地，若依據費林的說法，以支持者的人口特性（例如，都市、中產階級、年輕、政治新手等等）來界定進步主義，這樣的作法仍然不具說服力。質言之，無論以改革計畫的一致性，或者是以其成員的特性，甚或是以全面的意識型態等等，都無法把進步主義界定為一項社會及政治的運動這件事說清楚。到了最後，費林的總結是，我們所稱的進步時代最好描述為他所說的：「圍繞著不同論題而形成之會變動的聯盟（shifting coalitions）」（p. 33）。明顯地，並不是那些經過指認出來的「進步主義者」個人，實際上缺乏意識型態或是政治方面的堅定信念；正確的說法應該是，他們作為一個團體，在一些特定論題之上所採取的立場，才是費林所指涉的「機會主義」（opportunism）或「即興之舉」（im-
provision）（pp. 33-34），因為這些作法都沒有一整套一致的意識型態可言。由費林所作的分析當中所突現的圖像乃是，在 1890 至 1920 年代，老舊的模式與價值退場時，此一挫敗並未轉而形成一套一致性的社會願景或政治計畫。

費林對於進步運動這個概念所提出的挑戰，在歷史學者之間造成了相大的

騷動，甚至激發一本書（Buenker, Burnham, & Crunden, 1977）的問世；三位歷史學者在書中批判式地檢視了他的論點。舉例而言，邊克（John D. Buenker, 1937- ）（1977）在那本書中，以主要是支持的態度指出：「鬆散、變動的結合在與一項前後連貫之運動有所關聯的概念上，並無任何的缺陷」（p. 33）。變動聯盟（shifting coalitions）的概念確實破除了，在那個時代的改革中，必須存有共同意識型態的路線這項要求。舉例而言，圍繞在工人的工資這項改革的聯盟，與要求禁酒的聯盟，兩者絕不相同（p. 49）。儘管費林的論點引起了爭議，但是，在教育歷史書寫的世界當中，這項論點實質上並未受到注意，即使一些在 1970 年代所完成之最令人興奮的美國教育史著中亦乎如此。唯一的例外，當屬凱叟（Carl Kaestle, 1940- ）（1972）針對這段時間出版的四本專書所作之評論。在這篇論文的前面，凱叟繞了一個彎說道：在 1890 至 1920 年代那段期間所呈顯的「各種計畫與哲學思想混亂狀態，讓人們為費林『撕下熟悉的標籤』，且察覺這段時期的模糊與變化特性，投下贊成票」（p. 216）。稍後，在他檢視拉哲森（Marvin Lazerson）（1971）所著《都市教育的起源：麻州的公立教育，1870-1915》（*Origins of Urban Education: Public Education in Massachusetts, 1870-1915*）專書時，凱叟指出：「雖然有許多令人熟悉之與進步教育有關的論題出現於麻州，但是『進步』這個字眼在這本書未曾出現過」（p. 227）。舉例而言，杜威的論著或者中等教育基本原則這份報告書，到哪兒去了呢？

上述有關拉哲森的討論，引起了一個問題：為什麼這位明顯是一位非常勝任的歷史學者，在述及幼兒園及手工訓練等教育改革，於「進步時代」引進麻州這件事時，作了謹慎的檢視之後，卻未提到為那些改革提供條件的進步教育運動。幼兒園及手工訓練等的引進，會不會真的就不受到意識型態的考慮所影響呢？若不是全然如此，至少有一部分吧！答案是幾乎不然。明顯地，這些改革者自己確實不缺乏意識型態方面的堅定信念。舉例而言，當時麻州的教育總長史奈登就絕對不會不表達他對於美好社會的願景。這些改革者作為個人時，他們的政治與社會信念可能一直都很一致。但是，問題在於，當我們以攏總的方式來看他們時，卻發現他們支持任何既有改革的理由，直可謂為一人一把

282

號，各吹各的調。換言之，這就應了費林的說法，有著各不相同意識型態立場的改革者們，乃是圍繞著一些特別的教育改革事項，而形成的聯盟。看起來，拉哲森至少含蓄地承認，他所檢視的這些改革都不是由單一的意識型態立場所激勵的，也不是可稱之為運動的一部分。

手工訓練作為一項教育改革正是一個恰當的例子。圍繞在該一特定的課程革新作法，叢集了各種各樣的改革者，他們各自在手工訓練中看出了相當不同的優點。他們之中，有如伍華德（Calvin Woodward）者，在手工訓練中看出了在學校學程中保持工作尊嚴的作法；有如史奈登及黎偉特（Frank Leavitt）者，則對於手工訓練根本缺乏一套足以順應新增的學校人口之高度差異化的課程，感到絕望；還有如杜威者，則在手工訓練中看出了，這是一個將傳統學術學科與校外世界間的人造壁壘，加以融解的機會。換言之，我們在手工訓練中所看到的，與費林所言及的那種「聯盟」（coalition）雖不近亦不遠矣。我們看到一些發言人，他們為了一些清楚界定，但明顯不同甚至相反的意識型態之立場，而聚攏在一起支持某一項改革，正是因為他們在此中看到不同的事物。雖然，有時**聯盟**一詞蘊涵著有意識的抉擇，但是，明顯地可以看出在這個案例中，這種抉擇大多是心照不宣且未公開承認的，而在其他的案例中尤為如此。而且，正是圍繞著手工訓練進行聯盟的這些同樣的發言人，在雖各有不同卻同等重要的某些學校改革事項上，的確持有相互反對的立場，因此，我們才可據以歸結，該一聯盟也確實是「變動的」。事實上，就是某些改革所反映之此一魔鏡似的性質，或許才可以說明它們所達到的成功之標準。

ii 本書的觀點

我們有必要重述，此中關鍵要點並不在於沒有可資辨認或是前後一致之意識型態的立場。就如同我在《競逐》一書中說明的，在那段期間至少有幾個意識型態的立場可加以辨認。其實，是在某項特定改革的背後，我們才可以找到各種不同且相互矛盾的支持之表示。那麼，在某種意義上說，費林所提出的，進步主義由各種「變動的聯盟」所組成之主張，雖然可說是在很重要的層面上

283

切中了目標，但還是有一些晦澀不明。請大家想想，一旦我們接受了費林的說法，這個問題就變成：**什麼樣的變動式聯盟呢**？如果這種聯盟只是把一些多多少少是獨立行動之個人所作的一些異類集合，那麼，整個爭辯就失去其重要性。然而，很清楚地，費林所指的聯盟乃是由一些具有同樣想法的改革者所組成之團體，他們有著可資辨認的意識型態立場，以及一些合理且一貫的變革計畫。就教育的語境而言，我們很少會懷疑，巴比特、查特斯及史奈登等人會相互承認，他們彼此有著類似的思想精神（ideological spirits），而且他們都會支持多少有些共同性質的改革議程。同樣地，霍爾、詹遜（Marietta Johnson, 1864-1938）及科伯（Satnwood Cobb, 1881-1982）等人共有某些特定的關鍵觀念，以及可資識別的世界觀（weltanschauung）。波德、康茲及羅格等人也是如此。重點在於，因為我們把具有其共同意識型態特性的社會與政治進步主義視為一項運動，又把已作**適當修正**（*mutatis mutandis*）的進步教育也視為一項運動，而且這麼作讓我們免受最為仔細的檢視，所以，也因而使得改革的次級團體（reform subgroups），可以藉由所共有的意識型態特性加以界定。研究進步時代的歷史學者們，諸如堤亞克（Tyack, 1974）、齊佛斯密（Zilversmit, 1993）以及其他人，在所撰作的歷史記述之中，至少以含蓄的方式確認了這些改革的次級團體，而我亦有意識地以我自己的方式在《競逐》一書中試著描寫之。

在某些這樣的記述中，我們也看到某些特定地點確實有樣的次級團體存在。舉例而言，傅瑞哲（James W. Fraser, 1944- ）（1986）即指出了，在 1905至 1925 年那段期間的波士頓，有他所稱之「三種不同的進步主義運動」（p. 10）：行政方面的進步主義者、好戰的教師（militant teachers），以及課程改革者。賴格里（Julia Wrigley）（1982）在芝加哥發現三種利益團體，競逐著教育改革的控管權：在極大程度上與學校行政人員結盟的企業領袖、中產階級的市政改革者，以及與芝加哥勞工聯盟（Chicago Federation of Labor）緊密相聯的好戰教師。在利思（William J. Reese, 1951- ）（1982）的《**權力與學校改革的希望：進步時代的草根運動**》（*Power and the Promise of School Reform: Grass-Roots Movement during the Progressive Era*），則在他所研究的四個城市

之中，指認更為寬廣的一大群次級團體，包括了「婦女組織、家長協會、勞工團體、社會福音宣傳者，以及平民與社會黨」（pp. xxi-xxii）。這裡所提到每一個次級團體是否稱得上為各種各樣的運動，端視運動如何加以界定。論及我的思考方式，則可以費林所提議的，**運動一詞可以用來指涉，一群人所採取的行動；他們是由範圍較為寬廣的一群共同擁有某些特定信念的人所組成，而且**

284

他們在一段持續相當長久的時間之中採取自覺的行動以爭取大眾接受他們的信念。爭取婦女選舉權的運動、戒酒運動，以及 1960 年代的民權運動即為最好的例子。依據此一定義，堤亞克的「行政方面的進步主義者」就可算是運動，但是，進步教育者則不算，因為沒有人能夠精確地指認他們所具有的基本信念。

　　為了要支持改革次級團體（不論其是否可算是運動）可藉由其意識型態特性加以指認的說法，我們應該考慮其可資指認的機制。換言之，我們應可解釋，改革者們自己如何能夠彼此相認，確屬同一意識型態家族，而這又回轉過來，會提供一些線索讓我們理解，日後的歷史學者如何可能指認它們是一個相當連貫的次級團體。就一般的政黨、工會，以及正式的組織，這樣的指認相對地比較清晰，但是，在更多情況下，次級團體的成員資格並不是有案可查的事情，而須以其他方法指認。就此而言，一個能特別引起興趣的起始點是由魯傑斯（Daniel T. Rodgers, 1942- ）（1982）在他就社會與政治進步主義的概念進行評論時所建議的。在檢視了重新界定進步主義的各種作法，並且發現它們至少在某種程度上是不適切的作法之後，他總結道，大家所稱之為進步主義的，可能是「現代的、弱勢政黨的、論題為焦點的（issued-focused）政治」（p. 117）這個較廣大現象中的一個部分。換言之，正是此一進步主義的流動性（fluidity）可能才是最持久不變且可資辯護的特性。就是在這個方面，魯傑斯宣稱，「較有組織的玩家——專業的遊說團體、良好規訓的利益團體，以及最重要的是公司——占有極大的優勢」（p. 121）。

　　魯傑斯似乎接受了費林提出的「變動聯盟」說法，但是，他又往前推進了一、二個跨步。像費林一樣，他拒斥了進步主義可以藉由「萃取一項穩妥的進步主義核心價值」（p. 122）加以指認，但是，他認為它們可藉由共同信念而

聚攏在一起。此一信念即是他們有能力運用一些特定的語言，以便爭取支持者，進而建立聯盟。「是什麼樣觀念形式的黏膠（ideational glue）讓一些聯盟的建立者在一個相互競爭的團體所形成的新浪潮之中彼此相認？」魯傑斯找到的答案就在他所稱的「三種明確的社會語言之中」。他指認的第一種是反壟斷主義，第二種是「強調社會的連結（bonds）及人類的社會本性」（p. 123），而第三種則是社會效率的語言。魯傑斯強調，這三種社會語言並不會因為加總在一起，就變成可稱為進步主義或任何其他東西的前後一貫之實體。相反地，它們辨認出了一種意識型態的組合，讓自稱為進步主義者的人們得以建構政治方面的支持。如同米瑞爾（Jeffrey E. Mirel, 1948-2018）（1990）感覺敏銳地指出：「魯傑斯所指認的三種語言，並非在為一項運動確認其三個側翼，而是在指出，社會語言的概念——修辭學者及知識社會學者稱之為『論述社群』（communities of discourse）——提供了一套分析的架構，俾便用以解釋在進步時代，不同的團體如何形成許多變動的聯盟」（p. 159）。

　　我們應該記得，幾乎全部的這些爭辯都存在於社會與政治的進步主義之脈絡中。即使在我們承認魯傑斯以「大處著眼」的作法所完成的分析確有其效力且有其用處，我們也不應該假定在進步教育的領域中，剛好有相對應的事物存在。若真是那麼做的話，就是把克雷明（Cremin, 1961）針對進步教育所作的解釋：「把美國進步主義當作一個整體時，其所顯現的教育層面」（p. viii），作了太字面性的理解了。然而，到了最後，我們發現魯傑斯所提出的三種社會語言，其中還真是可以在那段期間的教育爭辯之中，找到兩種相對應的語言。且先將反對壟斷主義按下不表，強調社會連結及人類社會本性等語言，清楚地反映在艾丹姆、杜威及康茲等人的論著中，而且，明顯地，他們就是運用此一語言來建立他們的聯盟。同樣地，史奈登、巴比特及查特斯即一致地運用社會效率的語言，為他們的改革平台爭取支持者。

　　其他可以與這段期間特定之教育改革對應的語言，也可指認出來。舉例而言，特別重視兒童時期的教育，並且以此為其特徵的浪漫主義，就是最佳佐證之一。在各個不同的時代，總是有許多各種不同類型的教育領袖發現，以一些出於虔誠甚至是神秘的語詞，表達他們對於兒童時期的性質之主張，乃是十分

恰當的。**幼兒園**一詞本身即反映了這種用法。在《競逐》一書所指認的四個利
益團體，也是一樣的情況，因為它們經常發現，運用民主這個用語來支持他們
的主張，確實很有利。我們可以在一連串似乎不甚調和的作法當中，看出這樣
的情況：伊利特（Eliot,1905）狂熱地為之辯護的十人委員會建議，乃至中等
286　教育基本原則報告書（1918），還有職業主義，也一樣都是明顯地以民主的修
辭為框架制定而成。然而，若是援引了民主語言，卻持有貴族或菁英論等與民
主相反的主張，那麼，雖然只是在強調學術研究的場合，這些民主語言的合乎
法理性也可能會遭致削弱。

　　於是，魯傑斯所稱的社會語言，看起來似乎至少達成了兩項重要的目的：
(1)一致地使用某一特定的語言，讓某一個意識型態的次級團體之成員可以相
互指認，他們確實歸屬於此一由有志一同改革者所形成的組合；(2)在某個特
定的改革背後，這些語言中的任何一種，皆可用以建立由不同次級團體組合而
成的暫時聯盟。即使某些次級團體明顯地傾向使用某種社會語言，但是，若認
為某一社會語言是某個特定團體所專屬的這項假設，也違背了魯傑斯的原則。
倒不如說，這些語言就是「在那兒」作為潛在的政治工具。事實上，可能比較
有用的作法是，把這些社會語言當作為了某項具體的改革作法之利益而建置的
口號系統（slogan system）（如魯傑斯所建議的），其主要功能比較少是為了
溝通，而比較多是為了獲得政治方面的忠誠，這種忠誠既表現於某個特定的次
級團體之內，也表現於不同的次級團體之間。就是這種流動的性質——而不是
一組固定的屬性——變成了進步主義的本質特性。

　　那麼，在這樣的情況下，對於進步教育意義的探求，又到了哪兒去了呢？
有關詮釋進步教育的作法，先前已經討論過的有二：(1)以較寬廣的語詞界定
進步教育，因而時常產生明顯的不一致與矛盾的現象（例如，克雷明）；(2)
把某一特定的改革次級團體或計畫挑選出來，並且把與其等不一致的每樣東西
都加以排除，所根據的標準乃是經過合理界定的進步教育（例如，齊佛斯
密）。即將在此提出的第三種作法，在某些特定的重要層面都與前二種作法不
同。首先，它要求人們，在為進步教育下定義時，放棄以開列一組穩定不變的
屬性之清單這樣的作法；其次，它確認了，改革的次級團體（無論是否把它們

稱之為利益團體，如《競逐》一書所示）可以一些相當一致且能指認出來的意識型態立場加以界定，而且這些立場可以在某種程度上，就著他們以具有特性的方式所運用之社會語言加以辨認出來；還有，第三，它接受了這樣的一個命題，亦即在任何一項特定改革的背後，這些次級團體都會形成聯盟。事實上，最成功的改革方案，是那些改革次級團體的所組成的強大結盟。如同費林及魯傑斯等歷史學者從「大處著眼」詮釋的進步主義一樣，進步教育也成了一種對於傳統結構與作法的反動（reaction），並因而有了多元的意識型態立場及改革計畫的出現。雖然有關界定進步教育的努力，似乎已經走進死胡同，但是，我們似乎仍然可能辨認出相當一貫的次級團體與運動，它們在我們通常認為是進步的時代中運作著。不過，它們絕不會加總在一起，而成為一個進步教育運動。

　　先前有關進步教育意義討論中的各項要素，強烈地影響了《競逐》這本以我們一般所理解的進步時代為範圍的專書，詮釋這段期間教育改革的方式，這應該是一件十分明顯的事；即使我坦言，並非所有這些要素都清楚地在那段時間裡各就定位，但是，《競逐》一書確實受到這些要素的影響。舉例而言，除了有關進步教育協會的討論，我還參照了一些由主要人物諸如杜威與波德對於進步教育的真義究竟何在而表示的疑惑，此外，我都很費勁地避免直接參照任何稱之為進步教育的事物。我之所以如此，有部分是因為我同意柯若格，以及後來的某些激進修正者的一些看法，亦即有些改革，雖然獲有進步的標籤，但是，實際上卻是退步的。然而，更重要的是，我也同情費林及魯傑斯所表達的疑問，亦即到底有沒有單一的運動，不管是否稱之為進步，曾經存在於這個世界上。

　　因此，《競逐》一書的架構乃是建基於四個經過辨識的次級團體，我稱呼它們為利益團體，是為了要喚起大家注意到一項事實，亦即這些團體確實共享某些利益，即使它們並未受到成員名單、團體成立的許可證，或者一套正式的原則等等的限定。當我對於試圖運用某單一意識型態的實體，來框定一般人所認為的進步教育作法感到絕望之時，利益團體的運用讓我不只可以指認出那段時間裡意識型態的副歌（refrains），還可以強調（而不只是認識到）各個不同

的利益團體所提倡之各有千秋的改革議程。事實上，在本書書名中**競逐**這個詞的運用，就是經過仔細考慮，以便傳輸這麼一個觀念：課程乃是（而且，就此而言，應該說一直是）一個相互競逐的場域（contested terrain）。就某個重要的意義而言，它乃是各個不同利益團體競相爭取的獎品。

288　　　接著，所可能提出的問題就是，此一競逐為何奮爭的如此劇烈？最為直接的答案是，這是針對一個重要的社會機構，就著要傳交給下一代的知識之形式以及價值所操弄的控制，而進行的一場戰役。本此而言，這個在一干歷史學者、社會學者，以及其他人士所作許多合理的討論與爭辯之本質乃在於，到底這些由關鍵人士所提出的改革建議，是否真正一路前行，進入學校與課堂之中，又，或者這些只是正在它自己的場子裡上演的一齣戲。事實上，許多有用的研究，諸如由胡南克林（Barry Franklin）（1982）、庫本（Larry Cuban）（1993）、米瑞爾（Jeffrey Mirel）及安格斯（David Angus）（1986），以及齊佛斯密（Zilversmit, 1993）等，都是受到這樣一個問題所導引的：若是按照一般所理解之「成功」的意義來看，這些由教育領袖們所提議的改革作法，在多大程度上是成功的。就這些研究的性質而言，它們當然會是個案研究，而其範圍都在特定的個別學校或是學區。

　　在《競逐》一書，有一些討論是關於某些特定的改革，例如生活適應教育這項改革在多大的程度上真正地進入了學校，但是，《競逐》一書的處理方式是把它的中央舞台放置於全國性而非地方性的論辯，記述該課程應該採取的方向如何；然而，就此而言，有必要將某些特殊的限制放在心上。首先，有人會想當然爾地以為，各方人馬在各個全國性質的論壇中所提議之課程改革作法，若是真的達到了學校，總是會以某些方式使學校的實際作法發生變化。另一方面，我們不能一廂情願地認為，這些全國性的論辯與各地方所發生的事情，完全獨立無關。事實上，迄目前為止所積累的證據支持了這樣的想法，亦即在全國層次所推動的主要改革確實影響了學校當中所學習的東西。胡南克林的研究即是最好的一個例證。於檢視共同學習計畫（Common Learnings Program）在明尼那波里斯學區施行的情形時，胡南克林發現地方的因素，例如州教育廳的規定及家長審議會的反對，稀釋了社會效率論的影響。然而，正式施行的計畫

確實包括了此一學說的風格在內。胡南克林及其他學者在這方面所提出的論題，不只是某些改革是否造成影響，而是地方因素及各種情況如何、又以什麼方式影響著這些改革的本身。於是，我們就有了兩種行動的場景：一個是全國性的，各方的領袖為了他們的提議進行著爭論與辯難；另一個則是地方的，就著各種觀念繼續深入地爭辯著，而且，至少在某些情況下，轉譯成具體的學習進程。然而，這兩個場合並非相互獨立而無所關聯的。

　　四個利益團體之間競逐為何奮爭的如此強而有力這個問題，我們可以獲致另一種答案。此一答案與他們所提議的課程改革是否付諸實行較無干係，而與相互匹敵的各方所企圖尋找之「象徵的約束力」（symbolic sanction）較多關聯。毫無疑問地，在國家的場景中，諸如哈里斯、巴比特、霍爾，以及康茲等主要的演員，他們都希望自己所提議的改革能夠進入課堂裡，進而實現它們背後的社會目的。在許多的情況下，他們非常用力地想達成這項目的；但是，他們也相互爭鬥，試圖藉由進入美國全國性的課程論辯，讓他們所重視的社會信念與價值得到支持。葛斯菲爾德（Joseph R. Gusfield, 1923-2015）（1986）以非常敏銳的觀察指出：「與其說課程改變所帶來的效應是工具性的，不如說是為文化團體之間的主從之爭『作證』……。如同大多數教育者所理解的，學校是為成人而不是為兒童所經營的。人們這樣的要求並不僅止於感情的表達而已，而是實際上有所作為，俾便能主導各種儀節，並藉此分辨其地位之高低」（pp. 181-182）。舉例而言，在地位政治（status politics）的脈絡中，有關職業主義的爭辯，其本質並非在於職業技能是否可成功地在學校加以教導，而在於是否已經衰敗不堪的學術課程，是否能持續代表美國的價值，或者應該代之以能反映新興的強烈型工業主義（rugged industrialism）之價值。這些論辯變成一場儀式化了的主從之爭的戲碼。就此意義而言，競逐之重點在於半官方的地位與認可的爭取，以及學校實務的真正變革。

　　由課程領袖們在全國性的場景所提出之想法，乃至所設計的平臺，是否有助於達成他們所宣稱的目的，毫無疑問地是個重要的問題，因而應該加以處理。但是，從地位政治的觀點來看，諸如人文主義者、發展論者、社會效率教育者，以及社會改良論者等次級團體，也都試圖建立，或者，在某些情況之

289

下，保護他們在所重視的信念及道德立場等方面的既有地位。換言之，在這些利益團體之間所發生的政治內鬥，不只是為了完成其帶動學校中特定變革之目的。物質的利益乃是傍著、甚至有時候是附隨著地位的利益而存在著。誠如霍夫斯達德（Richard Hofstadter, 1916-1970）（1955）所指出的：「政治生活不只是各個利益相互衝突之各個不同的團體，為了具體的物質收穫而戰鬥的場所；它也是地位抱負與挫折投射的地方——投射這個詞採用心理學家的說法」

290　（p. 43）。在一個有著對於一直在發展中的世界有高度知覺的世代，尤其在這麼一個老舊價值正趨於瓦解，而新興價值則以突現的方式取而代之的世代，上述的抱負與挫折變得更加敏銳與急切。

　　一般而言，這些對於地位的競逐發生於政治行動的脈絡中，諸如法律的形成，以及政府的施政措施之中，但是，它們也會在有關學校教育的各種儀式當中的論辯之表述當中發現。若以嚴格的觀點來看，在《競逐》一書中所指認的四個利益團體，可能並不是政治的盟友，但是，它們當然具有政治的性質，因為它們確實曾經聯合起來，以便達成行使權力的目的。更重要的是，就地位政治而言，它們毫無問題地把它們所重視的社會與道德信念，投射在學校中應該教導什麼內容這件事上。無論課程是其他的什麼東西，若就學校中實際教導什麼內容而言，它也是眾家意識型態大軍為著它們深深堅持的信念所占有之地位而撞擊的一個場域。舉例而言，假如把戒酒運動在美國政治與社會生活中的重要性，限制於把禁止酒精類飲料當作一項具體改革措施的落實情況，那麼，在1933年第21條修正案把第18條廢止之後的歷史，就無話可說了；但是，如同葛斯菲爾德（Gusfield, 1986）所巧妙顯示的，在地位政治學的脈絡下所作的詮釋，就會在施行這件事之外的歷史，有很多話可說。他說：「當某個社會經歷著變革時，財產及人的尊嚴都會有失有得。我們總是理解保衛財產的欲求。我們也應該理解人們亦有保衛尊嚴的欲求。這一點較不清楚，因為它是象徵性的，但是它絕非較不重要」（p. 11）。誰的文化與道德價值才會在任何一個社會中冒出頭來成為主流，這個問題絕對不是一件瑣碎的事情。

　　既然這樣，在地位政治的脈絡下，於任何時間與地點，課程都變成了一個戰場之所在；人們在此一戰場之中，為了誰的價值與信念將會獲致合法化的地

位，以及因為得以進入全國的論述之中而獲致的尊嚴，這兩件事而奮起競逐、拼鬥爭奪。即使在此一脈絡之下，學校裡真正教導的是什麼內容這個手段性質的問題仍不應受到忽視；但是，因為地位與認可而起的象徵衝突亦不可忽視。　*291*
為美國中小學課程而競逐的各個不同利益團體，總是站在那些有時隱藏著的支持者之首，奮力向前邁進。一眾利益團體的領導者明白，這些隱藏著的支持者在面對他們所知覺到的大規模社會劇變時，一直努力試圖找尋他們最為重視的信念。在這些利益團體的領導者之文字與行動的背後，有著數以百萬計的美國人因為面臨一個不確定的世界而煩惱，同時，他們也在對於課程應該如何加以重新設計的一些想法之中，發現了特定的希望與欣慰。希望與恐懼都未完全變成現實，而且，確定的是，人們所提出的這些課程改革也只是不完美地達成目的，但是，重新建構課程的各個不同平臺已經變成了全國性的道德劇之主要部分，在這當中，人們的希望與恐懼不斷地上演著。那些平臺從而結合在一起，引發一團炙熱的衝突，到了最後，則變成了人們為了誰的根深蒂固之信念，會在逐漸出現的新社會中居於支配地位這件事而產生的競逐。

　　九九歸一，本書所試圖描述的就是這項競逐！

作者注釋

　　關於進步教育歷史以及社會與政治的進步主義之文獻，數量很多，我們在此地並不試圖為這些主題撰寫一個無所不包的書目式文章。相反地，此地的目的乃在以大約 1960 年代以後，學者們針對「進步主義」與「進步教育」所作的詮釋，追溯其演變的情況，當然，我們只著眼於與本書的理論框架有關者。克雷明的《美國學校的轉變》（*Transformation of the School*）（1961）及柯若格的《美國中學的形塑》（*Shaping of the American High School*）（1964, 1972）兩書是這一類文獻的樣版，凡是有興趣理解該一段時間所發生的有關進步教育史實的研究文獻者，理應審閱這兩本書。

　　（譯者注：原有七個注釋皆已融入正文腳注）。

參考文獻

中文部分

方永泉（2000）。理想類型。載於國家教育研究院（編），**教育大辭書**。取自 http://terms.naer.edu.tw/detail/1303363/

方永泉（2005）。從次文化研究到後次文化研究：談西方次文化研究的演變及其在教育上的啟示。**中等教育**，56（5），24-47。

王紅欣譯（2010）。R. B. Westbrook 著。**杜威與美國民主**（*John Dewey and American Democracy*）。北京市：北京大學出版社。

王家通（2000）。比較教育。載於國家教育研究院（編），**教育大辭書**。取自 http://terms.naer.edu.tw/detail/1303363/

文楚安（譯）（1998）。S. Fish 著。**讀者反應批評：理論與實踐**（*Reader-response criticism: Theory and practice*）。北京市：中國社會科學出版社。

方德隆（譯）（2004）。A. C. Ornstein & P. H. Francis 著。**課程基礎理論**（*Foundations of curriculum*）。臺北市：高等教育。

李文奎（1992）。試論杜威的課程論思想：從「活動作業」到「分科教學」。**教師教育研究**，1992（5），21-25。

宋明娟（2007）。D. Tanner、L. Tanner 與 Kliebard 的課程史研究觀點解析。**教育研究集刊**，53（4），1-32。

何珊雲（2010）。課程史研究的經典範式與學術意義：試析《1893-1958 年的美國課程鬥爭》。**北京大學教育評論**，2010（1），164-171。

吳錫德（2009）。翻譯空間：論傅雷的「神似」理論。**編譯論叢**，2（1），1-25。取自 http://ctr.naer.edu.tw/v02.1/ctr020111.pdf

林玉体（譯）（2000）。J. Dewey 著。**民主與教育**（*Democracy and education*）。臺北市：師大書苑。

易紅郡、繆學超（2012）。論杜威課程與教材觀的邏輯起點。**貴州師範大學學報（社會科學版）**，2012（1），120-125。

周寧、金元浦（譯）（1987）。H. R. Jauss & R. C. Houlb 著。**接受美學與接受**

　　　　理論（*Toward an aesthetics of reception*）。瀋陽市：遼寧人民出版社。

思果（2003）。**翻譯研究**。臺北市：大地。

袁同凱、陳石、殷鵬（2014）。**現代組織研究中的人類學實踐與民族誌方法**。取自 http://blog.sina.com.cn/s/blog_3f81368a0102v9iz.html

夏英（2015）。西方課程史研究路徑的比較與啟示。**教育學術月刊**，2015（7），106-111。

崔允漷等（譯）（2006）。D. Tanner & L. N. Tanner 著。**學校課程史**（*History of the school curriculum*）。北京市：教育科學。

張廷琛（編）（1989）。**接受理論**。成都市：四川文藝。

郭法奇（2006）。霍爾與美國兒童研究運動。**華中師範大學學報（人文社會科學版）**，2006（1），122-127。

郭法奇（2014）。**歐美兒童研究運動：歷史、比較及影響**。北京市：北京師範大學出版社。

張雲鳳（2008）。論杜威的「主動作業」、「科目教學」思想。**文教資料**，2008 年 1 月號上旬刊，76-78。

單文經、鍾鴻銘（2005）。《二十六期年刊》在課程史上的意義。**課程與教學季刊**，8（4），77-90。

單文經（2005a）。Rugg 及 Bruner 社會領域課程改革經驗的啟示。**教育研究集刊**，51（1），1-30。

單文經（2005b）。美國中小學歷史課程標準爭議始末（1987-1996）。**師大學報：教育類**，50（2），1-25。

單文經（2006）。教改性質的歷史分析。**教育學報**（北京師範大學教育學院），2，25-35。

單文經（2011）。**學校教育革新引論**。臺北市：學富。

單文經（2012）。書評：《杜威：我們這個時代的教育哲學家？》。**當代教育研究月刊**，20（2），171-183。

單文經（2013a）。書評：《時空多重折射下世界各國接受杜威思想的情況》。**當代教育研究月刊**，21（1），153-170。

單文經（2013b）。杜威《經驗與教育》一書蘊含的教育改革理念。**教育學刊**，40，1-35。

單文經（2013c）。自由為教與學主體行動之目的：杜威觀點。載於方永泉、洪仁進（主編），**從內變革：開創教與學的主體行動**（頁 1-34）。臺北市：學富。

單文經（2013d）。解析四位當代學者對杜威《經驗與教育》一書的評論。載於周愚文、林逢祺、洪仁進、方永泉、張鍠鋊、彭孟堯（主編），**2012 教育哲學**（頁 285-321）。臺北市：學富。

單文經（2013e）。為「學教翻轉、以學定教」的理念探源：杜威教材心理化主張的緣起與要義。**教育研究月刊**，236，115-130。

單文經（2014a）。反思杜威教材心理化為本的課程實驗所帶來的改變。**課程研究**，9（1），85-110。

單文經（2014b）。教材心理化與邏輯化爭論的平議。**課程與教學季刊**，17（4），85-112。

單文經（2014c）。杜威學習共同體的理念闡釋。**教育研究月刊**，241，122-137。

單文經（2014d）。杜威《經驗與教育》一書所呈顯的教育願景。**教育與心理研究**，37（3），33-58。

單文經（2014e）。杜威對課程與教學問題的提示。**教育研究月刊**，245，128-144。

單文經（2015a）。杜威教材通論的評析。**教科書研究**，8（1），63-108。

單文經（2015b）。杜威社會控制主張的教育涵義。**臺灣教育社會學研究**，15（1），129-171。

單文經（2016）。杜威良師論與職前師培課程主張評析。**教育科學研究期刊**，62（1），1-28。

單文經（2017a）。解析杜威有關工作活動（Occupations）的主張。**課程與教學季刊**，20（2），139-164。

單文經（2017b）。19、20 世紀之交美國中學歷史單獨設科與社會合科演變的歷史分析。**教科書研究**，10（2），33-66。

單文經（2017c）。素養教育的理念與作法：杜威觀點。載於中國教育學會（主編），**教育新航向：校長領導與學校創新**（頁 209-245）。臺北市：學富。

單文經（2017d）。杜威晚期四本社會哲學專書揭示的民主與教育要義。**臺灣教育社會學研究**，17（2），45-95。

單文經（2018a）。評析三本教育史著中的 John Franklin Bobbitt。**國立屏東大學學報：教育類**，2，1-27。

單文經（2018b）。評析吳俊升對杜威教育思想的研究。**教育學刊**，50，1- 39。

單文經（2018c）。試析杜威基進民主論。**哲學與文化**，45（6），101-124。

單文經（2019）。杜威在 19、20 世紀之交美國中學歷史與社會設科演變過程中所扮演的角色。**課程與教學季刊**，22（2），173-204。

黃邦傑（2006）。譯者的苦衷。載於黃邦傑，**新編譯藝談**（頁 111-114）。臺北市：書林。

單德興（譯注）（2004）。J. Swift 著。**格理弗遊記**（*Gulliver's travels*）。臺北市：聯經。

單德興（譯）（1991）。W. Ise 著。讀者反應批評的回顧。**中外文學**，19（12），85-100。

鄒恩潤（譯）（1927）。J. Dewey 著。**民本主義與教育**（*Democracy and education*）。上海市：商務。

楊智穎（2008）。**課程史研究觀點與分析取徑探析：以 Kliebard 和 Goodson 為例。**高雄市：復文。

楊智穎（2011）。為臺灣課程領域的發展史研究另闢蹊徑。**教育研究與發展期刊**，7（2），1-25。

楊智穎（2015）。Kliebard 課程史研究的理論觀點及分析取徑探析。載於楊智穎，**課程史研究**（頁 59-85）。臺北市：學富。

劉時工（譯）（2012）。學校與社會（J. Dewey 著，1899 年出版）。載於劉時工、白玉國（譯），**杜威全集**，**中期第一卷**（頁 1-77）。上海市：華東師範大學出版社。

穆雷（1995）。接受理論與翻譯中文化差典的處理。**中國語文通訊**，36，13-21。取自 http://www.cuhk.edu.hk/ics/clrc/crcl_36/mu.pdf

謝文全（2000）。衛生教育福利部（美國）。**教育大辭書**。臺北市：國家教育研究院。取自 http://terms.naer.edu.tw/detail/1313987/

鍾鴻銘（2004）。H. M. Kliebard 的課程史研究及其啟示。**教育研究集刊**，50（1），91-118。

鍾鴻銘（2005）。美國課程改革的歷史辯證。**課程與教學季刊**，8（4），1-18。

鍾鴻銘（2014）。《耶魯報告書》的歷史意涵。**教育研究月刊**，238，20-34。

魏念怡（2007）。十年辛苦不尋常：國科會人文處經典譯注研究計畫。**人文及社會科學簡訊**，8（3），49-53。

羅麗萍、謝雲天（2011）。對杜威「主動作業」、「科目教學」思想的回歸。**文教資料**，2008 年 2 月號下旬刊，199-201。

蘇起、胡立台（譯）（1972）。L. A. Reich 著。**美國的新生**（*The greening of America*）。臺北市：幼獅。

英文部分

Adams, C. F. (1879). *The new departure in the common schools of Quincy and other papers on educational topics*. Boston: Estes & Lauriat.

Addams, J. (1907). Address. *Bulletin No. 1 of the National Society for the Promotion of Industrial Education* (pp. 37-44). New York: National Society for the Promotion of Industrial Education.

Addams, J. (1908). Discussion. *Bulletin No. 5 of the National Society for the Promotion of Industrial Education* (pp. 92-97). New York:National Society for the Promotion of Industrial Education.

Aikin, W. M. (1931a). Committee on the relation of school and college. *School and Society*, 33, 274-276.

Aikin, W. M. (1931b). Report of the committee on college entrance and secondary schools. *Progressive Education,* 8, 318-320.

Aikin, W. M. (1942). *The story of the eight-year study, with conclusions and recommendations*. New York: Harper & Brothers.

Alberty, H. (1953). *Reorganizing the high-school curriculum.* (Rev. ed.). New York: Macmillan.

Alexander, F. M. (1934). Social studies in Virginia. *The Clearing House*, 9, 76-81.

American Association of School Administrators (1968). *The high school in a changing world*. Thirty-sixth yearbook. Washington, DC: American Association of School Administrators.

American Council on Education, American Youth Commission. (1940). *What the high schools ought to teach: The report of a special committee on the secondary school curriculum*. Washington, DC: American Council on Education.

American Historical Association. (1934). *Conclusions and recommenda-tions of the Commission on the Social Studies*. New York: Charles Scribner's Sons.

Angus, D. L., & Mirel, J. E. (1999). *The failed promise of the American high school, 1890-1995*. New York, NY: Teachers College.

Angus, D. L., & Mirel, J. E. (2003). Mathematics enrollments and the devel-opment of the high school in the United States, 1910-1994. In G. M. A. Stanic & J. Kilpatrick J. (Eds.) *A history of school mathematics*. Vol. I. Reston, VA: National Council of Teachers of Mathematics.

Apple, M. W. (2015). Herbert Kliebard and the curriculum field at Wisconsin. *Educational Studies, 51*(5), 417-419.

Armstrong, O. K. (1940, September). Treason in the textbooks. *The American Legion Magazine*, pp. 8-9, 51, 70-72.

As reported. (1921). *The Journal of Educational Method,* 1 (1), 37-41.

Ayres, L. P. (1909). *Laggards in our schools: A study of retardation and elimination in city school systems*. New York: Charities Publication Committee.

Bagley, W. C. (1905). *The educative process*. New York: Macmillan.

Bagley, W. C. (1921). Projects and purposes in teaching and learning. *Teachers College Record,* 22, 288-297.

Bagley, W. C. (1925). *Determinism in education: A series of papers on the relative influence of inherited and acquired traits in determining intelligence, achievement, and character*. Baltimore: Warwick & York.

Bagley, W. C. (1926). Supplementary statement. In G. M. Whipple (Ed.), *The foundations and technique of curriculum-construction, Part II. The foundations of curriculum-making. The Twenty-Sixth Yearbook of the National* Society for the Study of Education (pp. 29-40). Bloomington, IL: Public School Publishing.

Bagley, W. C. (1929a). Discipline and dogma: A reply to Professor Scholtz. *Educational Administration and Supervision,* 15, 561-573.

Bagley, W. C. (1929b). Some handicaps of character education in the United States. In National Education Association, *Official Report of the Department of Superintendence, February 24-28, 1929* (pp. 140-146). Washington, DC: Department of Superintendence.

Bagley, W. C. (1930). The future of education in America. *Proceedings of the Sixty-Eighth Annual Meeting of the National Education Association,* 68, 218-225.

Bagley, W. C. (1938a). An essentialist's platform for the advancement of American education. *Educational Administration and Supervision,* 24, 241-256.

Bagley, W. C. (1938b). Some relations of education to the status quo. *School and Society,* 47, 562-565.

Bagley, W. C. (1939a). An essentialist looks at the foreign languages. *Educational Administration and Supervision,* 25, 241-250.

Bagley, W. C. (1939b). The significance of the essentialist movement in educational theory. *The Classical Journal*, 34, 326-344.

Bagley, W. C. (1945). The Harvard University report on "General education in a free society." *School and Society*, 62, 69-70.

Bailey, L. H. (1908). *On the training of persons to teach agriculture in the public schools*. Washington, DC: U.S. Government Printing Office.

Bailyn, B. (1960). *Education in the forming of American society*: New York:Vintage.

Basic Issues in the Teaching of English (1958). Being definitions and clarifications presented by members of the American Studies Association, College English Association, Modern Language Association, and National Council of Teachers of English. No Publisher. Available from the sponsoring societies.

Basler, R. (1947). Life adjustment education for youth: Commission to develop program for universal secondary education. *School Life* 30, 3-6.

Beard, C. A. (1932). *A charter for the social sciences in the schools*. New York: Charles Scribner's Sons.

Bell, B. I. (1949). *Crisis in education: A challenge to American complacency*. New York: Whittlesey House.

Bellack, A. A. (1956). Selection and organization of curriculum content: An analy-sis. In A. A. Bellack (Ed.), *What shall the high schools teach?* 1956 Yearbook of the National Association for Supervision and Curriculum Development. Washington, DC: National Association for Supervision and Curriculum Development.

Bestor, A. E., Jr. (1952). 'Life-adjustment' education: A critique. *Bulletin of the American Association of University Professors*, 38, 413-441.

Bestor, A. E., Jr. (1953a). Anti-intellectualism in the schools. *New Republic*, 128, 11-13.

Bestor, A. E. (1953b). *Educational wastelands: The retreat from learning in our pub-lic schools*. Urbana: University of Illinois Press.

Bigelow, M. A. (1904). *Teaching of biology in secondary school*. New York: Longmans, Green and Co.

Billings, N. (1929). *A determination of generalizations basic to the social studies curricu-lum*. Baltimore: Warwick & York.

Bobbitt, F. (1912). The elimination of waste in education. *The Elementary School Teacher*, 12, 259-271.

Bobbitt, F. (1918). *The curriculum*. Boston: Houghton Mifflin.

Bobbitt, F. (1922). *Curriculum-making in Los Angeles*. Chicago: University of Chicago Press.

Bobbitt, F. (1924). *How to make a curriculum*. Boston: Houghton Mifflin.

Bobbitt, F. (1926). The orientation of the curriculum-maker. In G. M. Whipple (Ed.), *The foundations and technique of curriculum-construction, Part II. The founda-tions of curriculum-making. The Twenty-Sixth Yearbook of the National Society for the Study of Education* (pp. 41-55). Bloomington, IL: Public School Publishing.

Bobbitt, F. (1934). Questionable recommendations of the Commission on the Social Stu-dies. *School and Society*, 40, 201-208.

Bobbitt, F. (1937). A correlated curriculum evaluated. *English Journal*, 26, 418-420.

Bobbitt, F. (1946). Harvard reaffirms the academic tradition. *School Review*, 54, 326-333.

Bode, B. H. (1927). *Modern educational theories*. New York: Macmillan.

Bode, B. H. (1934). Editorial comment. *Phi Delta Kappan*, 17, 1, 7.

Bode, B. H. (1938). *Progressive education at the crossroads*. New York: Newson.

Bode, B. H. (1940). Needs and the curriculum. *Progressive Education*, 17, 532-537.

Book burnings. (1940, September 9). *Time*, 64-65.

Boostrom, R. (2016). The peculiar status of Democracy and Education. *Journal of Curriculum Studies*, *48*(1), 4-22.

Boutwell, W. D. (1934). The Cleveland meeting. *School and Society*, 39, 296-305.

Boydston, J. A. (1969). A note on applied psychology. In J. A. Boydston (Ed.), *The early works of John Dewey, 1882-1898: Vol. 3. 1889-1892: Early essays and Outlines of a critical theory of ethics* (pp. xiii-xix). Carbondale: Southern Illinois University Press.

Boyer, E. L. (1983). *High school: A report on secondary education in America*. New York: Harper & Row.

Brehony, K. J. (2001). From the particular to the general, the continuous to the discontinu-ous: Progressive education revisited. *History of Education*, *30*, 413-432.

Brickman, W. W., & Lehrer, S. (Eds.). (1961). *John Dewey: Master educator* (2nd ed.). New York: Society for the Advancement of Education.

Broder, D. E. (1977). *Life adjustment education: An historical study of a program of the United States Office of Education, 1945-1954*. Unpublished Ed. D. report, Teachers College, Columbia University.

Broudy, H. (1954). *Building a philosophy of education*. New York: Prentice Hall.

Brown, G. P., Hoose, J. H., Parr, S. S., & Harris, W. T. (1889). The educational value of manual training. *Journal of Proceedings and Addresses of the National Education Association, Session of the Year 1889*, 417-423.

Brown, K. E. (1953). *Mathematics in public high schools*. Office of Education, Federal Security Agency, Bulletin 1953, No. 5. Washington, DC: U.S. Government Printing Office.

Brown, K. E. (1956). *Offerings and enrollments in public high schools*. Office of Education, Pamphlet No. 120, 1956. Washington, DC: U.S. Department of Health, Education and Welfare.

Buenker, J. D. Essay. In Buenker, J. D., Burnham, J. C., & Crunden, R. M. *Progres-sivism*. Cambridge, MA: Schenkman Publishing Co.

Buenker, J. D., Burnham, J. C., & Crunden, R. M. (1977). *Progressivism*. Cambridge, MA: Schenkman Publishing Co.

Bullard, E. P. (1909). Training through the apprenticeship system. In *Bulletin No. 9 of the National Society for the Promotion of Industrial Education* (pp. 51-63). New York: National Society for the Promotion of Industrial Education.

Bunker, F. F. (1916). *Reorganization of the public school system*. Washington, DC: U.S. Government Printing Office.

Butler, N. M. (1888). *The argument for manual training*. New York: E. L. Kellogg.

Callahan, R. E. (1962). *Education and the cult of efficiency: A study of the social forces that have shaped the administration of the public schools*. Chicago: University of Chicago Press.

Chamberlain, D., Chamberlain, E., Drought, N. E., & Scott, W. E. (1942). *Did they succeed in college? The follow-up study of the graduates of the thirty schools*. New York: Harper & Brothers.

Charters, W. W. (1921). The reorganization of women's education. *Educational Review*, 62, 224-231.

Charters, W. W. (1922). Regulating the project. *Journal of Educational Research*, 5, 245-246.

Charters, W. W. (1926a). Curriculum for women. *Bulletin of the University of Illinois*, 23 (27), 327-330.

Charters, W. W. (1926b). Statement. In G. M. Whipple (Ed.), *The foundations and tech-ni-que of curriculum-construction, Part II. The foundations of curriculum-making. The Twenty-Sixth Yearbook of the National Society for the Study of Education* (p. 71). Bloomington, IL: Public School Publishing.

Charters, W. W. (1926c). The traits of homemakers. *Journal of Home Economics*, 18, 673-685.

Charters, W. W., & Waples, D. (1929). *Commonwealth teacher-training study*.

Charters, W. W., & Whitley, I. B. (1924). *Analysis of secretarial duties and traits*. Baltimore: Williams & Wilkins.

Collier, P. D. (1950). What is education for life adjustment? *Bulletin of the National Association of Secondary-School Principals*, 34, 122-128.

Collings, E. (1923). *An experiment with a project curriculum*. New York: Macmillan.

Columbia University. (1927). *Curriculum making in an elementary school, by the staff of the Elementary Division of the Lincoln School of Teachers College, Columbia University*. Boston: Ginn.

Commager, H. S. (Ed.). (1967). *Lester Ward and the welfare state*. Indianapolis: Bobbs-Merrill.

Committee of Seven. (1899). *The study of history in schools*. New York: Macmillan.

Committee on Correlation of the National Council of Teacher of English. *A correlated curriculum*. Monograph No. 5. New York: D. Appleton-Century.

Conant, J. B. (1948). *Education in a divided world*. Cambridge, MA: Harvard University Press.

Cooperative research and curriculum improvement. (1950). *Teachers College Record*, 51, 407-474.

Copley, F. B. (1923). *Frederick W. Taylor: Father of scientific management*, Vol I. New York: American Society of Mechanical Engineers.

Counts, G. S. (1922). *The selective character of American secondary education*. Chicago: University of Chicago Press.

Counts, G. S. (1926). *The senior high school curriculum*. Chicago: University of Chicago Press.

Counts, G. S. (1927). *The social composition of boards of education: A study in the social control of public education*. Chicago: University of Chicago Press.

Counts, G. S. (1930). *The American road to culture: A social interpretation of education in the United States*. New York: John Day.

Counts, G. S. (1932a). Dare progressive education be progressive? *Progressive Education*, 9, 257-263.

Counts, G. S. (1932b). *Dare the school build a new social order?* New York: John Day.

Courtis, S. A. (1913). The Courtis tests in arithmetic. In *Report on educational aspects of the public school system of the City of New York to the Committee on School Inquiry of the Board of Estimate and Apportionment*, Vol. I (pp. 391-546). New York: City of New York.

Cowen, R. (1988). Review of *The struggle for the American curriculum, 1893-1958. Comparative Education, 24*(1), 148-149.

Cremin, L. A. (1961). *The transformation of the school: Progressivism in American education, 1876-1957*. New York: Alfred A. Knopf.

Cuban, L. (1993). *How teachers taught: Constancy and change in American classrooms, 1880-1990* (2nd ed.) New York: Teachers College.

Cummings, H. H. (1959). *Requirements and high-school students' programs*. U.S. Office of Education, Federal Security Agency, Circular No. 300, February 1949. Washington, DC: U.S. Government Printing Office.

Curriculum experiment in a Chicago high school. *Curriculum Journal*, 8, 287.

Curti, M. E. (1935). *The social ideas of American educators*. New York: Charles Scribner's Sons.

Curti, M. E. (1951). *The growth of American thought* (2nd ed.). New York: Harper.

Davis, O. L. Jr. (1981). Understanding the history of the social studies. In H. D. Mehlinger, & O. L. Davis, Jr. (Eds.) *The social studies*. 80th yearbook of the National Society for the Study of Education, Part II. Chicago: University of Chicago Press.

DeBoer, J. J. (1936). Integration—a return to first principles. *School and Society*, 43, 246-253.

DeLima, A. (1925). *Our enemy the child*. New York: New Republic.

Dean, A. D. (1908). Education of workers in the shoe industry. In *Bulletin No. 8 of the National Society for the Promotion of Industrial Education* (pp. 7-110). New York: National Society for the Promotion of Industrial Education.

Deems, J. F. (1908). Trade instruction in large establishments. In *Bulletin No. 5 of the Na-*

tional Society for the Promotion of Education (pp. 51-55). New York:National Society for the Promotion of Industrial Education.

Demiashkevich, M. J. (1933). Some doubts about the activity movement. *Harvard Teachers Record*, 3, 170-178.

Demiashkevich, M. J. (1935). *An introduction to the philosophy of education*. New York: American Book.

Dewey, J. (1940). Philosophy s131 Educational implications of current philosophical issues. *The Collected Works of John Dewey, 1882-1953* [L. Hickman, Ed.]. Electronic Edition (SV1: 107-129). Charlottesville, VA: InteLex Corp.

Dewey, J. (1894). Review of Lester Frank Ward, *The psychic factors of civilization. Psychological Review*, 1, 400-401.

Dewey, J. (1895). Plan of organization of the university primary school. In J. A. Boydston (Ed.), *The early works of John Dewey, 1882-1898: Vol. 5 1895-1898:Early essays* (pp. 223-243). Carbondale: Southern Illinois University Press, 1972.

Dewey, J. (1896a). Interest in relation to training of the will. In *Herbart Yearbook for 1895,* 2nd supp. (pp. 209-246). Bloomington, IL: National Herbart Society. [Rev. ed., Chicago: National Herbart Society, 1899, pp. 5-38.]

Dewey, J. (1896b). Interpretation of the culture-epoch theory. *The Public School Journal*, 15, 233-236.

Dewey, J. (1896c). The university school. *University [of Chicago] Record*, 1, 417-419.

Dewey, J. (1897a). Criticisms wise and otherwise on modern child study. *Journal of Proceedings and Addresses of the Thirty-Sixth Annual Meeting of the National Education Association*, 867-868.

Dewey, J. (1897b). The interpretation side of child-study. *Transactions of the Illinois Society for Child-Study*, 2, 17-27.

Dewey, J. (1897c). The psychological aspect of the school curriculum. *Educational Review*, 13, 356-369.

Dewey, J. (1897d). The university elementary school: History and character. *University [of Chicago] Record*, 2, 72-75.

Dewey, J. (1898). The primary-education fetich. *The Forum*, 25, 315-328.

Dewey, J. (1899a). *Lectures in the philosophy of education, 1899*. R. D. Archambault (Ed.). 1966. New York: Random House.

Dewey, J. (1899b). *The school and society*. Chicago: University of Chicago Press.

Dewey, J. (1900). The aim of history in elementary education. *Elementary School Record*, 1, 199-203.

Dewey, J. (1901). The situation as regards the course of study. *Journal of Proceed-ings and Addresses of the Fortieth Annual Meeting of the National Education Association*, 332-348.

Dewey, J. (1902a). *The child and the curriculum*. Chicago: University of Chicago Press.

Dewey, J. (1902b). Interpretation of savage mind. *Psychological Review*, 9, 217-230.

Dewey, J. (1909). *Moral principles in education*. Boston: Houghton Mifflin.

Dewey, J. (1910a). Science as subject matter and method. *Science*. 28, 121-127.

Dewey, J. (1910b). *How we think*. Boston: D. C. Heath.

Dewey, J. (1914). A policy of industrial education. *New Republic*, 1, 11-12.

Dewey, J. (1915a). Education vs. trade-training—Dr. Dewey's reply. *New Republic*, 3, 42-43.

Dewey, J. (1915b). Industrial education—A wrong kind. *New Republic*, 2, 71-73.

Dewey, J. (1916a). *Democracy and education: An introduction to the philosophy of educa-tion*. New York: Macmillan.

Dewey, J. (1916b). Method in science teaching. *General Science Quarterly*, 1, 3-9.

Dewey, J. (1917). Learning to earn: The place of vocational education in a com-prehensive scheme of public education. *School and Society*, 5, 331-335.

Dewey, J. (1928a). Progressive education and the science of education. *Progressive Edu-cation*, 5, 197-204.

Dewey, J. (1928b). Why I am for Smith. *New Republic*, 56, 320-321.

Dewey, J. (1931). *The way out of educational confusion*. Cambridge, MA: Harvard Univer-sity Press.

Dewey, J. (1936). The theory of the Chicago experiment. In K. C. Mayhew & A. C. Edwards, *The Dewey School: The laboratory school of the University of Chicago, 1896-1903* (pp. 463-477). New York: D. Appleton-Century.

Dewey, J. (1938). *Experience and education*. New York: Macmillan.

Dewey, J. M. (Ed.). (1939). Biography of John Dewey. In P. A. Schilpp (Ed.), *The philos-ophy of John Dewey* (pp. 1-45). Evanston: Northwestern University Press.

Dilling, E. (1934). *The red network: A "who's who" and handbook of radicalism for patri-*

ots. Kenilworth, IL: The author.

Discussion of [the] report of Dr. Harris. (1895). *The Journal of Education*, 41, 165-167.

Discussion [on work and play in youth]. (1901). *Journal of Proceedings and Addresses of the Fortieth Annual Meeting of the National Education Association*, 518-523.

Douglass, H. R. (1949). Education of all youth for life adjustment. *Annals of the American Academy of Political and Social Science*, 265, 108-114.

Drost, W. H. (1967). That immortal day in Cleveland—the report of the Com-mittee of Fifteen. *Educational Theory*, 17, 178-191.

Du Bois, W. E. B. (1902). *The Negro artisan*. Atlanta, GA: Atlanta University Press.

Dunkel, H. B. (1970). *Herbart and the Herbartians: An educational ghost story*. Chicago: University of Chicago Press.

Dunn, A. W. (1907). *The community and the citizen*. Indianapolis: Echo Press.

Educational Policies Commission. (1943). *What the schools should teach in wartime*. Washington, DC: Educational Policies Commission, National Education Association and the American Association of School Administrators.

Educational Policies Commission. (1944). *Education for ALL American youth*. Washington, DC: Educational Policies Commission, National Education Association and the American Association of School Administrators.

Eisele, C. (1987). The struggle for curriculum history. *The Review of Education*, *13*(1), 48-52.

Eliot, C. W. (1892a). Shortening and enriching the grammar school course. *Journal of Proceedings and Addresses of the National Education Association, Session of the Year 1892*, 617-625.

Eliot, C. W. (1892b). Wherein popular education has failed. *The Forum*, 14, 411-428.

Eliot, C. W. (1905). The fundamental assumptions in the report of the Committee of Ten (1893). *Educational Review,* 30, 325-343.

Eliot, C. W. (1908). Industrial education as an essential factor in our national pros-perity. In *Bulletin No. 5 of the National Society for the Promotion of Industrial Education* (pp. 9-14). New York: National Society for the Promotion of Industrial Education.

Ellwood, C. A. (1914). Our compulsory education laws, and retardation and elimination in our public schools. *Education.* 34, 572-576.

Engelhart, M. D., & Thomas, M. (1966). Rice as the inventor of the comparative test. *Jour-*

nal of Educational Measurement, 3, 141-145.

Evans, H. R. (1908). A list of the writings of William Torrey Harris, chronologically arranged, with subject index. In Bureau of Education, *Report of the Commissioner of Education for the year ended June 30, 1907, Vol. 1*. Washington, DC: U.S. Government Printing Office.

Faunce, R. C., & Bossing, N. L. (1958). *Developing the core curriculum*. (2nd ed.) Englewood Cliffs, NJ: Prentice Hall.

Featherstone, W. B. (1950). *A functional curriculum for youth*. New York: American Book.

Filene, P. G. (1970). An obituary for the 'Progressive movement.' *American Quarterly*, 22, 20-34.

Finkelstein, B. (1989). *Governing the young: Teacher behavior in popular primary schools in nineteenth-century United States*. New York: Falmer.

Finney, R. S. (1928). *A sociological philosophy of education*. New York: Macmillan.

Fisher, B. M. (1967). *Industrial education: American ideals and institutions*. Madison: University of Wisconsin Press.

FitzGerald, F. (1979). *America revised. History textbooks in the twentieth century*. Boston: Little, Brown.

Forbes, B. C. (1939, August 15). Treacherous teachings. *Forbes*, p. 8.

Franklin, B. M. (1986). *Building the American community: The school curriculum and the search for social control*. London & Philadelphia: The Falmer Press.

Franklin, B. M. (2000). *Curriculum and consequence: Herbert M. Kliebard and the promise of schooling*. New York, NY: Teachers College Press.

Franklin, B. M. (1982). "The social efficiency movement reconsidered: Curriculum change in Minneapolis, 1917-1950." *Curriculum Inquiry*, 12, 9-33.

Fraser, J. W. (1988). "Who were the progressive educators anyway? A case study of the progressive education movement in Boston, 1905-1925." *Educational Foundations*, 2, 4-30.

Fuller, H. J. (1951). The emperor's new clothes, or *prius dementat. Scientific Monthly*, 72, 32-41.

Galloway, T. W., Caldwell, O. W., & Norris, H. W. A consideration of the principles that should determine the courses in biology in secondary schools. *School Science and Mathematics*, 9, 241-247.

Garrett, A. W., & Davis, O. L. Jr. (2003). A time of uncertainty and change: School mathe-matics from World War II until the new math. In G. M. A. Stanic & J. Kilpatrick (Eds.), *A history of school mathematics*. Vol. I. Reston, VA:National Council of Tea-chers of Mathematics.

Get adjusted. (1947, December 15). *Time*, p. 64.

Goebel, E. J. (1948). The total experience of the school child for life adjustment. *Bulletin of the National Catholic Educational Association*, 45, 376-381.

Gompers, S. (1910). President Gompers' report. *Report of Proceedings of the Thirteenth Annual Convention of the American Federation of Labor*, 14-53.

Gould, S. J. (1981). *The mismeasure of man*. New York: Norton.

Graham, P. A. (1967). *Progressive education, from Arcady to academe: A history of the Progressive Education Association, 1919-1955*. New York: Columbia University Tea-chers College.

Gray, W. S. (1925). *Summary of investigations relating to reading*. Chicago: University of Chicago Press.

Group IV. (1900). Unpublished material. Columbia University, Teachers College Collec-tion, February 3, 1900.

Group V. (1900). Unpublished material. Columbia University, Teachers College Collec-tion, 4/5-01.

Gusfield, J. R. (1986). *Symbolic crusade: Status politics and the American temperance movement* (2nd ed.). Urbana: University of Illinois Press.

Gutek, G. L. (2012). *An historical introduction to American education* (3rd ed.). Long Gro-ve, IL: Waveland.

Haber, S. (1964). *Efficiency and uplift: Scientific management in the progressive era 1890-1920*. Chicago: University of Chicago Press.

Hall, G. S. (1883). The contents of children's minds. *Princeton Review*, 2, 249-272.

Hall, G. S. (1888, June). The story of a sand-pile. *Scribner's Magazine*, 690-696.

Hall, G. S. (1892). Editorial. *The Pedagogical Seminary*, 2, 3-8.

Hall, G. S. (1895). Child study. *Journal of Proceedings and Addresses of the National Edu-cation Association, Session of the Year 1894*, 173-179.

Hall, G. S. (1901a). How far is the present high-school and early college training adapted to the nature and needs of adolescents? *School Review*, 9, 649-665.

Hall, G. S. (1901b). Ideal school as based on child study. *Journal of Proceedings and Addresses of the Fortieth Annual Meeting of the National Education Associa-tion*, 474-488.

Hall, G. S. (1902). The high school as the people's college. *Journal of Proceedings and Addresses of the Forty-First Annual Meeting of the National Education Association*, 260-268.

Hall, G. S. (1903). Coeducation in the high school. *Journal of Proceedings and Addresses of the Forty-Second Annual Meeting of the National Education Association*, 446-451.

Hall, G. S. (1904a). *Adolescence: Its psychology and its relations to physiology, anthropology, sociology, sex, crime, religion and education*, Vol. 1. New York: D. Appleton.

Hall, G. S. (1904b). *Adolescence: Its psychology and its relations to physiology, anthropology, sociology, sex, crime, religion and education*, Vol. 2. New York: D. Appleton.

Hall, G. S. (1904c). The natural activities of children as determining the industries in early education, II. *Journal of Proceedings and Addresses of the Forty-Third Annual Meeting of the National Education Association*, 443-447.

Hall, G. S. (1911). *Educational problems, Vol. 2*. New York: D. Appleton.

Hall, G. S. (1923). *Life and confessions of a psychologist*. New York: D. Appleton.

Hall, S. B. (1933). Cooperation in Virginia. *Educational Record*, 14, 338-345.

Hand, H. C., & French, W. (1937). Analysis of the present status in curriculum thinking. In H. Harap et al., *The changing curriculum* (pp. 1-31). New York:D. Appleton-Century.

Hand, H. C., & Sanford, C. W. (1953). A scholar's documents. *Bulletin of the National Association of econdary-School Principals*, 37, 460-504.

Hanna, L. (1939). The plan of the core curriculum in Tulsa. *Curriculum Journal*, 10, 350-352.

Hanna, L. (1940). The operation of the core curriculum in Tulsa. *Curriculum Journal*, 11, 66-68.

Harris, W. T. (1880). Equivalents in a liberal course of study: Formal and substan-tial studies. *Journal of Proceedings and Addresses of the National Education Association, Session of the Year 1880*, 167-175.

Harris, W. T. (1886). Psychological inquiry. *Journal of Proceedings and Addresses of the National Education Association, Session of the Year 1885*, 91-101.

Harris, W. T. (1888). What shall the public schools teach? *The Forum*, 4, 573-581.

Harris, W. T. (1889). The intellectual value of tool-work. *Journal of Proceedings and Addresses of the National Education Association, Session of the Year 1889*, 92-98.

Harris, W. T. (1896a). How the will combines with the intellect in the higher orders of knowing. *Journal of Proceedings and Addresses of the Thirty-Fifth Annual Meeting of the National Education Association*, 440-446.

Harris, W. T. (1896b). Professor John Dewey's doctrine of interest as related to will. *Educational Review*, 11, 486-493.

Harris, W. T. (1898a). The pedagogical creed of William T. Harris, U.S. Commissioner of Education. In O. H. Lang (Ed.), *Educational creeds of the nineteenth century* (pp. 36-46). New York: E. L. Kellogg.

Harris, W. T. (1898b). *Psychologic foundations of education: An attempt to show the genesis of the higher faculties of the mind*. New York: D. Appleton.

Hartman, A. L. (1934). Comments by leaders in the field. In G. M. Whipple (Ed.), *The activity movement. The hirty-Third Yearbook of the National Society for the Study of Education, Part II* (pp. 110-112). Bloomington, IL: ublic School Publishing.

Harvard Committee on the Objectives of General Education in a Free Society. (1945). *General education in a free society: Report of the Harvard Committee*. Cambridge, MA: Harvard University Press.

Hatfield, W. W. (1935). *An experience curriculum in English: A report of the Curriculum Commission of the National Council of Teachers of English*. New York: D. Appleton-Century.

Hays, S. P. (1964). The politics of reform in municipal government in the progressive era. *Pacific Northwest Quarterly*, 55, 157-169.

Heald, F. E. (1917). "The project" in agricultural education. *General Science Quarterly*, 1, 166-169.

Heald, F. E. (1918). *The home project as a phase of vocational agricultural education*. Issued by the Federal Board for Vocational Education. Washington, DC: U.S. Government Printing Office.

Herbst, J. (1991). Cremin's American *Paideia*. *American Scholar*, 60, 128-140.

Hertzberg, H. W. (1981). *Social studies reform, 1880-1980*. Boulder, CO: Social Sci-ence Consortium.

Hickman, L. (2006). Socialization, social efficiency, and social control: Putting pragmatism to work. In D. Hanson (Ed.), *John Dewey and our educational prospect: A critical engagement with Dewey's* Democracy and Education (pp. 67-79). New York, NY: Teachers College Press.

High-school overhaul. (1947, December 15). *Newsweek*, p. 86.

Hockett, J. A. (1927). *A determination of the major social problems of American life*. New York: Teachers College, Columbia University.

Hofstadter, R. (1955). The pseudo-conservative revolt. In D. Bell (Ed.), *The new American right*. New York: Criterion Books.

Hoodless, A. (1910). The education of girls. In *Bulletin No. 10 of the National Society for the Promotion of Industrial Education* (pp. 179-184). New York: National Society for the Promotion of Industrial Education.

Hopkins, L. T. (1937). A correlated curriculum evaluated. *English Journal*, 26, 417-418.

Horn, E. (1918). Economy in learning in relation to economy of time. *Journal of Proceedings and Addresses of the Fifty-Sixth Annual Meeting of the National Education Association*, 526-528.

Hosic, J. F. (1921a). Editorially speaking. *Journal of Educational Method*, 1, 1-2.

Hosic, J. F. (1921b). Editorially speaking. *Journal of Educational Method*, 1, 1.

Hosic, J. F., & Chase, S. E. (1926). *Brief guide to the project method*. Yonkers-on-Hudson, NY: World Book.

Hotchkiss, E. A. (1924). *The project method in classroom work*. Boston: Ginn.

Houston, V. M., Sanford, C. W., & Trump, J. L. (1948). *Guide to the study of the curriculum in the secondary schools of Illinois*. Springfield: Illinois Secondary School Curriculum Program.

Hovet, K. (1956). What are the high schools teaching? In In A. A. Bellack (Ed.), *What shall the high schools teach?*, 1956 Yearbook of the Association for Supervision and Curriculum Development. Washington, DC: Association for Supervision and Curriculum Development.

Hulburd, D. (1951). *This happened in Pasadena*. New York: Macmillan.

Hunter, G. W. (1907). *Elements of biology*. New York: American Book.

Hutchins, R. M. (1936). *The higher learning in America*. New Haven: Yale University Press.

Individualizing instruction. (1925). *School Life*, 10, 177.

Industrial education. (1907). *Proceedings of the Twelfth Annual Convention of the National Association of Manufacturers*, 109-138.

Industrial education. (1912). *Proceedings of the Seventeenth Annual Convention of the National Association of Manufacturers*, 149-177.

Jackman, E. D. (1920). The Dalton plan. *School Review*, 28, 688-696.

James, W. (1890). *The principles of psychology,* Vol. 1. New York: Holt.

James, W. (1899). *Talks to teachers on psychology, and to students on some of life's ideals.* New York: Holt.

Johnson, M. (1926). The educational principles of the school of organic education, Fairhope, Alabama. In G. M. Whipple (Ed.), *The foundations and technique of curriculum-construction, Part I. Curriculum-making: Past and present. The Twenty-Sixth Year-book of the National Society for the Study of Education* (pp. 349-351). Bloomington, IL: Public School Publishing.

Jones, G. (1949). Foreword. In G. S. Wright, *Core curriculum in public high schools: An inquiry into practice.* Washington, DC: U.S. Office of Education.

Jones, T. J. (1908). *Social studies in the Hampton curriculum.* Hampton, VA: Hampton Institute.

Kaestle, C. F. (1972). Social reform and the urban school. *History of Education Quarterly*, 12, 211-228.

Kaestle, C. F. (Ed.). (1973). *Joseph Lancaster and the monitorial school movement: A documentary history.* New York: Teachers College Press.

Kaestle, C. F. (1984). Class schools. *Chicago History*, 13, 71-72.

Kandel, I. L. (1947). Adjustment to life. *School and Society*, 65, 372.

Katz, M. B. (1968). *The irony of early school reform: Educational innovation in mid-nineteenth century Massachusetts.* Boston: Beacon Press.

Katz, M. B. (1975). *Class, bureaucracy and schools: The illusion of educational change in America.* New York: Praeger.

Kean, C. J. (1983). *The origins of vocational education in the Milwaukee public schools, 1870-1917: A case study in curricular change.* Unpublished Ph. D. dis-sertation, University of Wisconsin-Madison.

Kelsey, F. W. (1911). *Latin and Greek in American education.* New York: Macmillan.

Keppel, A. M. (1960). *Country schools for country children: Backgrounds of the reform movement in rural elementary education, 1890-1914.* Unpublished Ph.D. dissertation, University of Wisconsin-Madison.

Kilpatrick, W. H. (1917). Project teaching. *General Science Quarterly*, 1, 67-72.

Kilpatrick, W. H. (1918a). The problem-project attack in organization, subject-matter, and teaching. *Journal of Proceedings and Addresses of the Fifty-Sixth Annual Meeting of the National Education Association*, 528-531.

Kilpatrick, W. H. (1918b). The project method. *Teachers College Record*, 19, 319-335.

Kilpatrick, W. H. (1922). Subject matter and the educative process—I. *Journal of Educational Method*, 2, 95-101.

Kilpatrick, W. H. (1923). Subject matter and the educative process—II, III. *Journal of Educational Method*, 2, 230-237, 367-376.

Kilpatrick, W. H. (1924). How shall we select the subject matter of the elementary school curriculum. *Journal of Educational Method*, 4, 3-10.

Kilpatrick, W. H. (1925). *Foundations of method: Informal talks on teaching.* New York: Macmillan.

Kilpatrick, W. H. (1926). Statement of position. In G. M. Whipple (Ed.), *The foun-dations and technique of curriculum-construction, Part II. The foundations of curriculum-making. The Twenty-Sixth Yearbook of the National Society for the Study of Education* (pp. 119-146). Bloomington, IL: Public School Publishing.

Kilpatrick, W. H. (1928). Curriculum-making in an elementary school [Book review]. *Progressive Education*, 5, 86-88.

Kliebard Obituary. (2015). Retrieved from http://www.cressfuneralservice.com/obitu-ary/137830/Herbert-Kliebard/

Kliebard, H. M. (1968). The curriculum field in retrospect. In P. W. F. Witt (Ed.), *Technology and the curriculum* (pp. 69-84). New York, NY: Teachers College Press. (ERIC Document Reproduction Service No. ED030954)

Kliebard, H. M. (1986). *The struggle for the American curriculum, 1893-1958.* Boston, MA: Routledge & Kegan Paul.

Kliebard, H. M. (1987). The question of Dewey's impact on curriculum practice. *Teachers College Record*, 89(1), 139-141.

Kliebard, H. M. (1988). The effort to reconstruct the modern American curriculum. In L. E. Beyer & M. W. Apple (Eds.), *The curriculum: Problems, politics, and possibility* (pp. 21-33). Albany, NY: State University of New York Press.

Kliebard, H. M. (1992a). *Forging the American curriculum: Essays in curriculum history and theory.* New York, NY: Routledge.

Kliebard, H. M. (1992b). Constructing a history of the American curriculum. In P. W. Jackson (Ed.), *Handbook of research on curriculum* (pp. 157-184). New York, NY: Macmillan.

Kliebard, H. M. (1995). *The struggle for the American curriculum, 1893-1958* (2nd ed.). Boston, MA: Routledge & Kegan Paul.

Kliebard, H. M. (2002). *Changing course: American curriculum reform in the 20th century.* New York, NY: Teachers College Press.

Kliebard, H. M. (2004). *The struggle for the American curriculum, 1893-1958* (3rd ed.). Boston, MA: Routledge & Kegan Paul.

Kliebard, H. M. (2009). Chance encounters and consequential choices. In E. C. Short & L. J. Waks (Eds.), *Leaders in curriculum studies: Intellectual self-portraits* (pp. 129-141). Rotterdam, The Netherlands: Sense Publisher.

Kliebard, H. M., & Franklin, B. (1983). The course of the course of study: History of curriculum. In J. Best (Ed.), *Historical inquiry in education: A research agenda* (pp. 138-157). Washington, DC: American Educational Research Association.

Kliebard, H. M. (1999). *Schooled to work: Vocationalism and the American curriculum, 1876-1946.* New York: Teachers College Press.

Kliebard, H. M., & Franklin, B. M. (2003). The ascendance of practical and voca-tional mathematics, 1893-1945: Academic mathematics under siege. In G. M. A. Stanic & J. Kilpatrick (Eds.), *A history of school mathematics*, Vol. I. Reston, VA: National Council of Teachers of Mathematics.

Kridel, C. (Ed.) (2010). *Encyclopedia of curriculum studies.* Thousand Oaks, CA: SAGE.

Krug, E. A. (1962). Graduates of secondary schools in and around 1900: Did most of them go to college? *School Review*, 70, 266-272.

Krug, E. A. (1964). *The shaping of the American high school, 1880-1920.* New York: Harper and Row.

Krug, E. A. (1972). *The shaping of the American high school, 1920-1941*, Vol II. Madison: University of Wisconsin Press.

Labaree, D. (1987). Politics, markets, and the compromised curriculum: Essay review.

Harvard Educational Review, 57(4), 483-494.

Lancelot, W. H. (1943). A close-up of the eight-year study. *School and Society,* 58, 449-451.

Latimer, J. F. (1958). *What's happened to our high schools?.* Washington, DC: Public Affairs Press.

Lauchner, A. H. (1951). How can the junior high school curriculum be improved? *Bulletin of the National Association of Secondary-School Principals,* 35, 296-304.

Lawler, N. (1937). Experimenting with a core curriculum. *Curriculum Journal,* 8, 310-312.

Lazerson, M. (1971). *Origins of the urban school. Public education in Massachusetts, 1870-1915.* Cambridge, MA: Harvard University Press.

Leonard, J. P. (1937). Is the Virginia curriculum working? *Harvard Educational Review,* 7, 66-71.

Leslie, B. (2007). Review of *The struggle for the American curriculum, 1893-1958* (3rd ed.). *History of Education,* 36(3), 397-399.

Levine, D. (1964). *Varieties of reform thought.* Madison: State Historical Society of Wisconsin.

Lewis, M. H. (1928). *An adventure with children.* New York: Macmillan.

Life adjustment curriculum. (1949). Billings, MT: Billings Senior High School.

Life adjustment education for youth—"Statesmanship of a very high order ... in operation." (1949). *School Life,* 32, 40-42.

Linville, H. R. (1909). Biology as method and as a science in secondary schools. *Schools Science and Mathematics,* 7, 264-272.

Lloyd, F., & Bigelow, M. A. (1907). *The teaching of biology in secondary schools.* New York: Longmans, Green.

Lybarger, M. B. (1981). *Origins of the social studies curriculum: 1865-1916.* Unpub-lished Ph.D. dissertation, University of Wisconsin-Madison.

Lynd, R. S., & Lynd, H. M. (1929). *Middletown: A study in contemporary American culture.* New York: Harcourt, Brace.

Maguder, F. A. (1917). *American government.* Boston: Allyn and Bacon.

Mallinson, V. (1987). Review of *The struggle for the American curriculum, 1893-1958. British Journal of Educational Studies,* 35(2), 181-182.

Maritain, J. (1943). *Education at the crossroads.* New Haven: Yale University Press.

Marshall, F. M. (1907). Industrial training for women: A preliminary study. *Bulletin No. 4 of the National Society for the Promotion of Industrial Education* (pp. 5-59). New York: National Society for the Promotion of Industrial Education.

Martin, J. (2002). *The education of John Dewey: A biography*. New York: Columbia University.

Mary Joseph, SC. (1952). The Catholic schools and life adjustment education. *Bulletin of the National Catholic Educational Association*, 49, 341-345.

Massachusetts Commission on Industrial and Technical Education. (1906). *Report of the Commission on Industrial and Technical Education*. Boston: Wright & Potter Printing.

Mathews, C. O. (1926). *The grade placement of curriculum materials in the social studies*. New York: Columbia University, Teachers College.

Mayhew, K. C., & Edwards, A. C. (1936). *The Dewey School: The laboratory school of the University of Chicago, 1896-1903*. New York: D. Appleton Century.

McCaul, R. L. (1959). Dewey's Chicago. *School Review*, 67, 258-280.

McLellan, J. A., & Dewey, J. (1889). *Applied psychology: An introduction to the principles and practice of education*. Boston: Educational Publishing.

McMurry, C. A. (1893). *The elements of general method based on the principles of Herbart*. Bloomington, IL: Public School Publishing.

Mclean, M. (1991). Review of *The struggle for the American curriculum, 1893-1958*. *European Journal of Education*, *26*(1), 90-91.

Meltzer, H. (1925). *Children's social concepts: A study of their nature and development*. New York: Columbia University, Teachers College.

Meriam, J. L. (1920). *Child life and the curriculum*. Yonkers-on-Hudson, NY: World Book.

Mirel, J. E. (1990). Progressive school reform in comparative perspective. In D. N. Plank and R. Ginsberg (Eds.), *Southern cities, southern schools: Public educa-tion in the urban south*. New York: Greenwood Press.

Mirel, J. E., and Angus, D. (1986). "The rising tide of custodialism: Enrollment increases and curriculum reform in Detroit, 1928-1940." *Issues in Education*, 4, 101-120.

Mirel, J. (1993). *The rise and fall of an urban school system: Detroit, 1907-81*. Ann Arbor: University of Michigan Press.

Moore, J. C. (1916). Projects. *General Science Quarterly*, 1, 14-16.

Moseley, N. (1936). Content and conduct of teachers' conventions. *Progressive Education*, 13, 337-339.

Mott, F. L. (1941). *American journalism: A history of newspapers in the United States through 250 years, 1690-1940*. New York: Macmillan.

Munsterberg, H. (1899). *Psychology and life*. Boston: Houghton, Mifflin.

Murphy, G. (1943). Classrooms—seedbeds for democracy. In H. D. Roberts, W. V. Kaulfers, & G. N. Kefauver (Eds.), *English for social living*. New York: McGraw-Hall.

Muzzey, D. S. (1911). *An American history*. Boston: Ginn.

Nader, L. (1969). Up the anthropologist: Perspective gained from studying up. In D. Hymes (Ed.), *Reinventing anthropology* (pp. 284-311). New York, NY: Random House. Retrieved from https://upwardanth.files.wordpress.com/2014/06/nader-studyingup.pdf

National Council of Teachers of English. (1935). *An experience curriculum in English*. New York: D. Appleton-Century.

National Council of Teachers of English, Commission on the English Curriculum. (1952). *The English language arts*. New York: D. Appleton-Century-Crofts.

National Council of Teachers of English, Commission of the English Curriculum (1956). *The English language arts in secondary school*. New York: D. Appleton-Century Crofts.

National Defense Education Act. (1958). Public Law 85-864, 85th Congress, September 2, 1958.

National Education Association. (1893). *Report of the Committee on Secondary School Studies*. Washington, DC: U.S. Government Printing Office.

National Education Association. (1895). *Report of the Committee of Fifteen on Elementary Education, with the reports of the sub-committees: on the training of teachers; on the correlation of studies in elementary education; on the organi-zation of city school systems*. New York: American Book.

National Education Association. (1913). *Preliminary statements by chairmen of committees of the Commission of the National Education Association on the Reorganization of Secondary Education*. Washington, DC: U.S. Government Printing Office.

National Education Association. (1915). *The teaching of community civics, prepared by a special committee of the Commission on the Reorganization of Secondary Education*. Washington, DC: U.S. Government Printing Office.

National Education Association. (1916). *Social studies in secondary education: A six-year program adapted to the 6-3-3 and the 8-4 plans of organization. Report of the Committee on Social Studies of the Commission on the Reorganization of Secondary Education*. Washington, DC: U.S. Government Printing Office.

National Education Association. (1918). *Cardinal principles of secondary education: A report of the Commission on the Reorganization of Secondary Education*. Washington, DC: U.S. Government Printing Office.

National Education Association. (1936). *The development of a modern program in English. Ninth Yearbook of the Department of Supervisors and Directors of Instruction*. Washington, DC: National Education Association.

National Education Association. (1943). *Wartime handbook for education*. Washington, DC: National Education Association.

Newlon, J. H., & Threlkeld, A. L. (1926). The Denver curriculum-revision program. In G. M. Whipple (Ed.), *The foundations and technique of curriculum-construction, Part I. Curriculum-making: Past and present. The Twenty-Sixth*

Nickell, V. L. (1949). How can we develop an effective program of education for life adjustment? *Bulletin of the National Association of Secondary-School Prin-cipals*, 33, 153-156.

Oberholtzer, E. E. (1934). Comments by leaders in the field. In G. M. Whipple (Ed.), *The activity movement. The Thirty-Third Yearbook of the National Society for the Study of Education, Part II* (pp. 136-142). Bloomington, IL: Public School Publishing.

Offerings and registrations in high-school subjects, 1933-34. (1938). Bulletin No. 6, U.S. Department of Interior. Washington, DC: U.S. Government Printing Office.

Original papers in relation to a course of liberal education. (1829). *American Jour-nal of Science and Arts*, 15, 297-351.

Orrill, R., & Shapiro, L. (2005). From bold beginnings to an uncertain future: The discipline of history and history education. *The American Historical Review*, 110, 727-751.

O'Reilly, L. (1996). Review of *The struggle for the American curriculum, 1893-1958*(2nd ed.). Educational Studies, 27(3), 249-253.

O'Shea, M. V. (1927). *A state education system at work. Report of an investigation of the intellectual status and educational progress of pupils in the elementary and high schools and freshmen in the colleges, public and private, of Mississippi, together with recommendations relating to the modifications of educational procedure in the state.* Washington, DC: Bernard B. Jones Fund.

Page, C. S. (1912). Federal aid for vocational education from the standpoint of a United States Senator. In *Bulletin No. 16 of the National Society for the Promotion of Industrial Education* (pp. 116-121). Peoria, IL: Manual Arts Press.

Page, N. B. (2010). Struggle: A history of "mere" ideas. *Curriculum Inquiry*, *40*(2), 205-220.

Pauly, P. J. (1991). The development of high school biology, New York City, 1900-1925. *Isis*, 82, 662-688.

Peabody, F. G. (1918). *Education for life: The story of Hampton Institute, told in connection with the fiftieth anniversary of the foundation of the school.* Garden City, NY: Doubleday, Page.

Peterson, P. (1987). Review of *The struggle for the American curriculum, 1893-1958. Academe*, *73*, 86.

Pritchett, H. S. (1906). Report of the president. *First annual report of the president and treasurer.* New York: Carnegie Foundation of the Advancement of Teaching.

Progressive Education Association. (1940). *Mathematics in general education.* New York: D. Appleton-Century.

Progressive Education Association, Commission on the Relation of School and College. (1942-1943). *Adventure in American education* (Vols. 1-5). New York: Harper & Brothers.

Ramsey, P. (2006). Reconsiderations: *The struggle for the American curriculum, 1893-1958* (3rd ed.). *Educational Studies*, *39*(1), 61-66.

Ravitch, D. (2003). *The language police: How pressure groups restrict what students learn.* New York: Knopf.

Redefer, F. L. (1949). Resolutions, reactions and reminiscences. *Progressive Educa-tion*, 26, 187-191.

Reese, W. J. (1999). Forward. In H. M. Kliebard, *School to work: Vocationalism and the American curriculum, 1876-1946* (pp. ix-xi). New York, NY: Teachers College Press.

Reese, W. J. (1982). *Power and the promise of school reform: Grass roots movements during the progressive era.* Boston: Routledge and Kegan Paul.

Reese, W. J. (1995). *The origins of the American high school*. New Haven: Yale University Press.

Reese, W. J. (in press). *America's public schools: Continuity and change since the early nineteenth century*. Baltimore: Johns Hopkins University Press.

Report on industrial education. (1905). *Proceedings of the Tenth Annual Convention of the National Association of Manufacturers*, 141-151.

Resolutions regarding technical education. (1897). *Proceedings of the Second Annual Convention of the National Association of Manufacturers*, 92-93.

Rice, J. M. (1893a). *The public-school system of the United States*. New York: Century.

Rice, J. M. (1893b). The public schools of Chicago and St. Paul. *The Forum*, 15, 200-215.

Rice, J. M. (1912). *Scientific management in education*. New York: Hinds, Noble & Elredge.

Rice, T. D. (1938). A high school core program. *Curriculum Journal*, 9, 201-203.

Rickover, H. G. (1959). *Education and freedom*. New York: E. P. Dutton.

Ringel, P. J. (1980). *The introduction and development of manual training and industrial education in the public schools of Fitchburg, Massachusetts, 1893-1928*. Unpub-lished Ph.D. dissertation. Teachers College, Columbia University, New York.

Robins, R. (1910). Industrial education for women. In *Bulletin No. 10 of the National Society for the Promotion of Industrial Education* (pp. 77-81). New York: National Society for the Promotion of Industrial Education.

Robinson, J. H. (1921). *Mind in the making: The relation of intelligence to social reform*. New York: Harper.

Rodgers, D. T. (1982). "In search of progressivism," *Reviews in American History*, December, 113-132.

Roody, S. I. (1947). Developing personality through literature. *English Journal*, 36, 299-304.

Roosevelt, T. (1907). [Letter to Henry S. Pritchett.] In *Bulletin No. 3 of the National Society for the Promotion of Industrial Education* (pp. 6-9). New York: National Society for the Promotion of Industrial Education.

Ross, D. (1972). *G. Stanley Hall: The psychologist as prophet*. Chicago: University of Chicago Press.

Ross, E. A. (1901). *Social control: A survey of the foundations of order*. New York: Macmillan.

Rudolph, J. L. (2002). *Scientists in the classroom. The cold war reconstruction of American science education*. New York: Palgrave.

Rudolf, J. L. (2005a). Turning science to account: Chicago and the general science movement in secondary education, 1905-1920. *Isis (A Journal of the History of Science Society), 96*(3), 353-389.

Rudolph, J. L. (2005b). Epistemology for the masses: The origin of the scientific method in American schools. *History of Education Quarterly, 45*(3), 341-376.

Rugg, H. O. (1916). *The experimental determination of mental discipline in school studies*. Baltimore: Warwick & York.

Rugg, H. O. (1921a). How shall we reconstruct the social studies curriculum? An open letter to Professor Henry Johnson commenting on committee procedure as illustrated by the report of the joint committee on history and education for citizenship. *Historical Outlook, 12*, 184-189.

Rugg, H. O. (1921b). Needed changes in the committee procedure of reconstructing the social studies. *Elementary School Journal, 21*, 688-702.

Rugg, H. O. (1925). *A primer of graphics and statistics for teachers*. Boston: Houghton Mifflin.

Rugg, H. O. (1929-1932). *Man and his changing society. The Rugg social science series of the elementary school course* (Vols. 1-6). Boston: Ginn.

Rugg, H. O. (1931). *An introduction to problems of American culture*. Boston: Ginn.

Rugg, H. O. (1932). Social reconstruction through education. *Progressive Education, 9*, 11-18.

Rugg, H. O. (1938). *Our country and our people: An introduction to American civilization*. Boston: Ginn.

Rugg, H. O. (1941). *That men may understand: An American in the long armistice*. New York: Doubleday, Doran.

Rugg, H. O. (1947). *Foundations for American education*. Yonkers-on-Hudson, NY: World Book.

Rugg, H. O., & Shumaker, A. (1928). *The child-centered school: An appraisal of the new education*. Yonkers-on-Hudson, NY: World Book.

Ryan, H. H. (1933). The teaching and learning situation in junior high-school class-rooms.

Bulletin of the Department of Secondary-School Principals, 17(45), 139-147.

Ryan, H. H. (1935). Experimental college entrance units: A committee report. I. Introductory statement. *North Central Association Quarterly*, 9, 345-350.

Ryan, H. H. (1937). Some principles behind the core-curriculum. *California Journal of Secondary Education*, 12, 14-16.

Sanford, C. W., Hand, H. C., & Spalding, W. B. (Eds.), (1951). *The schools and national security: Recommendations for elementary and secondary schools*. Springfield, IL: Department of Public Instruction.

Saunders, F. H., & Hall, G. S. (1900). Pity. *American Journal of Psychology*, 11, 534-591.

Schneider, H. G. (1893). Dr. Rice and American public schools. *Education*, 13, 354-357.

Schubert, W. (1986/1987). Review of *The struggle for the American curriculum, 1893-1958*. *Educational Leadership*, *44*, 91.

Schwab, J. J. (1969). The practical: A language for curriculum. *School Review*, 78(1), 1-23.

Scrapbook IX. (1900). Unpublished material. Columbia University, Teachers College Collection, September 1899-June 1900.

Search, T. C. (1898). [President's annual report.] *Proceedings of the Third Annual Convention of the National Association of Manufacturers*, 3-32.

Sears, J. B. (1925). *The school survey: A textbook on the use of school surveying in the administration of public schools*. Boston: Houghton Mifflin.

Shaffer, L. F. (1930). *Children's interpretations of cartoons: A study of the nature and development of the ability to interpret symbolic drawings*. New York: Teachers College, Columbia University.

Shaw, A. (1900, June). 'Learning by doing' at Hampton. *American Monthly Review of Reviews*, 417-432.

Shook, J. R. (2005). *Dictionary of modern American philosophers*. Bristol, UK: Thoemmes Continuum.

Sivertson, S. C. (1972). *Community civics: Education for social efficiency*. Unpub-lished Ph.D. dissertation, University of Wisconsin-Madison.

Sizer, T. R. (Ed.). (1964). *The age of the academies*. New York: Teachers College, Columbia University, Bureau of Publications.

Small, A. W. (1896). Demands of sociology upon pedagogy. *Journal of Proceedings and Addresses of the Thirty-Fifth Annual Meeting of the National Education Association*,

174-184.

Smith, B. O. (1942). The war and the educational program. *Curriculum Journal*, 13, 113-116.

Smith, E. R., & Tyler, R. W. (1942). *Appraising and recording student progress*. New York: Harper & Brothers.

Smith, K. (1999). *Mental hygiene: Classroom films, 1945-1970*. New York: Blast Books.

Smith, M. B. (1949). *And madly teach: A layman looks at public school education*. Chicago: Henry Regnery.

Snedden, D. (1912). Report of Committee on National Legislation. In *Bulletin No. 15 of the National Society for the Promotion of Industrial Education* (pp. 126-134). New York: National Society for the Promotion of Industrial Education.

Snedden, D. (1915). Vocational education. *New Republic*, 3, 40-42.

Snedden, D. (1916). The "project" as a teaching unit. *School and Society*, 4, 419-423.

Snedden, D. (1917). History and other social sciences in the education of youths twelve to eighteen years of age. *School and Society*, 5, 271-181.

Snedden, D. (1919). Cardinal principles of secondary education. *School and Society*, 9, 517-527.

Snedden, D. (1921). *Sociological determination of objectives in education*. Philadelphia: J. B. Lippincott.

Snedden, D. (1923). "Case group" methods of determining flexibility of general curricula in high schools. *School and Society*, 17, 287-292.

Snedden, D. (1924). Junior high school offerings. *School and Society*, 20, 740-744.

Snedden, D. (1925). Planning curriculum research. *School and Society*, 22, 259-265, 287-293, 319-328.

Snedden, D. (1932). The social studies—for what? *School and Society*, 36, 358-362.

Snedden, D. (1935, April 3-6). Social reconstruction: A challenge to the secondary school. *Pennsylvania Schoolmen's Week*, 48-54.

Spring, E. (1936, March 25-28). An adventure in Latin teaching. *Pennsylvania Schoolmen's Week*, 503-507.

Spring, J. (1970). Education and progressivism. *History of Education Quarterly*, 10, 53-71.

Spring, J. (1972). *Education and the rise of the corporate state*. Boston: Beacon.

Stevenson, J. A. (1921). *The project method of teaching*. New York: Macmillan.

Stimson, R. W. (1914). *The Massachusetts home-project plan of vocational agricul-tural education*. Washington, DC: U.S. Government Printing Office.

Stockton, J. L. (1920). *Project work in education*. Boston: Houghton Mifflin.

Tanner, D., & Tanner, L. (1990). *History of the school curriculum*. New York, NY: Macmillan.

Tanner, L. (1987). Events that happen-and "unhappen": Essay review and responses. *Teachers College Record, 89*(1), 133-138.

Taylor, F. W. (1895). A piece-rate system, being a step toward partial solution of the labor problem. *Transactions of the American Society of Mechanical Engi-neers*, 16, 856-903.

Taylor, F. W. (1903). Shop management. *Transactions of the American Society of Mechanical Engineers*, 24, 1337-1480.

Taylor, F. W. (1911). *The principles of scientific management*. New York: Harper & Brothers.

Taylor, F. W. Testimony before the Special House Committee. (1912). In F. W. Taylor, *Scientific management*. New York: Harper & Row, 1947.

The critic at sea. (1894). V. *Education*, 15, 149-157.

The critic at sea. (1895). VII. *Education*, 15, 288-297.

The model school. (1896, January 16). *University of Chicago Weekly*, p. 707.

Thirty schools tell their story. (1943). New York: Harper & Brothers.

Thorndike, E. L. (1901). *Notes on child study*. New York: Macmillan.

Thorndike, E. L. (1906, October). The opportunity of the high schools. *The Bookman*, 180-184.

Thorndike, E. L. (1913). *Educational psychology, Vol. 2. The psychology of learning*. New York: Columbia University, Teachers College.

Thorndike, E. L. (1921). *The teacher's word book*. New York: Teachers College, Columbia University.

Thorndike, E. L. (1924). Mental discipline in high school studies. *Journal of Edu-cational Psychology*, 15, 1-22, 83-98.

Thorndike, E. L., & Woodworth, R. S. (1901). The influence of improvement in one mental function upon the efficiency of other functions. *Psychological Review*, 8, 247-261, 384-395, 553-564.

Todd, H. M. (1913, April). Why the children work: The children's answer. *McClure's Magazine*, 68-79.

Tonne, H. A. (1941). Is essentialism synonymous with traditionalism? *School and Society*, 53, 311-312.

Townsend, A. M., OP. (1948). Implications contained in the life adjustment pro-gram concerning the tools of learning. *Bulletin of the National Catholic Educational Association*, 45 (1), 363-375.

Troen, S. K. (1976). The discovery of the adolescent by American educational reformers, 1900-1920: An economic perspective. In L. Stone (Ed.), *Schooling and society: Studies in the history of education* (pp. 239-251). Baltimore: Johns Hopkins University Press.

Tryon, R. M. (1935). *The social sciences as school subjects*. New York: Charles Scribner's Sons.

Turbayne, C. M. (1962). *The myth of metaphor*. New Haven: Yale University Press.

Tyack, D. B. (1974). *The one best system: A history of American urban education*. Cambridge, MA: Harvard University Press.

Tyack, D., & Hansot, E. (1982). *Managers of virtue: Public school leadership in America, 1820-1980*. New York: Basic Books.

Tyack, D., & Cuban, L. (1995). *Tinkering toward utopia: A century of public school reform*. Cambridge, MA: Harvard University Press.

Tyler, R. W. (1930). Evaluating the importance of teachers' activities. *Educational Administration and Supervision*, 16, 287-292.

Tyler, R. W. (1931). More valid measurements of college work. *Journal of the National Education Association*, 20, 327-328.

Tyler, R. W. (1950). *Basic principles of curriculum and instruction*. Chicago: University of Chicago Press.

U. S. Office of Education. (1945). *Vocational education in the years ahead: A report of a committee to study postwar problems in vocational education*. Washington, DC: U.S. Government Printing Office.

U. S. Office of Education. (1948). *Life adjustment education for every youth*. Washington, DC: U.S. Government Printing Office.

U. S. Office of Education. (1951). *Vitalizing secondary education: Education for life ad-*

justment. Washington, DC: U.S. Government Printing Office.

University Primary School. (1896). Unpublished material. Columbia University, Teachers College Collection, March 6, 1896.

Urban, W. (1988). Review of *The struggle for the American curriculum, 1893-1958. Educational Studies, 19*(1), 62-67.

Useem, E. (1987). Review of *The struggle for the American curriculum, 1893-1958. Contemporary Sociology, 16*(6), 895-896.

Van Liew, C. C. (1895). The educational theory of the culture epochs viewed his-torically and critically. In *First Year Book of the National Herbart Society for the Scientific Study of Teaching* (pp. 70-121). Bloomington, IL: National Herbart Society.

Virginia State Board of Education. (1934). *Tentative course of study for Virginia elementary schools, Grades I-VII*. Richmond, VA: Division of Purchase and Printing.

Walker, D. (1987). Review of *The struggle for the American curriculum, 1893-1958. American Journal of Education, 95*(3), 495-498.

Ward, L. F. (1883). *Dynamic sociology, or applied social science as based upon statical sociology and the less complex sciences,* Vol. 2. New York: D. Appleton.

Ward, L. F. (1893). *The psychic factors of civilization*. Boston: Ginn.

Washburne, C. W. (1924). Merits of the individual plan of instruction. *School Life*, 9, 179.

Washburne, C. W. (1926). The philosophy of the Winnetka curriculum. In G. M. Whipple (Ed.), *The foundations and technique of curriculum construction, Part I, Curriculum-making: Past and present. The Twenty-Sixth Yearbook of the National Society for the Study of Education* (pp. 219-228). Bloomington, IL: Public School Publishing.

Washburne, C. W. (1928). The limitations of the project method. In National Education Association, *Official Report of the Department of Superintendence, February 26 to March 1, 1928* (pp. 187-188). Washington, DC: Department of Superintendence.

Washington, B. T. (Ed.). (1905). *Tuskegee and its people: Their ideals and achieve-ments*. New York: D. Appleton.

Weinstein, J. (1968). *The corporate ideal and the liberal state, 1900-1918*. Boston: Beacon Press.

Wells, M. E. (1921). *A project curriculum, dealing with the project as a means of organizing the curriculum of the elementary school*. Philadelphia: J. B. Lippincott.

Wesley, E. B. (1957). *NEA, the first hundred years: The building of the teaching profession*.

New York: Harper.

West, R. L., Greene, C. E., & Brownell, W. A. (1930). The arithmetic curriculum. In The *Twenty Ninth Yearbook of the National Society for the Study of Education: Report of the Society's Committee on Arithmetic* (pp. 65-144). Bloomington, IL: Public School Publishing Company. Retrieved from https://archive.org/details/twentyninthyearb01 2091mbp

Whipple, G. M. (Ed.). (1926a). *The foundations and technique of curriculum-construction, Part I. Curriculum-making: Past and present. The Twenty-Sixth Yearbook of the National Society for the Study of Education.* Bloomington, IL: Public School Publishing.

Whipple, G. M. (Ed.). (1926b). *The foundations and technique of curriculum-construction, Part II. The foundations of curriculum-making. The Twenty-Sixth Yearbook of the National Society for the Study of Education,* Bloomington, IL: Public School Publishing.

Whipple, G. M. (Ed.). (1934). *The activity movement. The Thirty-Third Yearbook of the National Society for the Study of Education, Part II.* Bloomington, IL: Public School Publishing.

White, M. G. (1952). *Social thought in America: The revolt against formalism.* New York, NY: The Viking Press.

Wiebe, R. H. (1967). *The search for order, 1877-1920.* New York: Hill & Wang.

Williams, B. A. (1998). *Thought and action: John Dewey at the University of Michi-gan.* Ann Arbor: Bentley Historical Library, University of Michigan.

Winters, E. A. (1968). *Harold Rugg and education for social reconstruction.* Unpub-lished Ph.D. dissertation, University of Wisconsin, Madison.

Wolff, C. F. (1740). *Psychologia rationalis: methodo scientifica pertractata ... cogni-tionem profutura proponuntur.* Frankfurt: Lipsiae.

Woodward, C. M. (1885). Manual training in general education. *Education, 5,* 614-626.

Woodward, C. M. (1887). *The manual training school, comprising a full statement of its aims, methods, and results, with figured drawings of shop exercises in woods and metals.* Boston: D. C. Heath.

Woodward, C. M. (1890). *Manual training in education.* New York: Scribner & Welford.

Wraga, W. G. (1988). Review of *The struggle for the American curriculum, 1893-1958. Journal of Teacher Education, 39,* 57-58.

Wraga, W. G. (2001). A progressive legacy squandered: The Cardinal Principles Report reconsidered. *History of Education Quarterly*, *41*, 494-519.

Wright, G. S. (1949). *Core curriculum in public high schools: An inquiry into practices, 1949*. Washington, DC: U.S. Office of Education.

Wright, G. S. (1952). *Core curriculum development: Problems and practices*. Bulletin 1952, No. 5. Washington, DC: U.S. Office of Education.

Wrigley, J. (1982). *Class politics and the public schools: Chicago, 1900-1950*. New Brunswick, NJ: Rutgers University Press.

Yearbook of the National Society for the Study of Education (pp. 229-240). Bloomington, IL: Public School Publishing.

Zilversmit, A. (1987). Thinking about the curriculum. *History of Education Quarterly*, *27* (1), 83-87.

Zilversmit, A. (1993). *Changing schools: Progressive education theory and practice, 1930-1960*. Chicago: University of Chicago Press.

Zimmerman, J. (2002). *Whose America? Culture wars in the public schools*. Cambridge, MA: Harvard University Press.

索引

說明：各條文後的頁碼係為原書頁碼，檢索時請查正文側旁的頁碼。

D

R

譯注後記

　　數度校讀後，《美國中小學課程競逐史（1893-1958）》中文譯注本終於定稿！於付梓在即的此刻，謹帶著計畫將屆完成的舒坦心情，為八、九年來於教課與服務之餘，執行科技部譯注研究計畫的成果做一番盤點，並據以對未來的研究稍作期許。

　　本人配合「《經驗與教育》譯注研究計畫」（2012 年核定，一年期），除完成約十七萬字的譯注本外，並撰成六篇論文：二篇是為了增加對於杜威的理解，而發表之以杜威有關專書及文集各一為對象的書評（單文經，2012，2013a）；二篇是以《經驗與教育》一書為對象，闡釋其中教育改革及教育願景的主張（單文經，2013b，2014d）；一篇為受《經驗與教育》討論自由性質的第六章所啟發而撰成（單文經，2013c）；一篇為以四位當代學者對杜威《經驗與教育》一書的評論為對象（單文經，2013d）。

　　本人受到《經驗與教育》書中討論教材組織的第七章所啟發，就本人一向關心的教材論題，先後以杜威教材論及其教材組織論有關問題的探討，先後執行兩個一般型的科技部專題研究（2013 年核定，一年期；2014 年核定，二年期）。配合這些計畫的執行，本人共完成了九篇論文（單文經，2013e，2014a，2014b，2014c，2014e，2014f，2014g，2015a，2017a），它們討論的主題，若不是杜威的課程與教學的主張，就是其教材方面的思想。

　　本人配合「重新詮釋杜威《民主與教育》的時代意義譯注計畫」（2014年核定，二年期；與一般型的「杜威教材組織論」計畫同獲核定）完成了四篇論文：其中以社會控制及教師教育為主題各撰一篇（單文經，2015b，2016），另以民主思想為主題撰成二篇（單文經，2017d，2018c）。

　　在「重新詮釋杜威《民主與教育》的時代意義譯注」與「《美國中

小學課程競逐史（1893-1958）》譯注」此二個計畫之間，本人亦以執行科技部核定執行之「吳俊升（1901-2000）對杜威行誼與思想的研究之批判」專題研究計畫（2016 年核定，一年期）的成果為基礎，改寫而成期刊論文一篇發表（單文經，2018b）。

　　近二年，本人配合「《美國中小學課程競逐史（1893-1958）》譯注計畫」（2017 年核定，二年期），亦完成三篇論文：一篇以 19、20 世紀之交美國中學歷史單獨設科與社會合科演變的歷史分析為主題（單文經，2017b），一篇則再進而以杜威此一演變過程中所扮演的角色為主題而撰成（單文經，2019）；另一篇則以最早出版課程為名之專書的 John Franklin Bobbitt（1876-1956）為對象而撰成的專文（單文經，2018a）。

　　總上所述，八、九年來，因為這三個譯注研究計畫，再加上其間的若干個一般型研究計畫，相互配合，彼此激盪，而讓本人共發表了二十三篇各式論文。本人至盼，在此一基礎之上，於 2022 年 1 月底屆滿七旬自中國文化大學教育學院退休以後，仍能在身心條件許可的前提下，依據科技部的規定，以退休教師身分執行經典譯注或專書寫作的計畫，並且撰成有關的研究論文，藉以維繫多年來養成的讀書寫作習慣，持續為學界的發展略盡棉薄之力。不揣淺陋、獻曝於此，尚祈方家於哂笑之餘，不吝惠予指教為感！

單文經　謹識

於臺北市陽明山華岡大孝館

2020 年 5 月 31 日初稿

2020 年 10 月 21 日定稿

作者簡介 [1]

　　本書作者 Herbert Martin Kliebard，1930 年生於紐約，曾在中學任教五年，哥倫比亞大學師範學院課程與教學系博士。1963 年入職威斯康辛大學麥迪遜校區課程與教學系，2000 年退休，但仍持續研究與著作，於2015 年辭世。

　　Kliebard除發表各式論文近百篇外，另著有《鍛造美國的課程：課程史與課程理論論文集》（1992）、《為工作而接受學校教育：1876-1946年間的職業主義與美國課程》（1999）、《課程的變革：20 世紀美國課程的改革》（2002），以及本書《美國中小學課程競逐史（1893-1958）》（1986, 1995, 2004）。

1　請見本書〈導論〉「參、作者介紹」一節。

譯注者簡介

　　本書譯注者單文經，1951 年生於臺東，曾在中學任教三年，國立臺灣師範大學教育學系博士，並曾赴美國密蘇里、奧瑞崗、華盛頓等大學進修研究，前後共四年。1977 年入職國立臺灣師範大學教育學系，2005 年轉赴澳門大學教育學院服務，2012 年再轉任中國文化大學教育學院師資培育中心教授。

　　除本書外，單教授並出版有《經驗與教育》（2015）及《重新詮釋杜威民主與教育的時代意義》（2016）二本譯注專書。另外，尚有獨自或與人合譯《道德發展的哲學》（1986）、《道德發展與原理》（1989）、《美國公民與政府科課程標準》（1996）、《教學原理》（1999）、《課程統整》（2000）、《革新的課程領導》（2000）、《校長的課程領導》（2001）、《課程統整的十種方法》（2003）、《班級經營的理論與實務》（2004）、《中小學課堂的教學評量》（2006）、《教學哲學》（2007）等專書。

　　翻譯作品之外，單教授另發表有各式研究論文二百餘篇，[2] 並獨自或與人合著有《道德教育初探》（1982）、《課程與教學研究》（1992）、《班級經營策略研究》（1994）、《教學原理》（1995）、《師生關係與班級經營》（1996）、《美國教育研究：師資培育及課程與教學》（1998）、《香港教育》（2000）、《鹿港鎮志：教育篇》（2000）、《教學引論》（2001）、《課程與教學》（2002）、《學校教育革新引論》（2011）等專書或論文集。

2　部分近八、九年來的論文篇目及出處，請見本書〈譯注後記〉及〈參考文獻〉。

國家圖書館出版品預行編目（CIP）資料

美國中小學課程競逐史（1893-1958）/ Herbert M. Kliebard 原
著；單文經譯注. --初版.--新北市：心理，2020.11
　　面；　公分. --（課程教學系列；41336）
　　譯自：The struggle for the American curriculum, 1893-1958
　　ISBN　978-986-191-930-0（平裝）

1.教育改革　2.課程研究　3.中小學教育　4.美國

520.952　　　　　　　　　　　　　　　　　　109014340

課程教學系列 41336

美國中小學課程競逐史（1893-1958）

原 著 者：Herbert M. Kliebard
譯 注 者：單文經
執行編輯：高碧嶸
總 編 輯：林敬堯
發 行 人：洪有義
出 版 者：心理出版社股份有限公司
地　　址：231 新北市新店區光明街 288 號 7 樓
電　　話：(02)29150566
傳　　真：(02)29152928
郵撥帳號：19293172　心理出版社股份有限公司
網　　址：http://www.psy.com.tw
電子信箱：psychoco@ms15.hinet.net
排 版 者：辰皓國際出版製作有限公司
印 刷 者：辰皓國際出版製作有限公司
初版一刷：2020 年 11 月
Ｉ Ｓ Ｂ Ｎ：978-986-191-930-0
定　　價：新台幣 600 元

科技部經典譯注計畫